"十三五"江苏省高等学校重点教材（编号：2020-2-058）

金融学国家一流专业建设点
金融工程国家一流专业建设点
南京财经大学教学改革重点项目（JGZ19001）

金融计量分析实用教程
——基于EViews软件

顾荣宝 著

图书在版编目(CIP)数据

金融计量分析实用教程：基于 EViews 软件/顾荣宝著. —北京：北京大学出版社，2021.9
高等院校经济学管理学系列教材
ISBN 978-7-301-32445-5

Ⅰ.①金⋯ Ⅱ.①顾⋯ Ⅲ.①金融—计量—应用软件—高等学校—教材 Ⅳ.①F830-39

中国版本图书馆 CIP 数据核字(2021)第 179540 号

书　　　名	金融计量分析实用教程——基于 EViews 软件
	JINRONG JILIANG FENXI SHIYONG JIAOCHENG
	——JIYU EVIEWS RUANJIAN
著作责任者	顾荣宝　著
责 任 编 辑	杨丽明
标 准 书 号	ISBN 978-7-301-32445-5
出 版 发 行	北京大学出版社
地　　　址	北京市海淀区成府路 205 号　100871
网　　　址	http://www.pup.cn　　新浪微博：@北京大学出版社
电 子 邮 箱	zpup@pup.cn
电　　　话	邮购部 010-62752015　发行部 010-62750672　编辑部 021-62071998
印 刷 者	河北涿县鑫华书刊印刷厂
经 销 者	新华书店
	787 毫米×1092 毫米　16 开本　20.5 印张　449 千字
	2021 年 9 月第 1 版　2024 年 6 月第 2 次印刷
定　　　价	78.00 元

未经许可，不得以任何方式复制或抄袭本书之部分或全部内容。
版权所有，侵权必究
举报电话：010-62752024　电子邮箱：fd@pup.cn
图书如有印装质量问题，请与出版部联系，电话：010-62756370

序

顾荣宝教授自 2002 年来南京财经大学工作，2005 年转到金融学院，已经 16 个年头。他在金融领域的科研和教学上，努力拼搏，默默耕耘，取得了可喜的成绩。

顾荣宝教授早年学习数学，1994 年在武汉大学获得博士学位后，一直从事动力系统领域的研究工作，在《中国科学》《科学通报》《数学学报》、*Acta Mathematica Sinica*、*Chaos*，*Solitons and Fractals*、*Nonlinear Analysis*、*Computers and Mathematics with Applications* 以及 *Journal of Computational Applied Mathematics* 等国内外期刊发表多篇数学研究论文。2005 年转到金融学领域，一切从零开始，那时的他已经是"知天命"的年龄。凭着顽强的毅力和锲而不舍的精神，顾荣宝教授在金融学这个新的领域开始了艰难的跋涉。他一边从事金融计量课程的教学，一边考虑金融系统的复杂性问题，发现课程的教学与自己的研究之间竟然存在着密切的联系。他运用非线性科学混沌和分形的思想方法，在资本市场等诸多金融系统的复杂性特征以及这些特征对市场运行的影响等方面作了一系列深入研究，在《管理科学学报》《中国管理科学》《南方经济》《复杂系统与复杂性科学》、*Physica A：Statistical Mechanics and Its Applications*、*International Review of Financial Analysis* 以及 *Energy Economics* 等国内外期刊发表多篇金融研究论文。

十几年来，顾荣宝教授在教学上勤于思考、勇于探索。他热爱学生，一切为学生着想。自 2006 年开始讲授"金融时间序列分析""金融计量学"和"金融综合实验分析"等金融计量相关课程以来，他一直尝试着以学生为中心的教学改革。特别是通过科学研究获得的丰富积累，使他在金融计量相关课程的教学方面颇有心得，这本《金融计量分析实用教程》就是他多年科研与教学的总结。基于这些课程的学习，他指导的学生获得南京财经大学第一个江苏省本科优秀毕业论文一等奖。

与其他教材不同，这本《金融计量分析实用教程》是按照实证研究过程和实证论文结构来组织内容和编排体系，对于金融数据给予足够重视，并且始终贯穿实证论文的写作和规范的指导。这本教材还有一个显著特点，就是针对每一个计量分析方法，通过案例演示给出详细的、可复制的技术路线，每一个操作细节都有清楚的交代，使初学者有章可循、有例可依。对于那些希望学习金融计量分析方法、掌握金融计量分析操作技术并且在将来从事实证研究和实证论文写作的学生，相信会从这本教材的学习中获得较大的帮助。所以，我很高兴地向大家推荐这本《金融计量分析实用教程》。

南京财经大学副校长，博士生导师

前　　言

自 2006 年开始讲授"金融时间序列分析"课程，已经十几个年头了。这期间课程几经演变，从开始的"金融时间序列分析"，到后来的"金融计量学"，再到现在的"金融综合实验分析"，课程名称虽然不同，但就其实质内容而言并没有太大的改变，我对这些课程的思考和探索也一直没有改变。开设的这些课程，不仅仅要为学生分析和解决金融问题提供原理和方法，更要为学生应用这些原理和方法分析和解决金融问题提供具体的、可操作的技术。幸运的是，我所讲授的这些课程的内容能够直接应用到我的科研工作中，这样就多了一些实践、思考和探索，也积累了一些体会和心得。我在指导本科毕业论文和指导研究生过程中发现，尽管学了"计量经济学"，学了"金融时间序列分析"，学了"金融计量学"，但是真正到了进行实证研究和写作论文的时候，很多学生还是无从下手、无章可循，研究过程和行文更是缺乏规范。现有教材对金融计量方法一般只给出原则性的介绍，但实际操作时出现的状况千变万化，对于某些不确定的论断，初学者时常产生困惑，不知如何具体判断。我总想在动手能力和研究规范方面多给同学一些帮助，五年前曾想把自己在多年教学和研究中积累的心得写出来与学生分享，但是由于诸多技术细节的琐碎不知如何简洁表达，几次起笔而又搁下。2019 年年底，一场突如其来的新冠肺炎疫情席卷全国，为了开展在线教学，我对"金融综合实验分析"课程的内容体系和教案进行重新优化和设计，特别是通过精选的案例对金融计量相关分析方法的每一个步骤进行详细说明，形成了现在这本实用教程。

本教程主要针对初接触金融计量分析的本科生，不追求理论体系的完备性，而是循着实证研究的过程和实证论文结构的顺序组织内容；也不追求内容涵盖的广泛性，而是集中于金融领域最基本的两个问题：收益与风险，针对收益的建模和跨市场传导以及风险的建模和跨市场传导展开。如果希望对于金融计量分析的理论有较多了解，可以从本教程最后所开列的参考书目中找到。本教程假定读者具有计量经济学和 EViews 的基础知识，对于相关原理和模型的介绍，控制数学演绎在最低的限度以方便文科背景的学生能够顺利阅读，教程的重点在于为初学者提供基于 EViews 软件进行金融计量分析实际操作的具体指导。尽管本教程从查找数据、图表编辑等这些最简单、最基本的内容入手，但是最后达到了利用 VAR/VEC 模型分析均值溢出效应，利用 VAR－MVGARCH－BEKK 模型分析波动溢出效应，对面板数据模型及分析作了简单介绍。通过这些内容的教学和练习，使学生在基于金融计量的实证研究和论文写作方面得到训练。此外,在某些篇章中还适当介绍了较为深入的分析方法及相关文献,这些内容用"注记"的形式标出,以便那些有兴趣并希望作进一步研究的学生参考。在本书的附录中还给出了 BEKK 和 DCC 模型的 WinRATS 软件的操作方法。因此,就实用价值而言,本教程或许对于某些硕士研究生也会有一定的帮助。

与现有教材不同的是:(1) 本教程按照实证研究过程和实证论文结构组织内容和编排体系,目标更加明确,内容更加实用。(2) 本教程对于金融数据给以足够的重视,编排三个专题(即第 1 篇、第 2 篇、第 3 篇)专门讨论金融数据的获取、处理以及基本的统计检验。(3) 本教程针对每一个计量分析方法,通过案例演示给出详细的、可复制的技术路线,每一个操作细节都有清楚的交代,使初学者有章可循、有例可依。(4) 本教程通过案例贯穿实证论文写作规范(图形表格的编辑、说明和解释,EViews 输出结果的表达和解释等)的介绍和示范,最后通过一个专题讲述"实证研究与实证论文写作",使学生对论文写作及规范有系统的了解和训练。特别是某些建模案例的分析,真实呈现了对于未知问题的探索过程,有助于增强学生对科学研究的过程体验。本教程的体系源于"金融综合实验分析"课程的教学,每一篇是一个实验专题,因此它也可以作为金融实验相关课程的教材。

在这里我要特别感谢南京财经大学副校长华仁海教授。2006 年,他任金融学院分管教学的副院长,安排我首次开设"金融时间序列分析"课程,让我有机会接触金融计量学科的教学,从此结下了不解之缘,这才有了今天本教程的问世。他还在百忙之中欣然为本教程写序。

我要感谢我教过的历届学生,他们的学习兴趣和勤奋努力是我教好这些课程的动力,他们各种各样的问题是我完善和提升这些课程的源泉,他们的每一点进步、收获和成绩使我享受到讲授这些课程的快乐。他们在成长,这些课程也伴随着在成长。所以,我愿意把这个实用教程献给可爱的学生们!

在本教程即将付印之际,我要感谢本书的责任编辑,北京大学出版社姚文海和杨丽明两位老师。本书初稿于 2020 年 10 月被评为"十三五"江苏省高等学校重点教材,需尽快出版。由于时间仓促,初稿存在一些纰漏和错误之处,后经责任编辑多次修改与指正,本书才得以正式出版。二位老师精益求精、追求完美的敬业精神令我感动。正是由于他们的辛勤付出,这本教程才会在这么短的时间里高质量地呈现在读者面前。

由于本人学识所限,尽管做了极大的努力,书中仍难免存在不足甚至错误,敬请读者不吝指正。

顾荣宝
2021 年 7 月

第1篇	认识数据：类型、获取及处理	1
1.1	金融数据的类型和特点	1
1.2	金融数据的获取	7
1.3	金融数据的处理	19
1.4	金融资产的收益率	23

第2篇	金融数据的基本特征及检验	26
2.1	金融数据的描述	26
2.2	金融数据的基本统计特征	36
2.3	金融数据的描述性统计检验	38

第3篇	数据的平稳性检验	58
3.1	认识数据的平稳性	58
3.2	单变量序列模型的平稳性	60
3.3	平稳性的单位根检验	63
3.4	单位根检验结果的表达和解释	71

第4篇	资产收益率的建模与预测	76
4.1	自相关函数与偏自相关函数	76
4.2	ARMA 模型的相关函数	84
4.3	资产收益率的建模	86
4.4	模型的预测	100

第5篇	资产价格的建模与预测	107
5.1	非平稳序列的差分平稳化	107
5.2	ARIMA 模型	108
5.3	ARFIMA 模型	113

第6篇 资产收益率的跨市场传导 122
6.1 向量自回归模型的结构 122
6.2 向量自回归模型的建模 124
6.3 格兰杰因果关系检验 132

第7篇 收益率跨市场传导的定量分析 139
7.1 脉冲响应函数分析 139
7.2 方差分解分析 147
7.3 Granger 因果关系检验的推广 151

第8篇 资产价格的长期均衡分析 157
8.1 协整思想 157
8.2 协整概念 158
8.3 协整的检验方法 159
8.4 误差修正模型 169
8.5 非协整的价格序列建模和分析 180

第9篇 资产收益率的波动建模 186
9.1 资产风险的描述 186
9.2 条件异方差模型 187
9.3 ARCH 类模型的建模 191

第10篇 波动模型的应用 213
10.1 收益率波动序列的生成 213
10.2 收益率波动的预测 217
10.3 收益率波动的溢出效应 220
10.4 GARCH 模型在风险管理中的应用——VaR 值的计算 223

第11篇 收益率波动的跨市场传导 230
11.1 向量 GARCH 模型的结构 230
11.2 向量 GARCH 模型的建模 234
11.3 收益率序列的波动溢出效应 242

第12篇 面板数据模型与建模 253
12.1 面板数据模型类型 253
12.2 面板数据建模 255

第 13 篇　面板数据模型的相关检验 …… 273
　13.1　面板模型的识别 …… 273
　13.2　面板数据的单位根检验 …… 277
　13.3　面板数据的协整检验 …… 282

第 14 篇　实证研究与实证论文写作 …… 293
　14.1　实证研究 …… 293
　14.2　选题 …… 294
　14.3　实证论文的写作 …… 295
　14.4　几个注意的问题 …… 298

附录　多变量 BEKK 模型估计的 WinRATS 软件操作 …… 300

参考书目 …… 317

第 1 篇

认识数据：类型、获取及处理

金融数据是金融计量分析的基础。

金融数据有哪些类型？如何获得计量分析所需的金融数据？这些数据需要如何处理？这是我们在对金融问题进行分析之前所面临的基本问题。

> **通过本篇你可以了解**
> - 金融数据的类型和特点
> - 如何获得金融数据
> - 对数据需要作哪些处理
> - 金融资产的收益率

1.1 金融数据的类型和特点

1.1.1 金融数据的类型

一般地，金融数据有以下三种类型：

(1) 横截面数据

(2) 时间序列数据

(3) 面板数据

1.1.1.1 横截面数据

横截面数据是指由若干现象在某一时点上所处状态形成的数据，又称为静态数据。它反映一定时间、地点等客观条件下诸现象之间存在的内在数值联系。

举例如下：

(1) 2020 年 9 月 18 日沪深股市所有股票的收盘价（见图 1.1）

徽赢PC 现代版 首页 行情 交易 资讯 商城 业务办理 智能华安

行情报价 资金驱动力 资金博弈

	代码	名称		涨幅%	现价	涨跌	买价	卖价	总量	现量	涨速%
1	000001	平安银行	R	3.21	16.07	0.50	16.07	16.08	137.3万	61417	0.00
2	000002	万科A	R	4.42	29.30	1.24	29.30	29.31	161.5万	66835	0.27
3	000004	国农科技		0.08	24.76	0.02	24.76	24.77	69390	423	0.08
4	000005	世纪星源		1.44	2.82	0.04	2.81	2.82	113584	1648	0.00
5	000006	深振业A	R	10.03	6.47	0.59	6.47	--	665557	346	0.00
6	000007	全新好		0.65	9.23	0.06	9.23	9.24	60576	278	0.11
7	000008	神州高铁	R	1.33	3.04	0.04	3.03	3.04	165504	13590	0.00
8	000009	中国宝安	R	1.47	7.57	0.11	7.57	7.58	575480	31895	0.53
9	000010	美丽生态		1.20	4.23	0.05	4.22	4.23	32786	1219	0.24
10	000011	深物业A		10.02	18.67	1.70	18.67	--	247248	239	0.00
11	000012	南玻A	R	2.58	5.56	0.14	5.56	5.57	232896	3790	0.00
12	000014	沙河股份		10.02	11.20	1.02	11.20	--	75869	188	0.00
13	000016	深康佳A	R	2.53	6.88	0.17	6.87	6.88	245059	3086	0.15
14	000017	*ST中华A		2.02	2.53	0.05	2.53	2.54	31267	1049	0.00
15	000019	深粮控股		3.67	9.04	0.32	9.03	9.04	113283	899	0.00
16	000020	深华发A		2.99	13.07	0.38	13.07	13.08	36442	444	0.31
17	000021	深科技	R	1.81	21.42	0.38	21.42	21.43	178852	5957	0.00
18	000023	深天地A		3.97	16.48	0.63	16.48	16.54	22485	335	-0.41
19	000025	特力A	R	3.01	22.59	0.66	22.59	22.60	128086	2870	-0.03
20	000026	飞亚达		4.36	18.21	0.76	18.21	18.22	66549	1533	0.66

图 1.1

（资料来源：“华安证券”徽赢 PC 软件）

（2）2020 年 9 月 18 日人民币兑各外币的汇率（见图 1.2）

CNY - 人民币

名称	名称	卖价	买价	最高	最低
澳大利亚元/人民币	AUD/CNY	4.9335	4.9375	4.9620	4.9324
加拿大元/人民币	CAD/CNY	5.1242	5.1281	5.1509	5.1248
瑞士法郎/人民币	CHF/CNY	7.4221	7.4285	7.4545	7.4233
人民币/丹麦克朗	CNY/DKK	0.9279	0.9286	0.9299	0.9257
人民币/港币	CNY/HKD	1.1446	1.1452	1.1480	1.1436
人民币/日元	CNY/JPY	15.4421	15.4547	15.5230	15.3953
人民币/南非兰特	CNY/ZAR	2.4101	2.4144	2.4124	2.3797
丹麦克朗/人民币	DKK/CNY	1.0769	1.0777	1.0804	1.0754
欧元/人民币	EUR/CNY	8.0114	8.0183	8.0376	8.0005
英镑/人民币	GBP/CNY	8.7402	8.7476	8.7931	8.7426
港币/人民币	HKD/CNY	0.8732	0.8737	0.8744	0.8711
印尼盾/人民币	IDR/CNY	0.04592	0.04596	0.04599	0.04553
印度卢比/人民币	INR/CNY	0.0920	0.0922	0.0923	0.0917
日元/人民币	JPY/CNY	0.06467	0.06483	0.06496	0.06442
韩元/人民币	KRW/CNY	0.5803	0.5818	0.5831	0.5782
马来西亚林吉特/...	MYR/CNY	1.6438	1.6467	1.6471	1.6344
新西兰元/人民币	NZD/CNY	4.5735	4.5779	4.5949	4.5648
新加坡元/人民币	SGD/CNY	4.9750	4.9813	4.9913	4.9754

图 1.2

（资料来源：英为财情网，https：//cn. investing. com）

（3）2020 年 9 月 18 日 Shibor 各期限品种利率（见图 1.3）

第 1 篇　认识数据：类型、获取及处理

图 1.3

（资料来源：上海银行间同业拆放利率网，http://www.shibor.org）

研究横截面数据的主要方法是多元统计分析。

1.1.1.2　时间序列数据

时间序列数据是指由某一现象或某几个现象在不同时点上的状态所形成的数据，又称为动态数据。它反映的是现象的动态变化规律。

举例如下：

（1）宏观经济时间序列数据（见图1.4）

① 中国居民消费价格指数（CPI）（见图1.4（a））

② 中国采购经理人指数（PMI）（见图1.4（b））

③ 中国国内生产总值（GDP）（见图1.4（c））

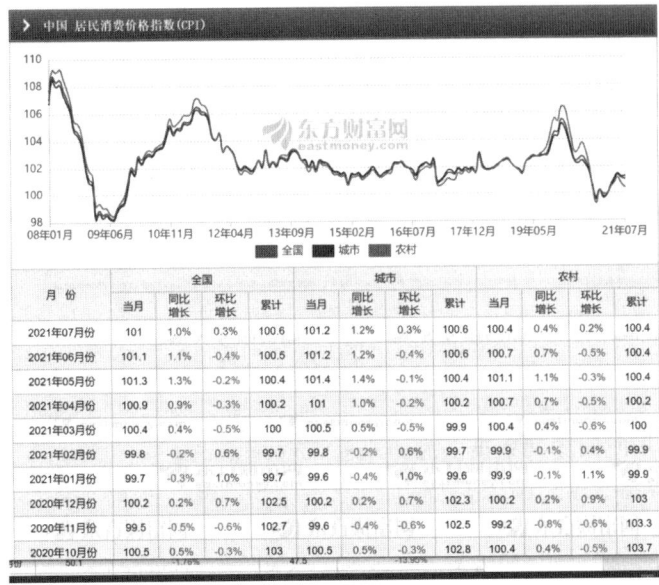

(a)

· 3 ·

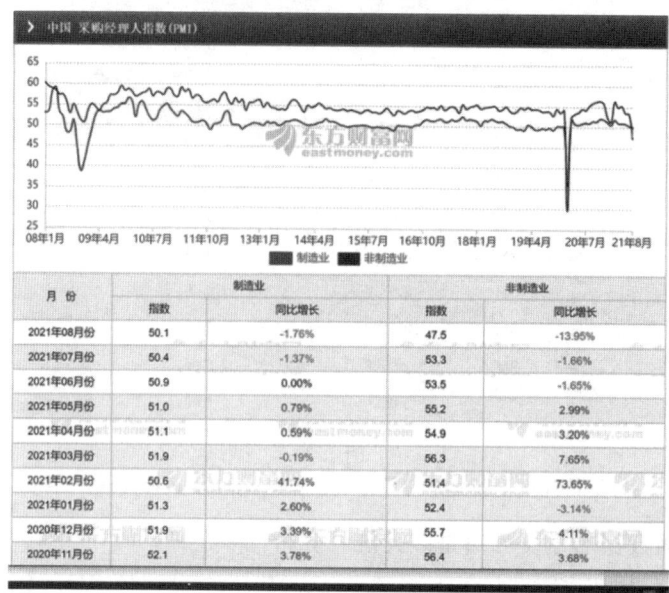

(b)

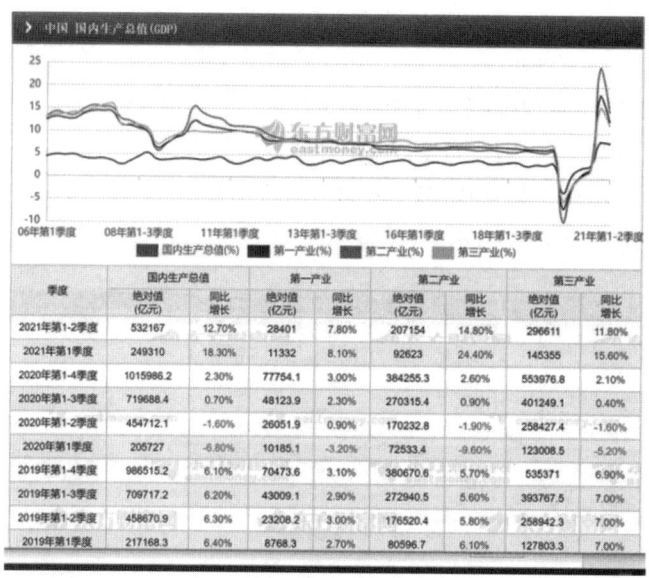

(c)

图 1.4

(资料来源：东方财富网，http://data.eastmoney.com/cjsj/cpi.html)

(2) 金融市场时间序列数据（见图 1.5）

① 上海证券指数（见图 1.5 (a)）

② 美国标准普尔 500 指数期货（见图 1.5 (b)）

③ 美元兑人民币汇率（见图 1.5 (c)）

上证指数历史数据

时间范围: 每日　　下载数据

日期	收盘	开盘	高	低
2020年4月17日	2,838.49	2,835.56	2,854.96	2,830.
2020年4月16日	2,819.94	2,798.43	2,823.34	2,796.
2020年4月15日	2,811.17	2,826.66	2,829.75	2,808.
2020年4月14日	2,827.28	2,794.80	2,827.30	2,789.
2020年4月13日	2,783.05	2,784.60	2,792.89	2,774.
2020年4月10日	2,796.63	2,827.19	2,833.01	2,789.
2020年4月9日	2,825.90	2,825.84	2,832.40	2,820.
2020年4月8日	2,815.37	2,805.92	2,823.21	2,800.
2020年4月7日	2,820.76	2,806.97	2,823.28	2,801.
2020年4月3日	2,763.99	2,773.58	2,780.59	2,754.
2020年4月2日	2,780.64	2,720.23	2,780.64	2,719.
2020年4月1日	2,734.52	2,743.54	2,773.36	2,731.
2020年3月31日	2,750.30	2,767.31	2,771.17	2,743.
2020年3月30日	2,747.21	2,739.72	2,759.10	2,723.
2020年3月27日	2,772.20	2,792.98	2,805.55	2,771.
2020年3月26日	2,764.91	2,761.90	2,788.50	2,753.
2020年3月25日	2,781.59	2,775.30	2,788.64	2,757.
2020年3月24日	2,722.44	2,703.02	2,723.41	2,667.
2020年3月23日	2,660.17	2,677.59	2,703.33	2,656.
2020年3月20日	2,745.62	2,727.02	2,751.90	2,702.
2020年3月19日	2,702.13	2,719.41	2,736.82	2,646.

(a)

美国标普500期货历史数据

时间范围: 每日　　下载数据

日期	收盘	开盘	高	低
2020年4月17日	2,870.00	2,863.00	2,885.00	2,821.
2020年4月16日	2,787.50	2,767.75	2,831.50	2,746.
2020年4月15日	2,775.00	2,843.75	2,845.50	2,751.
2020年4月14日	2,843.00	2,760.00	2,846.00	2,752.
2020年4月13日	2,759.25	2,811.00	2,819.50	2,711.
2020年4月10日	2,787.25	2,787.25	2,787.25	2,787.
2020年4月9日	2,779.75	2,737.75	2,809.50	2,701.
2020年4月8日	2,735.00	2,640.50	2,752.50	2,620.
2020年4月7日	2,642.00	2,645.50	2,750.00	2,623.
2020年4月6日	2,644.50	2,485.00	2,668.50	2,484.
2020年4月3日	2,482.75	2,513.75	2,529.50	2,449.
2020年4月2日	2,516.50	2,459.00	2,525.00	2,424.
2020年4月1日	2,448.00	2,562.00	2,562.25	2,434.
2020年3月31日	2,569.75	2,613.25	2,635.75	2,555.
2020年3月30日	2,611.25	2,459.00	2,621.75	2,445.
2020年3月27日	2,524.00	2,627.75	2,634.50	2,505.
2020年3月26日	2,608.00	2,471.00	2,625.75	2,402.
2020年3月25日	2,467.00	2,442.75	2,560.75	2,386.
2020年3月24日	2,438.00	2,233.25	2,447.75	2,230.
2020年3月23日	2,220.50	2,220.25	2,386.00	2,174.
2020年3月20日	2,437.98	2,364.25	2,512.75	2,346.

(b)

USD/CNY历史数据

时间范围: 每日　　下载数据　　2020/0

日期	收盘	开盘	高	低
2020年4月17日	7.0731	7.0678	7.0832	7.06
2020年4月16日	7.0798	7.0723	7.0840	7.06
2020年4月15日	7.0676	7.0476	7.0686	7.04
2020年4月14日	7.0486	7.0500	7.0629	7.04
2020年4月13日	7.0526	7.0360	7.0570	7.03
2020年4月10日	7.0360	7.0475	7.0483	7.02
2020年4月9日	7.0432	7.0645	7.0743	7.03
2020年4月8日	7.0660	7.0621	7.0738	7.05
2020年4月7日	7.0458	7.0870	7.0873	7.04
2020年4月3日	7.0928	7.0887	7.0994	7.08
2020年4月2日	7.0841	7.1165	7.1283	7.08
2020年4月1日	7.1001	7.0825	7.1088	7.07
2020年3月31日	7.0825	7.0965	7.1019	7.08
2020年3月30日	7.1003	7.0963	7.1051	7.08
2020年3月27日	7.0963	7.0630	7.0998	7.05
2020年3月26日	7.0735	7.0949	7.1220	7.06
2020年3月25日	7.1148	7.0631	7.1180	7.04
2020年3月24日	7.0630	7.0870	7.0928	7.05
2020年3月23日	7.0925	7.0997	7.1232	7.07
2020年3月20日	7.0960	7.1075	7.1076	7.05

(c)

图 1.5

（资料来源：英为财情网，https：//cn. investing. com）

研究时间序列数据的主要方法是时间序列分析。

1.1.1.3　面板数据

所谓面板数据（panel data），是指在时间序列上取多个截面，在这些截面上同时选取样本观测值所构成的数据，也称为时间序列—截面数据或平行数据。

公司金融领域的研究大多是面板数据，其特点是：变量多、数据短。
举例如下：

（1）城市商业银行 2015—2019 年的存款余额（见表 1.1）

表 1.1　城市商业银行 2015—2019 年的存款余额　　　　（单位：亿元）

	2015 年	2016 年	2017 年	2018 年	2019 年
北京银行	10223	11509	12687	13860	15290
上海银行	7926	8490	9235	10424	11860
天津银行	3347	3408	3289	3428	3510
南京银行	4978	6477	7226	7705	8499
杭州银行	3210	3683	4486	5328	6139
宁波银行	3714	5114	5653	6467	7715
九江银行	1005	1456	1796	2179	2553
徽商银行	3592	4620	5128	5659	5938
浙商银行	5160	7362	8606	9747	11437
渤海银行	4094	4901	5821	6067	6477
……	……	……	……	……	……

（资料来源：各银行年报）

（2）近年来我国对东盟 10 国进出口贸易总额（见图 1.6）

	A	B	C	D	E	F	G	H
数据库：年度数据			时间：最近20年		数据来源：国家统计局			
时间	文莱进出口总额	万缅甸进出口总额	万柬埔寨进出口总额	度尼西亚进出口总额	万老挝进出口总额	马来西亚进出口总额	菲律宾进出口总额
1999年	810	50821	16012	482998	3172	527934	2286
2000年	7437	62126	22355	746377	4084	804487	3141
2001年	16539	63154	24041	672461	6187	942547	3565
2002年	26283	86164	27611	793480	6396	1427051	5259
2003年	34626	107974	32065	1022886	10944	2012730	9399
2004年	29895	114538	48171	1347209	11354	2626080	13328
2005年	26087	120925	56334	1678733	12893	3069956	17557
2006年	31494	146007	73286	1905546	21836	3710951	23412
2007年	35876	207784	93399	2499751	26386	4638632	30615
2008年	21943	262532	113437	3151605	40237	5355657	28636
2009年	42244	290012	94415	2838876	75180	5196769	20539
2010年	103194	444207	144097	4275028	108512	7424884	27762
2011年	131121	650140	249911	6055462	130088	9002270	32247
2012年	162554	697194	292343	6623408	172078	9483205	36375
2013年	179358	1019556	377314	6835475	273266	10608338	38049
2014年	193653	2496893	375765	6354485	361736	10200563	44457
2015年	150857	1510021	442999	5422816	277310	9725772	45636
2016年	73257	1228639	476067	5354016	234671	8694141	47238
2017年	98940	1347481	579078	6333169	302435	9613842	51305
2018年	183946	1523211	738346	7734718	347215	10858093	55648

图 1.6

（资料来源：国家数据网，https：//data.stats.gov.cn/）

根据面板数据，既能考察变量随时间的变化，又能分析变量的横向变化，因此对金融问题的分析更加全面。

研究面板数据的主要方法是面板模型分析。

本教程研究的数据主要是金融数据，是时间序列数据。这里的金融数据主要是金融市场交易系统所记载的交易数据，如股票市场交易数据、外汇市场交易数据、期货市场交易数据等。

1.1.2 金融数据的特点

与宏观经济数据相比，金融数据有着明显的不同，主要有以下几个方面：

（1）金融数据有比宏观数据更高的频率和更大的样本

宏观经济数据通常是月度、季度或年度数据，频率较低，样本较小，有时会导致"小样本问题"。而金融数据，如资产价格和收益率，可以有月数据、周数据和日数据，以及5分钟甚至更高频率的数据，样本可以成千上万。

（2）金融数据有比宏观数据更高的精确度

宏观经济数据通常是测算和估计出来的，不可避免会有一定偏差。金融数据通常是电子交易系统适时记录下来的，相对比较准确。

（3）金融数据大多为非平稳数据且不服从正态分布，不符合传统经济计量建模的前提条件

正是金融数据有着许多自身的特点，使得金融计量分析有着与一般经济计量分析不同的方法。

1.2 金融数据的获取

对于金融数据，我们追求的是客观、真实、准确。从某种意义上说，金融数据是金融计量分析的"生命"，因此，获得真实准确的金融数据至关重要。

金融计量分析需要大量的数据，有些是微观的金融数据，有些是宏观的金融数据或者宏观的经济数据，不同类型的数据获取方式不尽相同。

宏观经济数据主要从国家统计局的"国家数据库"中获得，也可从各省市的统计年鉴中获取该省市更详细的宏观数据。世界银行所公布的数据通常被认为是比较权威的，相应的计量分析结果也比较有说服力。联合国统计署的数据当然也是权威的。一些国际组织和机构的数据库提供大量的宏观和微观数据。专门从事信息搜集和整理的信息公司或数据公司通过有偿服务的方式为客户提供经济和金融数据，如CSMA、Reset、国泰安等。大学图书馆和相关实验室购买了各种各样的经济和金融数据库，使用方便且免费。Wind是一个专门的金融数据库，有国际和国内股票、债券、基金、外汇，以及大宗商品市场的现货和期货市场数据。各证券交易所、股票软件及财经网站也提供证券市场的各类金融数据。

国际组织和金融机构网址如表1.2所示。

表 1.2　国际组织和金融机构网址

名称	网址
世界银行	http://www.worldbank.org
联合国统计署	https://unstats.un.org
国际清算银行（BIS）	http://www.bis.org
国际货币基金组织（IMF）	http://www.imf.org
欧洲中央银行（ECB）	http://www.ecb.europa.eu
亚洲开发银行（ADB）	http://www.adb.org
美国联邦储备银行	http://www.federalreserve.gov
英格兰银行	http://www.bankofengland.co.uk
日本银行	http://www.boj.or.jp
中国人民银行	http://www.pbc.gov.cn
纽约证券交易所	http://www.nyse.com
伦敦证券交易所	http://www.Londonstockexchange.com
东京证券交易所	http://www.tse.or.jp
上海证券交易所	http://www.sse.com.cn
深圳证券交易所	http://www.szse.cn
国家统计局	http://www.stats.gov.cn
上海银行间同业拆借利率	http://www.shibor.org

实际上，这些网址我们并不需要记忆，通过百度网站可以方便地搜索到这些机构以及它们的数据库。

1.2.1　国际宏观经济数据

1.2.1.1　世界银行数据库

世界银行（World Bank）（见图 1.7）是世界银行集团的简称，由国际复兴开发银行、国际开发协会、国际金融公司、多边投资担保机构和国际投资争端解决中心五个成员机构组成，成立于 1945 年，1946 年 6 月开始营业。

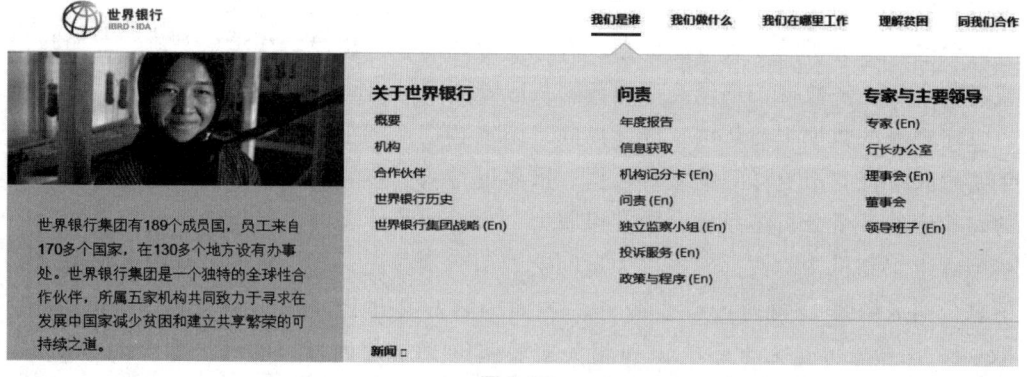

图 1.7

世界银行公开数据(data.worldbank.org.cn)(见图 1.8)列出了世界银行数据库的 7000 多个指标，所有用户都可以免费使用和分享数据，可以按照国家、指标、专题和数据目录浏览数据。

图 1.8

1.2.1.2 数据的浏览

(1) 按国家浏览数据：国家页面列出了所有人口数量在 3 万人以上的经济体以及更小的经济体(均为世界银行的成员体)。

(2) 按专题浏览数据：专题页面按照字顺列出了一系列经济发展专题，用户可以选择 16 个专题中的任何一个，点击后可浏览所选专题的相关信息。

(3) 按指标浏览数据：用户从目录中选择一项指标，点击进入页面，就能浏览该指标的详细说明和 200 多个国家的指标数据。页面中显示的数据是近期以及前 4 年的现有数据。

案例 1 查询东盟各国 GDP 数据。

(1) 打开世界银行公开数据（见图 1.9）

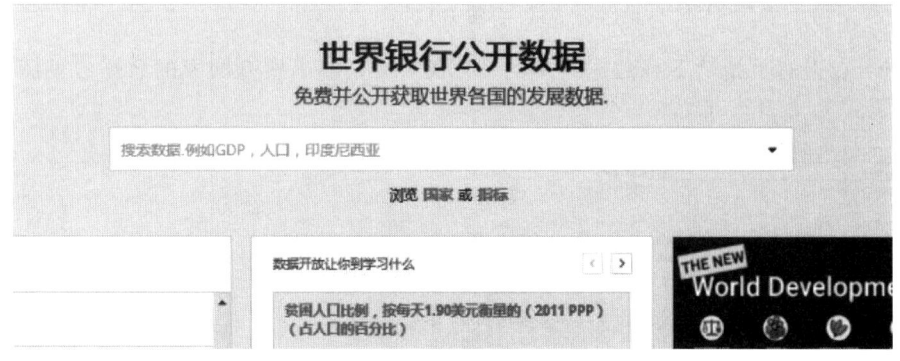

图 1.9

(2) 选择浏览指标（见图 1.10）

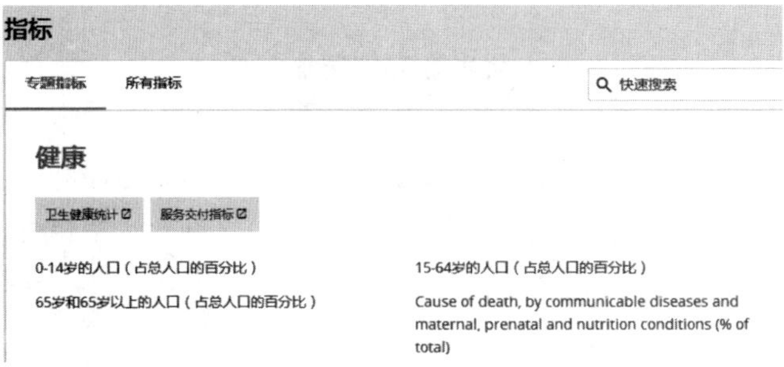

图 1.10

（3）下拉到“经济与增长”专题（见图 1.11）

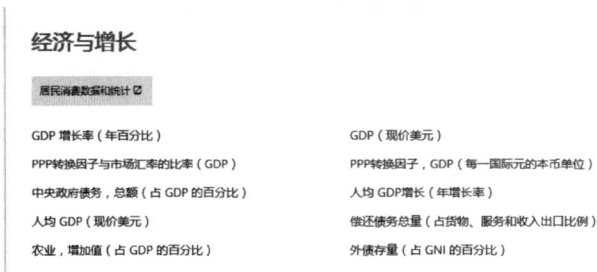

图 1.11

（4）点击“GDP（现价美元）”（见图 1.12）

图 1.12

（5）点击右下角“下载数据”中的“EXCEL”，输出所有国家的数据（见图 1.13）

A1 Data Source

	A	B	C	D	E	F	G	H	I	
1	Data Source	世界发展指标								
2	Last Updated Date	2018/11/14								
3										
4	Country Name	Country Code	Indicator Name	Indicator Code	1960	1961	1962	1963	1964	1965
5	阿鲁巴	ABW	GDP 增长率（年百分比）	NY.GDP.MKTP.KD.ZG						
6	阿富汗	AFG	GDP 增长率（年百分比）	NY.GDP.MKTP.KD.ZG						
7	安哥拉	AGO	GDP 增长率（年百分比）	NY.GDP.MKTP.KD.ZG						
8	阿尔巴尼亚	ALB	GDP 增长率（年百分比）	NY.GDP.MKTP.KD.ZG						
9	安道尔共和国	AND	GDP 增长率（年百分比）	NY.GDP.MKTP.KD.ZG						
10	阿拉伯联盟国家	ARB	GDP 增长率（年百分比）	NY.GDP.MKTP.KD.ZG						
11	阿拉伯联合酋长国	ARE	GDP 增长率（年百分比）	NY.GDP.MKTP.KD.ZG						
12	阿根廷	ARG	GDP 增长率（年百分比）	NY.GDP.MKTP.KD.ZG		5.42784288	-0.85202152	-5.30819683	10.13029766	10.5
13	亚美尼亚	ARM	GDP 增长率（年百分比）	NY.GDP.MKTP.KD.ZG						
14	美属萨摩亚	ASM	GDP 增长率（年百分比）	NY.GDP.MKTP.KD.ZG						
15	安提瓜和巴布达	ATG	GDP 增长率（年百分比）	NY.GDP.MKTP.KD.ZG						
16	澳大利亚	AUS	GDP 增长率（年百分比）	NY.GDP.MKTP.KD.ZG		2.485605037	1.29647769	6.214278414	6.978723719	5.98
17	奥地利	AUT	GDP 增长率（年百分比）	NY.GDP.MKTP.KD.ZG		5.537979317	2.648675113	4.138267582	6.124353738	3.48

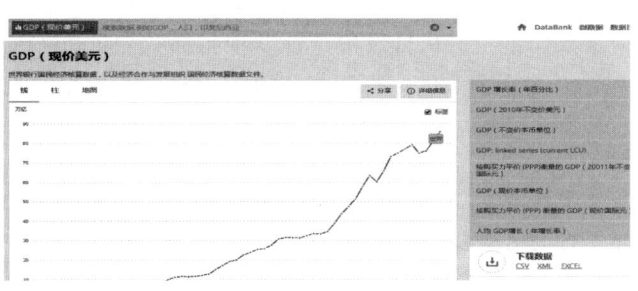

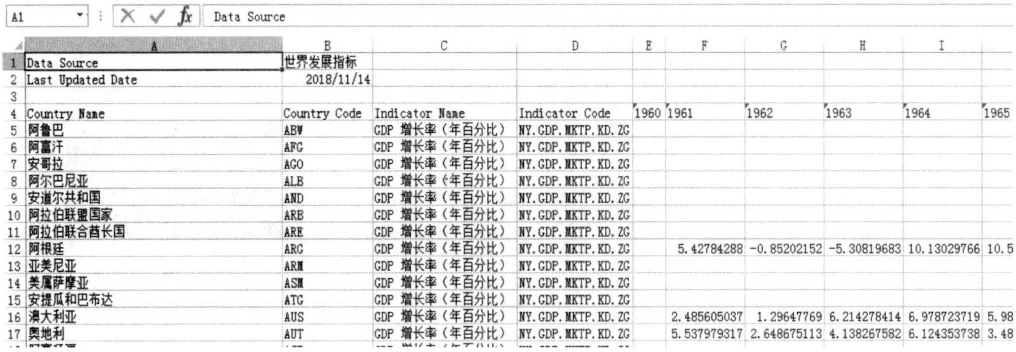

图 1.13

(6) 从中挑出东盟 10 国 GDP 数据（见图 1.14）

Country Name	Country Code	Indicator Name	Indicator Code	1960	1961	1962	1963	1964
文莱达鲁萨兰国	BRN	GDP（现价美元）	NY.GDP.MKTP.CD					
印度尼西亚	IDN	GDP（现价美元）	NY.GDP.MKTP.CD					
柬埔寨	KHM	GDP（现价美元）	NY.GDP.MKTP.CD	637142865.7	642857134.3	660000008.6	728571437.1	782857
老挝	LAO	GDP（现价美元）	NY.GDP.MKTP.CD					
缅甸	MMR	GDP（现价美元）	NY.GDP.MKTP.CD					
马来西亚	MYS	GDP（现价美元）	NY.GDP.MKTP.CD	1916241997	1901868548	2001502679	2510126748	26744
菲律宾	PHL	GDP（现价美元）	NY.GDP.MKTP.CD	6684568805	7256966966	4399827768	4875309866	52714
新加坡	SGP	GDP（现价美元）	NY.GDP.MKTP.CD	704462302.4	764308114.5	825885273.7	917222004.4	893734
泰国	THA	GDP（现价美元）	NY.GDP.MKTP.CD	2760747472	3034043574	3308912797	3540403457	38891
越南	VNM	GDP（现价美元）	NY.GDP.MKTP.CD					

图 1.14

注意：这里下载的数据是行数据，为了以后分析的方便，需要将行数据转换成列数据（参见下节数据的处理）。

1.2.2 国内宏观经济数据

国家数据库（data.stats.gov.cn）是国家统计数据库，里面包含的数据十分广泛（见图 1.15），有月度数据、季度数据、年度数据和普查数据，还有分省和主要城市等的地区数据（见图 1.16）。

图 1.15

图 1.16

国家数据库也包括许多国际数据（见图 1.17），从中可以很方便地查询各国的宏观数据（见图 1.18）。

图 1.17

图 1.18

此外,国家数据库还包含一些国际组织网站(见图 1.19)以及各国统计网站(见图 1.20)。

图 1.19

图 1.20

案例 2 下载中国与东盟各国的进出口额数据。

(1) 打开国家数据网页,点击"年度数据\高级查询"(见图 1.21)

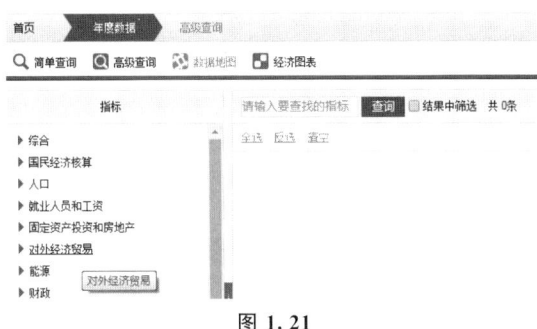

图 1.21

(2) 点击"对外经济贸易\同各国(地区)海关货物进出口总额\进出口总额"(见图 1.22)

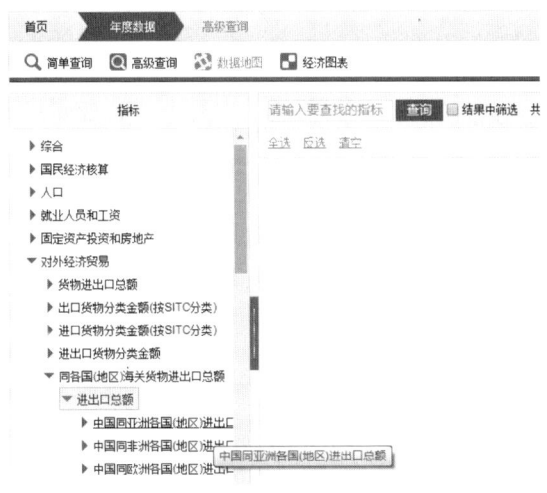

图 1.22

(3) 点击"中国同亚洲各国(地区)进出口总额",选中东盟 10 国(见图 1.23)

图 1.23

（4）设定查询时间为"最近 20 年"（见图 1.24）

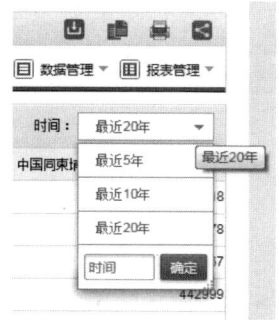

图 1.24

（5）点击"确定"查询数据，输出查询结果（见图 1.25）

时间	中国同文莱进出口总额(万美元)	中国同缅甸进出口总额(万美元)	中国同柬埔寨进出口总额(万美元)
2018年	183946	1523211	738418
2017年	98940	1347481	579078
2016年	73257	1228639	476067
2015年	150857	1510021	442999
2014年	193653	2496893	375765
2013年	179358	1019556	377314
2012年	162554	697194	292343
2011年	131121	650140	249911
2010年	103194	444207	144097
2009年	42244	290012	94415

图 1.25

（6）点击图 1.25 中的下载按钮"⬇"，出现方框（见图 1.26）

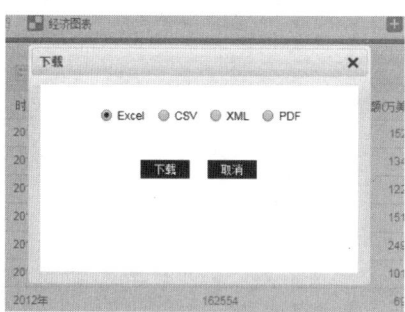

图 1.26

（7）点击"下载"，默认输出 Excel 表格（见图 1.27）

图 1.27

（8）如果输出行数据（见图 1.28）

图 1.28

(9) 点击"报表管理\转置",即输出列数据(见图 1.29)

时间	中国同文莱进出口总额(万美元)	中国同缅甸进出口总额(万美元)	中国同柬埔寨进出口总额(万美元)
2018年	183946	1523211	738418
2017年	98940	1347481	579078
2016年	73257	1228639	476067
2015年	150857	1510021	442999
2014年	193653	2496893	375765
2013年	179358	1019556	377314
2012年	162554	697194	292343
2011年	131121	650140	249911
2010年	103194	444207	144097
2009年	42244	290012	94415
2008年	21943	262532	113437
2007年	35876	207784	93399

图 1.29

1.2.3　学会网络学习

1.2.3.1　查找美元兑各国货币的汇率数据

(1) 在百度搜索栏中输入"美元历史数据"(见图 1.30)

图 1.30

(2) 英为财情网(cn.investing.com)(见图 1.31)

该网站包含股票、债券、外汇、商品等众多市场的信息和数据,而且该网站可以免费下载数据。

第 1 篇　认识数据：类型、获取及处理

图 1.31

案例 3　下载美元兑人民币汇率 2010 年 1 月 1 日至 2020 年 2 月 16 日的收盘价数据。

（1）打开"英为财情\汇率\单一货币"（见图 1.32）

图 1.32

（2）点击"美元/人民币"（见图 1.33）

图 1.33

（3）点击“历史数据”，并在页面上设置频率、起止时间（见图 1.34）

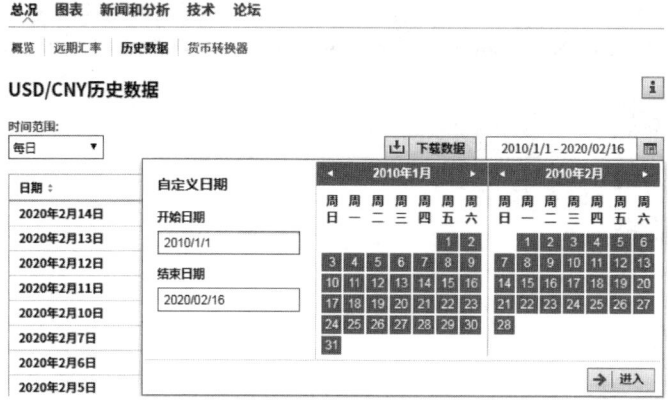

图 1.34

（4）点击“进入”，输出数据（见图 1.35）

USD/CNY 6.9869 +0.0110 (+0.16%)

时间范围: 每日　　下载数据　　2010/01/01 - 2020/02/16

日期	收盘	开盘	高	低	涨跌幅
2020年2月14日	6.9869	6.9734	6.9879	6.9734	0.14%
2020年2月13日	6.9770	6.9736	6.9862	6.9724	0.07%
2020年2月12日	6.9719	6.9672	6.9771	6.9592	0.08%
2020年2月11日	6.9660	6.9834	6.9834	6.9595	-0.26%
2020年2月10日	6.9844	7.0001	7.0038	6.9772	-0.24%
2020年2月7日	7.0015	6.9776	7.0020	6.9759	0.44%
2020年2月6日	6.9707	6.9749	6.9829	6.9563	-0.04%
2020年2月5日	6.9738	6.9978	7.0088	6.9668	-0.35%

图 1.35

（5）点击“下载数据”，得到 Excel 表格（见图 1.36）

A1　　fx　日期

	A	B	C	D	E	F	G
1	日期	收盘	开盘	高	低	涨跌幅	
2	2020年2月14日	6.9869	6.9734	6.9879	6.9734	0.14%	
3	2020年2月13日	6.977	6.9736	6.9862	6.9724	0.07%	
4	2020年2月12日	6.9719	6.9672	6.9771	6.9592	0.08%	
5	2020年2月11日	6.966	6.9834	6.9834	6.9595	-0.26%	
6	2020年2月10日	6.9844	7.0001	7.0038	6.9772	-0.24%	
7	2020年2月7日	7.0015	6.9776	7.002	6.9759	0.44%	
8	2020年2月6日	6.9707	6.9749	6.9829	6.9563	-0.04%	
9	2020年2月5日	6.9738	6.9978	7.0088	6.9668	-0.35%	
10	2020年2月4日	6.9985	7.0213	7.0213	6.9871	-0.33%	
11	2020年2月3日	7.0215	6.9371	7.0256	6.9371	1.22%	
12	2020年1月31日	6.9367	6.9367	6.9367	6.9367	0.00%	
13	2020年1月30日	6.9367	6.9367	6.9367	6.9367	0.00%	
14	2020年1月29日	6.9367	6.9367	6.9367	6.9367	0.00%	
15	2020年1月28日	6.9367	6.9367	6.9367	6.9367	0.00%	
16	2020年1月27日	6.9367	6.9367	6.9367	6.9367	0.00%	

图 1.36

注意：这个 Excel 表格的汇率数据是按时间逆序排列，应当改为按时间顺序排列。

1.2.3.2 Excel 表格的排序

(1) 选定时间列,点击右上角"排序和筛选"(见图 1.37)

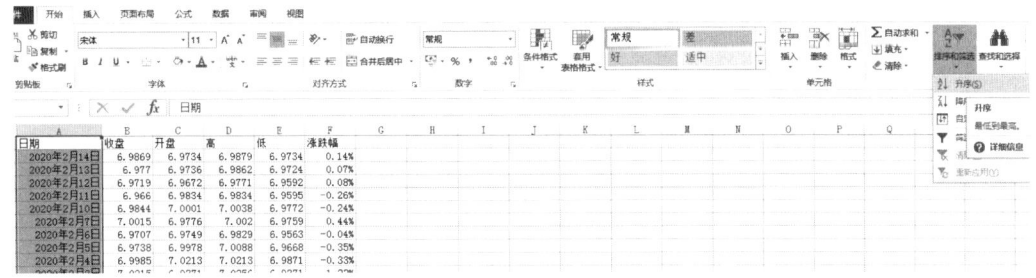

图 1.37

(2) 点击"升序",默认对话框中的"扩展选定区域"(见图 1.38)

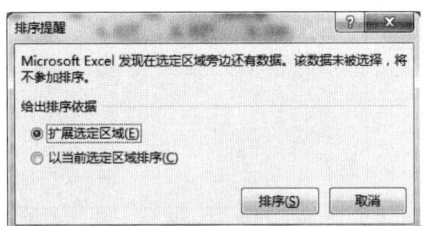

图 1.38

(3) 点击"排序",即得到按时间顺序排列的汇率数据(见图 1.39)

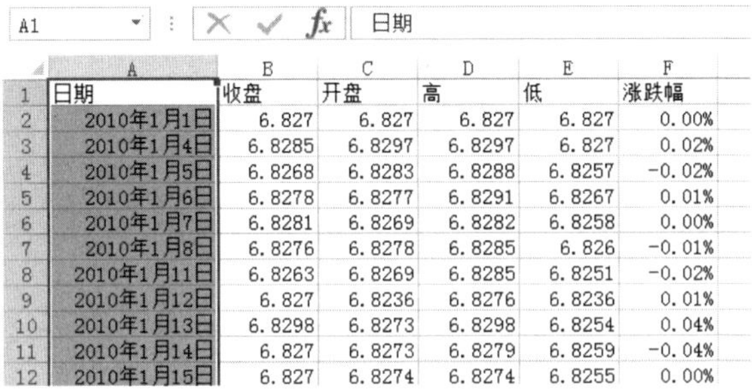

图 1.39

> **注记**:学会网络学习并不仅仅是寻找数据,一些新的计量分析方法及其软件操作等都可以通过网络学习获得(见本书附录)。然而,网络上信息繁多,真伪并存,我们不仅要学会查找,更要学会辨析、筛选和提炼。

1.3 金融数据的处理

对于下载的某些金融数据,并不是拿来就可以直接进行金融计量分析的,有时候需要进行一些处理。以下介绍几种常见的处理方法:

1.3.1　Excel 中行数据到列数据的转换

有些数据下载的 Excel 表格是以"行数据"的形式出现的（如案例 1 中东盟国家的 GDP 数据），要导入 EViews 需要转换为"列数据"，可采用以下方法转换：

（1）选中待转换的行数据，点击"Ctrl+C"将其复制（见图 1.40）

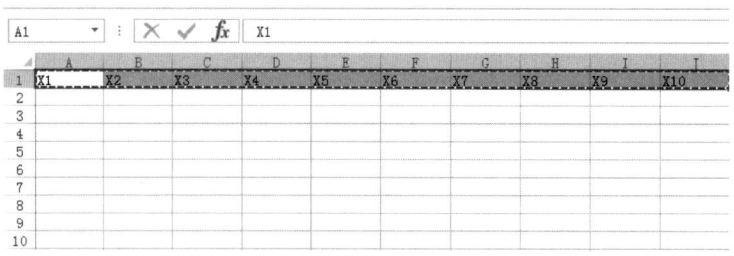

图 1.40

（2）在行数据之外击活任意一个单元格并点击右键，点击"选择性粘贴"（见图 1.41）

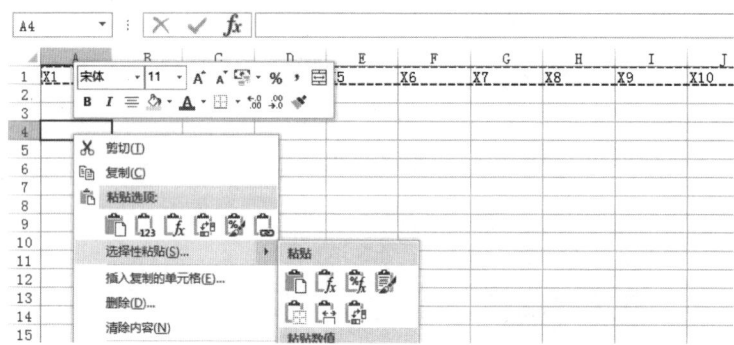

图 1.41

（3）在弹出的对话框中勾选下方的"转置"按钮（见图 1.42）

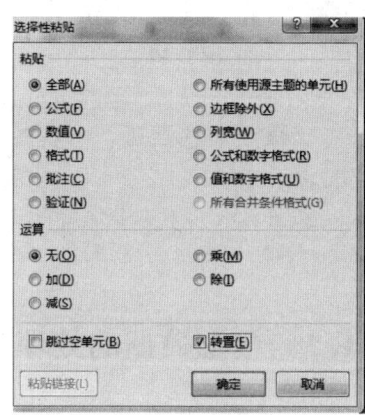

图 1.42

(4) 点击"确定",即得到列数据(见图1.43)

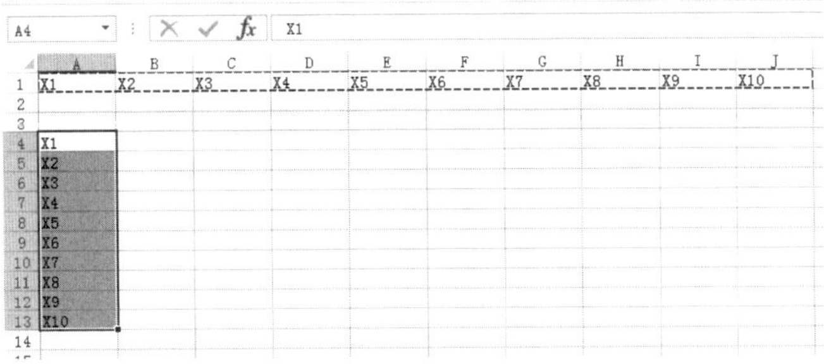

图 1.43

1.3.2 数据的扩张或压缩

在研究多组数据时,如果数据的量级相差过大,那么在同一张图里作出它们的数据图,可能无法直观显示这些数据走势之间的关联。这时,我们可以将其中某些数据乘以或除以某一正数来扩张或压缩,以使这些数据的量级相当,参见图1.44,其中,图1.44(b)经过扩张处理:$CNY1=CNY\times10$,$BRL1=BRL\times10$,$ZAR1=ZAR\times5$。

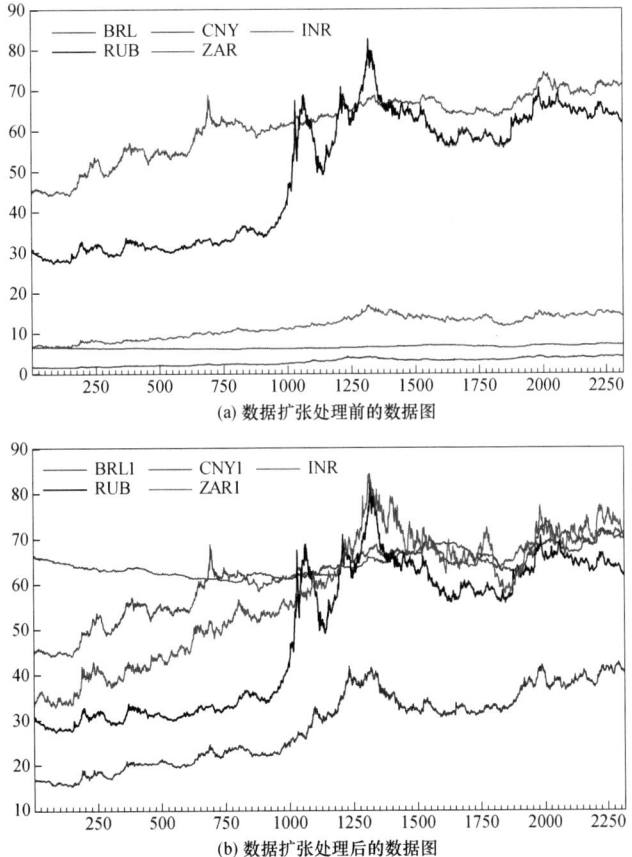

(a) 数据扩张处理前的数据图

(b) 数据扩张处理后的数据图

图 1.44

1.3.3 数据的对数化

由于对数函数是一个严格单调递增函数且 $\log x < x$，因此，对序列取对数后仍然保持原序列中各项的大小关系。此外，对数函数不仅能大幅降低序列各项的数值，还能消除某些过程的非平稳性。

例如，中国1960—2017年年度GDP数据（见图1.45）。

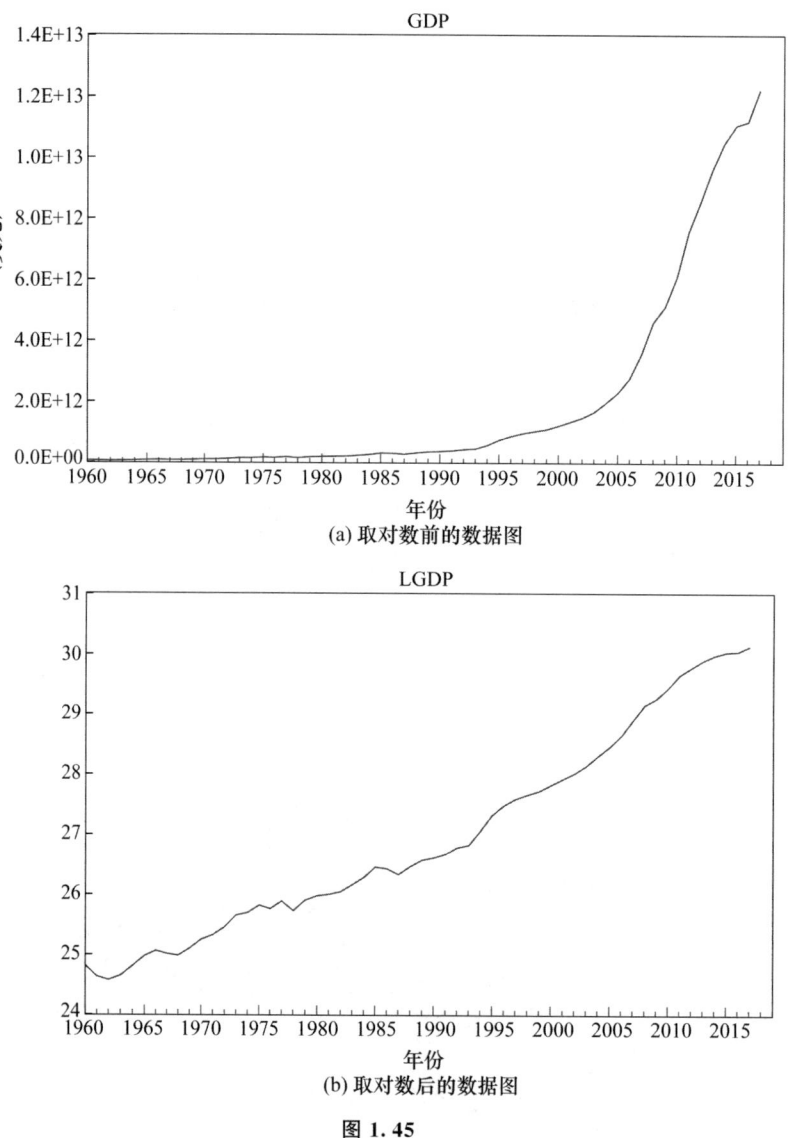

图 1.45

1.3.4 数据的删除或插补

一组数据在某些时点出现数据缺失或者多组数据时点不一致时，就需要对数据进行删除或插补处理。

1.3.4.1 数据的删除

对于两组交易日不完全相同的金融数据(如中美两国股票市场),需要先对它们作对齐处理。一种最原始的对齐方法就是"简单删除",即将一组数据中多出的某些交易日的数据直接删除。

如数据缺失较少,简单删除小部分样本是最有效的方法。如果数据较多,简单删除就会损失大量信息。如在数据挖掘中,面对的通常是大型数据库,它的指标可能有几十个甚至几百个,因为一个指标值的缺失放弃大量的其他指标值,这种删除是对信息的极大浪费。

替代"简单删除"的方法是以最可能的值来对缺失值进行"插补",以最大限度地减少信息的损失。

1.3.4.2 插补方法

(1) 简单插补法:对单个缺失值,可用前一期数据补齐(简单预测原理);

(2) 均值插补法:对定距型缺失值,以该指标存在值的平均值插补缺失的值;

(3) 众数插补法:对非定距型缺失值,根据统计学中的众数原理,用该指标的众数(即出现频率最高的值)补齐缺失的值。

注意:插补主要是针对客观数据,它的可靠性是有保证的。对于主观数据,已有数据本身就缺乏真实性,依赖这些数据的插补也不可靠,所以主观数据一般不采用插补的方法。①

1.4 金融资产的收益率

金融时间序列分析中,通常研究的数据是金融资产的收益率,而不是其价格。

用 P_t 和 P_{t-1} 分别表示当期价格和上期价格,那么 $D_t = P_t - P_{t-1}$ 是绝对价格变动。绝对价格变动不具有可比性,因此,我们要引进具有可比性的"相对价格变动"即收益率。支付一次利息的时间长度叫作"周期"。收益率的大小与周期密切相关。

1.4.1 收益率的类型

(1) 单期收益率——日收益率

(2) 多期收益率——周、月、年收益率

单期净收益率(百分比报酬)为:

---

① 对数据缺失插补的进一步了解,参见庞新生:《缺失数据处理中相关问题的探讨》,载《统计与信息论坛》2004 年第 9 期;武艳强、黄立人:《时间序列处理的新插值方法》,载《大地测量与地球动力学》2004 年第 11 期;庞新生:《缺失数据插补处理方法的比较研究》,载《统计与决策》2012 年第 24 期。

$$R_t = \frac{P_t - P_{t-1}}{P_{t-1}}$$

多期净收益率为：

$$R_t(k) = \frac{P_t - P_{t-k}}{P_{t-k}}$$

注意：净收益率的定义符合人们的常识，但是多期净收益率与单期净收益率的关系却并不明朗。

单期毛（总）收益率为：

$$1 + R_t = \frac{P_t}{P_{t-1}}$$

多期毛（总）收益率为：

$$1 + R_t(k) = \frac{P_t}{P_{t-k}}$$

容易看出：

$$\begin{aligned} 1 + R_t(k) &= \frac{P_t}{P_{t-k}} \\ &= \frac{P_t}{P_{t-1}} \times \frac{P_{t-1}}{P_{t-2}} \times \cdots \times \frac{P_{t-k+1}}{P_{t-k}} \\ &= (1+R_t)(1+R_{t-1})\cdots(1+R_{t-k+1}) \end{aligned}$$

即 k 期毛收益率等于 k 个单期毛收益率之积。可见，多期毛收益率与单期毛收益率有着如此简单的关系。然而，毛收益率的定义与普通常识却有些差距。

1.4.2 对数收益率

单期对数收益率是指单期毛收益率的对数，即

$$r_t = \ln(1 + R_t)$$

根据微积分学的近似公式可知，单期对数收益率近似于单期净收益率，即

$$r_t = \ln(1 + R_t) \approx R_t$$

多期对数收益率是指多期毛收益率的对数，即

$$r_t(k) = \ln(1 + R_t(k))$$

由多期毛收益率与单期毛收益率的关系可知，多期对数收益率是各单期对数收益率之和，即

$$r_t(k) = r_t + r_{t-1} + \cdots + r_{t-k+1}$$

进而

$$R_t(k) \approx R_t + R_{t-1} + \cdots + R_{t-k+1}$$

下文所研究的收益率通常指的是对数收益率，即

$$r_t = \ln \frac{P_t}{P_{t-1}} = \ln P_t - \ln P_{t-1}$$

1.4.2.1 为什么研究收益率，而不研究价格？

Campbell，Lo 和 MacKinlay 研究认为，金融市场可以认为是完全竞争的，所以

投资规模不会影响收益率。① 因此，收益率是度量投资机会的合适指标。收益率比价格具有更好的统计特性。一般地，价格数据是非平稳的，但收益率数据通常是平稳的。

1.4.2.2 对收益率分布的传统假定

（1）正态分布：净收益率是相互独立的，且都服从一个固定均值为 μ、方差为 σ^2 的正态分布。

（2）对数正态分布：资产的对数收益率是相互独立的，且都服从一个均值为 μ、方差为 σ^2 的正态分布。

▶▶▶ 操作练习 1

熟悉常用的数据库，下载以下数据：

（1）金砖国家的 GDP 增长率（世界银行数据库）。

（2）中国对欧盟各国近 20 年的年度贸易进出口总额（国家数据）。

（3）上证指数和美国标普 500 指数在某个年度的日收盘价数据，利用删除方法将两组数据对齐（英为财情网）。

（4）下列城市商业银行近 5 年的年度利润总额：北京银行、上海银行、南京银行、杭州银行、宁波银行、九江银行、徽商银行、浙商银行、渤海银行。

---

① See Campbell J. Y., Lo A. W., MacKinlay A. C., *The Econometrics of Financial Markets*, Princeton University Press, 1997.

第 2 篇

金融数据的基本特征及检验

在写作论文的时候，我们需要对数据作详细的介绍。在开始金融计量分析之前，我们也需要对数据有直观的、基本的了解，对数据的基本统计特征进行初步的检验。

> **通过本篇你可以了解**
> - 如何描述金融数据
> - 金融数据有哪些基本统计特征
> - 如何对数据进行描述性统计检验

2.1 金融数据的描述

金融实证的研究论文，在进行实证分析之前首先要对金融数据作详细介绍，包括以下五个方面：

（1）变量的名称和单位；

（2）数据采集的频率和样本区间；

（3）数据的来源说明；

（4）数据的处理方法；

（5）数据图及其简单解释。

这里以顾荣宝和李新洁于 2015 年发表的一篇文章中数据描述的内容为例。

> **数据的选取及其描述性统计检验**
>
> 本文选取深圳股票市场成分指数的日收盘价为研究对象，记为 SZ。由于深证成份指数是在 1995 年 1 月 23 日试发布，于 1005 年 5 月 5 日正式启用，因此样本区间选为 1995 年 5 月 5 日至 2013 年 12 月 31 日，共计 4526 个交易日。深证成指有 40 只成份股，为保证指数的代表性，需要根据上市公司的动态变化调整成分股的构成。从 1995 年 5 月 5 日至 2009 年年底，深圳证券交易总共进行过 25 次成份股的调整。2009 年 4 月 1 日，深交所进一步完善了《深证成份指数系列编制方案》，决定从 2010 年起对成份股进行定期调整，于每年 1 月和 7 月的第一个交易日实施，每年 5 月和 11 月定期对深证成份指数成份股的代表性进行考察，考察期为半年。在本文所取的样本区间内，深交所共进行了 33 次样本股的调整。在成分股数据的采集过程中，我们根据每次调整进行相应的样本股替换。另外，为保证股票交易价格的可比性，在行情数据库中对票交易价格进行向前复权调整。数据来源于 WIND 数据库。[①]

2.1.1 数据的样本区间

（1）数据样本区间的选取十分重要，应当根据所研究的金融问题适当选定样本区间。

（2）变量在不同的时间段里会有不同的统计特征，也会呈现不同的变化规律。如变量在一个时间段里是平稳的，在另一个时间段里可能是非平稳的。

（3）样本区间的大小也会影响变量的变化特征，一般尽可能选取变量的全部数据。如上证指数的日收盘价在 2008 年度不具有 ARCH 效应，而在更长的样本区间里具有 ARCH 效应。

2.1.2 数据图

数据图是对数据变化趋势最直观的描述。可通过 Excel 和 EViews 两种途径编辑数据图。

2.1.2.1 在 Excel 中编辑数据图

案例 1 对上证指数 1990 年 12 月 20 日至 2020 年 2 月 14 日的收盘价数据绘制数据图。

（1）作出数据图

① 在 Excel 数据页面，点击 "插入 \ 折线图"，选择第一个图形（见图 2.1）

[①] 参见顾荣宝、李新洁：《深圳股票市场的奇异值分解熵及其对股指的预测力》，载《南京财经大学学报》2015 年第 2 期。

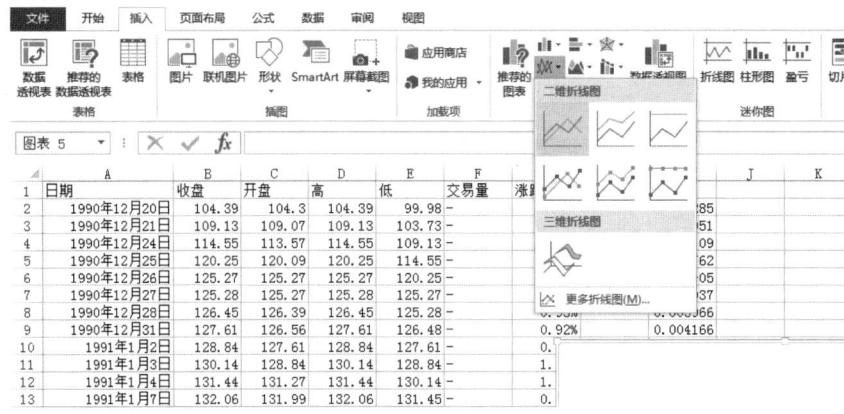

图 2.1

② 输出绘图区（见图 2.2）

图 2.2

③ 在绘图区内右击鼠标，在菜单栏中点击"选择数据"（见图 2.3）

图 2.3

④ 输出对话框（见图 2.4）

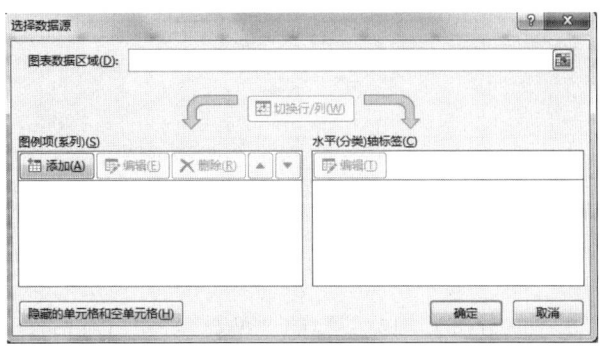

图 2.4

⑤ 点击"添加"按钮，输出对话框（见图 2.5）

图 2.5

⑥ 在"系列名称"栏填入"上证指数"，在"系列值"栏选择收盘价数据列（见图 2.6）

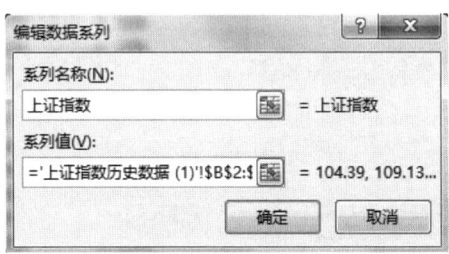

图 2.6

⑦ 点击"确定"，输出对话框（见图 2.7）

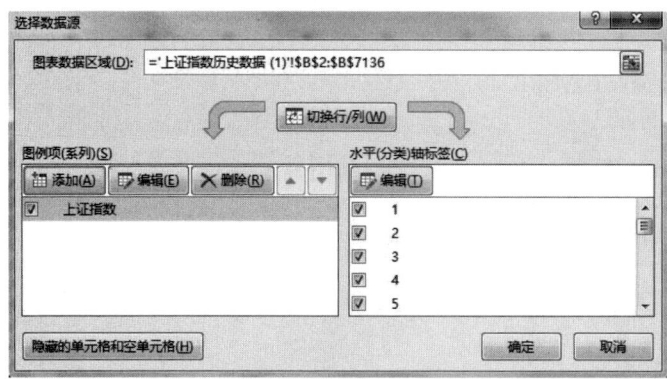

图 2.7

⑧ 点击右侧"水平（分类）轴标签"的"编辑"，输出对话框（见图 2.8）

图 2.8

⑨ 在"轴标签区域"中用鼠标选择时间数据列（见图 2.9）

图 2.9

⑩ 点击"确定"，输出对话框（见图 2.10）

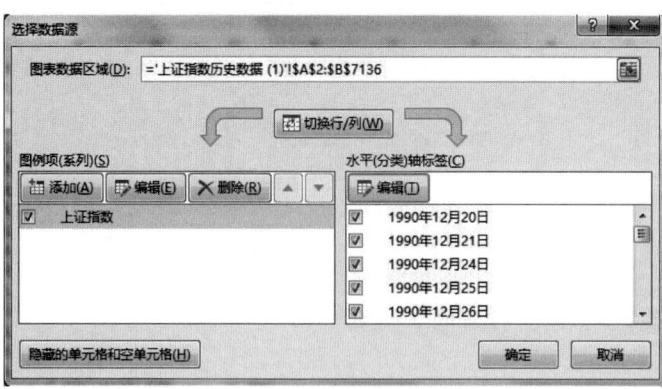

图 2.10

⑪ 再点击"确定",输出数据图(见图 2.11)

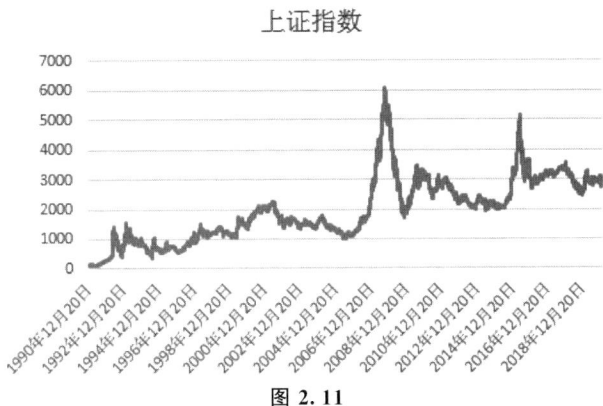

图 2.11

注意:重复以上步骤,可以添加新的数据图。由于这里输出的图形并不符合规范,所以还需要作进一步编辑。

(2)图题的设置

① 点击图题并下拉到图框底部,将里面文字改为"图 1. 上证指数数据图"(见图 2.12)

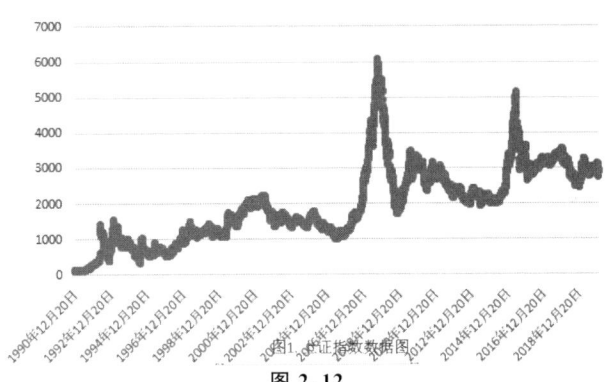

图 2.12

② 点击曲线区域并拖至顶部居中,得到上证指数数据图(见图 2.13)

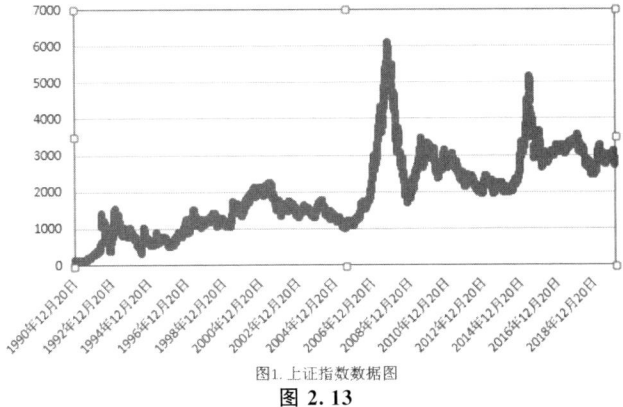

图 2.13

(3) 曲线颜色和线型的设置

在曲线上右击鼠标，点击轮廓下拉框，选择颜色和线型（见图 2.14、2.15）

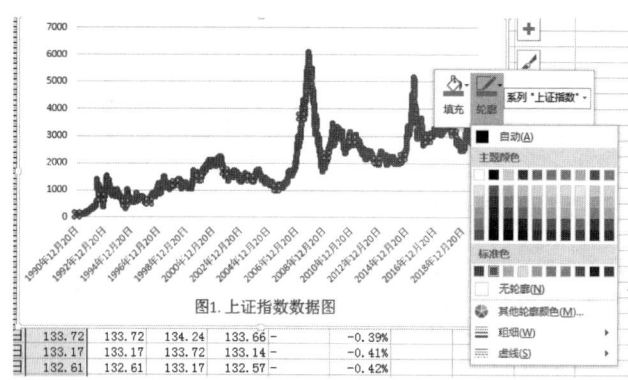

图 2.14

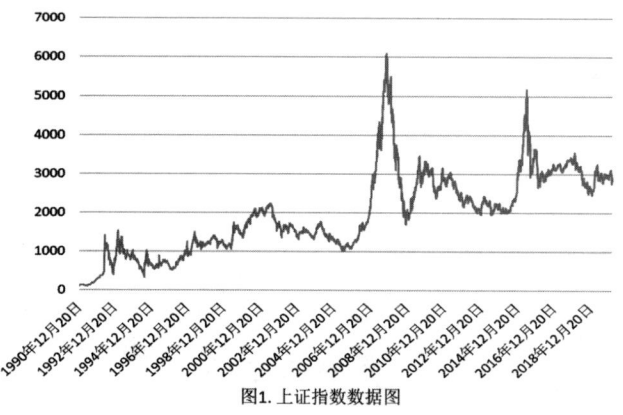

图 2.15

(4) 边框的设置

① 在绘图区右击鼠标，点击"设置绘图区格式"（见图 2.16）

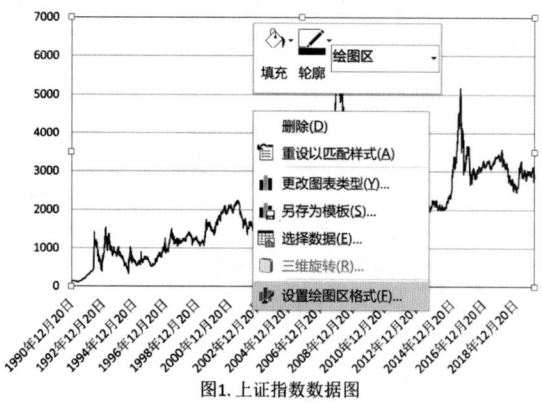

图 2.16

② 点击"实线"按钮（见图 2.17）

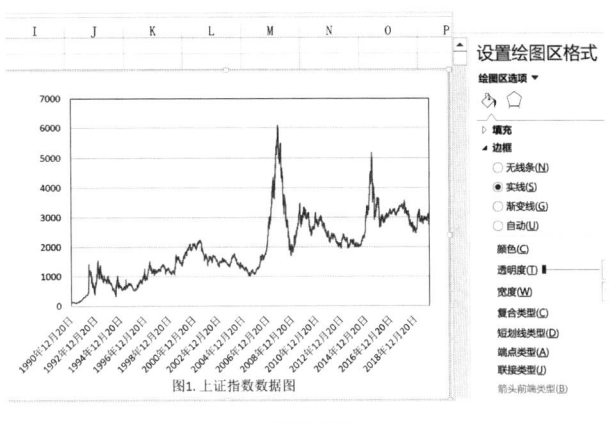

图 2.17

③ 输出图形（见图 2.18）

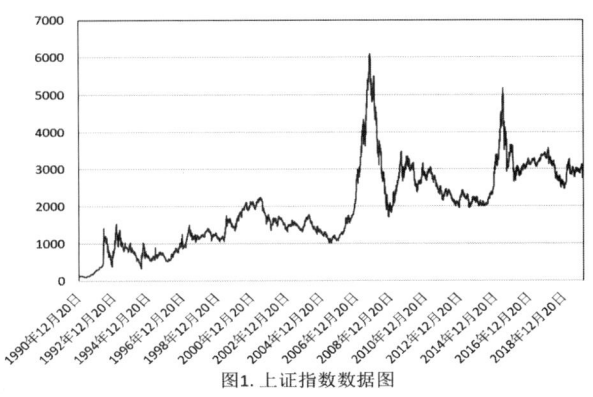

图 2.18

（5）坐标刻度的设置

① 在横坐标轴上右击鼠标，出现菜单（见图 2.19）

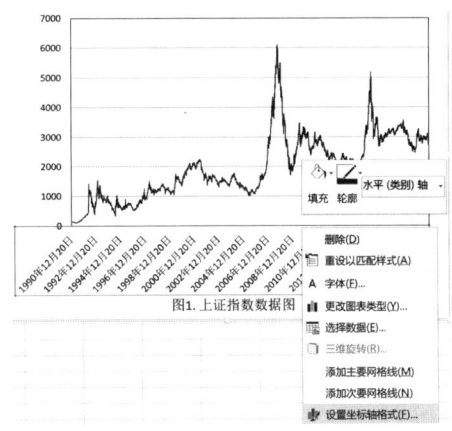

图 2.19

② 点击"设置坐标轴格式"(见图 2.20)

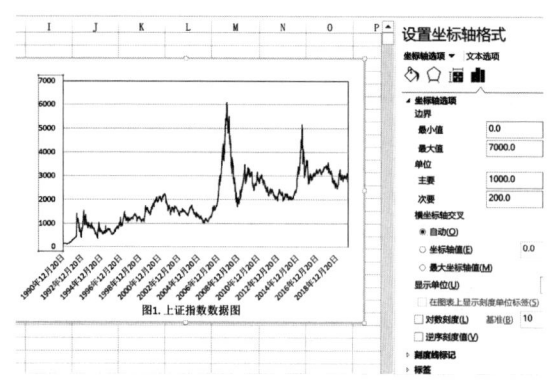

图 2.20

③ 在右侧下拉后,点击"刻度线标记",主要类型中选"外部"(见图 2.21)

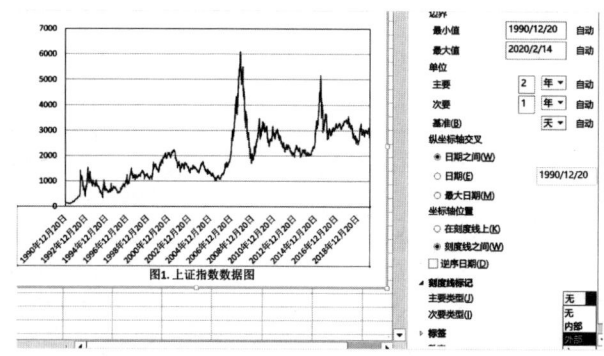

图 2.21

④ 再在横轴上右击鼠标,点击"轮廓",选定颜色(见图 2.22)

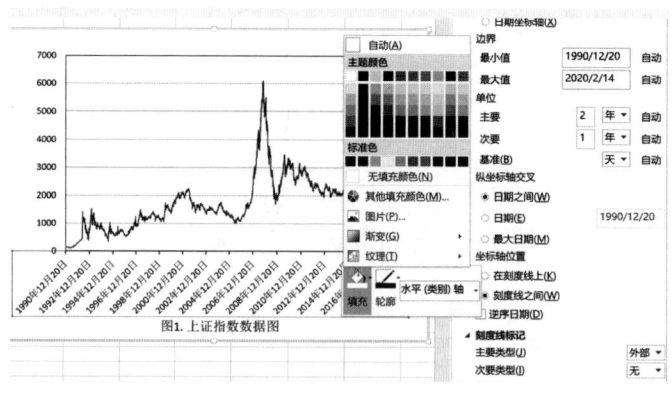

图 2.22

⑤ 输出图形(见图 2.23)

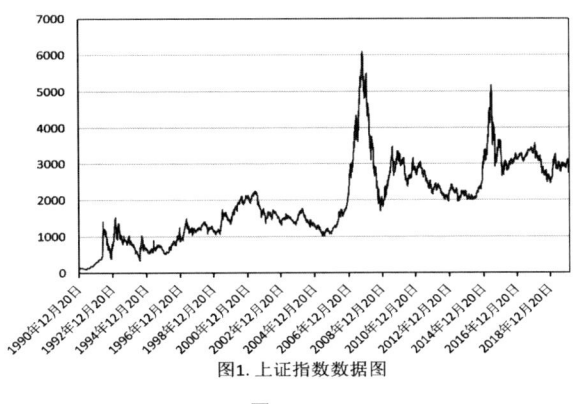

图 2.23

(6) 字体字号的设置

① 选中需要修改的文字,点击"字体"(见图 2.24)

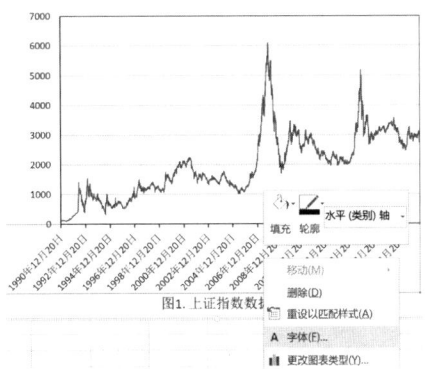

图 2.24

② 在对话框中设置字体字号,如楷体、8号(见图 2.25)

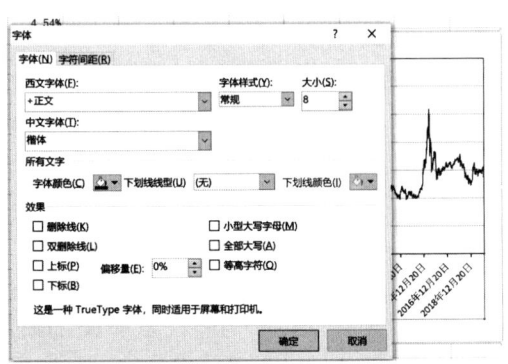

图 2.25

③ 点击"确定",输出结果(见图 2.26)

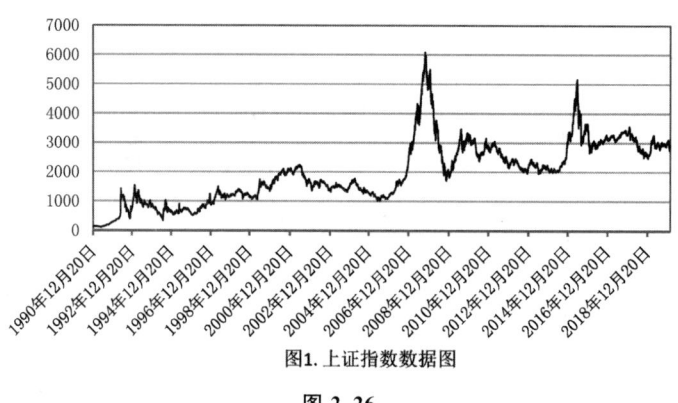

图1. 上证指数数据图

图 2.26

2.1.2.2 EViews 中作图

参见 2.3 节"金融数据的描述性统计检验"。

2.1.3 数据图的解释

由图 2.26 可以看出,在 2006 年之前,上海股市的运行比较平稳,从 2006 年下半年开始迅速上涨,于 2007 年 10 月中旬达到历史最高峰即 6124 点,随后出现大幅度下跌,于 2008 年 11 月跌至 1717 点,经过了一个过山车行情。2009 年 8 月初反弹到 3471 点,随后缓慢振荡下行,2014 年 5 月探底 2005 点后随即一波上涨行情,2015 年 6 月中旬达到 5166 点。此后,指数在一个较宽的箱体内振荡(其中点位的数值可以从数据表中查得)。

2.2 金融数据的基本统计特征

一个随机变量有两个基本的统计特征:均值(数学期望)与方差。

假定 X 为一个随机变量,那么它的均值和方差分别为:

$$\mu = E(X), \quad \sigma^2 = E[(X-\mu)^2]$$

引进"矩"概念如下:对随机变量 X,称 $E(X^k)$ 为 X 的 k 阶矩,$E[(X-\mu)^k]$ 为 X 的 k 阶中心矩。

那么,随机变量 X 的均值 μ 和方差 σ^2 分别为它的 1 阶矩和 2 阶中心矩。对于 3 阶和 4 阶中心矩,我们分别有如下偏度和峰度概念。

2.2.1 偏度和峰度概念

称标准化的 3 阶中心矩 $E[(X-\mu)^3/\sigma^3]$ 为随机变量 X 的偏度(skewness),用符号 $S(X)$ 来表示。称标准化的 4 阶中心矩 $E[(X-\mu)^4/\sigma^4]$ 为随机变量 X 的峰度(kurtosis),用符号 $K(X)$ 来表示。即

$$S(X) = E[(X-\mu)^3/\sigma^3], \quad K(X) = E[(X-\mu)^4/\sigma^4]$$

给定随机变量 X 的一个样本 $\{x_t\}_{t=1}^T$,样本均值和样本方差分别为:

$$E(x) = \mu = \frac{1}{T}\sum_{t=1}^{T} x_t, \quad \text{Var}(x) = \sigma^2 = \frac{1}{T}\sum_{t=1}^{T}(x_t - \mu)^2$$

样本偏度和样本峰度分别为：

$$S(x) = \frac{1}{T}\sum_{t=1}^{T}(x_t - \mu)^3/\sigma^3, \quad K(x) = \frac{1}{T}\sum_{t=1}^{T}(x_t - \mu)^4/\sigma^4$$

2.2.2 偏度和峰度含义

偏度和峰度是以正态分布（偏度＝0，峰度＝3）为基准测定随机变量样本分布的形状。

2.2.2.1 偏度的大小反映了样本分布偏斜的程度，偏度的符号反映了样本分布偏斜的方向（见图2.27）

(1) 当偏度 $S=0$ 时，样本分布是对称的（见图2.27（a））

(2) 当偏度 $S>0$ 时，称为正偏，意味着样本分布有长的右拖尾（见图2.27（b））

(3) 当偏度 $S<0$ 时，称为负偏，意味着样本分布有长的左拖尾（见图2.27（c））

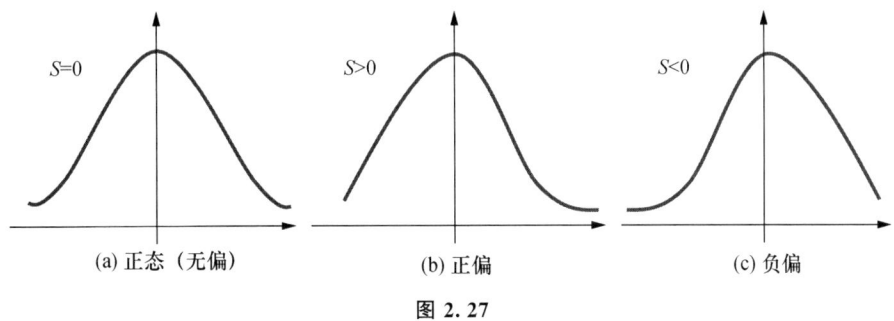

图 2.27

2.2.2.2 峰度反映样本分布隆起的程度（见图2.28）

(1) 当峰度 $K>3$ 时，样本分布曲线的凸起程度大于正态分布，即相对于正态分布更隆起

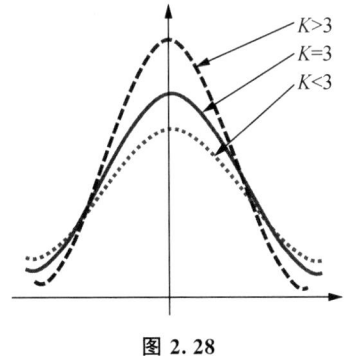

图 2.28

(2)当峰度 $K<3$ 时,样本分布曲线的凸起程度小于正态分布,即相对于正态分布更平坦

称($K-3$)为样本的超出峰度,具有正的超出峰度的样本分布称为尖峰分布。

尖峰分布通常会伴随着"肥尾"出现,即"尖峰肥尾"或"尖峰厚尾",特别是对于金融数据。(见图2.29):

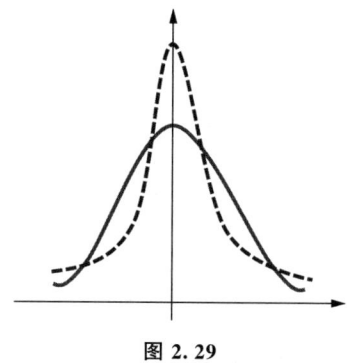

图 2.29

从图2.29可以看出,尖峰分布的峰和尾都比正态分布的高,而在其他地方则比正态分布的低。

如果小概率事件发生的可能性大于正态分布所描述的情形,那么该变量的分布应当用尖峰分布描述。服从尖峰分布的随机样本会有更多的极端值。尖峰分布在金融市场风险研究中有着重要意义。

2.3 金融数据的描述性统计检验

金融数据的描述性统计检验包括数据的均值、最大值、最小值、分位数、方差、偏度、峰度以及正态性检验。

2.3.1 正态分布检验

2.3.1.1 Jarque-Bera 检验原理

JB 统计量公式如下:

$$\mathrm{JB} = \frac{T}{6}\left[S^2 + \frac{(K-3)^2}{4}\right]$$

其中,T 是样本个数,S 是偏度,K 是峰度。

由于正态分布的偏度 $S=0$,峰度 $K=3$,所以,JB 统计量衡量了偏度和峰度分别偏离 0 和 3 的程度,是用来检验序列是否服从正态分布的统计量。

2.3.1.2 Jarque-Bera 检验步骤

（1）提出原假设：序列服从正态分布。

（2）计算样本偏度 S 和峰度 K，代入 JB 统计量公式计算 JB 统计量值。

（3）在原假设下，JB 统计量服从自由度为 2 的卡方分布，即 JB$\sim\chi^2(2)$。显著水平为 5% 时，对应的临界值为 5.99，即 $P(X>5.99)=0.05$。

（4）若计算的 JB>5.99，则拒绝原假设，序列不服从正态分布，否则接受原假设。

2.3.2 数据图和描述性统计检验的 EViews 操作

（1）导入数据

① 打开 EViews，点击"File/New/Workfile/Dated-regular frequency"，设置频率和起止日期，点击"OK"。

② 在命令窗口输入"Data/空格/变量名"。

③ 粘贴数据并且关闭窗口，数据即以设定的变量名保存在文件中。

（2）数据图

① 在数据窗口点击"View/Graph"。

② 在输出的窗口中默认 Granph type 为"Line & Symbol"。

③ 点击"OK"，输出数据图。

（3）描述性统计检验

在数据窗口点击"View/Descriptive Statistics(描述统计量)/Histogram and Stats (直方图和统计量)"，输出描述性统计检验结果。

案例 2 上证指数 1990 年 12 月 20 日至 2020 年 2 月 14 日收盘价数据的描述性统计检验。

（1）导入数据

① 打开 EViews，点击"File/New/Workfile"（见图 2.30）

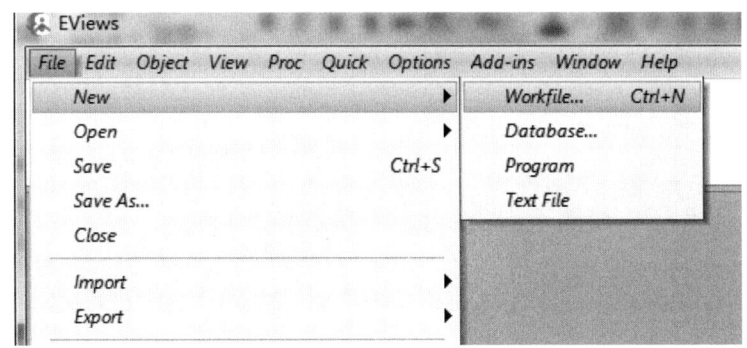

图 2.30

② 输出窗口（见图 2.31）

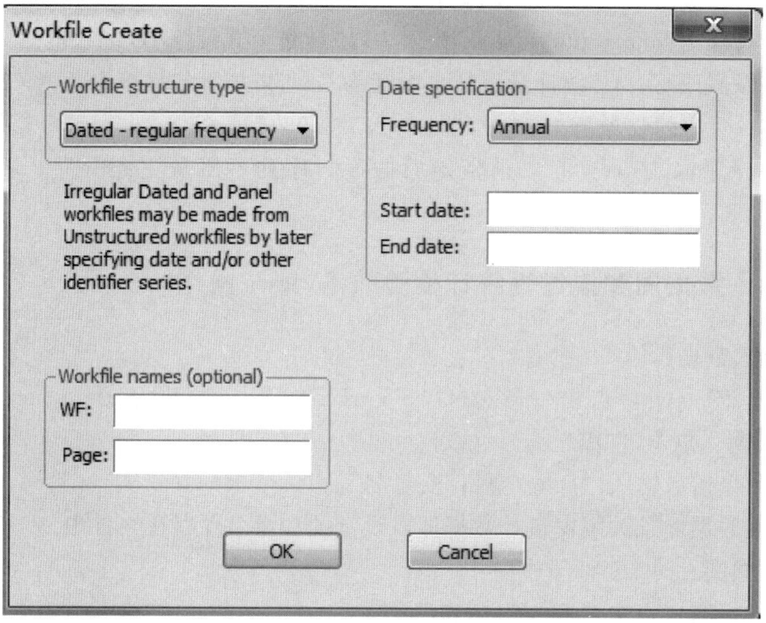

图 2.31

③ 点击"Frequency"，在菜单中选"Daily-5 day week"（见图 2.32）

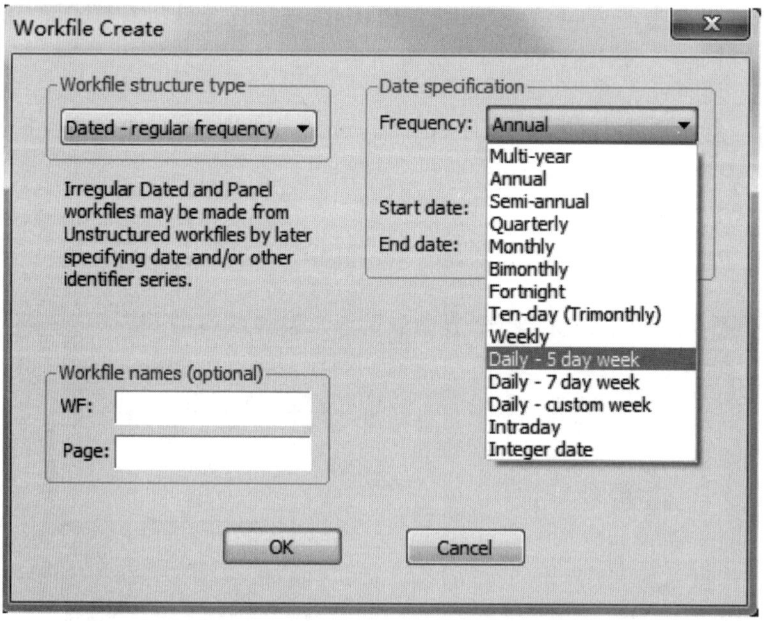

图 2.32

④ 点击"OK",输出窗口（见图 2.33）

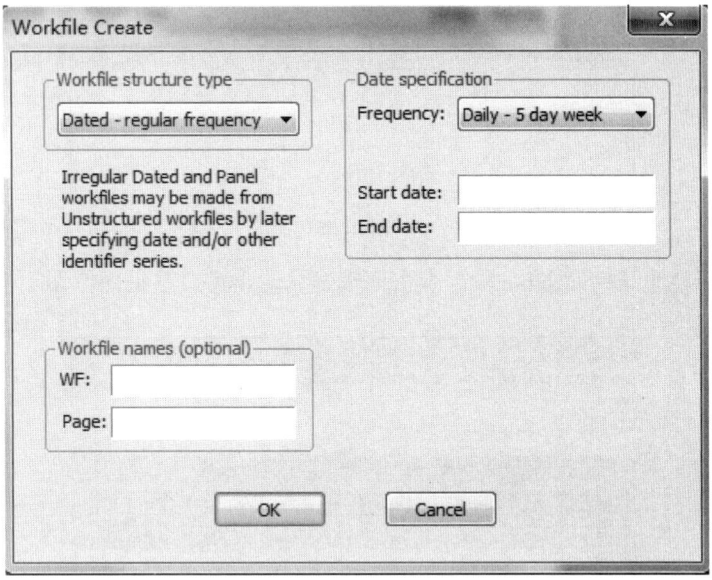

图 2.33

⑤ 在"Start date"内填入"1990/12/20";"End date"内填入"2020/2/14"（见图 2.34）

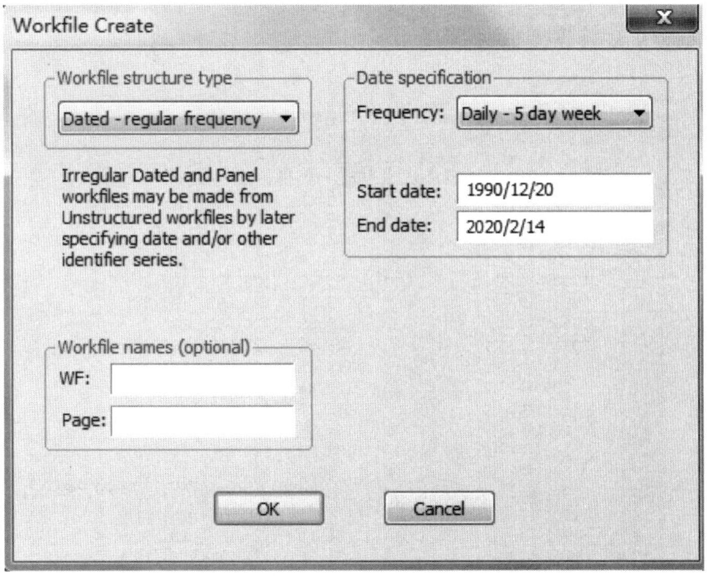

图 2.34

⑥ 点击“OK”，输出工作窗口（见图 2.35）

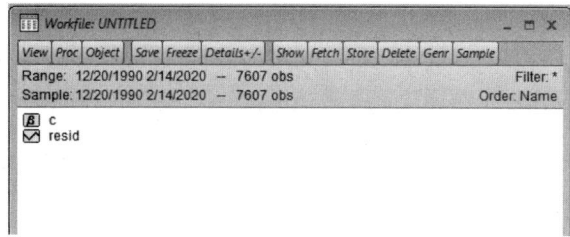

图 2.35

⑦ 在命令栏里填写“data sh”，点击回车键，输出窗口（见图 2.36）

图 2.36

⑧ 从 Excel 中复制数据（见图 2.37）

B2 104.39

	A	B	C	D	E	F	
1	日期	收盘	开盘	高	低	交易量	涨
2	1990年12月20日	104.39	104.3	104.39	99.98	-	
3	1990年12月21日	109.13	109.07	109.13	103.73	-	
4	1990年12月24日	114.55	113.57	114.55	109.13	-	
5	1990年12月25日	120.25	120.09	120.25	114.55	-	
6	1990年12月26日	125.27	125.27	125.27	120.25	-	
7	1990年12月27日	125.28	125.27	125.28	125.27	-	
8	1990年12月28日	126.45	126.39	126.45	125.28	-	
9	1990年12月31日	127.61	126.56	127.61	126.48	-	
10	1991年1月2日	128.84	127.61	128.84	127.61	-	
11	1991年1月3日	130.14	128.84	130.14	128.84	-	
12	1991年1月4日	131.44	131.27	131.44	130.14	-	
13	1991年1月7日	132.06	131.99	132.06	131.45	-	
14	1991年1月8日	132.68	132.62	132.68	132.06	-	
15	1991年1月9日	133.34	133.3	133.34	132.68	-	
16	1991年1月10日	133.97	133.93	133.97	133.34	-	
17	1991年1月11日	134.6	134.61	134.61	134.51	-	
18	1991年1月14日	134.67	134.11	135.19	134.11	-	
19	1991年1月15日	134.74	134.21	134.74	134.19	-	
20	1991年1月16日	134.24	134.19	134.74	134.14	-	

上证指数 (恢复的)

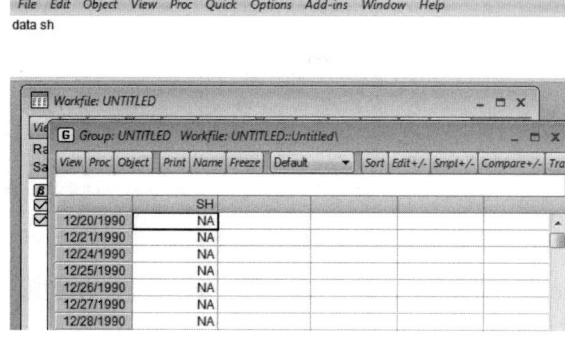

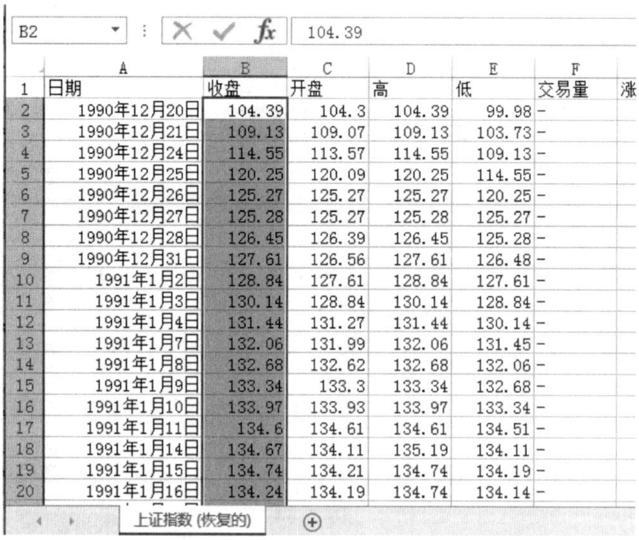

图 2.37

⑨ 在该窗口粘贴即可（见图 2.38）

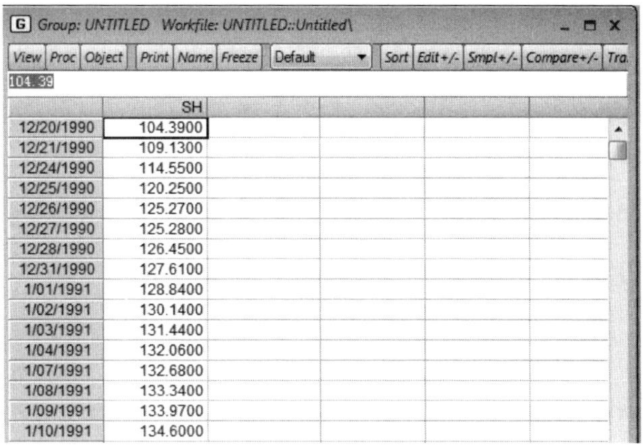

图 2.38

⑩ 关闭数据窗口，数据文件"sh"已保存在文件中（见图 2.39）

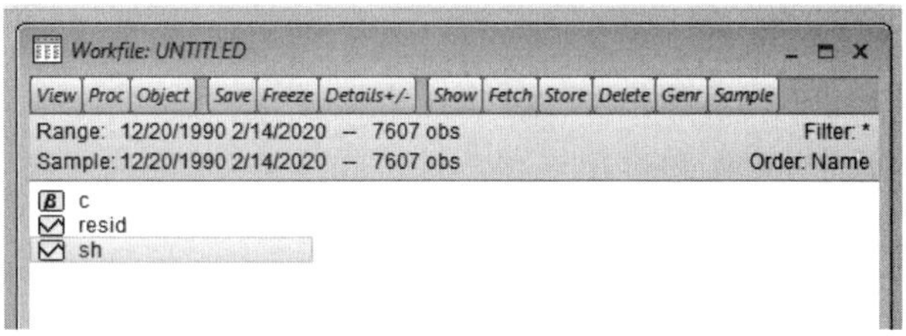

图 2.39

（2）制作数据图

① 在工作窗口打开数据"sh"（见图 2.40）

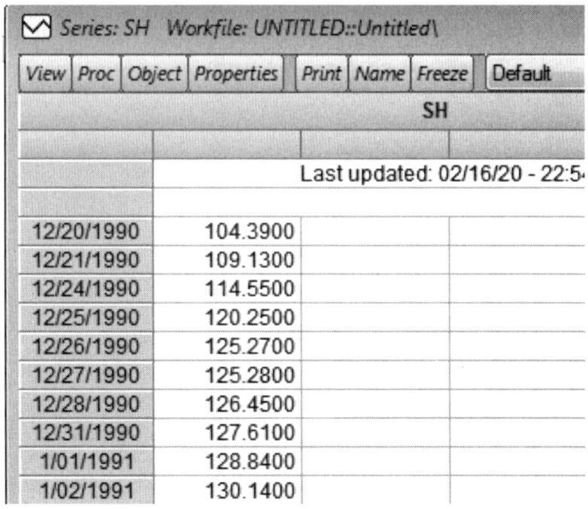

图 2.40

② 点击工具栏中的"View",在下拉菜单中选"Graph"(见图 2.41)

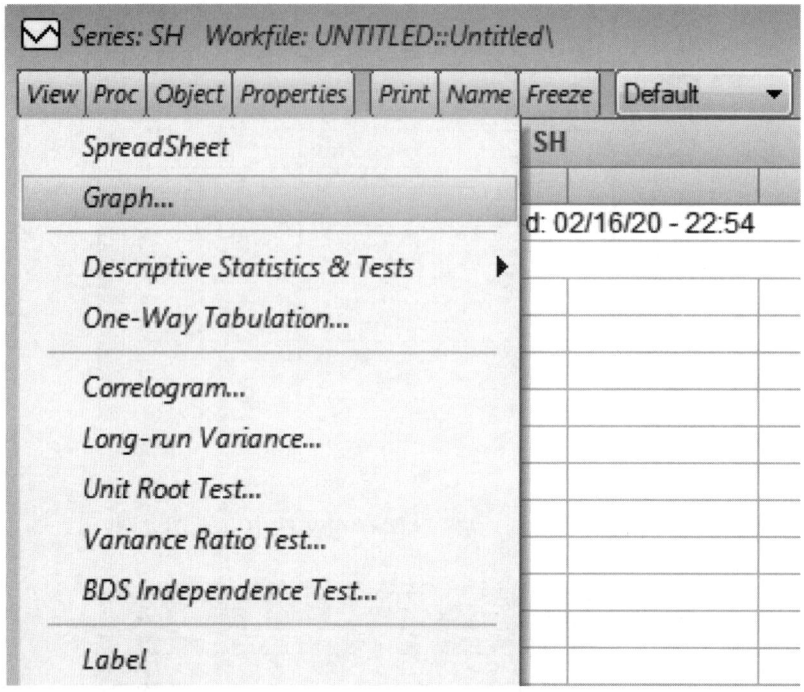

图 2.41

③ 输出对话框(见图 2.42)

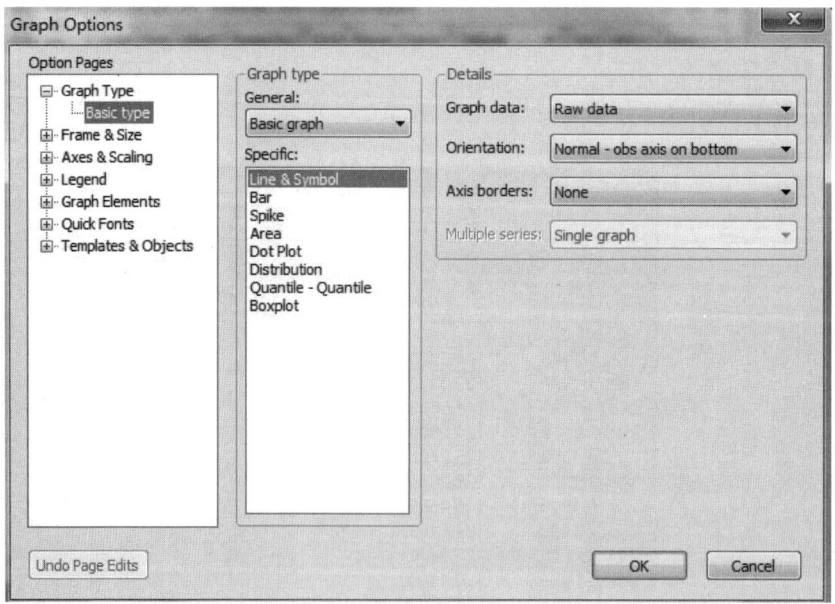

图 2.42

④ 默认窗口设置并点击"OK",输出图形,在图形的下方加上图题"上证指数收盘价序列 sh 的数据图"(见图 2.43)

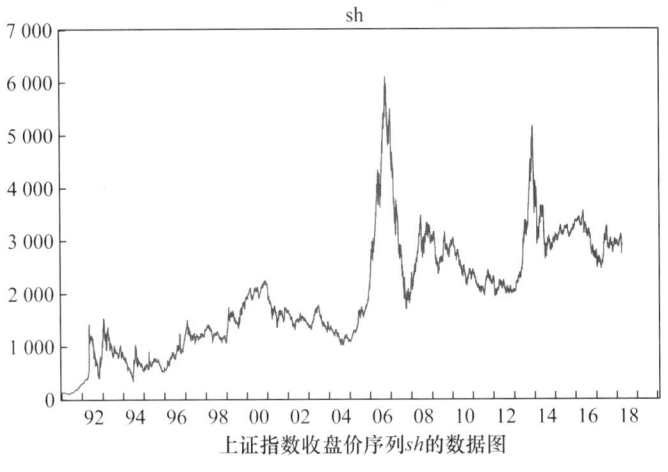

图 2.43

图 2.43 的解释见案例 1。

(3) 描述性统计检验

① 在数据"sh"窗口点击"View",在菜单中选择"Descriptive Statistics & Tests"(见图 2.44)

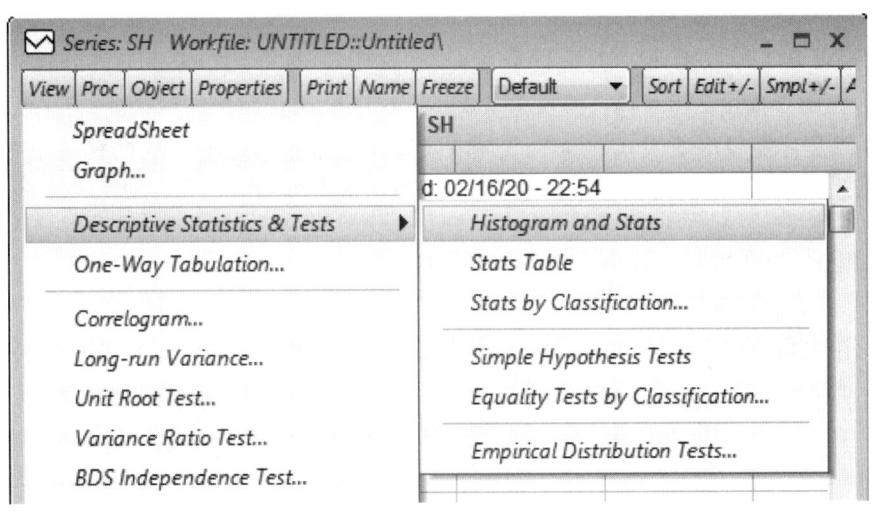

图 2.44

② 点击子菜单中的"Histogram and Stats",输出结果(见图 2.45)

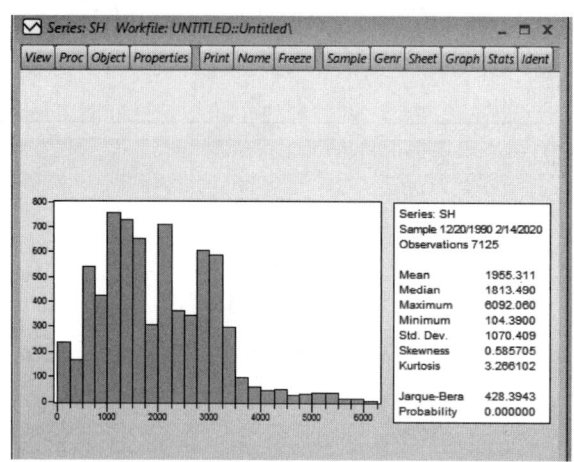

图 2.45

注意：这个 EViews 输出的结果不能直接复制到论文中，而应将其翻译成中文并且编辑成三线表格形式，表格的上方要加上表题。（见表 2.1）

表 2.1　上证指数收盘价序列 sh 的描述性统计检验

变量	均值	标准差	偏度	峰度	JB 统计量	P 值
sh	1955.	1070.4	0.585	3.266	428.39	0.0000

注意：这里删去了最大值、最小值和中位数这些次要的信息。

根据表 2.1 可以看出，上证指数收盘价序列 sh 的平均价格为 1955，波动率为 1070.41。由于偏度为 0.585、峰度为 3.266，数据呈现右偏和尖峰特征。JB 统计量为 428.39 以及伴随概率值为 0.0000，表明在 1‰ 显著水平下拒绝"数据服从正态分布"的原假设，因此，上证指数收盘价序列 sh 不服从正态分布。

案例 3　上证指数收益率序列的描述性统计检验。

（1）生成收益率序列

① 在主窗口中点击"Quick/Generate Series"（见图 2.46）

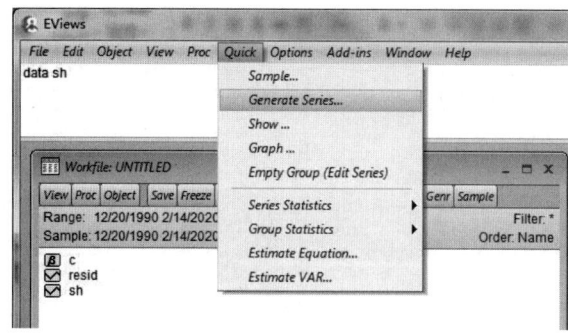

图 2.46

② 在输出的窗口中输入命令"rsh＝log(sh)－log(sh(－1))"（见图 2.47）

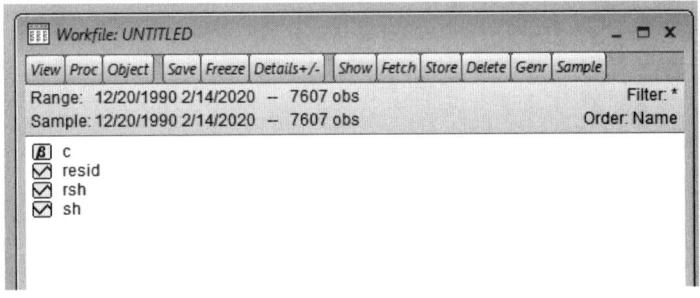

图 2.47

③ 点击"OK"，收益率序列"rsh"已保存在文件中（见图 2.48）

图 2.48

（2）描述性统计检验

仿照案例 2 得到上证指数收益率序列"rsh"的描述性统计检验。（见表 2.2）

表 2.2　上证指数收益率序列"rsh"的描述性统计检验

变量	均值	标准差	偏度	峰度	JB 统计量	P 值
rsh	0.0004	0.0026	5.318	160.7	7420906	0.0000

通常可以将上证指数收盘价和收益率的描述性统计检验的结果编辑在同一个表格中。（见表 2.3）

表 2.3　上证指数收盘价及收益率序列的描述性统计检验

变量	均值	标准差	偏度	峰度	JB 统计量	P 值
sh	1955.	1070.4	0.585	3.266	428.39	0.0000
rsh	0.0004	0.0026	5.318	160.7	7420906	0.0000

注意：JB 检验只能检验一个数据序列是否服从正态分布。检验一个数据序列是否服从其他给定的分布，可以利用"Quantile-Quantile 图"进行检验。

2.3.3 Word 文档中表格的编辑

案例 4 表 2.3 的编辑过程。

由于有 7 个指标和 2 个变量，所以需要制作 7 列 3 行表格。

① 在 Word 文档中，点击"插入 \ 表格"（见图 2.49）

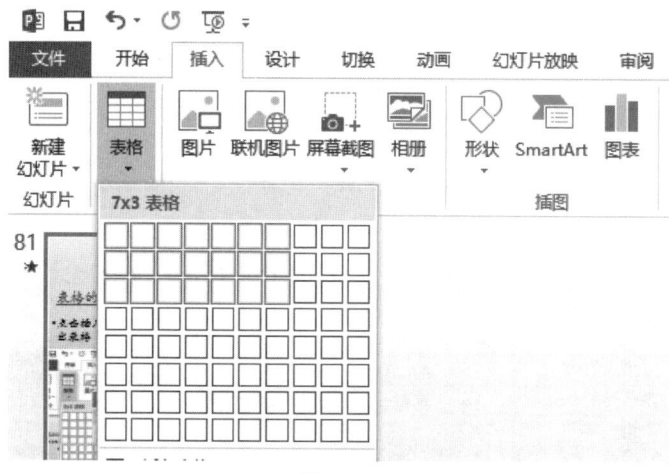

图 2.49

② 选定行列数（比如 7 列 3 行），输出表格并在其中填入数据（见图 2.50）

变量	均值	标准差	偏度	峰度	J-B 统计量	P值
sh	1955.	1070.4	0.585	3.266	428.39	0.0000
rsh	0.0004	0.0026	5.318	160.7	7420906	0.0000

图 2.50

③ 选中表格，点击表格工具（见图 2.51）

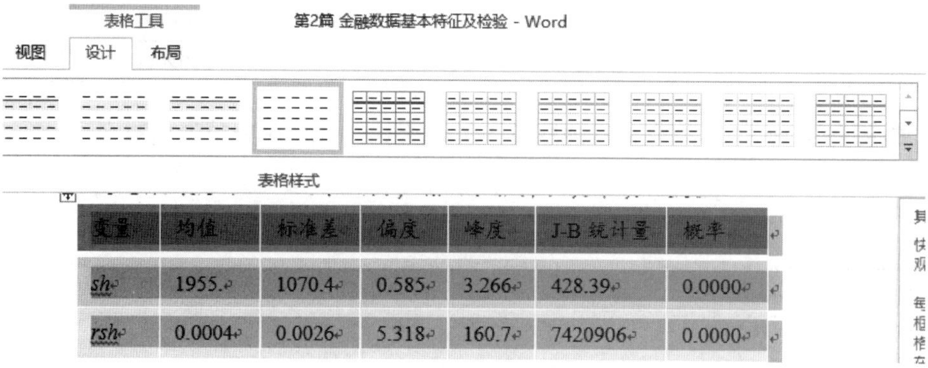

图 2.51

④ 点击右侧的下拉按钮,出现界面(见图 2.52)

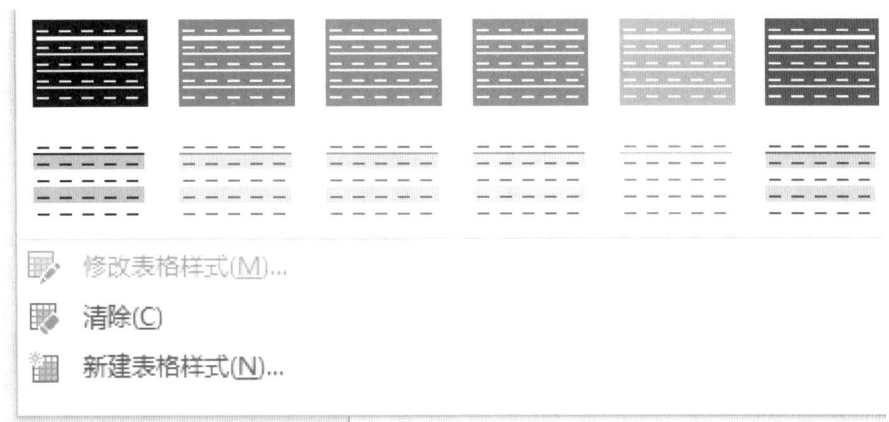

图 2.52

⑤ 点击左下角"清除",将表格背景变为白色(见图 2.53)

变量	均值	标准差	偏度	峰度	JB统计量	P值
sh	1955.	1070.4	0.585	3.266	428.39	0.0000
rsh	0.0004	0.0026	5.318	160.7	7420906	0.0000

图 2.53

⑥ 选定指标行,点击"表格工具\边框\上框线(线粗 1.5 磅)"(见图 2.54),设定上框线(见表 2.4)

图 2.54

表 2.4 上框线设定

变量	均值	标准差	偏度	峰度	JB统计量	P值
sh	1955.	1070.4	0.585	3.266	428.39	0.0000
rsh	0.0004	0.0026	5.318	160.7	7420906	0.0000

⑦ 选定末行,点击"表格工具\边框\下框线(线粗 1.5 磅)",设定下框线(见表 2.5)

表 2.5 下框线设定

变量	均值	标准差	偏度	峰度	JB 统计量	P 值
sh	1955.	1070.4	0.585	3.266	428.39	0.0000
rsh	0.0004	0.0026	5.318	160.7	7420906	0.0000

⑧ 选定指标行,点击"表格工具\边框\下框线(线粗 0.5 磅)",设定指标行线(见表 2.6)。

表 2.6 指标行线设定

变量	均值	标准差	偏度	峰度	JB 统计量	P 值
sh	1955.	1070.4	0.585	3.266	428.39	0.0000
rsh	0.0004	0.0026	5.318	160.7	7420906	0.0000

这样就得到表格 2.3 的形式。

2.3.4 多组数据的数据图和描述性统计检验

案例 5 金砖五国货币汇率的数据图和描述性统计检验。

(1)数据导入

在 EViews 中导入巴西、中国、印度、俄罗斯和南非货币汇率(以美元为基准),分别记为变量 BRL、CNY、IDR、RUB 和 ZAR,样本区间为 2011 年 1 月 3 日至 2019 年 12 月 31 日。

(2)数据图

由于印度卢比和俄罗斯卢布的数值较大,因此对巴西、中国和南非的货币汇率进行了扩张处理,即令 $CNY1=CNY\times10$,$BRL1=BRL\times10$,$ZAR1=ZAR\times5$。

① 在 EViews 文件中选定变量 $BRL1$、$CNY1$、INR、RUB 和 $ZAR1$,右击鼠标并点击"Open\as Group"(见图 2.55)

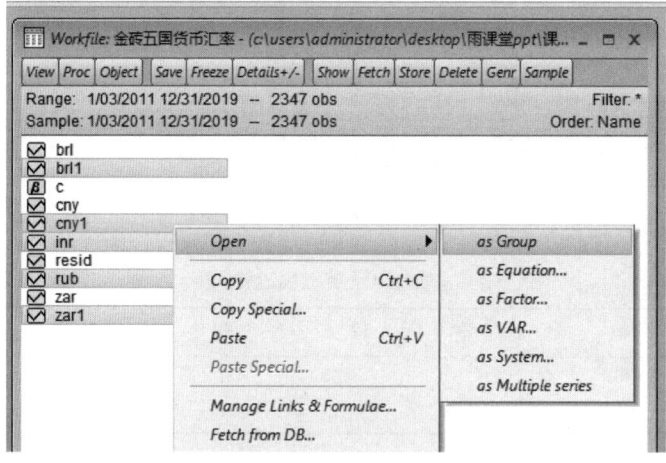

图 2.55

② 输出金砖五国货币汇率序列组（见图 2.56）

Group: UNTITLED　Workfile: 金砖五国货币汇率::Untitled\
View | Proc | Object | Print | Name | Freeze | Default | Sort | Edit+/- | Smpl+/- | Compare+/- | Transpos

	BRL1	CNY1	INR	RUB	ZAR1
1/03/2011	16.47000	65.89800	44.625	30.4775	33.13300
1/04/2011	16.61000	66.07000	44.92	30.4775	33.36200
1/05/2011	16.73700	66.19300	45.325	30.4775	33.60300
1/06/2011	16.85600	66.26300	45.355	30.4775	33.97550
1/07/2011	16.83200	66.28200	45.355	30.7685	34.02650
1/10/2011	16.88800	66.36900	45.35	30.4775	34.08350
1/11/2011	16.83400	66.19300	45.155	30.5505	34.38600
1/12/2011	16.73100	66.04400	45.02	30.0995	34.15100
1/13/2011	16.72600	66.06700	45.135	29.9455	34.12150
1/14/2011	16.85600	65.88800	45.365	30.0026	34.68100
1/17/2011	16.80100	65.93300	45.465	29.9867	34.44750
1/18/2011	16.74200	65.83100	45.445	29.902	34.53750
1/19/2011	16.70500	65.82500	45.33	29.838	34.95350
1/20/2011	16.73800	65.85700	45.685	29.993	35.40050
1/21/2011	16.76400	65.83500	45.63	29.7845	35.26400
1/24/2011	16.71300	65.81200	45.47	29.844	34.99450
1/25/2011	16.71700	65.82600	45.71	29.711	35.26850

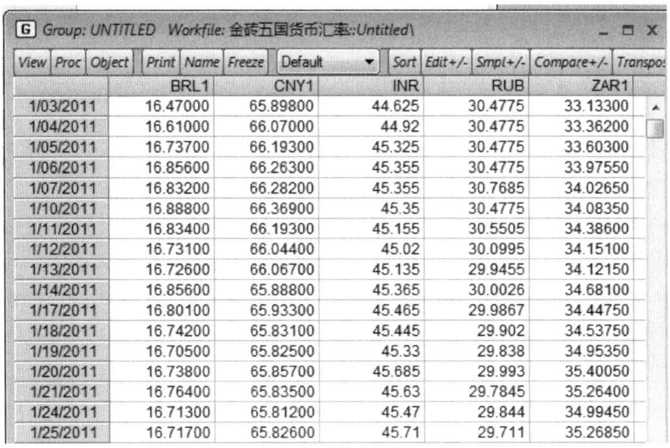

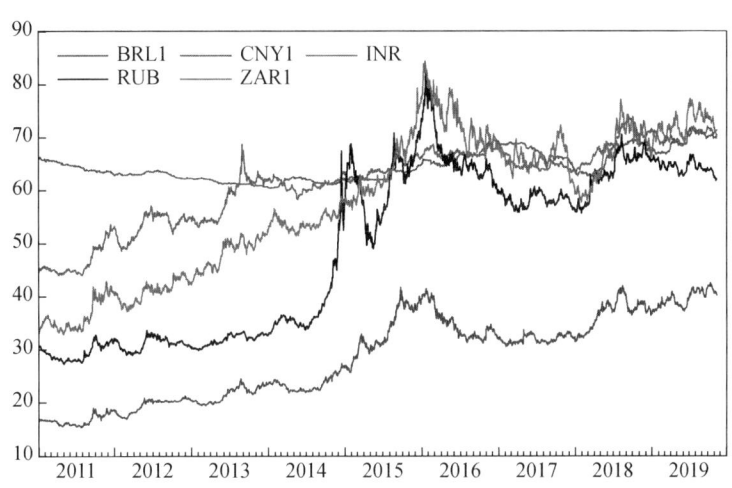

图 2.56

③ 仿照案例 2 作图：在数据组窗口点击"View \ Graph \ OK"，便得到金砖五国货币汇率的数据图（见图 2.57）

图 2.57

注：这里 $CNY1=CNY\times10$，$BRL1=BRL\times10$，$ZAR1=ZAR\times5$。

由图 2.57 可以看出，自 2011 年年初至 2019 年年底，巴西雷亚尔、印度卢比、俄罗斯卢布和南非兰特四国货币总体呈贬值趋势。巴西雷亚尔、俄罗斯卢布和南非兰特三国货币在 2015 年至 2016 年间出现大幅波动现象，而印度卢比在 2013 年至 2014 年间出现大幅波动现象。人民币在 2014 年之前一直呈升值趋势，此后转入贬值通道至 2016 年年底，2017 年和 2018 年分别呈现一波由升值到贬值的大反转，而在 2019 年出现先升后贬的态势。总体来看，人民币变动的区间较小，而巴西雷亚尔、俄罗斯卢布和南非兰特三国货币汇率变动的区间较大。在 2016 年之后，金砖五国货币汇率的变动显示出较强的关联性。

(3) 描述性统计检验

① 将数据 BRL、CNY、IDR、RUB 和 IAR 作为一个组打开，在数据组窗口点击 "View \ Descriptive Stats \ Common Sample"（见图 2.58）

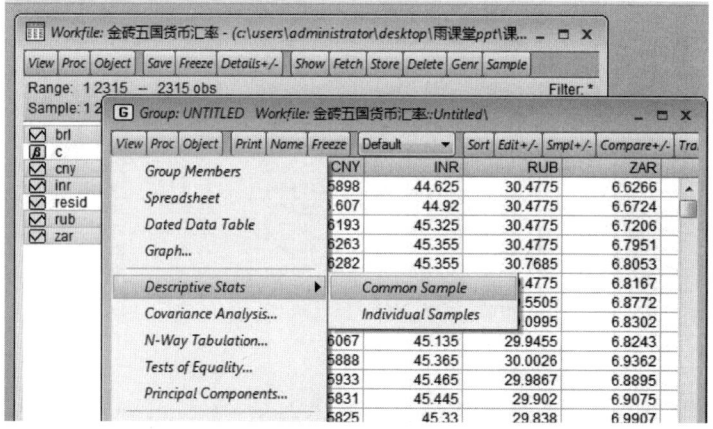

图 2.58

② 输出检验结果（见图 2.59）

图 2.59

整理成如表 2.7 所示的表格。

表 2.7 金砖五国货币汇率的描述性统计检验

货币	BRL	CNY	INR	RUB	ZAR
均值	2.85	6.47	61.57	49.25	11.57
标准差	0.81	0.28	7.61	15.76	2.66
偏度	−0.01	0.50	−0.76	−0.12	−0.28
峰度	1.59	2.09	2.66	1.31	1.83
JB统计量	191.35	175.72	234.16	281.51	163.07
P值	0.0000	0.0000	0.0000	0.0000	0.0000

由表 2.7 可以看出，金砖五国货币汇率的标准差从小到大依次为：人民币 0.28、巴西雷亚尔 0.81、南非兰特 2.66、印度卢比 7.61 和俄罗斯卢布 15.76，这表明人民币汇率波动程度最小，此后依次是雷亚尔、兰特、卢比，而俄罗斯卢布汇率波动程度最大。除人民币外的其他四国货币汇率的偏度均小于 0，表明只有人民币汇率是右偏的，其他四国货币汇率都是左偏的。所有货币汇率收益率的峰度都小于 3，表明五国货币汇率都呈现低峰分布。所有货币收益率 JB 统计量的伴随概率值都为 0.0000，表明五国货币汇率均在 1% 水平下显著拒绝"服从正态分布的原假设"，因此，金砖五国货币汇率收益率均不服从正态分布。

2.3.5 黑色数据图的制作

EViews 的图形输出是彩色的，即用不同颜色区分不同的曲线。由于国内著作通常采用黑白印刷，导致曲线之间无法区分，这时可以对数据进行重新编辑，采用不同符号来区分不同的曲线。

案例 6 对 2002 年至 2018 年中国对印度尼西亚、马来西亚、菲律宾、新加坡和泰国东盟五国进出口总额数据绘制黑色数据图。

（1）在 EViews 文件"中－东盟进出口额"中选定中国对印度尼西亚、马来西亚、菲律宾、新加坡和泰国东盟五国进出口总额 CHN_IDN、CHN_MYS、CHN_PHL、CHN_SGP 和 CHN_THA，并在一个组中打开（见图 2.60）

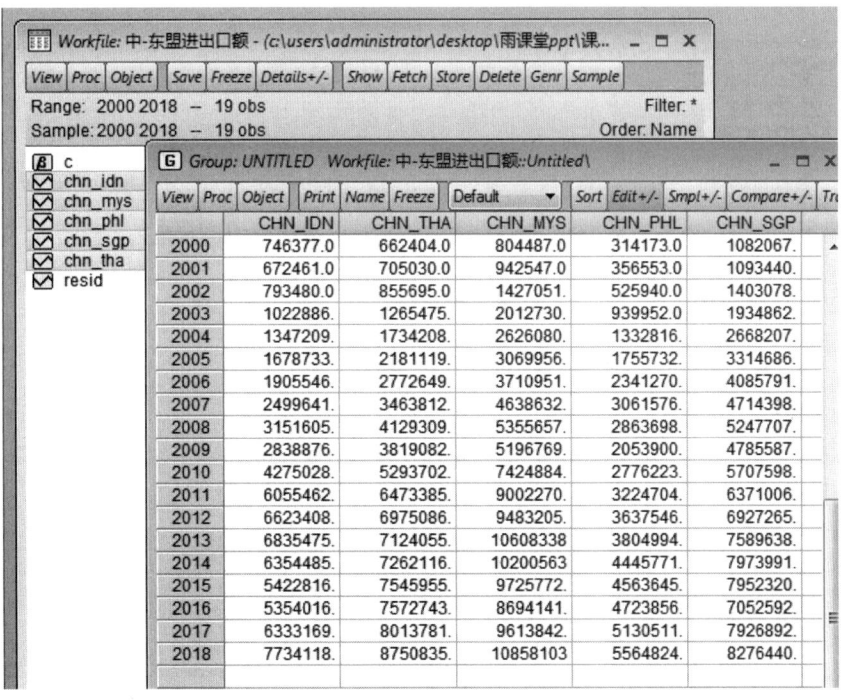

图 2.60

(2) 点击 "View \ Graph"（见图 2.61）

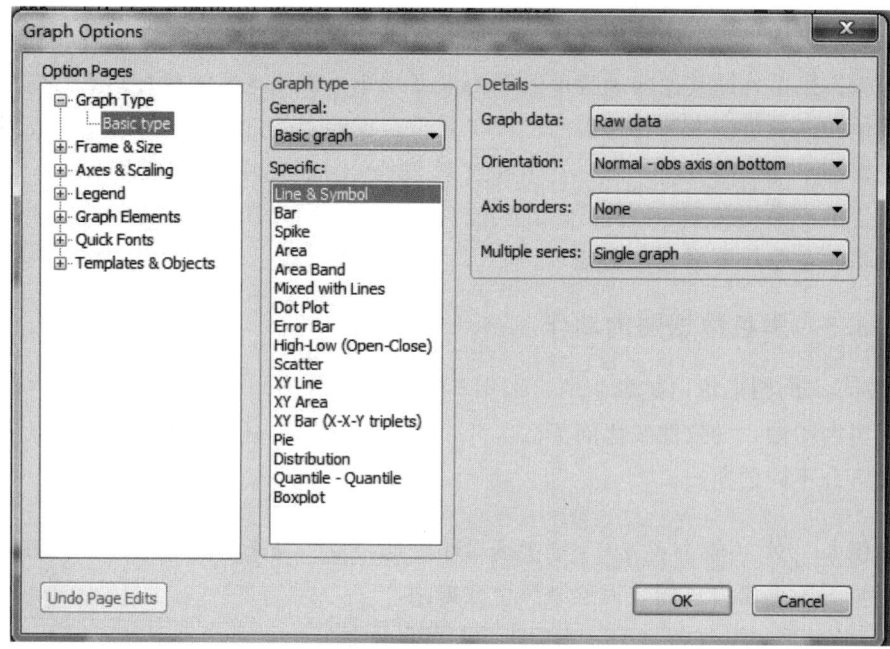

图 2.61

(3) 在 "Option Pages" 中点击 "Graph Elements"（见图 2.62）

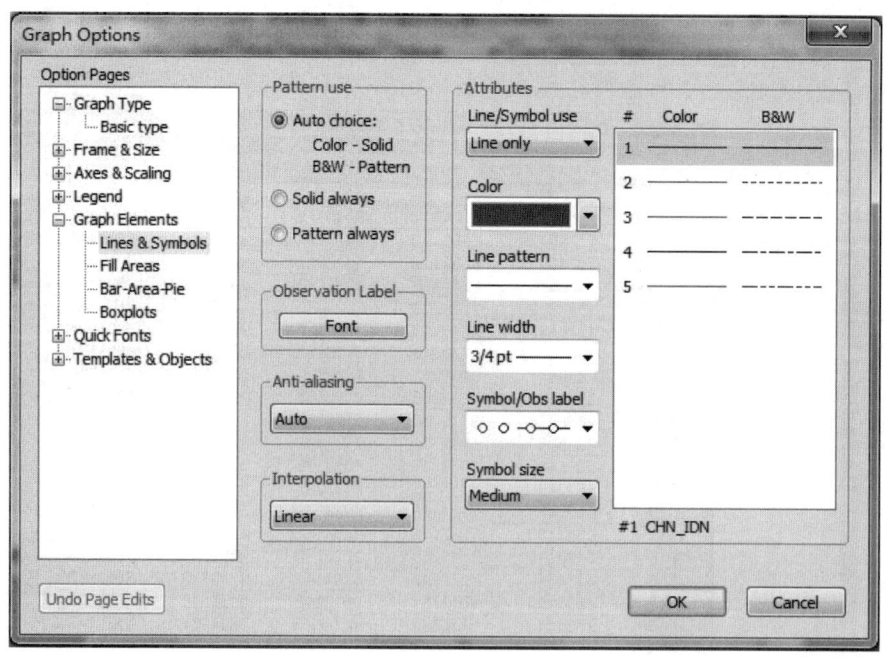

图 2.62

(4) 对默认的第一条曲线进行设置：点击"Color"，出现颜色窗口（见图 2.63）

图 2.63

(5) 选定黑色并点击"确定"（见图 2.64）

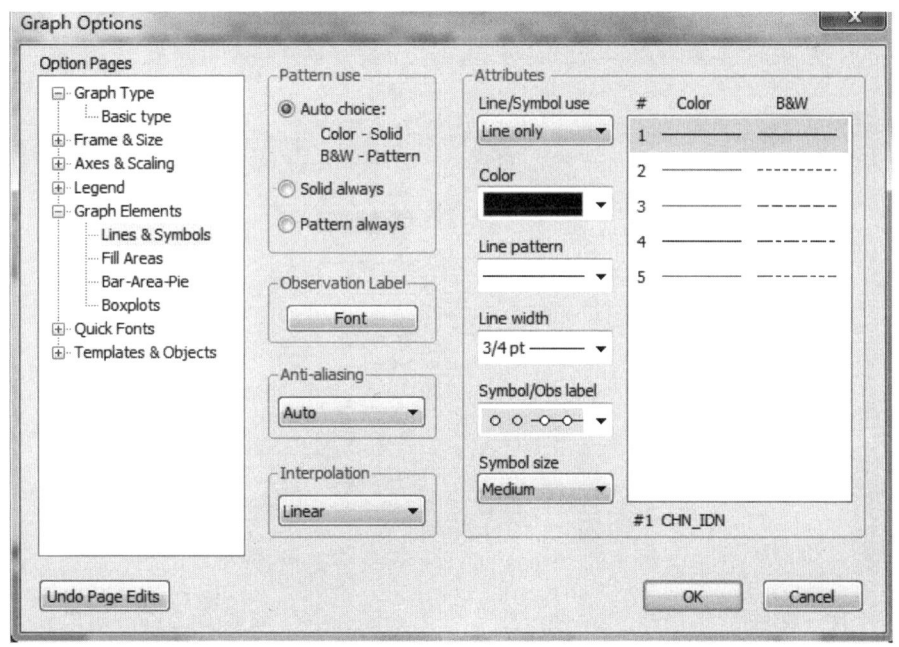

图 2.64

(6) 点击"Symbol/Obs label",出现符号菜单(见图 2.65)

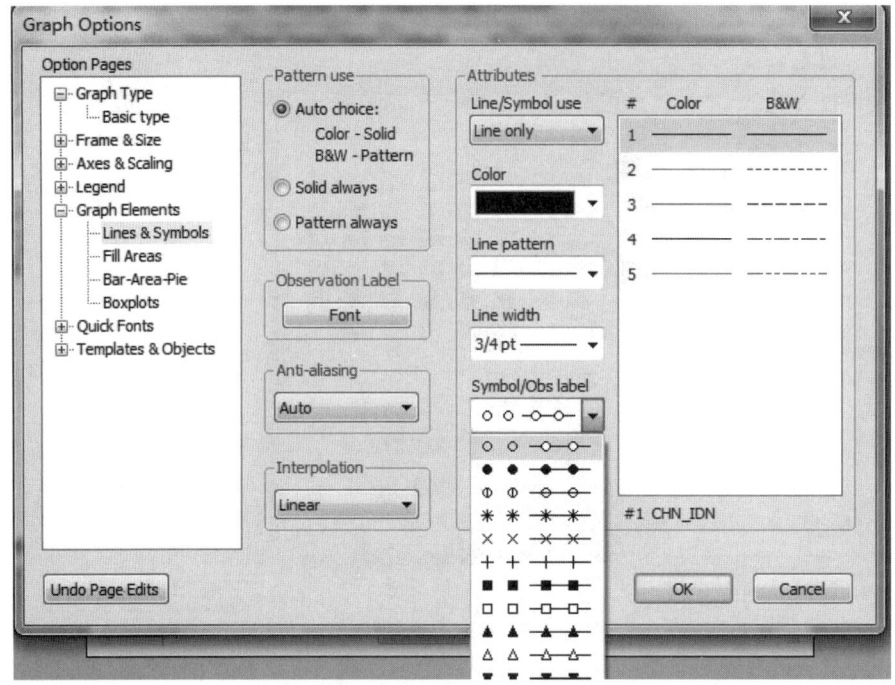

图 2.65

(7) 选定一种符号,如"*＊*＊*"(见图 2.66)

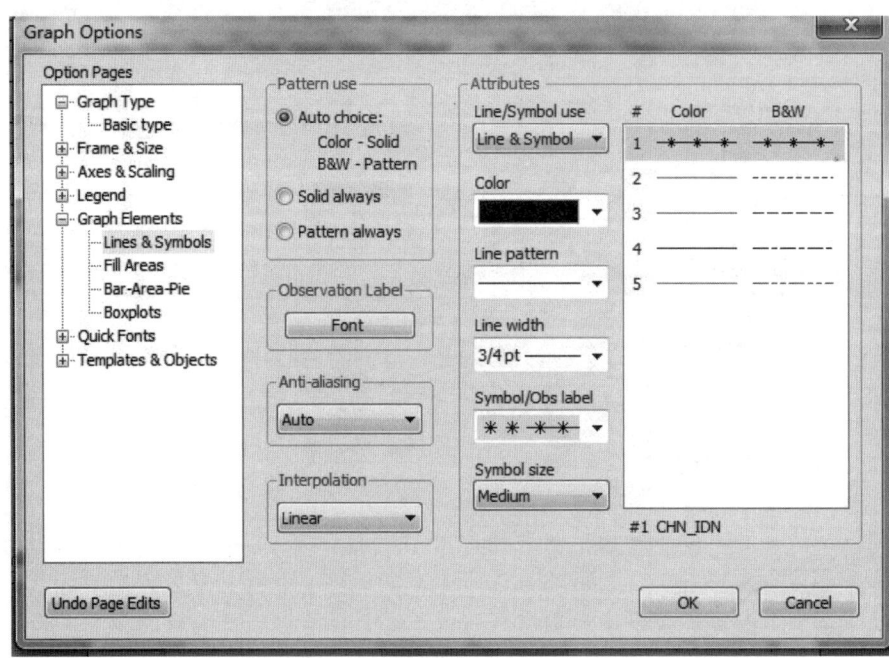

图 2.66

（8）分别点击第 2—5 条曲线，重复以上过程，最后得到如图 2.67 所示的图形

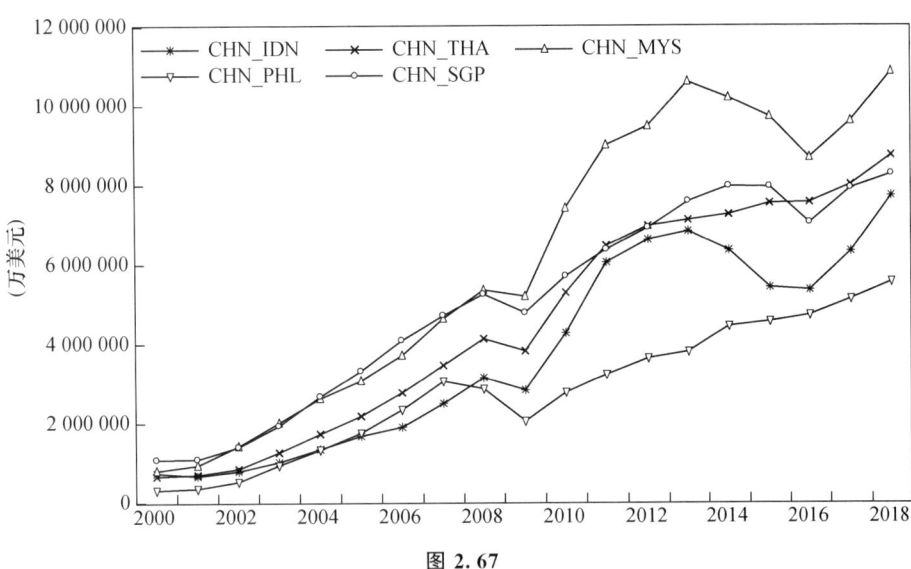

图 2.67

注意：当数据样本容量较大时，不宜采用这种做法。因为不同符号重叠在一起仍将无法区分不同曲线。

▶▶▶ 操作练习 2

（1）在同一图中作出金砖五国 GDP 的黑白数据图，并进行简要比较和走势分析。

（2）对上证指数和美国标普 500 指数 2019 年 1 月 1 日至 2019 年 12 月 31 日的日收盘价及收益率数据进行描述性统计检验，将检验结果以表 2.3 的形式汇总在表格里并进行简要的比较分析。

格式要求：

（1）在 Word 文档中以"实验报告"形式提交；

（2）标题"实验报告 2"黑体 4 号字体居中排列，正文宋体小 4 号字体；

（3）图形和表格按照 PPT 中的规范形式表达，依次编号，其中的文字为 5 号宋体，图题在图形的下方，表题在表格上方；

（4）EViews 原始输出结果不要放在报告正文中，作为附录放在实验报告后。

第 3 篇

数据的平稳性检验

数据的平稳性检验是对数据进行建模分析的前提。只有平稳的数据，才可以进行普通的最小二乘法回归分析，建立 ARMA 模型以及 VAR 模型等。

通过本篇你可以了解

- 数据的平稳性概念
- 单变量序列模型的平稳性
- 平稳性的单位根检验及 EViews 操作
- 单位根检验结果的表达和解释

3.1 认识数据的平稳性

为了介绍数据的平稳性概念，我们需要从"时间序列"谈起。

3.1.1 时间序列的概念

所谓时间序列，简单地说，就是按照某个时间顺序排列的一个随机变量序列。通常所说的"数据"其实是时间序列的一个采样。

3.1.2 时间序列的特点

(1) 序列中的项依赖于某个时间顺序；
(2) 序列中每一项的取值具有随机性；
(3) 序列中不同项之间具有一定的相关性——它决定着系统的动态变化规律。

3.1.3 时间序列的平稳性

对于时间序列$\{x_t\}$，若每一时点上随机变量的均值和方差均为常数，不同时点上两个随机变量间的协方差仅与时点间隔有关，而与时点无关，即

(1) $E(x_t) = \mu = \text{const.}$

(2) $\text{Cov}(x_t, x_{t-l}) = \gamma_l$

则称序列 $\{x_t\}$ 为弱平稳的，简称为平稳。

3.1.4 平稳时间序列的图形

图 3.1（a）和图 3.1（b）分别是上证指数收益率的数据图和标普 500 指数收盘价的数据图，后面将会证明它们都是平稳序列。

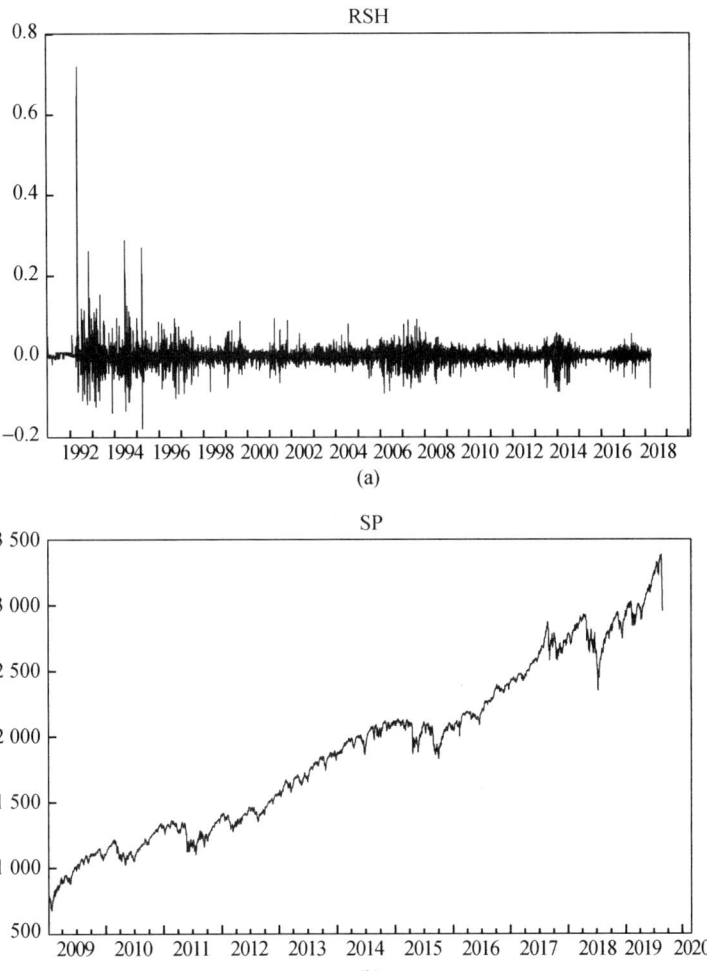

图 3.1

3.1.5 白噪声序列的概念

所谓白噪声序列，是指具有零均值、同方差且独立同分布的随机变量序列。白噪声序列是离散时间序列模型的基石。

3.1.6 白噪声序列$\{a_t\}$的性质

(1) $E(a_t)=0$,对任意的时点 t;

(2) $\mathrm{Var}(a_t)=\sigma_a^2$,对任意的时点 t;

(3) $\mathrm{Cov}(a_t,a_{t-k})=0$,对任意的时点 t 和 $k>0$。

这些性质可直接由白噪声的定义得到。由此直接看出,白噪声序列是一个平稳序列。

检验时间序列平稳性的基本方法是"单位根检验"。要介绍这个方法,我们需要从单变量时间序列模型的平稳性谈起。

3.2 单变量序列模型的平稳性

单变量时间序列模型有以下三种类型:

(1) 移动平均(MA)模型;

(2) 自回归(AR)模型;

(3) 自回归移动平均(ARMA)模型。

3.2.1 MA(q)模型及其平稳性

3.2.1.1 MA(q)模型

假定 a_t 是均值为零、方差为 σ_a^2 的白噪声序列,则称表达式

$$x_t = a_t - \theta_1 a_{t-1} - \theta_2 a_{t-2} - \cdots - \theta_q a_{t-q}$$

为 q 阶移动平均模型,简记为 MA(q)模型。

"移动平均"是指 x_t 是由 a_t 及其 q 个滞后项的加权和所构成,其本质是通过"平均"来消除样本中个别数据的离群,使模型变得光滑。

MA(q)模型可以看作白噪声序列的推广。

3.2.1.2 MA(q)模型的平稳性

MA(q)模型有许多有趣的性质,包括简单的均值、简单的方差和协方差等。

对于 MA(1)模型:

$$x_t = a_t - \theta_1 a_{t-1}$$

有

$$E(x_t) = E(a_t) - \theta_1 E(a_{t-1}) = 0$$

且

$$\begin{aligned}
\mathrm{Var}(x_t) &= E([x_t - E(x_t)]^2) = E([x_t]^2) = E([a_t - \theta_1 a_{t-1}]^2) \\
&= E(a_t^2 - 2\theta_1 a_t a_{t-1} + \theta_1^2 a_{t-1}^2) \\
&= E(a_t^2) - 2\theta_1 E(a_t a_{t-1}) + \theta_1^2 E(a_{t-1}^2) \\
&= \sigma_a^2 + \theta_1^2 \sigma_a^2 = (1+\theta_1^2)\sigma_a^2
\end{aligned}$$

$$\begin{aligned}
\mathrm{Cov}(x_t, x_{t-l}) &= E([x_t - E(x_t)][x_{t-l} - E(x_{t-l})]) \\
&= E(x_t x_{t-l}) = E([a_t - \theta_1 a_{t-1}][a_{t-l} - \theta_1 a_{t-l-1}]) \\
&= E(a_t a_{t-l} - \theta_1 a_{t-1} a_{t-l} - \theta_1 a_t a_{t-l-1} + \theta_1^2 a_{t-1} a_{t-l-1}) \\
&= E(a_t a_{t-l}) - \theta_1 E(a_{t-1} a_{t-l}) - \theta_1 E(a_t a_{t-l-1}) + \theta_1^2 E(a_{t-1} a_{t-l-1}) \\
&= -\theta_1 E(a_{t-1} a_{t-l}) = \begin{cases} -\theta_1 \sigma_a^2, & l = 1 \\ 0, & l > 1 \end{cases}
\end{aligned}$$

所以，MA(1)模型是平稳的。

一般地，MA(q)模型总是平稳的。

3.2.2 AR(p)模型及其平稳性

3.2.2.1 AR(p)模型

假定 a_t 是均值为零、方差为 σ_a^2 的白噪声序列，则称表达式

$$x_t = \varphi_1 x_{t-1} + \varphi_2 x_{t-2} + \cdots + \varphi_p x_{t-p} + a_t$$

为 p 阶自回归模型，简记为 AR(p)模型。

AR(p)模型的平稳性远不像 MA 模型那样简单。

3.2.2.2 AR(p)模型的平稳性

对于 AR(1)模型：

$$x_t = \varphi_1 x_{t-1} + a_t$$

有

$$E(x_t) = \varphi_1 E(x_{t-1}) + E(a_t) = \varphi_1 E(x_{t-1})$$

当序列 $\{x_t\}$ 平稳时，$E(x_t) = E(x_{t-1}) = \mu$（为常数），所以当 $\varphi_1 \neq 1$ 时得到：$E(x_t) = \mu = 0$。此时，

$$\begin{aligned}
\mathrm{Var}(x_t) &= E([x_t - E(x_t)]^2) = E([x_t]^2) = E([\varphi_1 x_{t-1} + a_t]^2) \\
&= E(\varphi_1^2 x_{t-1}^2 + 2\varphi_1 x_{t-1} a_t + a_t^2) \\
&= \varphi_1^2 E(x_{t-1}^2) + 2\varphi_1 E(x_{t-1} a_t) + E(a_t^2)
\end{aligned}$$

由于 $\{x_t\}$ 平稳，$E(x_{t-1}^2) = \mathrm{Var}(x_{t-1}) = \mathrm{Var}(x_t)$，又 $E(x_{t-1} a_t) = 0$（t 期白噪声 a_t 与滞后项 x_{t-j} 均不相关（$j>0$）），所以，

$$\mathrm{Var}(x_t) = \varphi_1^2 \mathrm{Var}(x_t) + \sigma_a^2$$

当 $\varphi_1 \neq 1$ 时得到：

$$\mathrm{Var}(x_t) = \frac{\sigma_a^2}{1 - \varphi_1^2}$$

由于方差 $\mathrm{Var}(x_t)$ 是一个正数，系数 φ_1 应满足 $|\varphi_1| < 1$，所以，AR(1)模型平稳的必要条件是 $|\varphi_1| < 1$。可以证明，这一条件 $|\varphi_1| < 1$ 还是 AR(1)模型平稳的充分条件。

3.2.2.3 一个非平稳的 AR(1)模型

假定 a_t 是均值为零、方差为 σ_a^2 的白噪声序列，则称表达式

$$x_t = x_{t-1} + a_t$$

为一个随机游走。

由于该模型的系数 $\varphi_1=1$，所以随机游走是非平稳的。在有效市场假设下，股票的价格序列是一个随机游走。

对于 AR(2) 模型：

$$x_t = \varphi_1 x_{t-1} + \varphi_2 x_{t-2} + a_t$$

当 $\{x_t\}$ 平稳且 $\varphi_1+\varphi_2\neq 1$ 时，对模型两边取期望可以得到：$E(x_t)=0$，并且通过计算可以得到：

$$\mathrm{Var}(x_t) = \frac{\sigma_a^2}{1-\varphi_1^2-\varphi_2^2} + \frac{2\varphi_1\varphi_2}{1-\varphi_1^2-\varphi_2^2}\mathrm{Cov}(x_{t-1},x_{t-2})$$

这个方差表达式变得复杂起来。

将 AR(2) 模型改写为：

$$x_t - \varphi_1 x_{t-1} - \varphi_2 x_{t-2} = a_t$$

其特征方程为：

$$\lambda^2 - \varphi_1\lambda - \varphi_2 = 0$$

记其两个根为 ω_1 和 ω_2。可以证明 AR(2) 模型平稳的条件为这两个特征根 ω_1 和 ω_2 的模均小于1，即

$$|\omega_1|<1, \quad |\omega_2|<1$$

对于 AR(p) 模型：

$$x_t = \varphi_1 x_{t-1} + \varphi_2 x_{t-2} + \cdots + \varphi_p x_{t-p} + a_t$$

变形为：

$$x_t - \varphi_1 x_{t-1} - \varphi_2 x_{t-2} - \cdots - \varphi_p x_{t-p} = a_t$$

特征方程为：

$$\lambda^p - \varphi_1\lambda^{p-1} - \cdots - \varphi_{p-1}\lambda - \varphi_p = 0$$

记其根为：$\omega_1, \omega_2, \cdots, \omega_p$，则 AR($p$) 模型平稳的条件是所有特征根 ω_j 的模均小于1，即 $|\omega_j|<1$。[1]

换言之，AR(p) 模型非平稳的条件是至少有一个特征根的模等于1，即存在"单位根"。

3.2.3 ARMA 模型及其平稳性

3.2.3.1 ARMA(p, q) 模型

假定 a_t 是均值为零、方差为 σ_a^2 的白噪声序列，则称表达式

$$x_t = \varphi_1 x_{t-1} + \cdots + \varphi_p x_{t-p} + a_t - \theta_1 a_{t-1} - \cdots - \theta_q a_{t-q}$$

为 (p,q) 阶自回归移动平均模型，简记为 ARMA(p,q) 模型。

3.2.3.2 ARMA(p,q) 模型的平稳性

MA 和 AR 模型分别是 ARMA 模型当 $p=0$ 和 $q=0$ 时的特殊情形，所以 ARMA

---

[1] 参见高铁梅主编：《计量经济分析方法与建模——EViews 应用及实例》，清华大学出版社 2006 年版，第 134 页。

模型是 MA 和 AR 模型的一个简单叠加。由于 MA 模型总是平稳的，所以 ARMA 模型的平稳性由其自回归部分的 AR 模型的平稳性决定。

3.3 平稳性的单位根检验

随着计量经济学的发展，单位根检验的理论和方法不断完善和拓展，近 40 年来出现多种检验单位根的方法。EViews 给出了以下六种检验方法：

（1）ADF 检验；

（2）DF_GLS 检验；

（3）PP 检验；

（4）KPSS 检验；

（5）ERS 检验；

（6）NP 检验。

Dickey 和 Fuller 最早提出的单位根检验方法是"DF 检验"。[①]

3.3.1 随机游走的三种形式

（1）简单随机游走：$x_t = x_{t-1} + a_t$；

（2）带截距项的随机游走：$x_t = c + x_{t-1} + a_t$；

（3）带截距项和线性趋势的随机游走：$x_t = c + bt + x_{t-1} + a_t$。

根据随机游走的三种形式可以得到基于三种模型的单位根检验方法：

如果序列 $\{x_t\}$ 生成过程是如下模型之一：

$$x_t = \rho x_{t-1} + a_t$$

$$x_t = \rho x_{t-1} + c + a_t$$

$$x_t = \rho x_{t-1} + c + bt + a_t$$

那么，检验序列 $\{x_t\}$ 是否有单位根，就是检验对应模型的自回归系数 ρ 是否为 1。

3.3.2 DF 检验的假设

原假设为 H_0：$\rho = 1$，即序列有一个单位根；备择假设为 H_1：$\rho < 1$。

t 统计量为：$T(\rho - 1) = \dfrac{N^{-1} \sum\limits_{t=1}^{N} x_{t-1} a_t}{N^{-2} \sum\limits_{t=1}^{N} x_{t-1}^2}$

当 t 统计量值大于给定显著水平的 3 个临界值时，接受原假设"序列有单位根"，即序列是非平稳的，否则，在相应显著水平下拒绝"序列有单位根"的原假设，即序列是平稳的。

---

① See Dickey D. A., Fuller W. A., Distribution of the Estimators for Autoregressive Time Series with a Unit Root, *Journal of the American Statistical Association*, 1979, 74: 427—431.

DF 检验中假设数据生成是特殊的一阶自回归模型,该方法的适用范围受到限制。Dickey 和 Fuller 将 DF 检验方法进一步推广,提出了"ADF 检验"。

3.3.3 ADF 检验

考虑数据 $\{x_t\}$ 是由如下三种形式的 p 阶自回归模型之一生成:

$$x_t = \rho x_{t-1} + \varphi_2 x_{t-2} + \cdots + \varphi_p x_{t-p} + a_t$$

$$x_t = \rho x_{t-1} + \varphi_2 x_{t-2} + \cdots + \varphi_p x_{t-p} + c + a_t$$

$$x_t = \rho x_{t-1} + \varphi_2 x_{t-2} + \cdots + \varphi_p x_{t-p} + c + bt + a_t$$

ADF 检验的原假设仍然为 $H_0: \rho = 1$,即序列有一个单位根。在此原假设之下可构造相应的 t 统计量并进行假设检验。

注意:ADF 检验是最常用的单位根检验方法。其他五种单位根检验原理可以参见高铁梅主编的《计量经济分析方法与建模——Eviews 应用及实例》(清华大学出版社 2006 年版)的第 5 章。

3.3.4 单位根检验的 EViews 操作

(1) 在 EViews 中打开数据;
(2) 点击 "View \ Unit Root Test …";
(3) 在对话框的 "Test type" 中选择适当的检验方法,在 "Indude in test equation" 中选择适当的模型按钮,并且在 "Maximum lags" 中填入适当的滞后期;
(4) 点击 "OK",输出检验结果。

案例 1 上证指数收盘价和收益率序列的 ADF 单位根检验。

(1) 在 EViews 中打开收盘价数据 "sh"(见图 3.2)

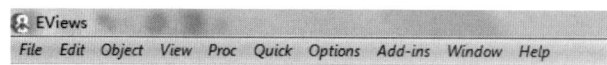

图 3.2

(2) 点击"View \ Unit Root Test"（见图 3.3）

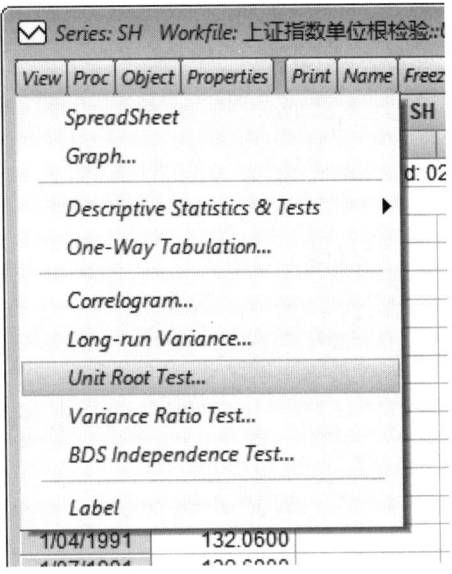

图 3.3

(3) 输出窗口（见图 3.4）

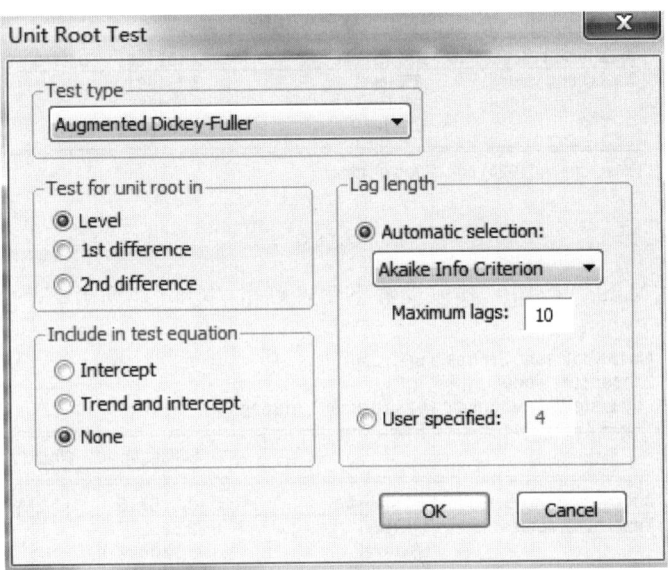

图 3.4

(4) 默认 ADF 检验，选择"Intercept"按钮，默认 AIC 准则并在"Maximun lags"中填入"5"（见图 3.5）

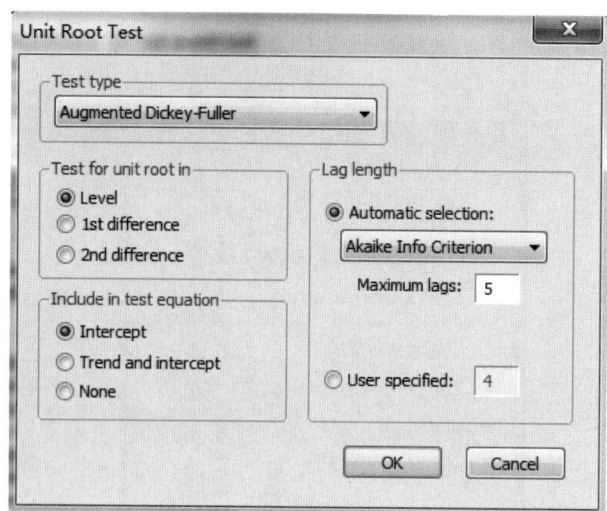

图 3.5

（5）点击"OK"，输出结果（见图 3.6）

```
Null Hypothesis: SH has a unit root
Exogenous: Constant
Lag Length: 4 (Automatic - based on AIC, maxlag=5)

                                          t-Statistic    Prob.*
Augmented Dickey-Fuller test statistic    -2.102149      0.2440
Test critical values:    1% level         -3.431091
                         5% level         -2.861752
                         10% level        -2.566925

*MacKinnon (1996) one-sided p-values.
```

图 3.6

（6）选择"None"按钮，其他设置不变，点击"OK"，输出结果（见图 3.7）

```
Null Hypothesis: SH has a unit root
Exogenous: None
Lag Length: 4 (Automatic - based on AIC, maxlag=5)

                                          t-Statistic    Prob.*
Augmented Dickey-Fuller test statistic    -0.375715      0.5493
Test critical values:    1% level         -2.565287
                         5% level         -1.940869
                         10% level        -1.616670

*MacKinnon (1996) one-sided p-values.
```

图 3.7

（7）选择"Trend and intercept"按钮，其他设置不变，点击"OK"，输出结果（见图 3.8）

```
Null Hypothesis: SH has a unit root
Exogenous: Constant, Linear Trend
Lag Length: 4 (Automatic - based on AIC, maxlag=5)
```

		t-Statistic	Prob.*
Augmented Dickey-Fuller test statistic		-2.977508	0.1386
Test critical values:	1% level	-3.959325	
	5% level	-3.410435	
	10% level	-3.126978	

*MacKinnon (1996) one-sided p-values.

图 3.8

（8）打开收益率数据"rsh"，点击"View \ Unit Root Test"，在输出窗口中默认 ADF 检验，在"Maximun lags"中填入"5"，分别点击"None \ OK""Intercept \ OK"和"Trend and intercept \ OK"，依次输出结果（见图 3.9、图 3.10、图 3.11）

```
Null Hypothesis: RSH has a unit root
Exogenous: None
Lag Length: 5 (Automatic - based on AIC, maxlag=5)
```

		t-Statistic	Prob.*
Augmented Dickey-Fuller test statistic		-32.96163	0.0000
Test critical values:	1% level	-2.565287	
	5% level	-1.940869	
	10% level	-1.616670	

*MacKinnon (1996) one-sided p-values.

图 3.9

```
Null Hypothesis: RSH has a unit root
Exogenous: Constant
Lag Length: 5 (Automatic - based on AIC, maxlag=5)
```

		t-Statistic	Prob.*
Augmented Dickey-Fuller test statistic		-32.99561	0.0000
Test critical values:	1% level	-3.431091	
	5% level	-2.861752	
	10% level	-2.566925	

*MacKinnon (1996) one-sided p-values.

图 3.10

```
Null Hypothesis: RSH has a unit root
Exogenous: Constant, Linear Trend
Lag Length: 5 (Automatic - based on AIC, maxlag=5)
```

		t-Statistic	Prob.*
Augmented Dickey-Fuller test statistic		-33.03505	0.0000
Test critical values:	1% level	-3.959325	
	5% level	-3.410435	
	10% level	-3.126978	

*MacKinnon (1996) one-sided p-values.

图 3.11

注意：在进行 ADF 单位根检验时，其中的滞后长度（lag length）是根据预先选定的信息准则和设定的最大滞后期（maximum lags）由 EViews 软件自动确定的。然而，最大滞后期的设定带有一定的主观性，如果最大滞后期设定太小，会使自回归模型的残差序列相关，从而导致检验功效和水平降低。张成思对月度数据建议设定最大滞后期 12。我们可以利用下面的"逐步放大"方法来确定最大滞后期数。

Said 和 Dickey 曾指出，"最大滞后期"的下界为 $l_{\max} = [\log(T)] + 1$，这里，T 是样本容量。① 因此，首先选取最大滞后期为 $l_{\max}$，如果 ADF 单位根检验结果显示自动选择的滞后长度小于 $l_{\max}$，那么可以设定最大滞后期为 $l_{\max}$。否则应当放大最大滞后期的设定，即选取最大滞后期为 $l_{\max}+1$。如果 ADF 单位根检验结果显示自动选择的滞后长度小于 $l_{\max}+1$，那么可以设定最大滞后期为 $l_{\max}+1$。否则继续放大最大滞后期的设定，依此类推。

例如，对上证指数"sh"的 ADF 单位根检验。（见图 3.12）

图 3.12

由于样本容量为 $T=7607$，$l_{\max} = [\log(7607)] + 1 = 4$，选择带有趋势和截距的模型及最大滞后期 4 的 ADF 单位根检验结果如图 3.13 所示。

图 3.13

结果显示的滞后长度为 $4=l_{\max}$，因此，再取最大滞后期为 5，ADF 单位根检验结果如图 3.14 所示。

---

① See Said S. E., and Dickey D. A., Testing for Unit Roots in Autoregressive－Moving Average Models of Unknown Order, *Biometrika*, 1984, 71: 599—607.

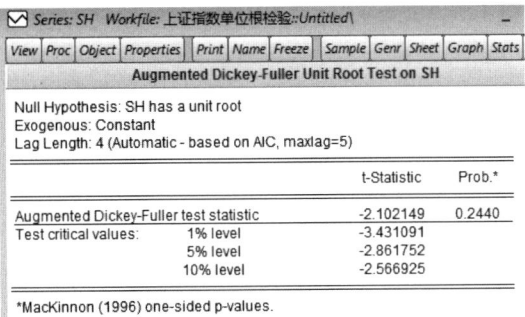

图 3.14

结果显示的滞后长度 $4<5=l_{\max}$，所以可设定最大滞后期为 5。

然而，PP 单位根检验却没有这个"最大滞后期数"设置的麻烦。

案例 2 上证指数收盘价和收益率序列的 PP 单位根检验。

（1）打开收盘价数据"sh"，点击"View \ Unit Root Test…"，输出窗口（见图 3.15）

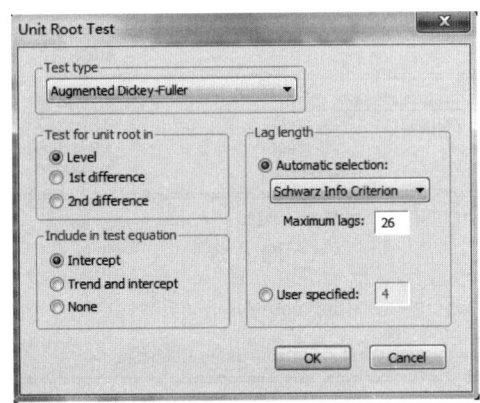

图 3.15

（2）点击"Test type"下拉按钮（见图 3.16）

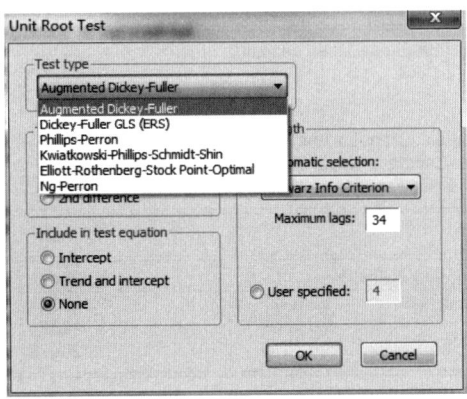

图 3.16

（3）选择"Phillips-Perron"，打开窗口（见图 3.17）

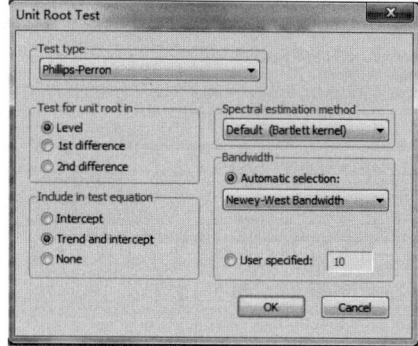

图 3.17

（4）分别点击"None \ OK""Intercept \ OK"和"Trend and intercept \ OK"，依次输出结果（见图 3.18、图 3.19、图 3.20）

Null Hypothesis: SH has a unit root
Exogenous: None
Bandwidth: 6 (Newey-West automatic) using Bartlett kernel

		Adj. t-Stat	Prob.*
Phillips-Perron test statistic		-0.294654	0.5800
Test critical values:	1% level	-2.565287	
	5% level	-1.940869	
	10% level	-1.616670	

*MacKinnon (1996) one-sided p-values.

图 3.18

Null Hypothesis: SH has a unit root
Exogenous: Constant
Bandwidth: 6 (Newey-West automatic) using Bartlett kernel

		Adj. t-Stat	Prob.*
Phillips-Perron test statistic		-2.024224	0.2765
Test critical values:	1% level	-3.431090	
	5% level	-2.861752	
	10% level	-2.566925	

*MacKinnon (1996) one-sided p-values.

图 3.19

Null Hypothesis: SH has a unit root
Exogenous: Constant, Linear Trend
Bandwidth: 8 (Newey-West automatic) using Bartlett kernel

		Adj. t-Stat	Prob.*
Phillips-Perron test statistic		-2.825948	0.1878
Test critical values:	1% level	-3.959324	
	5% level	-3.410434	
	10% level	-3.126978	

*MacKinnon (1996) one-sided p-values.

图 3.20

(5) 打开收益率数据"rsh",重复以上过程得到检验结果(见图 3.21、图 3.22、图 3.23)

```
Null Hypothesis: RSH has a unit root
Exogenous: None
Bandwidth: 16 (Newey-West automatic) using Bartlett kernel
```

		Adj. t-Stat	Prob.*
Phillips-Perron test statistic		-81.12370	0.0001
Test critical values:	1% level	-2.565287	
	5% level	-1.940869	
	10% level	-1.616670	

*MacKinnon (1996) one-sided p-values.

图 3.21

```
Null Hypothesis: RSH has a unit root
Exogenous: Constant
Bandwidth: 15 (Newey-West automatic) using Bartlett kernel
```

		Adj. t-Stat	Prob.*
Phillips-Perron test statistic		-81.08039	0.0001
Test critical values:	1% level	-3.431090	
	5% level	-2.861752	
	10% level	-2.566925	

*MacKinnon (1996) one-sided p-values.

图 3.22

```
Null Hypothesis: RSH has a unit root
Exogenous: Constant, Linear Trend
Bandwidth: 15 (Newey-West automatic) using Bartlett kernel
```

		Adj. t-Stat	Prob.*
Phillips-Perron test statistic		-81.08882	0.0001
Test critical values:	1% level	-3.959324	
	5% level	-3.410434	
	10% level	-3.126978	

*MacKinnon (1996) one-sided p-values.

图 3.23

3.4 单位根检验结果的表达和解释

对案例 1、案例 2 中上证指数收盘价序列"sh"和收益率序列"rsh"的 ADF 单位根检验结果,可以整理成表 3.1 和表 3.2 的形式。

表 3.1　上证指数收盘价和收益率序列的 ADF 单位根检验

变量	无		带截距		带截距和趋势	
	t 统计量	P 值	t 统计量	P 值	t 统计量	P 值
sh	−0.3757	0.5493	−2.1021	0.2440	−2.9775	0.1386
rsh	−80.5125	0.0001	−80.5388	0.0001	−80.5718	0.0001

表 3.2　上证指数收盘价和收益率序列的 ADF 与 PP 单位根检验

变量	无		带截距		带截距和趋势	
	ADF	PP	ADF	PP	ADF	PP
sh	−0.3757 (0.5493)	−0.2946 (0.5800)	−2.1021 (0.2440)	−2.0242 (0.2765)	−2.9775 (0.1386)	−2.8259 (0.1878)
rsh	−80.512 (0.0001)	−81.123 (0.0001)	−80.538 (0.0001)	−81.080 (0.0001)	−80.571 (0.0001)	−81.088 (0.0001)

注：表中的数值是 t 统计量，括号里是 P 值。

由表 3.1 可以看出，对变量 sh 在三个模型下的 ADF 检验的 t 统计量的相伴概率均大于 0.1，表明在 10% 显著水平下均不能拒绝"序列有单位根"的原假设，所以上证指数收盘价序列"sh"是非平稳序列。对变量 rsh 在三个模型下的 ADF 检验的 t 统计量的相伴概率均小于 0.01，表明三个模型下的 ADF 检验在 1% 显著水平下一致拒绝"序列有单位根"的原假设，所以上证指数收益率序列"rsh"是平稳序列。

由表 3.2 可以看出，在三个模型下，对变量 sh 的 ADF 检验和 PP 检验的 t 统计量的相伴概率都大于 0.1，表明在 10% 显著水平下采用两种方法的三个模型检验均不能拒绝"序列有单位根"的原假设，所以上证指数收盘价序列"sh"是非平稳序列。在三个模型下，对变量 rsh 的 ADF 检验和 PP 检验的 t 统计量的相伴概率均小于 0.01，表明采用两种方法的三个模型检验在 1% 显著水平下一致拒绝"序列有单位根"的原假设，所以上证指数收益率序列"rsh"是平稳序列。

表 3.1 和表 3.2 可以表达为如表 3.3 和表 3.4 所示的更加简洁的形式。

表 3.3　上证指数收盘价和收益率序列的 ADF 单位根检验

变量	t 统计量		
	无	带截距	带截距和趋势
sh	−0.375	−2.102	−2.97
rsh	−81.12***	−81.08***	−81.08***

注：*、** 和 *** 分别表示在 10%、5% 和 1% 水平下显著。

表 3.4　上证指数收盘价和收益率序列的 ADF 与 PP 单位根检验

变量	无		带截距		带截距和趋势	
	ADF	PP	ADF	PP	ADF	PP
sh	−0.3757	−0.2946	−2.1021	−2.0242	−2.9775	−2.8259
rsh	−80.512***	−81.123***	−80.538***	−81.080***	−80.571***	−81.088***

注：表中的数值是 t 统计量，*、** 和 *** 分别表示在 10%、5% 和 1% 水平下显著。

注意：当单位根检验在不同模型下的检验结果出现分歧时，我们应当选择合适的模型，模型选取不当可能会导致错误结果。

例如，由图 3.1(b) 可见，标普 500 指数收盘价序列具有明显趋势，所以选择 "Trend and intercept" 模型进行 ADF 单位根检验，其结果如图 3.24 所示。

```
Null Hypothesis: SP has a unit root
Exogenous: Constant, Linear Trend
Lag Length: 0 (Automatic - based on SIC, maxlag=27)
```

		t-Statistic	Prob.*
Augmented Dickey-Fuller test statistic		−4.124129	0.0058
Test critical values:	1% level	−3.961347	
	5% level	−3.411425	
	10% level	−3.127566	

*MacKinnon (1996) one-sided p-values.

图 3.24

这表明标普 500 指数收盘价序列是平稳序列。但选 "None" 或 "Intercept" 模型的 ADF 单位根检验结果如图 3.25、图 3.26 所示。

```
Null Hypothesis: SP has a unit root
Exogenous: None
Lag Length: 0 (Automatic - based on SIC, maxlag=27)
```

		t-Statistic	Prob.*
Augmented Dickey-Fuller test statistic		1.942497	0.9880
Test critical values:	1% level	−2.565795	
	5% level	−1.940938	
	10% level	−1.616623	

*MacKinnon (1996) one-sided p-values.

图 3.25

```
Null Hypothesis: SP has a unit root
Exogenous: Constant
Lag Length: 0 (Automatic - based on SIC, maxlag=27)
```

		t-Statistic	Prob.*
Augmented Dickey-Fuller test statistic		-0.826503	0.8110
Test critical values:	1% level	-3.432513	
	5% level	-2.862381	
	10% level	-2.567263	

*MacKinnon (1996) one-sided p-values.

图 3.26

这表明标普 500 指数收盘价序列是非平稳序列，出现了相反的结果。

模型的选择可按照以下方法进行：

（1）若数据图在一个偏离 0 的位置随机变动，则意味着被检验序列均值非零，应添加截距项，即点击"Intercept"按钮；

（2）若数据图波动趋势随时间变化，则意味着被检验序列具有时间趋势，应添加时间趋势项，即点击"Trend and intercept"按钮。

> **注记**：在现实经济环境下，由于受有限样本的影响，不同的检验方法存在不同程度的检验水平畸变和检验功效损失。在大样本下，ADF 单位根检验借助极限分布具有较好的功效，但是在小样本中检验的功效明显下降。[1] 在市场存在结构突变的情形下，ADF 单位根检验也会失效。Perron 提出"结构突变单位根检验"，很好地解决了这一问题。[2]

▶▶▶ 操作练习 3

（1）对金砖五国的 GDP 及 GDP 增长率数据进行 ADF 单位根检验，将结果以表 3.3 的形式汇总在表格中并给出解释。

（2）对美元对东盟国家货币汇率分别进行 ADF 和 PP 单位根检验，将结果以表 3.4 的形式汇总在表格中并给出解释。

---

[1] 参见房林、邹卫星：《多种单位根检验法的比较研究》，载《数量经济技术经济研究》2007 年第 1 期。

[2] 参见 Perron P., The Great Crash, the Oil Price Shock, and the Unit Root Hypothesis, *Econometrica*, 1989, 57 (6): 1361—1401; Kim D., Perron P., Unit Root Tests Allowing for a Break in the Trend Function at an Unknown Time under both the Null and Alternative Hypotheses, *Journal of Econometrics*, 2009, 148: 1—13; 顾荣宝、李新洁：《深圳股票市场的奇异值分解熵及其对股指的预测力》，载《南京财经大学学报》2015 年第 2 期，第 64—73 页。

格式要求：

（1）在 Word 文档中以"实验报告"形式提交；

（2）标题"实验报告3"为黑体4号字体居中排列，正文为宋体小4号字体；

（3）图形和表格按照 PPT 中的规范形式表达，依次编号，其中的文字为5号宋体，图题在图形的下方，表题在表格上方；

（4）EViews 原始输出结果不要放在报告正文中，作为附录放在实验报告后。

第4篇

资产收益率的建模与预测

从本篇开始介绍金融计量分析的基本模型:
- ARMA/ARIMA 模型——收益率/价格建模与预测
- VAR/VEC 模型——收益率/价格跨市场传导分析
- GARCH 模型——波动建模与应用
- MVGARCH 模型——波动跨市场传导分析
- 面板数据模型——公司金融问题研究

通过本篇你可以了解
- 时间序列的两个相关性质——自相关函数/偏自相关函数
- 资产收益率的建模方法
- 利用模型进行预测

4.1 自相关函数与偏自相关函数

资产收益率是一个平稳序列。对于一个平稳序列,通常可以通过建立 ARMA 模型来反映序列变化的内在统计规律。序列的内在变化规律通常由其"自相关函数"和"偏自相关函数"的特征来反映。为了介绍自相关函数和偏自相关函数,我们先从基本的 Pearson 相关系数谈起。

4.1.1 Pearson 相关系数

假定 X 和 Y 是两个随机变量,它们的相关系数为:

$$\rho_{XY} = \frac{\text{Cov}(X,Y)}{\sigma_X \sigma_Y}$$

这里,Cov(X,Y) 是 X 和 Y 的协方差,σ_X 和 σ_Y 分别是 X 和 Y 的标准差。

4.1.1.1 相关系数的基本性质

(1) $-1 \leq \rho_{XY} \leq 1$ 且 $\rho_{XY} = \rho_{YX}$;

(2) 若 $\rho_{XY} = 0$,则 X 和 Y 是不相关的;

(3) 若 X 和 Y 都是正态随机变量,则 $\rho_{XY} = 0$ 当且仅当 X 和 Y 相互独立。

如果随机变量 X 和 Y 的样本为 $\{x_t\}_{t=1}^T$ 和 $\{y_t\}_{t=1}^T$，那么样本相关系数为：

$$\bar{\rho}_{XY} = \frac{\sum_{t=1}^T (x_t - \bar{x})(y_t - \bar{y})}{\sqrt{\sum_{t=1}^T (x_t - \bar{x})^2 \sum_{t=1}^T (y_t - \bar{y})^2}}$$

称为两变量 X 和 Y 的 Pearson 相关系数，这里 $\bar{x}$ 为 $\{x_t\}_{t=1}^T$ 的均值。

4.1.1.2 Pearson 相关系数的度量

Pearson 相关系数度量的是随机变量间线性相关的程度。

(1) 线性相关性的方向

① Pearson 相关系数大于 0，变量之间正向线性相关；

② Pearson 相关系数等于 0，变量之间不线性相关；

③ Pearson 相关系数小于 0，变量之间负向线性相关。

(2) 线性相关性的强弱

① Pearson 相关系数绝对值位于 [0, 0.2] 时，变量之间不存在线性相关性；

② Pearson 相关系数绝对值位于 (0.2, 0.4] 时，变量之间存在较弱的线性相关性；

③ Pearson 相关系数绝对值位于 (0.4, 0.6] 时，变量之间存在中等的线性相关性；

④ Pearson 相关系数绝对值位于 (0.6, 0.8] 时，变量之间存在较强的线性相关性；

⑤ Pearson 相关系数绝对值位于 (0.8, 1] 时，变量之间存在极强的线性相关性。

4.1.1.3 Pearson 相关性检验的 EViews 操作

(1) 将两数据作为组打开，点击"Views \ Covariance Analysis"；

(2) 在对话框中选择"Correlation"，同时消去"Convariance"（协方差）；

(3) 点击"OK"，输出检验结果。

案例 1 中美两国股票市场的相关性检验。

(1) 在英为财情网站下载上证指数和标普 500 指数 2010 年 1 月 1 日至 2019 年 12 月 31 日的日收盘价数据，导入 EViews 并分别记为"sh""sp"

(2) 打开数据组"sh""sp"（见图 4.1）

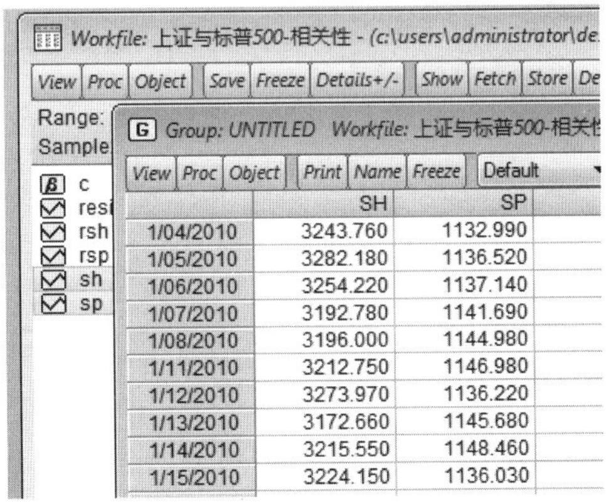

图 4.1

(3) 点击"View \ Covariance Analysis..."（见图 4.2）

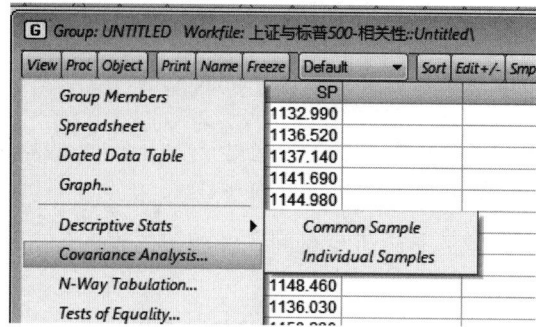

图 4.2

(4) 输出对话框（见图 4.3）

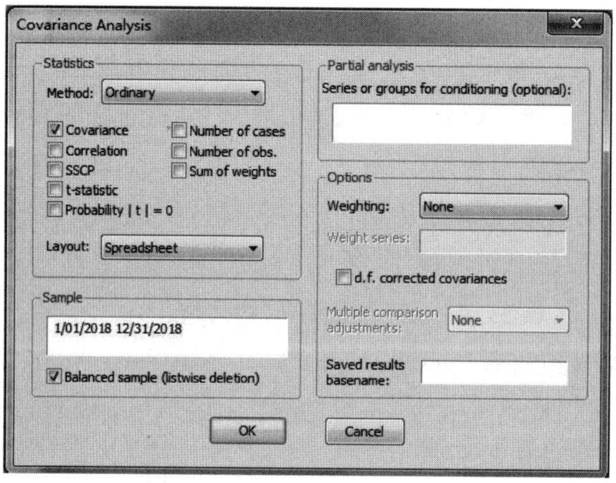

图 4.3

(5) 在对话框中选择"Correlation"，同时消去"Covariance"（协方差）（见图 4.4）

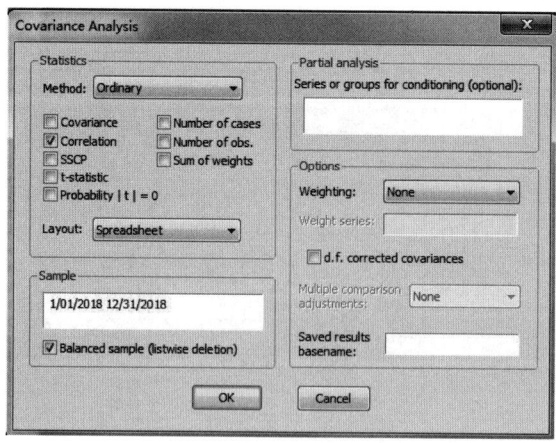

图 4.4

(6) 点击"OK",输出结果(见图 4.5)

	SH	SP
SH	1.000000	0.398327
SP	0.398327	1.000000

图 4.5

2010—2019 年,上证指数与标普 500 指数的 Pearson 相关系数为 0.3983,这表明中美两国的股票市场存在较弱的线性相关性。

> **注记**:用 Pearson 相关系数检验两个序列之间不存在"线性相关性",并不意味着它们之间没有任何相关关系。这是因为 Pearson 相关系数并不稳健,会受到离群值的影响,也会受到非平稳性和非 Gauss 分布的影响。Zebende 提出一个新的 DCCA 交叉相关系数,可以用来测量非平稳序列或者非 Gauss 分布序列之间的交叉相关性。[①]

4.1.2 自相关函数

4.1.2.1 自相关函数的概念

对于平稳时间序列 $\{x_t\}_{t=1}^T$,称协方差

$$\text{Cov}(x_t, x_{t-l}) = \gamma_l$$

为该序列间隔为 l 的自协方差。自协方差具有如下性质:

$$\gamma_0 = \text{Var}(x_t), \quad \gamma_{-l} = \gamma_l$$

由平稳时间序列 $\{x_t\}_{t=1}^T$ 的自相关系数组成的数列:

$$\rho_l = \frac{\text{Cov}(x_t, x_{t-l})}{\text{Var}(x_t)} = \frac{\gamma_l}{\gamma_0}, \quad l = 0, 1, 2, \cdots, T$$

称为时间序列的自相关函数。

自相关系数 ρ_l 刻画了序列在时点 $(t-l)$ 的取值 x_{t-l} 对时点 t 取值 x_t 的影响程度。换句话说,ρ_l 刻画了序列在时点 t 的取值对时点 $(t-l)$ 取值的"记忆"程度。

[①] 参见 Zebende G. F.,DCCA Cross-correlation Coefficient: Quantifying Level of Cross-correlation,*Physica A*: *Statistical Mechanics and Its Applications*,2011,390:614—618;顾荣宝、刘海飞、李心丹、李龙:《股票市场的羊群行为与波动:关联及其演化——来自深圳股票市场的证据》,载《管理科学学报》2015 年第 11 期,第 83—94 页;Rongbao Gu, Bing Zhang, Is Efficiency of Crude Oil Market Affected by Multifractallity? Evidence from the WTI Crude Oil Market,*Energy Economics*,2016,53:151—158。

白噪声的自相关函数为：
$$\rho_l = \begin{cases} 1, & \text{若 } l = 0 \\ 0, & \text{若 } l \neq 0 \end{cases}$$

假定 X 是一个随机变量，若对每一个时点 t，记 $x_t = X$，则时间序列 $\{x_t\}_{t=1}^{T}$ 的自相关函数为：
$$\rho_l = 1, \quad l = 0, 1, 2, \cdots, T$$

4.1.2.2 自相关函数的 EViews 操作

（1）打开数据，点击"View \ Correlogram"；

（2）输出对话框，默认各个设置；

（3）点击"OK"，输出结果。

案例 2 分别检验上证指数 sh 和标普 500 指数 sp 的自相关函数。

（1）打开数据"sh"（2018.1.1.—2018.12.31.）（见图 4.6）

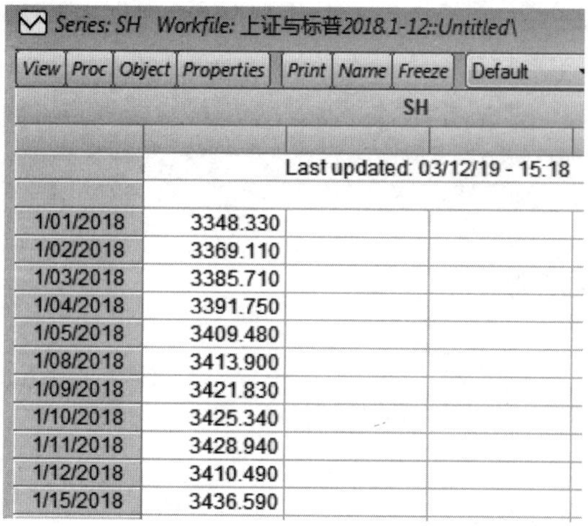

图 4.6

（2）点击"View \ Correlogram…"（见图 4.7）

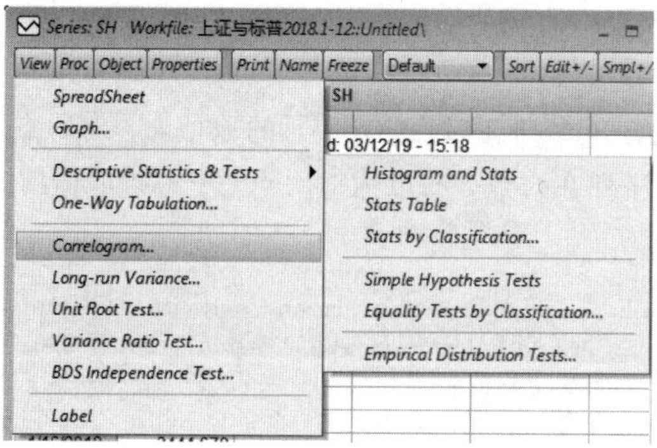

图 4.7

(3) 输出对话框 (见图 4.8)

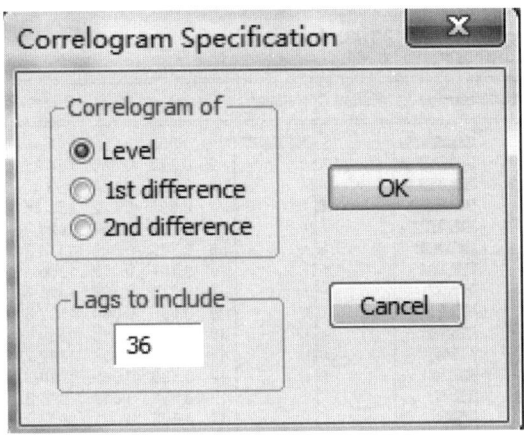

图 4.8

(4) 点击"OK",输出结果的左半部分即为 sh 的自相关函数图 (见图 4.9)

```
Date: 03/19/20   Time: 16:05
Sample: 1/02/2018 12/31/2018
Included observations: 260
```

Autocorrelation	Partial Correlation		AC	PAC	Q-Stat	Prob
		1	0.988	0.988	256.89	0.000
		2	0.976	-0.024	508.47	0.000
		3	0.963	-0.055	754.20	0.000
		4	0.947	-0.100	993.03	0.000
		5	0.933	0.058	1225.7	0.000
		6	0.919	0.010	1452.4	0.000
		7	0.906	0.033	1673.7	0.000
		8	0.894	-0.014	1889.6	0.000
		9	0.881	-0.015	2100.1	0.000
		10	0.868	-0.019	2305.2	0.000
		11	0.854	-0.045	2504.5	0.000
		12	0.839	-0.019	2697.9	0.000
		13	0.825	-0.003	2885.4	0.000
		14	0.811	0.027	3067.4	0.000
		15	0.797	-0.005	3244.0	0.000
		16	0.783	-0.019	3415.2	0.000
		17	0.770	0.034	3581.5	0.000
		18	0.756	-0.062	3742.6	0.000
		19	0.743	0.033	3898.8	0.000
		20	0.732	0.047	4050.8	0.000
		21	0.718	-0.077	4197.8	0.000
		22	0.705	-0.007	4340.0	0.000
		23	0.691	-0.026	4477.3	0.000
		24	0.678	0.047	4610.1	0.000
		25	0.668	0.082	4739.4	0.000
		26	0.658	0.038	4865.5	0.000
		27	0.649	-0.001	4988.7	0.000
		28	0.643	0.100	5110.2	0.000

图 4.9

(5) 打开数据"sp",重复以上过程得到 sp 的自相关函数图(见图 4.10)

```
Date: 03/19/20   Time: 16:05
Sample: 1/02/2018 12/31/2018
Included observations: 260
```

Autocorrelation	Partial Correlation		AC	PAC	Q-Stat	Prob
		1	0.958	0.958	241.45	0.000
		2	0.919	0.009	464.31	0.000
		3	0.880	-0.016	669.40	0.000
		4	0.832	-0.122	853.71	0.000
		5	0.792	0.057	1021.3	0.000
		6	0.746	-0.089	1170.7	0.000
		7	0.707	0.069	1305.4	0.000
		8	0.670	-0.022	1426.7	0.000
		9	0.639	0.084	1537.5	0.000
		10	0.611	-0.016	1639.1	0.000
		11	0.585	0.038	1732.7	0.000
		12	0.559	-0.049	1818.5	0.000
		13	0.531	-0.019	1896.3	0.000
		14	0.508	0.021	1967.9	0.000
		15	0.492	0.096	2035.3	0.000
		16	0.480	0.037	2099.7	0.000
		17	0.467	-0.008	2160.9	0.000
		18	0.450	-0.085	2217.8	0.000
		19	0.427	-0.080	2269.2	0.000
		20	0.411	0.078	2317.2	0.000
		21	0.399	0.057	2362.5	0.000
		22	0.385	-0.007	2404.9	0.000
		23	0.366	-0.077	2443.4	0.000
		24	0.341	-0.091	2476.9	0.000
		25	0.323	0.071	2507.1	0.000
		26	0.302	-0.044	2533.7	0.000
		27	0.280	-0.019	2556.7	0.000
		28	0.264	0.047	2577.2	0.000
		29	0.240	-0.077	2594.1	0.000

图 4.10

比较两个图形看出,上证指数 sh 的自相关函数比标普 500 指数 sp 的自相关函数衰减得更慢,这表明在 2008 年,上证指数比标普 500 指数有更强的记忆性。换句话说,就 2008 年而言,美国股票市场比中国股票市场更加有效。

4.1.3 偏自相关函数

4.1.3.1 偏自相关函数的概念

对平稳时间序列 $\{x_t\}_{t=1}^T$,使得如下残差的方差

$$\delta = E[x_t - (\hat{\varphi}_{k1}x_{t-1} + \hat{\varphi}_{k2}x_{t-2} + \cdots + \hat{\varphi}_{kk}x_{t-k} + a_{kt})]^2$$

达到极小的 k 阶自回归模型的第 k 项系数 $\hat{\varphi}_{kk}$,称为偏自相关系数,数列

$$\hat{\varphi}_{kk}, \quad k = 1, 2, \cdots, T-1$$

称为偏自相关函数。

偏自相关函数与自相关函数有如下关系:

$$\begin{cases} \hat{\varphi}_{k1}\rho_0 + \hat{\varphi}_{k2}\rho_1 + \cdots + \hat{\varphi}_{kk}\rho_{k-1} = \rho_1 \\ \hat{\varphi}_{k1}\rho_1 + \hat{\varphi}_{k2}\rho_0 + \cdots + \hat{\varphi}_{kk}\rho_{k-2} = \rho_2 \\ \cdots\cdots \\ \hat{\varphi}_{k1}\rho_{k-1} + \hat{\varphi}_{k2}\rho_{k-2} + \cdots + \hat{\varphi}_{kk}\rho_0 = \rho_k \end{cases}$$

这个关系式称作 Yule-Walker 方程。

4.1.3.2　偏自相关函数的计算公式

偏自相关函数计算公式如下：

$$\hat{\varphi}_{11}=\rho_1$$

$$\hat{\varphi}_{22}=\frac{\begin{vmatrix}\rho_0 & \rho_1\\ \rho_1 & \rho_2\end{vmatrix}}{\begin{vmatrix}\rho_0 & \rho_1\\ \rho_1 & \rho_0\end{vmatrix}}$$

$$\hat{\varphi}_{kk}=\frac{\begin{vmatrix}\rho_0 & \rho_1 & \cdots & \rho_{k-2} & \rho_1\\ \rho_1 & \rho_0 & \cdots & \rho_{k-3} & \rho_2\\ \vdots & \vdots & \vdots & \vdots & \vdots\\ \rho_{k-1} & \rho_{k-2} & \cdots & \rho_1 & \rho_k\end{vmatrix}}{\begin{vmatrix}\rho_0 & \rho_1 & \cdots & \rho_{k-1}\\ \rho_1 & \rho_0 & \cdots & \rho_{k-2}\\ \vdots & \vdots & \vdots & \vdots\\ \rho_{k-1} & \rho_{k-2} & \cdots & \rho_0\end{vmatrix}}$$

可见，偏自相关函数是自相关函数的函数。

注意：在实际分析中，偏自相关函数并不需要具体计算，在 EViews 检验自相关函数的同时给出偏自相关函数。

4.1.3.3　偏自相关函数的 EViews 操作

偏自相关函数的 EViews 操作与自相关函数检验操作相同。

上证指数 sh 和标普 500 指数 sp 的偏自相关函数输出结果分别如图 4.11(a)和图 4.11(b)所示。

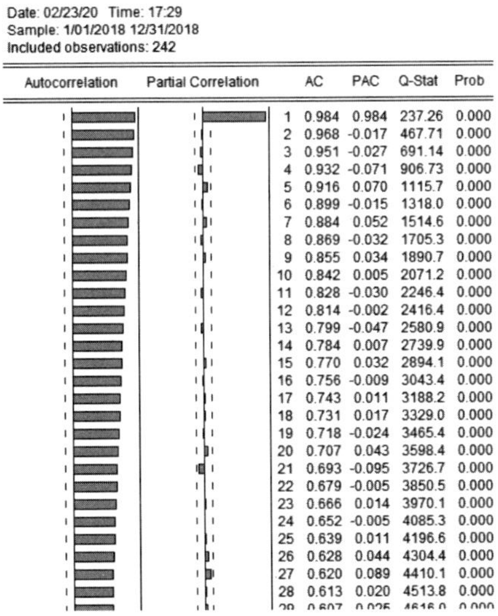

	AC	PAC	Q-Stat	Prob
1	0.984	0.984	237.26	0.000
2	0.968	-0.017	467.71	0.000
3	0.951	-0.027	691.14	0.000
4	0.932	-0.071	906.73	0.000
5	0.916	0.070	1115.7	0.000
6	0.899	-0.015	1318.0	0.000
7	0.884	0.052	1514.6	0.000
8	0.869	-0.032	1705.3	0.000
9	0.855	0.034	1890.7	0.000
10	0.842	0.005	2071.2	0.000
11	0.828	-0.030	2246.4	0.000
12	0.814	-0.002	2416.4	0.000
13	0.799	-0.047	2580.9	0.000
14	0.784	0.007	2739.9	0.000
15	0.770	0.032	2894.1	0.000
16	0.756	-0.009	3043.4	0.000
17	0.743	0.011	3188.2	0.000
18	0.731	0.017	3329.0	0.000
19	0.718	-0.024	3465.4	0.000
20	0.707	0.043	3598.4	0.000
21	0.693	-0.095	3726.7	0.000
22	0.679	-0.005	3850.5	0.000
23	0.666	0.014	3970.1	0.000
24	0.652	-0.005	4085.3	0.000
25	0.639	0.011	4196.6	0.000
26	0.628	0.044	4304.4	0.000
27	0.620	0.089	4410.1	0.000
28	0.613	0.020	4513.8	0.000
29	0.607	0.025	4616.0	0.000

(a)

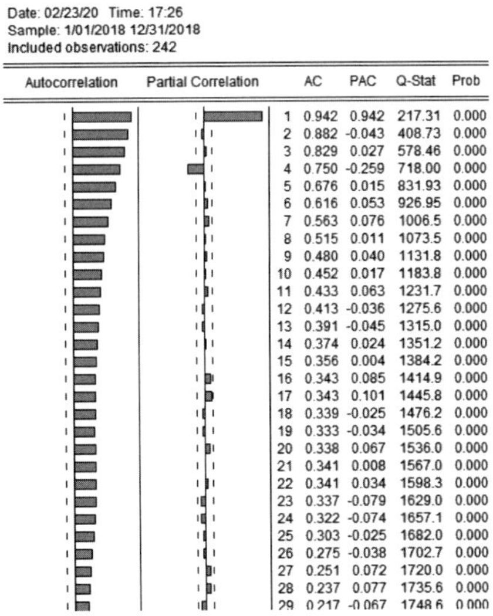

	AC	PAC	Q-Stat	Prob
1	0.942	0.942	217.31	0.000
2	0.882	-0.043	408.73	0.000
3	0.829	0.027	578.46	0.000
4	0.750	-0.259	718.00	0.000
5	0.676	0.015	831.93	0.000
6	0.616	0.053	926.95	0.000
7	0.563	0.076	1006.5	0.000
8	0.515	0.011	1073.5	0.000
9	0.480	0.040	1131.8	0.000
10	0.452	0.017	1183.8	0.000
11	0.433	0.063	1231.7	0.000
12	0.413	-0.036	1275.6	0.000
13	0.391	-0.045	1315.0	0.000
14	0.374	0.024	1351.2	0.000
15	0.356	0.004	1384.2	0.000
16	0.343	0.085	1414.9	0.000
17	0.343	0.101	1445.8	0.000
18	0.339	-0.025	1476.2	0.000
19	0.333	-0.034	1505.6	0.000
20	0.338	0.067	1536.0	0.000
21	0.341	0.008	1567.0	0.000
22	0.341	0.034	1598.3	0.000
23	0.337	-0.079	1629.0	0.000
24	0.322	-0.074	1657.1	0.000
25	0.303	-0.025	1682.0	0.000
26	0.275	-0.038	1702.7	0.000
27	0.251	0.072	1720.0	0.000
28	0.237	0.077	1735.6	0.000
29	0.217	-0.067	1748.6	0.000

(b)

图 4.11

由图 4.11 看出，上证指数 sh 的偏自相关函数在 1 阶之后截尾，而标普 500 指数 sp 的偏自相关函数在 17 阶之后截尾。

4.1.3.4 偏自相关函数的解释

根据各阶自回归模型：

$$AR(1): x_t = \varphi_{11} x_{t-1} + a_{1t}$$

$$AR(2): x_t = \varphi_{21} x_{t-1} + \varphi_{22} x_{t-2} + a_{2t}$$

......

$$AR(k): x_t = \varphi_{k1} x_{t-1} + \cdots + \varphi_{kk} x_{t-k} + a_{kt}$$

偏自相关函数 $\hat{\varphi}_{22}$ 表示在 AR(1) 模型 $x_t = \varphi_{11} x_{t-1} + a_{1t}$ 的基础上添加的 x_{t-2} 对 x_t 的贡献；

偏自相关函数 $\hat{\varphi}_{33}$ 表示在 AR(2) 模型 $x_t = \varphi_{21} x_{t-1} + \varphi_{22} x_{t-2} + a_{2t}$ 的基础上添加的 x_{t-3} 对 x_t 的贡献；

············

换言之，$\hat{\varphi}_{kk}$ 所表示的并不是与 x_t 完全的相关关系，所以称为偏自相关函数。

4.2 ARMA 模型的相关函数

对收益率序列进行 ARMA 模型的建模，首先需要了解 ARMA 模型的自相关函数及偏自相关函数的特征。

4.2.1 AR 模型的自相关函数

当 AR(1) 模型 $x_t = \varphi_1 x_{t-1} + a_t$ 平稳时 ($|\varphi_1| < 1$)，可计算其自相关函数为：

$$\rho_l = \varphi_1^l, \quad l \geqslant 0$$

所以，AR(1) 的自相关函数是拖尾的。

对 $p \geqslant 2$，考虑 AR(p) 模型：

$$x_t = \varphi_1 x_{t-1} + \varphi_2 x_{t-2} + \cdots + \varphi_p x_{t-p} + a_t$$

当该模型平稳时，可以证明其自相关函数满足差分方程

$$(1 - \varphi_1 B - \cdots - \varphi_p B^p) \rho_l = 0$$

其中，B 为后推算子：$Bx_t = x_{t-1}$。

进一步可以证明，AR(p) 的自相关函数是拖尾的。[1]

4.2.2 MA 模型的自相关函数

通过简单的计算，可以得到 MA(1) 模型

$$x_t = a_t - \theta_1 a_{t-1}$$

的自相关函数为：

---

[1] 参见高铁梅主编：《计量经济方法与建模——EViews 应用及实例》，清华大学出版社 2006 年版，第 38—39 页。

$$\rho_0 = 1, \quad \rho_1 = \frac{-\theta_1}{1+\theta_1^2}, \quad \rho_l = 0, \quad l > 1$$

MA(2)模型

$$x_t = a_t - \theta_1 a_{t-1} - \theta_2 a_{t-2}$$

的自相关函数为：

$$\rho_0 = 1, \quad \rho_1 = \frac{-\theta_1 + \theta_1 \theta_2}{1+\theta_1^2+\theta_2^2}, \quad \rho_2 = \frac{-\theta_2}{1+\theta_1^2+\theta_2^2}, \quad \rho_l = 0, \quad l > 2$$

一般地，MA(q)的自相关函数在 q 阶后是截尾的。[1]

4.2.3 AR 模型的偏自相关函数

对 AR(p)模型：

$$x_t = \varphi_1 x_{t-1} + \varphi_2 x_{t-2} + \cdots + \varphi_p x_{t-p} + a_t$$

根据偏自相关函数定义，用 $\varphi_{11} x_{t-1} + a_{1t}$ 拟合 x_t，当 $\varphi_{11} = \varphi_1$ 时均方误差 δ 极小，所以偏自相关系数 $\hat{\varphi}_{11} = \varphi_1$。

用 $\varphi_{21} x_{t-1} + \varphi_{22} x_{t-2} + a_{2t}$ 拟合 x_t，当 $\varphi_{22} = \varphi_2$ 时均方误差 δ 极小，所以偏自相关系数 $\hat{\varphi}_{22} = \varphi_2$。以此类推，

用 $\varphi_{p1} x_{t-1} + \varphi_{p2} x_{t-2} + \cdots + \varphi_{pp} x_{t-p} + a_{pt}$ 拟合 x_t，当 $\varphi_{pp} = \varphi_p$ 时均方误差 δ 极小，所以偏自相关系数 $\hat{\varphi}_{pp} = \varphi_p$。

对于所有的 $k > p$，用 $\varphi_{k1} x_{t-1} + \varphi_{k2} x_{t-2} + \cdots + \varphi_{kk} x_{t-k} + a_{kt}$ 拟合 x_t，当 $\varphi_{kk} = 0$ 时均方误差 δ 极小，所以偏自相关系数 $\hat{\varphi}_{kk} = 0$。

可见，AR(p)模型的偏自相关函数十分简单，就是该模型的各系数组成的序列。由此便知，AR(p)模型的偏自相关函数在 p 阶之后是截尾的。

4.2.4 MA 模型的偏自相关函数

由 AR 模型的偏自相关函数的简单特性，设法将 MA 模型转换成 AR 模型，从而得到 MA 模型的偏自相关函数。

将 MA(1)模型：

$$x_t = a_t - \theta_1 a_{t-1} = (1 - \theta_1 B) a_t,$$

改写为：

$$a_t = [1/(1 - \theta_1 B)] x_t$$

将中括号里的分式展开，得到：

$$\begin{aligned} a_t &= (1 + \theta_1 B + \theta_1^2 B^2 + \theta_1^3 B^3 + \cdots) x_t \\ &= x_t + \theta_1 B x_t + \theta_1^2 B^2 x_t + \theta_1^3 B^3 x_t + \cdots \\ &= x_t + \theta_1 x_{t-1} + \theta_1^2 x_{t-2} + \theta_1^3 x_{t-3} + \cdots \end{aligned}$$

改写为如下形式：

---

[1] 参见高铁梅主编：《计量经济方法与建模——EViews 应用及实例》，清华大学出版社 2006 年版，第 38 页。

$$x_t = -\theta_1 x_{t-1} - \theta_1^2 x_{t-2} - \theta_1^3 x_{t-3} + \cdots + a_t$$

这是一个无穷阶 AR 模型。由此可看出其偏自相关函数为：

$$\hat{\varphi}_{kk} = -\theta_1^k, \quad k \geqslant 1$$

所以，MA(1) 模型的偏自相关函数是拖尾的。

可以证明，对 $q \geqslant 2$，q 阶模型 MA(q) 的偏自相关函数也是拖尾的。①

综合以上讨论，得到 AR 模型与 MA 模型自相关函数和偏自相关函数的尾部特征，见表 4.1。

表 4.1　AR 模型与 MA 模型自相关函数和偏自相关函数尾部特征

模型	自相关函数	偏自相关函数
AR	拖尾	截尾
MA	截尾	拖尾

由表 4.1 可以看出，MA 模型和 AR 模型有着截然不同的尾部特征，这为我们进行模型识别提供了重要依据。

4.3　资产收益率的建模

资产收益率是平稳序列。对于平稳序列，可以按照以下步骤建立 ARMA 模型：
(1) 计算数据自相关函数和偏自相关函数；
(2) 识别模型类型和阶数；
(3) 建立回归模型并进行模型的诊断与优化。

注意：以上步骤并不是严格的顺序，建模时需要多次调整。此外，上述建模步骤是针对零均值序列，若数据均值非零，则数据每一项减去其均值即可得到新的零均值序列。

4.3.1　模型的识别

(1) 若数据的偏自相关函数在 p 阶截尾，则建立 p 阶自回归模型 AR(p)；
(2) 若数据的自相关函数在 q 阶截尾，则建立 q 阶移动平均模型 MA(q)；
(3) 若数据的偏自相关函数在 p 阶截尾，同时自相关函数在 q 阶截尾，则既可建立 p 阶自回归模型 AR(p)，也可建立 q 阶移动平均模型 MA(q)；
(4) 若数据的偏自相关函数和自相关函数均不截尾，则建立 ARMA 模型，其阶数的确定较为复杂。

ARMA 模型滞后阶数 p, q 的确定方法有两种：

方法 1：试取一组 (p, q)（一般取自/偏自相关函数明显非零的第一个滞后阶数）进行模型估计，检查残差项序列，若残差存在序列相关性，则增加滞后阶数继续试验。

方法 2：建立 AR(1) 模型，若其残差序列的样本自相关函数 q_1 阶截尾，则建立模型 ARMA(1, q_1)；否则，建立 AR(2) 模型，若其残差序列的样本自相关函数 q_2 阶截

---

① 参见高铁梅主编：《计量经济方法与建模——EViews 应用及实例》，清华大学出版社 2006 年版，第 38 页。

尾，则建立模型 ARMA(2，q_2)；否则，继续建立 AR(3)模型，直至某个自回归模型的残差自相关函数截尾。

4.3.2 模型的诊断和优化

（1）所有系数均显著不为零（将不显著的系数删除）；
（2）模型的残差项不存在序列相关性（若残差序列相关，则需增加模型阶数）；
（3）拟合优度较高且 AIC 和 BIC 值较小；
（4）模型的表达较简单。

残差项的序列相关性检验是模型诊断的重要内容。

对于线性回归模型

$$Y_t = \beta_0 + \beta_1 X_{1t} + \cdots + \beta_k X_{kt} + u_t, \quad t = 1, 2, \cdots, T$$

若存在两个不同的时点 t 和 j，使 $\text{Cov}(u_t, u_j) \neq 0$，则称残差序列 $\{u_t\}$ 为序列相关的；若存在某个时点 t 和 p，使 $\text{Cov}(u_t, u_{t-p}) \neq 0$，则称残差序列 $\{u_t\}$ 存在 p 阶序列相关。

检验序列相关性的最简单方法是 D.W. 统计量检验（即 Durbin-Watson 检验），但是由于它只能检验是否一阶序列相关，并且存在两个不能判定的区间，因此适用范围受到限制。这里我们介绍如下两种方法：

4.3.2.1 相关图和 Q 统计量检验

利用上述线性回归模型残差序列 $\{u_t\}$ 的自相关和偏自相关函数以及 Ljung-Box Q 统计量可得：

$$Q_{LB} = T(T+2) \sum_{j=1}^{p} \frac{\rho_j^2}{T-j}$$

其中，ρ_j 是残差序列的 j 阶自相关系数，T 为样本容量，p 为设定的滞后阶数。

Q 统计量检验的原假设为 H_0：残差序列不存在 p 阶自相关；备择假设为 H_1：残差序列存在 p 阶自相关。

相关图和 Q 统计量检验的 EViews 操作如下：
（1）对线性回归模型的残差建立回归方程；
（2）在回归方程窗口点击 "View \ Residual Diagnostics \ Correlogram-Q-statistics"；
（3）在对话框中填入滞后阶数 p；
（4）点击 "OK"，输出相关图和 Q 统计量检验结果。

4.3.2.2 拉格朗日乘数检验

拉格朗日乘数检验，即 LM 检验（Lagrange Multiplier Test）。它是先对上述线性回归模型的残差序列 $\{u_t\}$ 进行回归：

$$u_t = \alpha_0 + \alpha_1 u_{t-1} + \cdots + \alpha_p u_{t-p} + \varepsilon_t, \quad \varepsilon_t \sim N(0,1)$$

然后对回归系数进行检验。

LM 检验的原假设是 H_0：直到给定滞后阶 p，残差序列都不存在序列相关性，即 $\alpha_1 = \cdots = \alpha_p = 0$；备择假设是 H_1：至少存在一个 j，使得 $\alpha_j \neq 0$。

LM 检验有两个统计量：
（1）LM 统计量，LM$= T \times R^2$（T 为样本容量，R^2 为残差回归方程的优度）

(2) F 统计量,是对所有滞后残差联合显著性的一种检验。

LM 检验的 EViews 操作如下:

(1) 对线性回归模型的残差建立回归方程;

(2) 在回归方程窗口点击"View \ Residual Diagnostics \ Serial Correlation LM Tests";

(3) 在对话框中填入滞后阶数 p;

(4) 点击"OK",输出 LM 检验结果。

关于 LM 检验中滞后阶 p 的设定,张成思建议对月度数据可设 $p=12$,对日数据可设 $p=5$ 或 $p=10$。[1]

案例 3 中国 GDP 增长率的 ARMA 模型建模。

(1) 导入数据

① 打开 EViews,点击"File \ New \ Workfile"(见图 4.12)

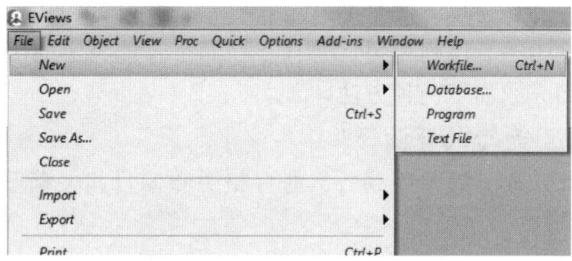

图 4.12

② 在对话框中默认年度数据,填入起止年份 1961 和 2017(见图 4.13)

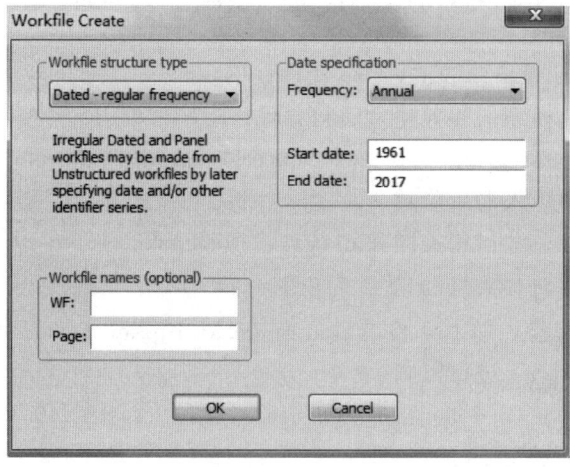

图 4.13

---

[1] 参见张成思:《金融计量学——时间序列分析视角》,中国人民大学出版社 2016 年版。

③ 点击"OK",新建工作窗口(见图4.14)

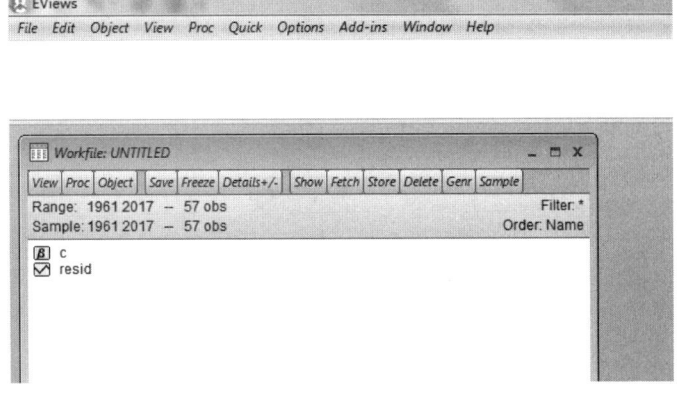

图 4.14

④ 在命令栏里输入"data gdp"(中国 GDP 增长率),回车并粘贴数据(从世界银行数据库下载)(见图 4.15)

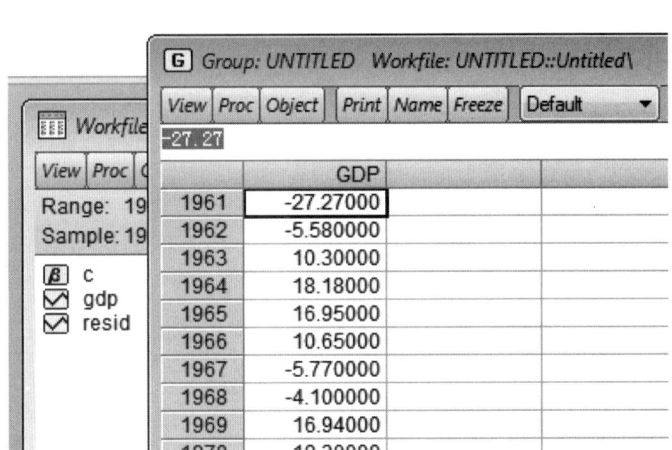

图 4.15

(2)描述性统计检验

打开数据"gdp",在数据窗口点击"View \ Descriptive Statistics \ Histogram and Stats",输出结果(见图4.16)

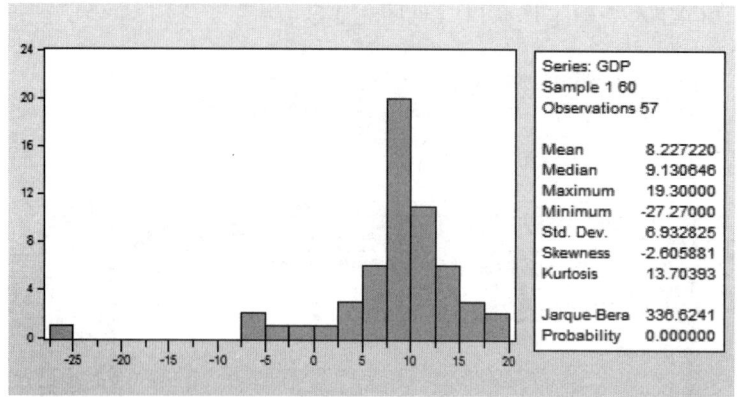

图 4.16

由于均值为 8.227，须将数据作零均值化处理。

（3）将变量 gdp 零均值化

① 点击"Quick \ Generate Series"（见图 4.17）

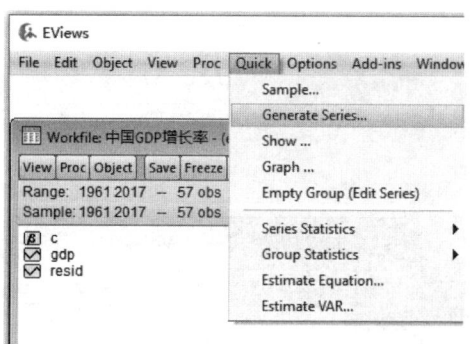

图 4.17

② 在输出的对话框里输入命令"$gdp1=gdp-8.227$"（见图 4.18）

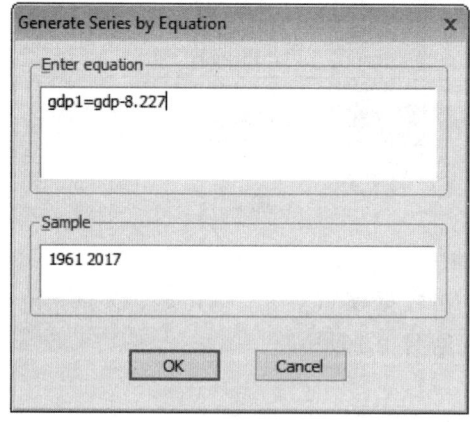

图 4.18

③ 点击"OK",零均值序列已保存为"$gdp1$"(见图 4.19)

图 4.19

(4) 对 $gdp1$ 作平稳性检验

观察如图 4.20 所示的数据图。

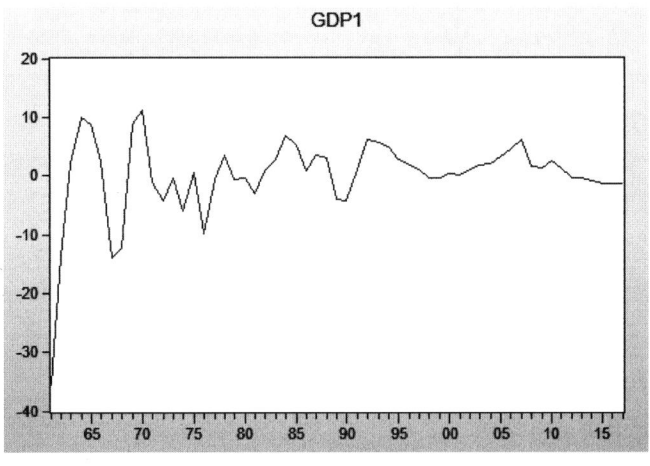

图 4.20

可见没有时间趋势,应选"None"模型,选 AIC 信息准则并设置最大滞后期为 2,则 ADF 检验的输出结果如图 4.21 所示。

Null Hypothesis: GDP1 has a unit root
Exogenous: None
Lag Length: 0 (Automatic - based on SIC, maxlag=10)

		t-Statistic	Prob.*
Augmented Dickey-Fuller test statistic		-7.529529	0.0000
Test critical values:	1% level	-2.606911	
	5% level	-1.946764	
	10% level	-1.613062	

*MacKinnon (1996) one-sided p-values.

图 4.21

由检验结果可知，$gdp1$ 是平稳序列。

（5）作出 $gdp1$ 的自/偏自相关函数图（见图 4.22）

```
Date: 02/25/20   Time: 21:50
Sample: 1 60
Included observations: 57

Autocorrelation    Partial Correlation         AC      PAC    Q-Stat   Prob

                                        1    0.350    0.350    7.3594  0.007
                                        2   -0.183   -0.348    9.4073  0.009
                                        3   -0.307   -0.128   15.276   0.002
                                        4   -0.128   -0.006   16.315   0.003
                                        5    0.117    0.082   17.207   0.004
                                        6    0.269    0.153   21.978   0.001
                                        7    0.113   -0.037   22.843   0.002
                                        8   -0.132   -0.068   24.031   0.002
                                        9   -0.073    0.142   24.401   0.004
                                       10    0.014   -0.027   24.416   0.007
                                       11   -0.013   -0.101   24.429   0.011
                                       12   -0.007    0.006   24.432   0.018
                                       13    0.125    0.171   25.620   0.019
                                       14    0.133    0.057   26.997   0.019
                                       15    0.174    0.176   29.427   0.014
                                       16   -0.054   -0.187   29.669   0.020
                                       17   -0.104    0.156   30.575   0.022
                                       18    0.011    0.092   30.584   0.032
                                       19    0.029   -0.176   30.659   0.044
                                       20    0.003   -0.045   30.660   0.060
                                       21   -0.013    0.016   30.675   0.079
                                       22    0.026    0.083   30.739   0.102
                                       23   -0.027   -0.072   30.812   0.127
                                       24   -0.068   -0.177   31.280   0.146
```

图 4.22

由于 $gdp1$ 的偏自相关函数 2 阶截尾，自相关函数 6 阶截尾，可尝试建立模型 AR(2)或 MA(6)。

（6）对 $gdp1$ 建立模型 AR(2)

① 点击"Quick \ Equation Estimation"

② 在对话框中填入"$gdp1$ ar(1) ar(2)"（见图 4.23）

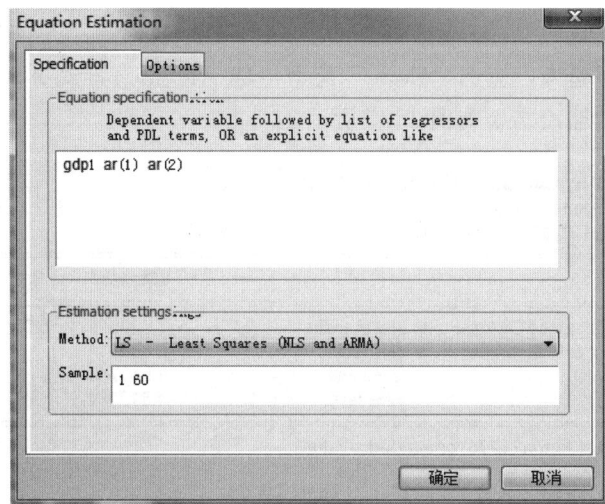

图 4.23

③ 点击"OK",输出结果(见图 4.24)

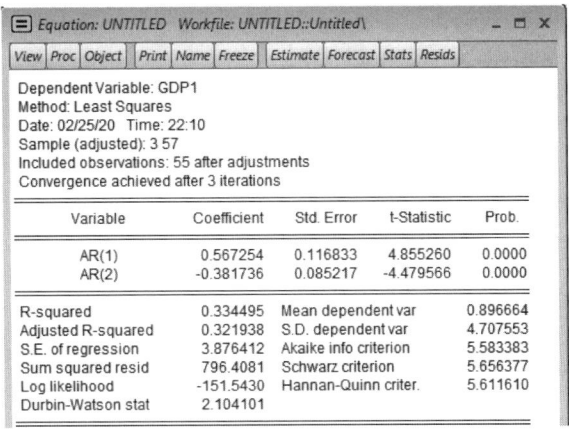

图 4.24

这里 AR(1)、AR(2) 的系数均在 1% 水平下显著非零,拟合优度为 0.334,AIC 值为 5.583。

(7) 模型的诊断——残差的序列相关性检验

① 点击"View \ Residual Diagnostics \ Correlogram-Q-statistics…"(见图 4.25)

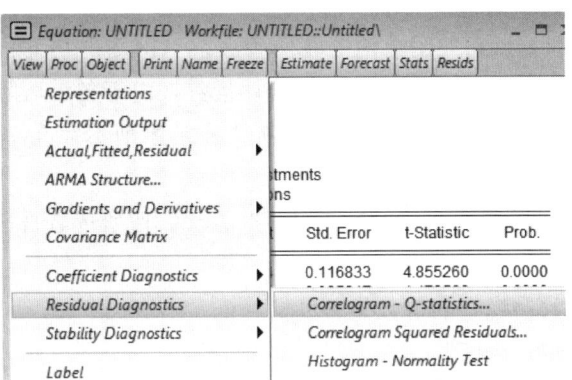

图 4.25

② 在对话框中填入"57"(样本个数)(见图 4.26)

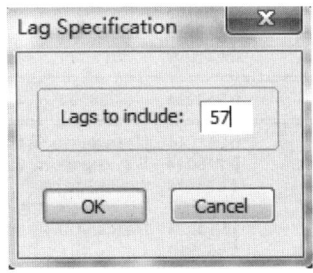

图 4.26

③ 点击"OK",输出残差检验结果(见图4.27)

```
                    Correlogram of Residuals
Date: 02/25/20  Time: 22:35
Sample: 1 60
Included observations: 55
Q-statistic probabilities adjusted for 2 ARMA terms

Autocorrelation   Partial Correlation      AC     PAC    Q-Stat   Prob
                                       1  -0.086 -0.086  0.4299
                                       2  -0.112 -0.120  1.1707
                                       3   0.009 -0.012  1.1758  0.278
                                       4   0.122  0.111  2.0881  0.352
                                       5   0.084  0.110  2.5292  0.470
                                       6  -0.156 -0.116  4.0863  0.394
                                       7  -0.006 -0.015  4.0885  0.537
                                       8   0.034 -0.012  4.1639  0.655
                                       9   0.155  0.146  5.8037  0.563
                                      10  -0.091 -0.040  6.3838  0.604
                                      11  -0.033  0.009  6.4598  0.693
                                      12  -0.032 -0.080  6.5351  0.768
                                      13   0.121  0.085  7.6296  0.746
                                      14   0.024  0.027  7.6721  0.810
                                      15   0.072  0.169  8.0770  0.839
                                      16  -0.069 -0.067  8.4576  0.864
                                      17  -0.138 -0.167 10.038   0.817
                                      18  -0.024 -0.099 10.086   0.862
                                      19   0.011  0.018 10.097   0.899
                                      20  -0.165 -0.168 12.543   0.818
                                      21  -0.071 -0.015 13.006   0.838
                                      22   0.134  0.068 14.715   0.792
                                      23   0.079  0.084 15.326   0.806
                                      24  -0.074 -0.054 15.884   0.822
```

图 4.27

可见,自相关和偏自相关函数均落在两条虚线(两倍的估计标准差)之内,表明残差序列不存在任意阶的序列相关。从 Q 统计量看,由于各滞后阶所对应的概率值都大于 0.1,表明对任意滞后阶 p,均不能拒绝"残差序列不存在 p 阶自相关"的原假设,所以残差序列不存在任意阶的序列相关。

(注:序列相关性检验也可用"LM 检验"方法,留给读者自己完成)

(8)模型的优化

首先,检验 AR(2)模型的阶数是否能够降低。

建立 AR(1)模型。(见图 4.28)

```
Dependent Variable: GDP1
Method: Least Squares
Date: 02/27/20  Time: 11:04
Sample (adjusted): 1962 2017
Included observations: 56 after adjustments
Convergence achieved after 2 iterations

Variable          Coefficient   Std. Error   t-Statistic   Prob.

AR(1)              0.350394    0.086299     4.060222     0.0002

R-squared          0.218044    Mean dependent var      0.641099
Adjusted R-squared 0.218044    S.D. dependent var      5.061502
S.E. of regression 4.475798    Akaike info criterion   5.852942
Sum squared resid  1101.802    Schwarz criterion       5.889109
Log likelihood    -162.8824    Hannan-Quinn criter.    5.866964
Durbin-Watson stat 1.562990
```

图 4.28

AR(1)的系数在1%水平下显著非零，经相关图和Q统计量检验可知该模型的残差存在序列相关，所以自回归模型的阶数不能低于2。

其次，检验其他形式的模型能否提高拟合优度。

① 建立MA(6)模型：点击"Quick \ Equation Estimation"

② 在对话框中填入"gdp ma(1) ma(2) ma(3) ma(4) ma(5) ma(6)"（见图4.29）

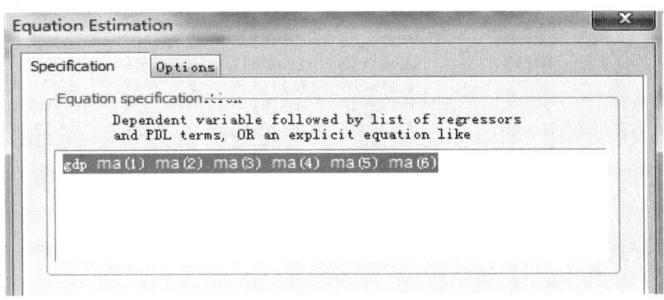

图 4.29

③ 点击"OK"，输出结果（见图4.30）

```
Dependent Variable: GDP
Method: Least Squares
Date: 02/27/20   Time: 10:48
Sample: 1961 2017
Included observations: 57
Convergence achieved after 15 iterations
MA Backcast: 1955 1960
```

Variable	Coefficient	Std. Error	t-Statistic	Prob.
MA(1)	0.698805	0.094184	7.419550	0.0000
MA(2)	0.425146	0.070711	6.012447	0.0000
MA(3)	0.220135	0.089876	2.449323	0.0178
MA(4)	0.415355	0.078817	5.269839	0.0000
MA(5)	0.873553	0.056965	15.33481	0.0000
MA(6)	0.795867	0.085823	9.273295	0.0000
R-squared	0.554988	Mean dependent var		8.227220
Adjusted R-squared	0.511359	S.D. dependent var		6.932825
S.E. of regression	4.846243	Akaike info criterion		6.093585
Sum squared resid	1197.790	Schwarz criterion		6.308643
Log likelihood	-167.6672	Hannan-Quinn criter.		6.177164
Durbin-Watson stat	1.505454			

图 4.30

除MA(3)的系数在5%水平外，其他各系数均在1%水平下显著非零，拟合优度为0.55。由相关图和Q统计量检验可知，该模型的残差存在序列相关，这说明需要增加MA模型的阶数。

④ 建立MA(7)模型（见图4.31）

```
Dependent Variable: GDP1
Method: Least Squares
Date: 02/27/20   Time: 11:13
Sample (adjusted): 1961 2017
Included observations: 57 after adjustments
Convergence achieved after 72 iterations
MA Backcast: 1954 1960
```

Variable	Coefficient	Std. Error	t-Statistic	Prob.
MA(1)	0.409619	0.096270	4.254882	0.0001
MA(2)	-0.325320	0.116978	-2.781027	0.0076
MA(3)	-0.561680	0.108412	-5.180966	0.0000
MA(4)	-0.319922	0.143298	-2.232567	0.0301
MA(5)	0.158045	0.116730	1.353934	0.1818
MA(6)	0.320093	0.102082	3.135637	0.0029
MA(7)	0.668866	0.107430	6.226068	0.0000

图 4.31

⑤ MA(5)的系数不显著，应当剔除，重建模型（见图 4.32）

```
Dependent Variable: GDP1
Method: Least Squares
Date: 02/27/20   Time: 11:15
Sample (adjusted): 1961 2017
Included observations: 57 after adjustments
Convergence achieved after 33 iterations
MA Backcast: 1954 1960
```

Variable	Coefficient	Std. Error	t-Statistic	Prob.
MA(1)	0.890599	0.129983	6.851655	0.0000
MA(2)	0.086588	0.182028	0.475684	0.6363
MA(3)	-0.387238	0.179357	-2.159033	0.0356
MA(4)	-0.356122	0.144786	-2.459642	0.0173
MA(6)	0.013336	0.142304	0.093713	0.9257
MA(7)	0.140269	0.124942	1.122676	0.2668

图 4.32

⑥ MA(2)、MA(6)、MA(7)的系数不显著，保留 MA(7)并逐次剔除 MA(6)和 MA(2)，得到模型（见图 4.33）

```
Dependent Variable: GDP1
Method: Least Squares
Date: 02/27/20   Time: 11:17
Sample (adjusted): 1961 2017
Included observations: 57 after adjustments
Convergence achieved after 36 iterations
MA Backcast: 1954 1960
```

Variable	Coefficient	Std. Error	t-Statistic	Prob.
MA(1)	0.832346	0.091965	9.050652	0.0000
MA(3)	-0.444331	0.124553	-3.567396	0.0008
MA(4)	-0.375271	0.111631	-3.361704	0.0014
MA(7)	0.170228	0.074618	2.281331	0.0266

R-squared	0.582001	Mean dependent var	0.007220
Adjusted R-squared	0.558341	S.D. dependent var	6.932825
S.E. of regression	4.607379	Akaike info criterion	5.960787
Sum squared resid	1125.081	Schwarz criterion	6.104159
Log likelihood	-165.8824	Hannan-Quinn criter.	6.016506
Durbin-Watson stat	2.133591		

图 4.33

由此可见，除 MA(7)的系数在 5%水平外，其他各系数均在 1%水平下显著非零。经相关图和 Q 统计量检验知残差项不存在序列相关，拟合优度为 0.582。

(9) 模型的表达

① AR(2)模型：由模型估计结果，可以得到 $gdp1$ 的 AR(2)模型为：

$$gdp1_t = 0.567\, gdp1_{t-1} - 0.381\, gdp1_{t-2} + a_t$$
$$[4.8552] \qquad [-4.4795]$$
$$(0.0000) \qquad (0.0000)$$

将 $gdp1 = gdp - 8.227$ 代入上式，整理后得到：

$$gdp_t = 8.227 + 0.567 gdp_{t-1} - 0.381 gdp_{t-2} + a_t$$

② MA(7)模型：由模型估计结果，可以得到 $gdp1$ 的 MA(7)模型为：

$$gdp1_t = a_t - 0.83 a_{t-1} + 0.44 a_{t-3} + 0.38 a_{t-4} - 0.17 a_{t-7}$$
$$[9.0506] \quad [-3.5673] \quad [-3.3617] \quad [2.2813]$$
$$(0.0000) \quad (0.0008) \quad (0.0014) \quad (0.0266)$$

将 $gdp1 = gdp - 8.227$ 代入上式，整理后得到：

$$gdp_t = a_t - 0.83 a_{t-1} + 0.44 a_{t-3} + 0.38 a_{t-4} - 0.17 a_{t-7} + 8.227$$

将 AR(2)和 MA(7)两个模型的相关信息汇总在表 4.2 中。

表 4.2　AR(2)和 MA(7)的模型比较

模型	阶数	拟合优度	AIC	解释力
AR(2)	2	0.334	5.583	与滞后 2 期有关
MA(7)	7	0.582	5.960	仅与噪声有关

能否进一步提高模型的拟合优度？有兴趣的读者可作进一步探讨。

4.3.3　几点注意

(1) 当估计模型的残差存在序列相关时，模型的估计不再有效，必须对模型进行修正（增加滞后阶数），然后再作残差的序列相关性检验，直至模型的残差不存在序列相关性。

(2) ARMA 模型建模中的识别、定阶、建模和诊断等过程，有时候需要进行多次试验、反复检验，才能得到"最优模型"。

(3) 当序列不是零均值时，也可以不进行零均值化处理，只需建模时采用如下三种带有常数项"c"的模型即可：

$$x_t = c + a_t - \theta_1 a_{t-1} - \theta_2 a_{t-2} - \cdots - \theta_q a_{t-q}$$
$$x_t = c + \varphi_1 x_{t-1} + \varphi_2 x_{t-2} + \cdots + \varphi_p x_{t-p} + a_t$$
$$x_t = c + \varphi_1 x_{t-1} + \cdots + \varphi_p x_{t-p} + a_t - \theta_1 a_{t-1} - \cdots - \theta_q a_{t-q}$$

如案例 3 不进行零均值化而直接建模，则会得到如图 4.34 所示的中国 GDP 增长率的 ARMA 模型。

	Dependent Variable: GDP Method: Least Squares Date: 02/26/20 Time: 09:51 Sample (adjusted): 3 57 Included observations: 55 after adjustments Convergence achieved after 3 iterations			
Variable	Coefficient	Std. Error	t-Statistic	Prob.
C	8.890259	0.635008	14.00023	0.0000
AR(1)	0.549406	0.118004	4.655812	0.0000
AR(2)	-0.376077	0.085328	-4.407412	0.0001
R-squared	0.348018	Mean dependent var		9.123664
Adjusted R-squared	0.322942	S.D. dependent var		4.707553
S.E. of regression	3.873542	Akaike info criterion		5.599217
Sum squared resid	780.2250	Schwarz criterion		5.708708
Log likelihood	-150.9785	Hannan-Quinn criter.		5.641558
F-statistic	13.87839	Durbin-Watson stat		2.114764
Prob(F-statistic)	0.000015			

(a) AR(2)模型的系数估计

	Dependent Variable: GDP Method: Least Squares Date: 02/27/20 Time: 19:28 Sample: 1961 2017 Included observations: 57 Convergence achieved after 34 iterations MA Backcast: 1954 1960			
Variable	Coefficient	Std. Error	t-Statistic	Prob.
C	8.603461	0.721151	11.93018	0.0000
MA(1)	0.833835	0.091794	9.083803	0.0000
MA(3)	-0.462347	0.123397	-3.746821	0.0005
MA(4)	-0.395305	0.110090	-3.590741	0.0007
MA(7)	0.175069	0.074678	2.344320	0.0229
R-squared	0.584090	Mean dependent var		8.227220
Adjusted R-squared	0.552097	S.D. dependent var		6.932825
S.E. of regression	4.639834	Akaike info criterion		5.990865
Sum squared resid	1119.459	Schwarz criterion		6.170080
Log likelihood	-165.7397	Hannan-Quinn criter.		6.060514
F-statistic	18.25674	Durbin-Watson stat		2.145833
Prob(F-statistic)	0.000000			

(b) MA(7)模型的系数估计

图 4.34

进一步说明：

(1) 这里之所以选择GDP增长率数据建模，是因为它的自相关函数和偏自相关函数的尾部特征比较明显，容易识别模型的类型和阶数。

(2) 尽管对中国GDP增长率可建立AR(2)或MA(7)模型，但是其拟合优度都比较低，这是因为中国GDP增长率序列在1992年之前波动比较频繁，呈现复杂的动态变化(见图4.35)，而简单的线性回归模型并不能很好地描述这种变化。

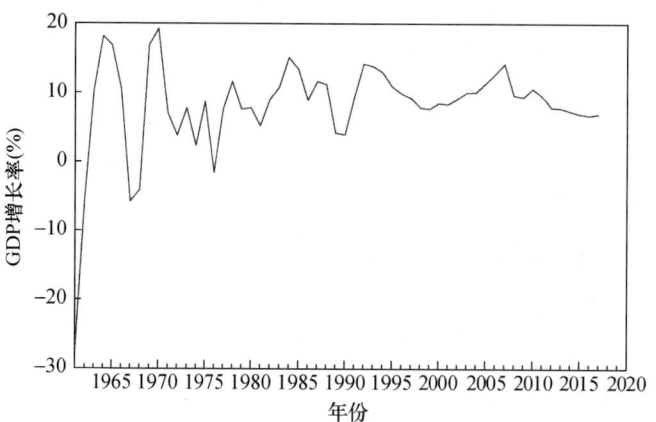

图 4.35

1992年之后的样本数据相对简单许多(见图4.36)，据此可建AR(1)模型（见图4.37）。

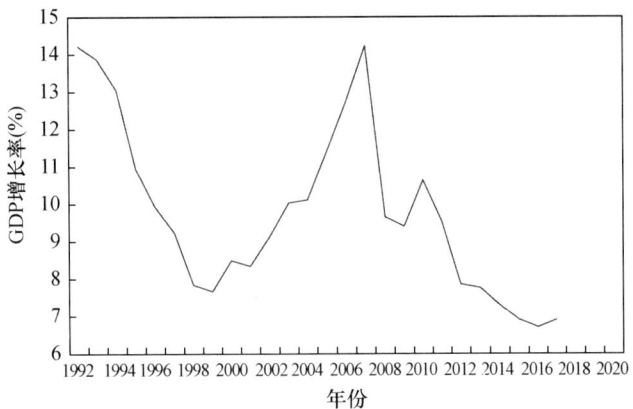

图 4.36

```
Dependent Variable: GDP
Method: Least Squares
Date: 03/20/20   Time: 16:04
Sample (adjusted): 1993 2017
Included observations: 25 after adjustments
Convergence achieved after 3 iterations

Variable         Coefficient   Std. Error    t-Statistic    Prob.

C                8.512663      1.361988      6.250177       0.0000
AR(1)            0.785618      0.111498      7.046046       0.0000

R-squared            0.683400    Mean dependent var     9.585088
Adjusted R-squared   0.669634    S.D. dependent var     2.167642
S.E. of regression   1.245905    Akaike info criterion  3.354220
Sum squared resid   35.70245     Schwarz criterion      3.451731
Log likelihood     -39.92776     Hannan-Quinn criter.   3.381266
F-statistic         49.64676     Durbin-Watson stat     1.744866
Prob(F-statistic)    0.000000
```

图 4.37

由图 4.37 看出，模型 AR(1)的拟合优度为 0.6834，比模型 AR(2)的拟合优度提高了一倍多。

(3) 由于股票市场波动频繁剧烈，是一个十分复杂的动态系统，更不能用简单的线性 ARMA 模型很好地描述。此外，股票指数收益率的自相关函数和偏自相关函数的尾部性质通常也不明显，不能很好地进行模型类型和滞后阶数的识别。(见图 4.38)

Correlogram of RSH Date: 03/19/20 Time: 21:13 Sample: 1/04/2010 12/31/2019 Included observations: 2350	Correlogram of RSP Date: 03/19/20 Time: 21:13 Sample: 1/04/2010 12/31/2019 Included observations: 2350

(a) 上证指数收益率的自相关和偏自相关函数　　　(b) 标普500指数收益率的自相关和偏自相关函数

图 4.38

（4）由以上分析可见，ARMA 模型仅适合对那些比较平滑的且具有较高持久性的低频数据（如月度、季度、年度数据）进行建模分析。

4.4　模型的预测

4.4.1　模型的预测概念

假定当前时刻为 t，已知时间序列 x_t 在时刻 t 及以前各时刻的观察值为：

$$x_t, x_{t-1}, x_{t-2}, \cdots$$

对时刻 t 以后的观察值 x_{t+l} 的预测，称为以 t 为预测原点向后 l 期（或步长为 l）的预测。

用 x_{t+l} 的期望值作为其预测值 $\hat{x}_{t+l}$，称为条件期望预测，即：

$$\hat{x}_{t+l} = E(x_{t+l} \mid x_t, x_{t-1}, \cdots)$$

4.4.2　模型的预测步骤

（1）已知数据样本区间 $[t_1, t]$，t 为当前时刻（见图 4.39）；

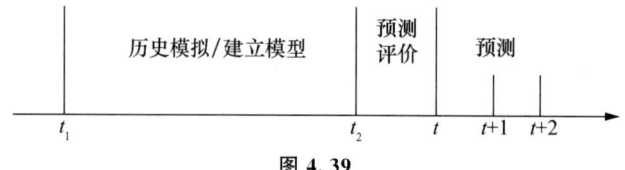

图 4.39

(2) 利用样本区间$[t_1, t_2]$($t_2<t$)中的数据建模，称为历史模拟或样本内预测；

(3) 根据模型计算出$(t_2, t]$中的数据，称为事后预测或样本外预测；

(4) 对t以后的时刻进行的预测称为事前预测。

注意：对模型的诊断与优化中的模型的拟合效果好坏进行评价，通常采用"样本外预测"。

样本的预测方式包括以下两种：

(1) 动态(dynamic)预测——一次计算出多步预测值，即同时给出预测样本$(t_2, t]$中的所有数值。

(2) 静态(static)预测——每次只计算向前一步的预测值，即第一次只计算(t_2+1)期的预测值，然后将样本区间扩充为$[t_1, t_2+1]$，进行模拟后再计算(t_2+2)期的预测值，以此类推，直至最后计算出t期的预测值。

4.4.3 模型的预测评价

评价模型好坏主要看样本外预测的精度，可以用$(t_2, t]$中的预测数据与$(t_2, t]$中的样本数据进行比较来检验。评价标准主要有以下几个指标：

(1) 均方根误差：$\text{RMSE} = \sqrt{\dfrac{1}{T}\sum_{t=1}^{T}(\hat{y}_t - y_t)^2}$；

(2) 平均绝对误差：$\text{MAE} = \dfrac{1}{T}\sum_{t=1}^{T}|\hat{y}_t - y_t|$；

(3) 平均绝对误差百分比：$\text{MAPE} = \dfrac{1}{T}\sum_{t=1}^{T}\left|\dfrac{\hat{y}_t - y_t}{y_t}\right|$。

案例3(续) 中国GDP增长率的预测。

(1) 样本内预测

利用案例3对中国1961—2017年度GDP增长率数据建立AR(2)模型。(见图4.40)

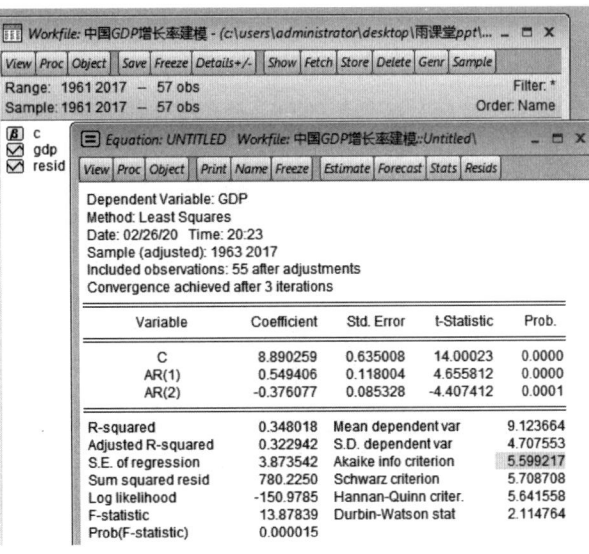

图 4.40

(2) 工作区间的扩展

① 点击工作区间"Range",将"Date specification"中"End date"的"2017"改为"2019"(见图 4.41)

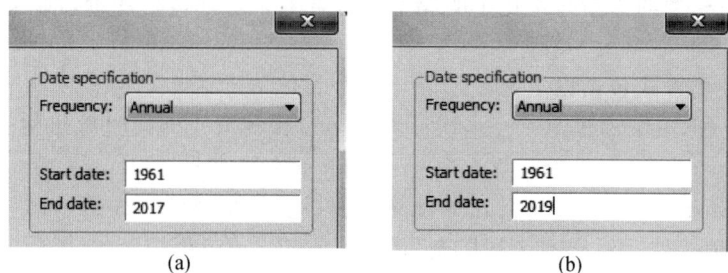

(a)　　　　　　　　　(b)

图 4.41

② 点击"OK",输出新界面(见图 4.42)

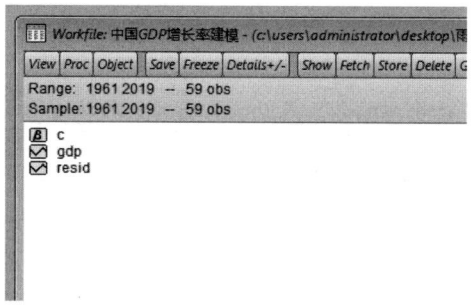

图 4.42

(3) 样本外预测

① 在新界面下,点击模型输出窗口的"Forecast",输出窗口(见图 4.43)

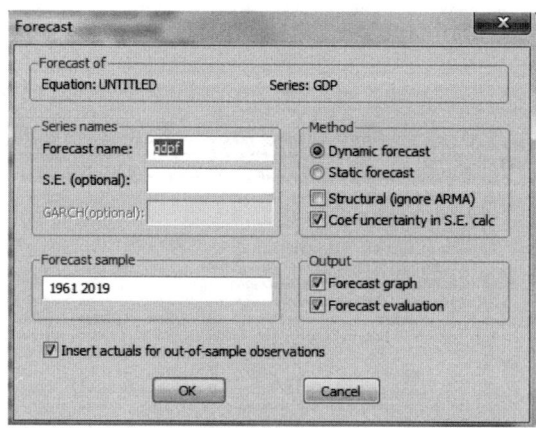

图 4.43

② 将"Forecast sample"设定为"2018 2019",保持默认 Method 为"Dynamic forecast",Series Name 为"$gdpf$"(见图 4.44)

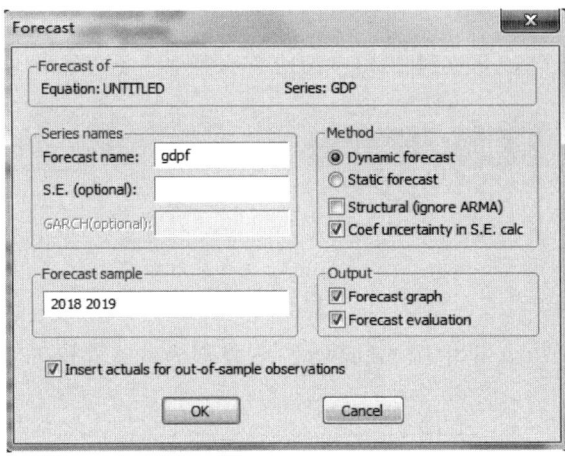

图 4.44

③ 点击"OK",得到 2018 年和 2019 年的预测值(若取"Static forecast",则只能得到 2018 年的预测值)(见图 4.45)

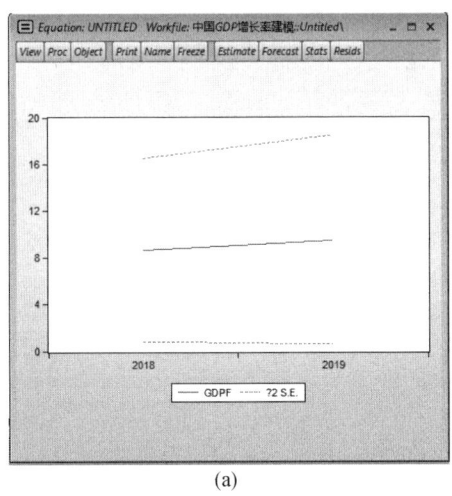
(a)

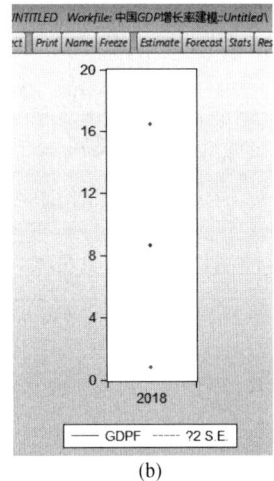
(b)

图 4.45

④ 保存文件"$gdpf$"(见图 4.46)

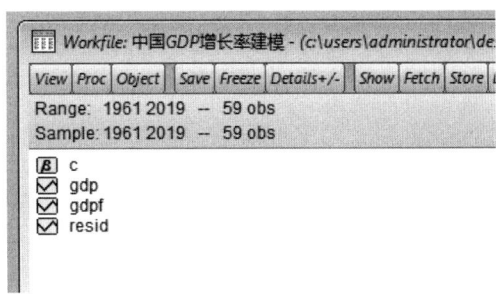

图 4.46

(4) 预测误差估计

打开文件"$gdpf$",下拉到2018—2019年预测值。(见图4.47)

2015	6.900205
2016	6.700000
2017	6.900000
2018	8.620504
2019	9.490545

图 4.47

查询2018年和2019年中国GDP增长率分别为6.6%和6.1%,计算均方根误差为:

$$\text{RMSE} = \sqrt{\frac{1}{2}[(8.62-6.6)^2 + (9.49-6.1)^2]} = 2.79$$

这里需要注意的是,单个模型的误差计算没有任何意义,只有不同模型的误差比较才能说明模型的好坏。

利用MA(7)模型进行样本外预测,结果如图4.48所示。

2015	6.900205
2016	6.700000
2017	6.900000
2018	8.875634
2019	9.504091

图 4.48

可见,预测值均高于AR(2)模型的预测值,计算均方根误差为:

$$\text{RMSE} = \sqrt{\frac{1}{2}[(8.88-6.6)^2 + (9.50-6.1)^2]} = 2.88$$

高于模型AR(2)预测的均方根误差2.79。

(5) 模型的比较(见表4.3)

表 4.3　AR(2)和MA(7)的模型比较

模型	滞后阶	拟合优度	解释力	预测误差
AR(2)	2	0.334	与滞后2期有关	2.79
MA(7)	7	0.582	仅与噪声有关	2.88

综合各种因素,我们倾向于选择模型AR(2)。

(6) 用模型AR(2)进行事前预测

① 将工作区间"Range"扩展至2020年,点击"Quick \ Equation Estimation"在对话框中填入"$gdpf$ ar(1) ar(2) c"(可以将"$gdpf$"中的2018年和2019年GDP的预测数据改为实际数据)(见图4.49)

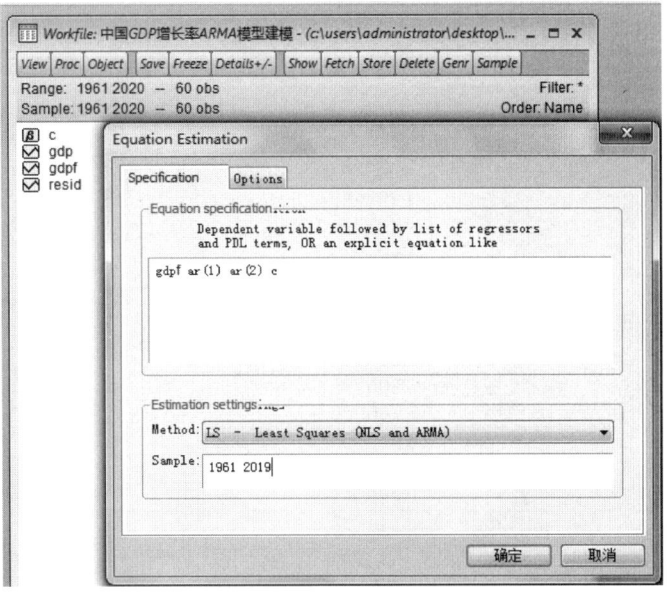

图 4.49

② 点击"确定",输出以 1961—2019 年度数据为样本建立的模型 AR(2)(见图 4.50)

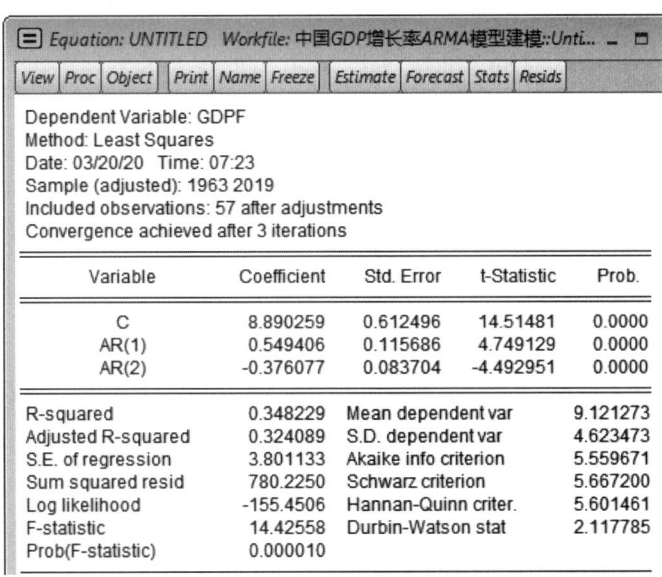

图 4.50

③ 点击"Forecast",设定"Forecast sample"为"2020 2020",点击"OK",得到 2020 年预测值 9.3215(见图 4.51)

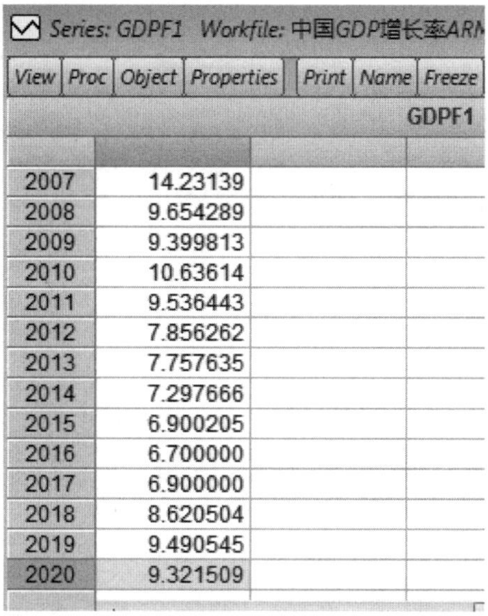

Series: GDPF1 Workfile: 中国GDP增长率ARM

View | Proc | Object | Properties | Print | Name | Freeze

	GDPF1
2007	14.23139
2008	9.654289
2009	9.399813
2010	10.63614
2011	9.536443
2012	7.856262
2013	7.757635
2014	7.297666
2015	6.900205
2016	6.700000
2017	6.900000
2018	8.620504
2019	9.490545
2020	9.321509

图 4.51

重复以上过程，用模型 MA(7)进行事前预测得到 2020 年预测值 9.9953。比较模型 AR(2)与 MA(7)在 2020 年的预测值，相差 0.6738。

▶▶▶ 操作练习 4

在巴西、俄罗斯、印度和南非四国中选择一个国家，完成以下工作：

(1) 用 2017 年之前的 GDP 增长率数据建立 ARMA 模型；

(2) 用 2018 年度、2019 年度的 GDP 增长率数据对模型进行评价(即计算预测误差)；

(3) 对 2020 年的 GDP 增长率进行预测。

格式要求：

(1) 在 Word 文档中以“实验报告”形式提交；

(2) 标题“实验报告 4”为黑体 4 号字体居中排列，正文宋体小 4 号字体；

(3) 图形和表格按照 PPT 中的规范形式表达，依次编号，其中的文字为 5 号宋体，图题在图形的下方，表题在表格上方；

(4) EViews 原始输出结果不要放在实验报告正文中，作为附录放在报告后。

第5篇

资产价格的建模与预测

资产收益率序列是平稳序列。平稳序列的数字特征,如均值、方差和协方差等都不随时间而变化,各时点上的随机性服从固定的概率分布。所以,平稳时间序列可以用过去时点上的信息来建立模型,拟合过去并预测未来。

资产的价格序列是非平稳时间序列。非平稳序列的数字特征会随时间变化而变化,各时间点上的随机规律不同,因此难以通过序列过去的信息掌握序列整体上的随机性。

AR(p)、MA(q)和ARMA(p,q)三类模型只适用于描述平稳的时间序列的变化规律。那么,对非平稳时间序列如何建模?

通过本篇你可以了解

- 非平稳时间序列平稳化方法
- 非平稳时间序列的单整概念
- 非平稳时间序列的ARIMA模型

5.1 非平稳序列的差分平稳化

非平稳时间序列建模的基本思想是:先把非平稳时间序列通过某种"变换"转化成平稳序列,对其建立ARMA模型,然后利用该"变换"代回原变量,得到非平稳序列的模型。

对于一个非平稳序列,"差分"运算是将其平稳化的一个简单有效的手段。

例如,对于随机游走

$$x_t = x_{t-1} + a_t$$

其差分序列为:

$$\Delta x_t = x_t - x_{t-1} = a_t$$

这是一个白噪声序列,它是平稳的。

需要注意的是,有时候一个非平稳序列需要进行多次差分才能成为平稳序列。例如，中国的年度 GDP 数据，就需要进行两次差分才能成为平稳序列。这就导出了下述的单整概念。

如果非平稳序列$\{x_t\}$通过 d 次差分成为一个平稳序列，而其（$d-1$）次差分不是平稳的，那么称序列$\{x_t\}$为 d 阶单整（integration）序列，记为 $x_t \sim I(d)$，这里 $d \geqslant 1$。

单整阶数就是使序列平稳而进行差分的最小次数。特别地，如果序列$\{x_t\}$本身是平稳的，则称其为零阶单整序列，记为 $x_t \sim I(0)$。

随机游走序列$\{x_t\}$是 1 阶单整序列，即 $x_t \sim I(1)$。中国 GDP 数据 gdp 是 2 阶单整序列，即 $gdp \sim I(2)$（见下述案例 1）。

一般地，资产总值、储蓄余额等存量数据常表现为 2 阶单整；消费额、收入等流量数据常表现为 1 阶单整；利率、收益率等变化率数据则通常表现为 0 阶单整。

5.2 ARIMA 模型

ARIMA 模型是对一类非平稳时间序列建立的模型，称为自回归求和移动平均模型（autoregressive intergrated moving average model，简称 ARIMA 模型）。

5.2.1 ARMA 模型的算子形式

将 ARMA 模型

$$x_t = \varphi_1 x_{t-1} + \cdots + \varphi_p x_{t-p} + a_t - \theta_1 a_{t-1} - \cdots - \theta_q a_{t-q}$$

变形为：

$$x_t - \varphi_1 x_{t-1} - \cdots - \varphi_p x_{t-p} = a_t - \theta_1 a_{t-1} - \cdots - \theta_q a_{t-q}$$

引进后推算子 B：$Bx_t = x_{t-1}$，记

$$\Phi(B) = 1 - \varphi_1 B - \varphi_2 B^2 - \cdots - \varphi_p B^p$$

$$\Theta(B) = 1 - \theta_1 B - \theta_2 B^2 - \cdots - \theta_q B^q$$

ARMA 模型可表示为：

$$\Phi(B) x_t = \Theta(B) a_t$$

5.2.2 ARIMA 模型

假定$\{x_t\}$是 d 阶单整序列，即 $x_t \sim I(d)$，令 $y_t = \Delta^d x_t = (1-B)^d x_t$，则$\{y_t\}$为平稳序列。如果变量 y_t 的 ARMA(p,q) 模型为：

$$\Phi(B) y_t = \Theta(B) a_t$$

那么，将 $y_t = \Delta^d x_t$ 代入得到的模型

$$\Phi(B) \Delta^d x_t = \Theta(B) a_t$$

称为 x_t 的 ARIMA(p,d,q) 模型。其中，$\Phi(B)$ 和 $\Theta(B)$ 是上述的算子多项式。

ARIMA 模型与 ARMA 模型的关系为：

$$\text{ARIMA}(p,d,q)\begin{cases}\text{ARMA}(p,q) & \text{若 } p\neq 0, q\neq 0, d=0\\ \text{AR}(p) & \text{若 } p\neq 0, q=0, d=0\\ \text{MA}(q) & \text{若 } p=0, q\neq 0, d=0\\ \text{白噪声} & \text{若 } p=0, q=0, d=0\\ \text{随机游走} & \text{若 } p=0, q=0, d=1\end{cases}$$

5.2.3 ARIMA(p,d,q) 模型的建模步骤

(1) 确定序列 $\{x_t\}$ 的单整阶数 d；
(2) 对变量 x_t 进行 d 阶差分，得平稳序列 $\{y_t = \Delta^d x_t\}$；
(3) 对序列 $\{y_t\}$ 建立 ARMA(p,q) 模型；
(4) 在模型中将 $y_t = \Delta^d x_t$ 代入，即得到原变量 x_t 的 ARIMA(p,d,q) 模型。

案例1 对中国 GDP 建立 ARIMA 模型并进行预测。

下载 1960—2017 年度中国 GDP 数据，导入 EViews 并记为变量 gdp。

(1) 数据图

图 5.1 为中国 GDP1960—2017 年度的数据图。

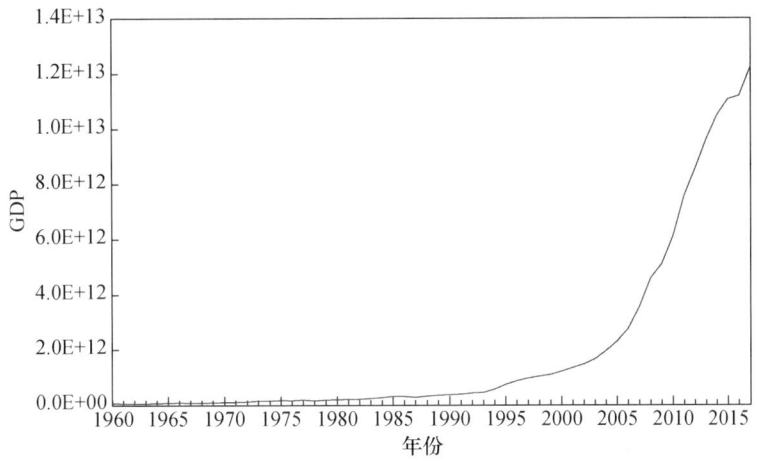

图 5.1

由图 5.1 可以看出，1985 年之前我国 GDP 一直处于较低水平，1985 年开始有所增长，1995 年开始快速增长，2005 年起进入十多年的高速增长期。

(2) 单整阶数检验

表 5.1 为中国 GDP 及其差分的平稳性检验。

表 5.1　变量 gdp 及差分的 ADF 单位根检验

变量	t 统计量	P 值
gdp	5.1030	1.0000
Δgdp	−1.8046	0.6692
$\Delta^2 gdp$	−4.5895	0.0031

由表 5.1 可以看出，变量 gdp 及其一阶差分均是非平稳序列，而二阶差分为平稳序列，因此，中国 GDP 的年度数据 gdp 是二阶单整序列。

（3）生成 gdp 的二阶差分 $\Delta^2 gdp$

① 点击"Quick \ Generate Series"（见图 5.2）

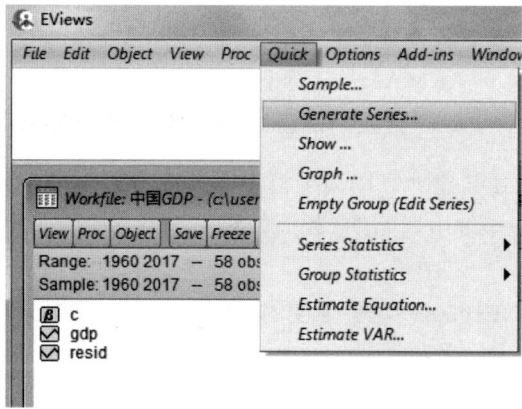

图 5.2

② 在输出的窗口输入命令"dgdp＝gdp－gdp(－1)"（见图 5.3）

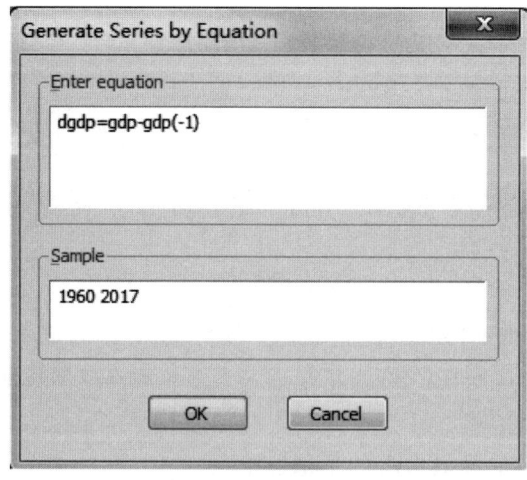

图 5.3

③ 点击"OK",生成一阶差分序列 $dgdp$(见图 5.4)

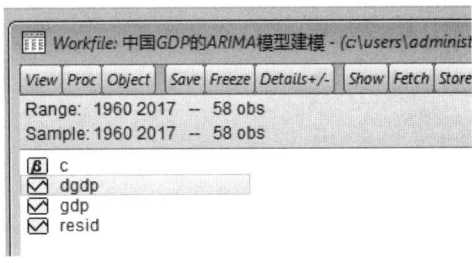

图 5.4

④ 再次点击"Quick \ Generate Series",在窗口输入命令"ddgdp=dgdp-dgdp(-1)",点击"OK",生成二阶差分序列 $ddgdp$(见图 5.5)

图 5.5

(4) 对变量 $ddgdp$ 建立 ARMA 模型

$ddgdp$ 样本相关函数如图 5.6 所示。

Autocorrelation	Partial Correlation		AC	PAC	Q-Stat	Prob
		1	-0.223	-0.223	2.9253	0.087
		2	-0.254	-0.319	6.7957	0.033
		3	0.169	0.027	8.5412	0.036
		4	0.057	0.038	8.7436	0.068
		5	-0.354	-0.316	16.720	0.005
		6	0.135	-0.026	17.896	0.006
		7	0.258	0.156	22.316	0.002
		8	-0.321	-0.194	29.295	0.000
		9	-0.018	-0.056	29.316	0.001
		10	0.092	-0.181	29.916	0.001
		11	0.034	0.070	30.000	0.002
		12	-0.016	0.155	30.020	0.003
		13	0.041	-0.105	30.144	0.004
		14	-0.003	-0.031	30.145	0.007
		15	-0.021	0.059	30.179	0.011
		16	0.041	0.079	30.318	0.016
		17	0.019	0.109	30.348	0.024
		18	-0.016	-0.094	30.369	0.034
		19	0.019	0.049	30.402	0.047
		20	-0.026	0.097	30.465	0.063
		21	0.070	0.064	30.916	0.075

图 5.6

由于偏自相关函数在 5 阶后截尾,自相关函数在 8 阶后截尾,可建立模型 AR(5) 或 MA(8)。

经过诊断和优化可知,应当对变量 $ddgdp$ 建立 AR(5)模型。(见图 5.7)

```
Dependent Variable: DDGDP
Method: Least Squares
Date: 03/01/20   Time: 18:11
Sample (adjusted): 1967 2017
Included observations: 51 after adjustments
Convergence achieved after 3 iterations

Variable         Coefficient   Std. Error    t-Statistic   Prob.
AR(5)            -0.670620     0.173675      -3.861343     0.0003

R-squared            0.222826   Mean dependent var    2.04E+10
Adjusted R-squared   0.222826   S.D. dependent var    2.18E+11
S.E. of regression   1.92E+11   Akaike info criterion 54.82127
Sum squared resid    1.85E+24   Schwarz criterion     54.85914
Log likelihood       -1396.942  Hannan-Quinn criter.  54.83574
Durbin-Watson stat   2.172384
```

图 5.7

其表达式为:
$$ddgdp_t = -0.67\,ddgdp_{t-5} + a_t$$
$$[-3.8613]$$
$$(0.0000)$$

(5) 建立 gdp 的 ARIMA 模型

将 $ddgdp_t = gdp_t - 2gdp_{t-1} + gdp_{t-2}$ 代入上述模型 AR(5):
$$gdp_t - 2gdp_{t-1} + gdp_{t-2} = -0.67(gdp_{t-5} - 2gdp_{t-6} + gdp_{t-7}) + a_t$$

整理得,变量 gdp 的 ARIMA 模型为:
$$gdp_t = 2gdp_{t-1} - gdp_{t-2} - 0.67gdp_{t-5} + 1.34gdp_{t-6} - 0.67gdp_{t-7} + a_t$$

(6) 对 2018 年度和 2019 年度 GDP 的预测

类似 ARMA 模型预测,得到变量 $ddgdp$ 在 2018 年度和 2019 年度的预测值分别为 $-3.93E+10$,$1.15E+11$。(见图 5.8)

由公式 $ddgdp_t = gdp_t - 2gdp_{t-1} + gdp_{t-2}$ 得:
$$gdp_t = ddgdp_t + 2gdp_{t-1} - gdp_{t-2}$$

于是,2018 年度和 2019 年度 GDP 的预测值分别为:
$$gdp_{2018} = ddgdp_{2018} + 2gdp_{2017} - gdp_{2016}$$
$$= -3.09 \cdot 10^{10} + 2 \cdot 1.22 \cdot 10^{13} - 1.12 \cdot 10^{13}$$
$$= 1.316 \cdot 10^{13}$$

$$gdp_{2019} = ddgdp_{2019} + 2gdp_{2018} - gdp_{2017}$$
$$= 1.15 \cdot 10^{11} + 2 \cdot 1.316 \cdot 10^{13} - 1.22 \cdot 10^{13}$$
$$= 1.413 \cdot 10^{13}$$

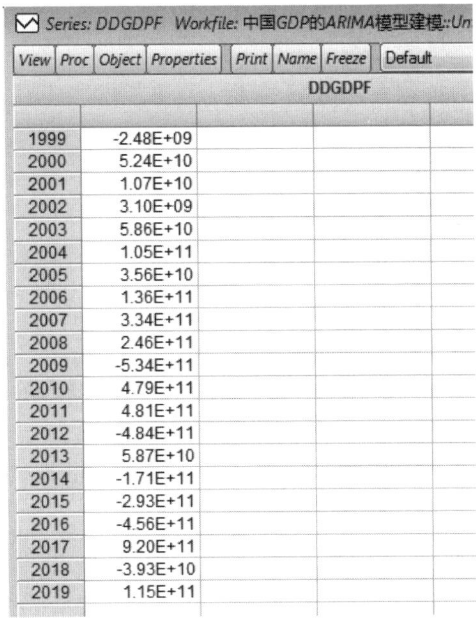

	DDGDPF
1999	-2.48E+09
2000	5.24E+10
2001	1.07E+10
2002	3.10E+09
2003	5.86E+10
2004	1.05E+11
2005	3.56E+10
2006	1.36E+11
2007	3.34E+11
2008	2.46E+11
2009	-5.34E+11
2010	4.79E+11
2011	4.81E+11
2012	-4.84E+11
2013	5.87E+10
2014	-1.71E+11
2015	-2.93E+11
2016	-4.56E+11
2017	9.20E+11
2018	-3.93E+10
2019	1.15E+11

图 5.8

通过查询“国家数据”可知，2018 年度与 2019 年度中国 GDP 分别是 13.61 万亿美元和 14.36 万亿美元。

5.3　ARFIMA 模型

ARFIMA 模型(autoregressive fractional intergrated moving average model)是由 Granger 和 Joyeux 在 1980 年提出的，它是 ARIMA 模型的进一步推广。①

对于时间序列 $\{x_t\}$，自相关系数 ρ_l 反映了 x_t 对于其滞后 l 项 x_{t-l} 的记忆程度，因此它描述了序列的“记忆性”。记忆性是时间序列的一个重要统计特性。记忆性有短记忆性和长记忆性。ARMA 模型和 ARIMA 模型是用来描述“短记忆性”的模型，而 ARFIMA 模型则是用来描述“长记忆性”的模型。

5.3.1　长记忆性

早在 1951 年，英国水文学家 Hurst 在研究尼罗河 900 年的水文资料时，第一次提出时间序列的“长记忆性”问题，由此引发各领域统计研究对长记忆时间序列分析的关注。Mandelbrot 等人分别在物理学、气象学、水文学等学科的时间序列中发现了长记忆性。20 世纪 80 年代后，人们在对通货膨胀率、失业率、保险费、股票市场以及汇率等经济和金融数据的研究中也发现了一种现象：间隔较远的观察值之间的相关

① See Granger C. W. J., Joyeux R., An Introduction to Long-memory Time Series Models and Fractional Differencing, *Journal of Time Series Analysis*, 1980, 1: 15—29.

性尽管很弱,但是不能忽略,它们累积起来可能会很强。

5.3.1.1 长记忆性概念

假定时间序列$\{x_t\}$的自相关函数ρ_l满足:

$$\lim_{n\to\infty}\sum_{l=0}^{n}|\rho_l|=\infty$$

那么称此序列有长记忆性。

这个定义正是刻画了上面描述的现象:"间隔较远的观察值之间的相关性尽管很小,但是它们累积起来可能会很大",因此不能忽略。

5.3.1.2 长记忆性检验

检验长记忆性的最原始方法是 Hurst 提出的"R/S 检验",或者称为"重标极差 R/S 分析"。[①]

给定时间序列$\{x_t\}_{t=1}^{T}$,对任意的n:$T/2 \leqslant n \leqslant T$,记$\{x_1, x_2, \cdots, x_n\}$的均值$\bar{x}_n = \frac{1}{n}\sum_{t=1}^{n}x_t$,标准差为$S_n = \sqrt{\frac{1}{n}\sum_{t=1}^{n}(x_t - \bar{x}_n)^2}$。

记$y_t = x_t - \bar{x}_n$,得到重标序列$\{y_t\}$,记$z_k = \sum_{t=1}^{k}y_t$,得到累积序列$\{z_k\}$,令极差为:

$$R_n = \max_{1\leqslant k\leqslant n}z_k - \min_{1\leqslant k\leqslant n}z_k$$

则

$$(R/S)_n \triangleq R_n/S_n \propto n^H, \quad T/2 \leqslant n \leqslant T$$

这里的H称为 Hurst 指数,可以由如下回归方程求得:

$$\log(R_n/S_n) = \log(c) + H\log(n) \quad (c\text{ 为常数})$$

5.3.1.3 Hurst 指数是刻画记忆性的指标

(1) $H > 0.5$,序列有长记忆性或持续性;
(2) $H < 0.5$,序列有均值回复性或反持续性;
(3) $H = 0.5$,序列为随机游走。

5.3.2 ARFIMA 模型

假定$\{x_t\}$是d阶单整序列,即$x_t \sim I(d)$,这里$-0.5 < d < 0.5$,令$y_t = \Delta^d x_t$,则y_t是平稳的。如果变量y_t适合如下 ARMA 模型:

$$\Phi(B)y_t = \Theta(B)a_t$$

那么将$y_t = \Delta^d x_t$代入得到的模型

$$\Phi(B)\Delta^d x_t = \Theta(B)a_t$$

称为x_t的分整自回归移动平均模型,简记为 ARFIMA(p, d, q)模型,d称为分整差分

[①] See Hurst H. E., Long-term Storage Capacity of Reservoirs, *Transactions of the American Society of Civil Engineers*, 1951, 116: 770—799.

参数。

ARFIMA(p,d,q)模型中自回归参数 p 和移动平均参数 q 描述序列的短记忆性，而分整差分参数 d 则描述序列的长记忆性。

5.3.2.1 分整差分参数 d 的意义

(1) $-0.5 < d \leqslant 0$，序列平稳且不具有记忆性；

(2) $0 < d < 0.5$，序列平稳且具有有限方差和长记忆性；

(3) $0.5 \leqslant d < 1$，序列非平稳且具有无限方差和持久记忆性。

5.3.2.2 分整差分参数 d 的确定

分整参数 d 与 Hurst 指数 H 有如下关系：
$$H = d + 0.5$$

5.3.2.3 分整差分的计算

由于 d 是 -0.5 到 0.5 之间的实数，根据广义二项展开式

$$\Delta^d = (1-B)^d = 1 - d \cdot B - \frac{d(1-d)}{2!}B^2 - \frac{d(1-d)(2-d)}{3!}B^3 - \cdots$$

可以计算出分整差分项

$$\Delta^d x_t = (1-B)^d x_t = \left(1 - d \cdot B - \frac{d(1-d)}{2!}B^2 - \frac{d(1-d)(2-d)}{3!}B^3 - \cdots\right) x_t$$

$$= x_t - d \cdot x_{t-1} - \frac{d(1-d)}{2!} x_{t-2} - \frac{d(1-d)(2-d)}{3!} x_{t-3} - \cdots$$

这是一个无穷级数，它具有长记忆性。

5.3.2.4 ARFIMA 模型的建模步骤

(1) 对数据 $\{x_t\}$ 预处理，清除原始序列的趋势和波动影响；

(2) 消除短记忆因素，通过建立辅助 AR 模型得到残差序列 $\{u_t\}$；

(3) 对序列 $\{u_t\}$ 进行 R/S 分析，计算其 Hurst 指数 H；

(4) 令 $d = H - 0.5$，计算序列 $\{u_t\}$ 的 d 阶差分序列 $\{z_t = \Delta^d u_t\}$；

(5) 对序列 $\{z_t\}$ 建立 ARMA(p,q) 模型 $\Phi(B)z_t = \Theta(B)a_t$；

(6) 带回原变量，得到 u_t 的 ARFIMA(p,d,q) 模型 $\Phi(B)\Delta^d u_t = \Theta(B)a_t$。

> **注记**：R/S 检验中的统计量在短期记忆和异方差情况下缺乏稳健性，Lo 进行了改进并提出了"修正 R/S 检验"。[①]

▶▶▶ 操作练习 5

在巴西、俄罗斯、印度和南非四国中选取一个国家，完成以下工作：

(1) 用 2017 年之前的 GDP 数据建立 ARIMA 模型；

---

① See Lo A. W., Long-term Memory in Stock Market Prices, *Econometrica*, 1981, 59: 1279—1313.

(2) 用 2018 年度、2019 年度的 GDP 数据对模型进行评价（即计算预测误差）；

(3) 对 2020 年的 GDP 进行预测。

格式要求：

(1) 在 Word 文档中以"实验报告"形式提交；

(2) 标题"实验报告 5"为黑体 4 号字体居中排列，正文为宋体小 4 号字体；

(3) 图形和表格按照 PPT 中的规范形式表达，分别依次编号，其中的文字为 5 号宋体，图题在图形的下方，表题在表格上方；

(4) EViews 原始输出结果不要放在实验报告正文中，作为附录放在报告后。

关于资本市场的分形分析

一、传统金融理论的两个假设

(1) 理性经济人假说；

(2) 有效市场假说。

对"理性经济人假说"的否定，产生了"行为金融学"；对"有效市场假说"的否定，产生了"分形市场假说"。

所谓"分形市场假说"，是将混沌和分形理论应用于资本市场和投资分析领域的产物。

二、认识混沌

众所周知，20 世纪科学有两个重大发现，一个是爱因斯坦的"相对论"；另一个是"量子力学"，而"混沌"则被誉为 20 世纪的第三大发现。"混沌现象"是由洛伦兹于 1963 年发现的。

1. 混沌之父——洛伦兹

洛伦兹（Loren Z. N.）（见图 5.9）是美国气象学家，麻省理工学院教授，美国科学院院士，被誉为"混沌之父"。

洛伦兹 1917 年 5 月 23 日生于美国康涅狄格州，1943 年获麻省理工学院理科硕士学位，1948 年获理学博士学位。

1963 年他首次从确定的方程（后被称为洛伦兹方程）中计算模拟出"非周期现象"，从而提出从事长期天气预报是不可能的观点。该文被认为是研究非线性混沌问题的第一篇论文。

图 5.9

洛伦兹于1963年获美国气象学会迈辛格奖,1969年获美国气象学会罗斯比研究奖章,1983年获瑞典皇家科学院克拉福德奖,1991年获京都基础科学奖。评奖委员会的评价是,他对"确定性混沌"的发现,影响了基础科学的众多领域,在人类对于自然界的认识上,引发了自牛顿以来最大的变化。

2008年4月17日,混沌之父洛伦兹在美国家中病逝,享年91岁。

2. 发现"混沌"的小故事

1963年的一天,洛伦兹如往常一样在办公室里工作。平时,他只需要将温度、湿度和压力等气象数据输入,那台气象电脑就会依据三个内建的微分方程式计算出下一时刻可能的气象数据,因此模拟出气象变化图。这一天,洛伦兹想更进一步了解某段纪录的后续变化,他把此时刻的气象数据重新输入电脑,让电脑计算出更多的后续结果。当时的电脑处理数据的速度不快,在结果出来之前,足够他喝杯咖啡并和友人闲聊一阵。一小时后结果出来了,洛伦兹看后目瞪口呆。与原资讯比较,初期数据差不多,越到后期,数据差异越大,就像是不同的两份数据。问题并不出在电脑,是他前后输入的数据相差了0.000127,而这初始输入的细微差异却造成输出后期的天壤之别。他把这种现象戏称为"蝴蝶效应",并且撰写了一篇论文《一只蝴蝶扇动一下翅膀会不会在美国得克萨斯州引起龙卷风?》。

洛伦兹认为,一个微小的初始条件变化可能会导致一连串逐渐放大的改变,最终导致完全不同的结果——这个看似荒谬的论断,打碎了所有人关于"因果决定论可预测"的幻想,最终产生了当今世界上最伟大的理论之一——"混沌理论"。

3. 著名的洛伦兹吸引子(见图5.10)

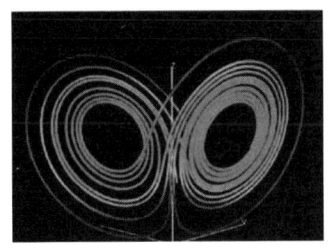 

图 5.10

"蝴蝶效应"在民谣中是这样描述的:

少了一颗钉子,丢了一块蹄铁;

少了一块蹄铁,丢了一匹战马;

少了一匹战马,丢了一个骑手;

少了一个骑手,丢了一场胜利;

少了一场胜利,丢了一个国家。

"蝴蝶效应"所描述的是系统对初值的"敏感依赖性",这就是"混沌"。与混沌密切相关的是所谓的"分形"。

三、认识分形

分形是和混沌密切相关的一个概念。分形是由曼德布劳特于1967年首次提出的。

1. 分形之父——曼德布劳特

曼德布劳特(Mandelbrot B. B.)(见图5.11)是美籍法国数学家,1924年11月20日出生于波兰华沙一个立陶宛犹太人家庭,1936年,全家移居法国巴黎。

曼德布劳特1945年进入法国著名高等师范学校,1947年毕业于法国综合理工学校,1948年获美国加州理工学院硕士学位,1952年获巴黎大学哲学(数学)博士学位,随后便去了麻省理工学院。

图 5.11

1967年,曼德布劳特在美国著名学术期刊 *Science* 上发表论文《英国的海岸线有多长》,首次提出分形思想。1973年,他在法兰西学院讲学时正式提出分形几何概念。1977年,曼德布劳特出版了第一本著作《分形:形式、机遇和维数》,这标志着分形理论的正式诞生。1982年,《自然中的分形几何》的出版标志着分形理论的初步形成。

曼德布劳特是20世纪后半叶少有的影响深远且广泛的科学伟人,在多个学科都有较大成就。1993年获得沃尔夫物理学奖,颁奖词评论说他的研究"改变了我们的世界观"。

曼德布劳特创立的分形理论自从诞生之后便得到迅速发展和广泛应用,涉及自然科学、社会科学、经济科学、思维科学等各个领域。

2010年10月15日,曼德布劳特辞世,享年85岁。

2. 什么是分形?

分形不仅广泛存在于大自然现象中,而且普遍存在于科学研究的各个领域。分形可以是自然存在的,如树木、山川、云朵、脑电图、人体的神经、动物肺叶的血管、材料断口、地震波形、股指曲线、石油价格、外汇汇率等。分形也可以是人造的,如著名的Cantor集合(见图5.12)、Koch曲线(见图5.13)、Sirpinski垫(见图5.14)等都是从简单规则出发人造的分形。

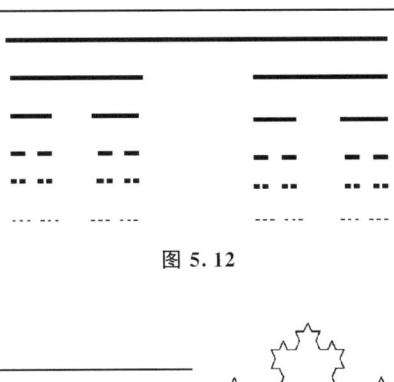

图 5.12

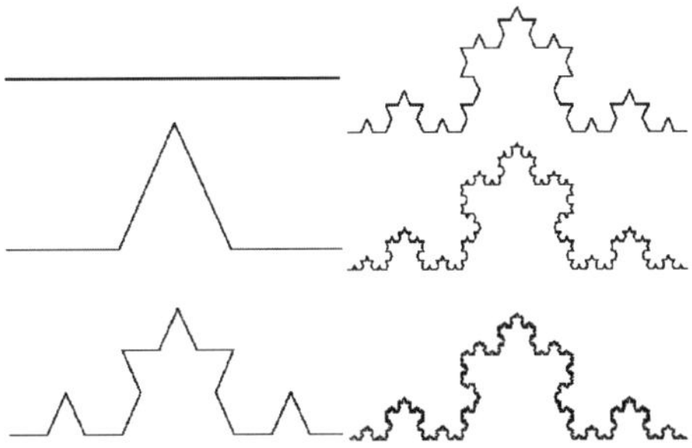

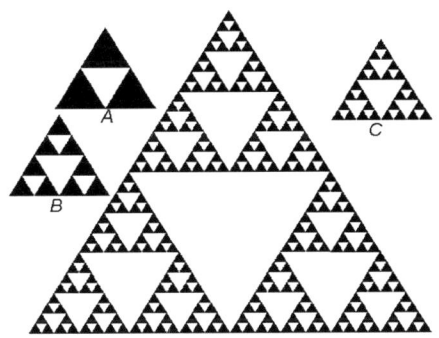

图 5.13

图 5.14

对于分形,没有一个普遍接受的准确定义。曼德布劳特认为:分形是这样一个集合,它的 Hausdorff 维数大于它的拓扑维数。一个直观的定义是:分形是指没有特征尺度而具有自相似结构的复杂几何图形。

目前,分形的概念早已从最初所指的形态上具有自相似性的几何对象的狭义分形,扩展到结构、功能、信息和时间等方面具有自相似性的广义分形。

3. 股市中的分形

图 5.15 为上证指数不同频率数据图。

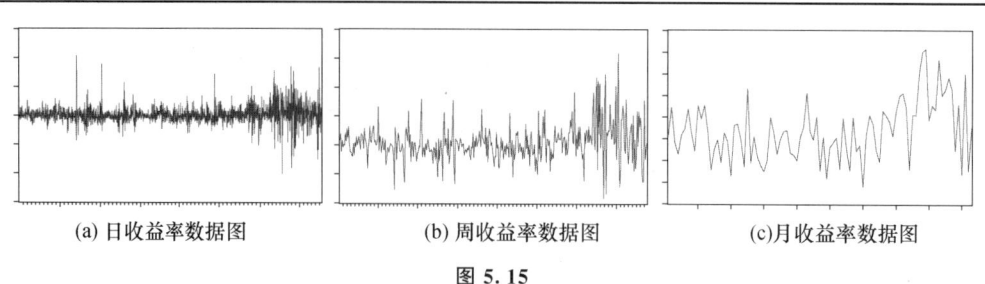

(a) 日收益率数据图　　　　(b) 周收益率数据图　　　　(c) 月收益率数据图

图 5.15

四、分形市场理论

众所周知，现实的股票市场并不是有效市场，或者并不那么有效。那么，股票市场到底是怎样的市场？

1. 分形市场创始人——彼得斯

埃德加·E. 彼得斯（Edgar E. Peters）（见图 5.16）是全球投资管理企业 Pan Agora 资产管理公司的系统资产分配首席投资战略家和投资官，他经营的资产超过 45 亿美元，对混沌和分形的理论与应用进行了广泛的研究，并在 1994 年出版的专著《分形市场分析：将混沌理论应用到投资于经济理论上》中首先提出"分形市场假说"。

彼得斯经常做市场理论方面的演讲，并且在巴布森商学院、波士顿学院和本特利学院讲授投资组合管理。

彼得斯的代表性著作包括：《资本市场的混沌与秩序》（1994）；《分形市场分析》（1996）；《复杂性、风险与金融市场》（1999）。

图 5.16

2. 分形市场假说

(1) 市场由众多投资者组成，而且不同的投资者具有不同的投资期限；

(2) 市场信息会对不同的投资者产生不同的影响；

(3) 市场的稳定性主要取决于市场的流动性；

(4) 价格反映了短期技术分析与长期基本分析的结合；

(5) 如果某项资产与经济周期循环无关，那么它就不会有长期趋势，它的波动将由短期交易和短期信息所决定。

彼得斯指出：正态分布着眼于"大量的小变化"；分形分布着眼于"少量的大变化"。

五、资本市场的分形分析

（1）以分形的部分和整体之间的自相似性为锋利的武器，通过认识部分认识和把握整体，通过认识整体把握和深化对部分的认识；

（2）运用分形理论的思想和方法，从无序中发现有序，揭示杂乱、破碎、混沌等极不规则的复杂现象内部所蕴含的规律；

（3）分形理论及其分形方法论的提出有着极其重要的科学方法论意义，它使得科学思想、科学思维方式和科学方法论发生深刻变革，为人们认识世界提供了新的视角和新的思路；

（4）分形分析方法是经济学中一个十分富有潜力的新工具，在金融学中尤其具有重大的理论和实际意义，为探索金融市场复杂性提供了新思路和新方法，为金融研究开辟了一条崭新的探索道路。

第6篇

资产收益率的跨市场传导

前面两篇介绍的是单个资产收益率或价格的建模问题,从本篇起开始介绍多个资产收益率或价格的建模与分析。

> **通过本篇你可以了解**
> - 向量自回归模型的结构
> - 向量自回归模型的建模方法
> - 向量自回归模型的应用:定性分析——Granger 因果关系检验

传统经济计量建模的特点是以一定的经济理论为基础,会受到某些主观因素的影响,也不能描述变量间的动态联系,内生变量既可出现在方程的左端,又可出现在方程的右端,使估计和推断变得复杂困难。"向量自回归模型"的提出克服了这些缺点。

6.1 向量自回归模型的结构

向量自回归模型(vector autoregression model,简称 VAR 模型)由美国计量经济学家和宏观经济学家西姆斯于 1980 年提出。

西姆斯小传

克里斯托弗·西姆斯(Christopher A. Sims)(见图 6.1)生于 1942 年 10 月 21 日。1963 年在哈佛大学获得数学学士学位,于加州伯克利大学读了一年研究生后,回到哈佛大学继续学习,获经济学博士学位。1968 年起,在哈佛大学担任经济学助理教授。1970 年,前往明尼苏达大学任经济学副教授,并在 1974 年担任教授直至 1990 年。1990 年后,一直在普林斯顿大学担任经济学教授。

由于西姆斯杰出的研究成就,他担任了众多的学术兼职,

图 6.1

> 并拥有很多荣誉头衔,他于 1988 年成为美国艺术和科学研究院的院士,1989 年成为美国科学院院士。
>
> 西姆斯被誉为普林斯顿大学经济系计量"双塔组合"之一(另一位是 2015 年诺贝尔奖获得者迪顿(Angus Deaton)),他偏重于宏观计量经济学方向。
>
> 西姆斯与纽约大学经济学教授萨金特(Thomas J. Sargent)一起获得 2011 年诺贝尔经济学奖。获奖理由是"对宏观经济中因果的实证研究"。萨金特发明了如何用"结构宏观计量经济学"方法来分析经济政策的永久性调整;西姆斯则创立了一种基于"向量自回归"的方法,来分析经济如何受到经济政策临时性变化和其他因素的影响。

VAR 模型是把系统中每一个内生变量作为系统中所有内生变量的滞后值的函数来构造模型。

6.1.1 VAR(p)模型向量形式

$$X_t = C + \Phi_1 X_{t-1} + \cdots + \Phi_p X_{t-p} + \varepsilon_t$$

其中,X_t 是一个 k 维随机向量序列,C 为 k 维常值向量,Φ_1,Φ_2,$\cdots$,Φ_p 均是 k 阶方阵,残差向量 ε_t 是白噪声向量,又称为冲击向量、抖动或者新息。

该表达式被称为非限制性 VAR 模型。

6.1.2 VAR(p)模型分量形式

$$\begin{bmatrix} x_{1t} \\ x_{2t} \\ \cdots \\ x_{kt} \end{bmatrix} = \begin{bmatrix} c_1 \\ c_2 \\ \cdots \\ c_k \end{bmatrix} + \begin{bmatrix} \varphi_{11}^{(1)} & \cdots & \varphi_{1k}^{(1)} \\ \vdots & \ddots & \vdots \\ \varphi_{k1}^{(1)} & \cdots & \varphi_{kk}^{(1)} \end{bmatrix} \begin{bmatrix} x_{1,t-1} \\ x_{2,t-1} \\ \cdots \\ x_{k,t-1} \end{bmatrix} + \cdots + \begin{bmatrix} \varphi_{11}^{(p)} & \cdots & \varphi_{1k}^{(p)} \\ \vdots & \ddots & \vdots \\ \varphi_{k1}^{(p)} & \cdots & \varphi_{kk}^{(p)} \end{bmatrix} \begin{bmatrix} x_{1,t-p} \\ x_{2,t-p} \\ \cdots \\ x_{k,t-p} \end{bmatrix} + \begin{bmatrix} \varepsilon_{1t} \\ \varepsilon_{2t} \\ \cdots \\ \varepsilon_{kt} \end{bmatrix}$$

其中,$\{x_{jt}\}$ 是时间序列,$\{\varepsilon_{jt}\}$ 是白噪声序列,$j=1,2,\cdots,k$。

6.1.3 VAR(p)模型的特点

(1) 不以严格的经济理论为依据,因此可任意添加解释变量。建模时只需明确模型中包含哪些变量和滞后期 p;

(2) 模型中各变量的地位是平等的、对称的;

(3) 模型对参数不施加零约束,即参数的估计值无论显著与否都被保留在模型中;

(4) 模型的解释变量中不包括任何当期变量,因此可以对未来值进行预测;

(5) 模型估计的参数较多,即 (pk^2+k) 个,样本容量较小时参数估计的误差较大。

VAR 模型是将单变量自回归(AR)模型推广到多变量情形。它是处理多个相关经济或金融指标的分析与预测最容易操作的模型之一。在一定的条件下,多元 MA 和多元 ARMA 模型可以转化成 VAR 模型。因此,我们着重讨论 VAR 模型。

两变量 VAR(p)模型可表示为如下方程组形式：
$$\begin{cases} x_t = c_1 + \varphi_{11}^{(1)} x_{t-1} + \cdots + \varphi_{1p}^{(1)} x_{t-p} + \varphi_{21}^{(1)} y_{t-1} + \cdots + \varphi_{2p}^{(1)} y_{t-p} + \varepsilon_{1t} \\ y_t = c_2 + \varphi_{11}^{(2)} x_{t-1} + \cdots + \varphi_{1p}^{(2)} x_{t-p} + \varphi_{21}^{(2)} y_{t-1} + \cdots + \varphi_{2p}^{(2)} y_{t-p} + \varepsilon_{2t} \end{cases}$$

6.2 向量自回归模型的建模

由于 VAR 模型是自回归模型，建模的所有数据必须是平稳的。在已知系统内生变量的情况下，建模的关键是要确定模型的滞后期 p。一旦滞后期 p 确定，VAR 模型建模的 EViews 操作就非常简单。

6.2.1 VAR 模型建模的 EViews 操作

（1）导入所论系统的所有变量数据；

（2）点击"Quick \ Estimate VAR"；

（3）默认"VAR Type"为"Unrestricted VAR"，在对话框"Endogenous Variables"中填入所有变量名，在"Lag Intervals for Endogenous"中重新设定为"1 p"；

（4）点击"确定"，即输出模型估计结果。

案例 1 上证指数和标普 500 指数收益率的建模。

（1）导入数据

导入上证指数和标普 500 指数 2010 年 1 月 4 日—2019 年 12 月 31 日的日收盘价数据，记为变量 sh、sp，并生成收益率 rsh、rsp。（见图 6.2）

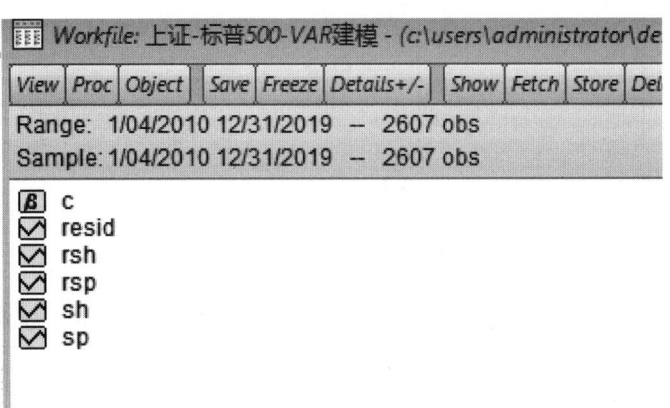

图 6.2

（2）平稳性检验

对变量 rsh 和 rsp 进行 ADF 单位根检验，检验结果见表 6.1。

表 6.1 ADF 单位根检验结果

变量	t 统计量	P 值
rsh	−21.4497	0.0000
rsp	−50.0733	0.0001

由表 6.1 可以看出，对于两个变量 rsh 和 rsp 的 ADF 单位根检验均在 1% 显著水平下拒绝"序列有单位根"的原假设。因此，上证指数和标普 500 指数收益率序列均是平稳序列。

（3）建立 VAR 模型

① 点击"Quick \ Estimate VAR"（见图 6.3），输出对话框（见图 6.4）。

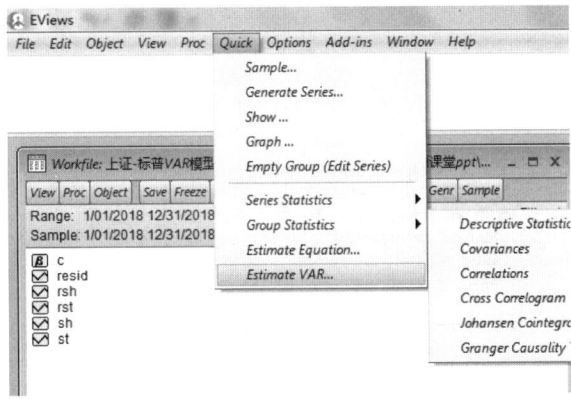

图 6.3

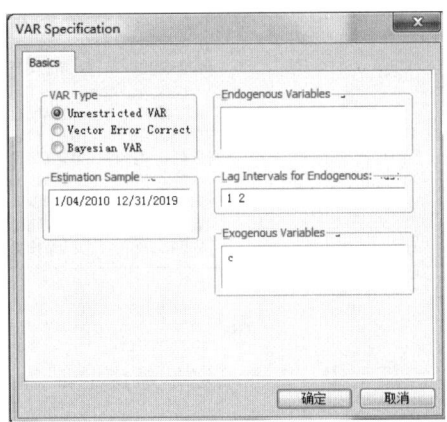

图 6.4

② 在"Endogenous Variables"中填入"rsh rsp"，在"Lag Intervals for Endogenous"中暂时默认"1 2"（见图 6.5）

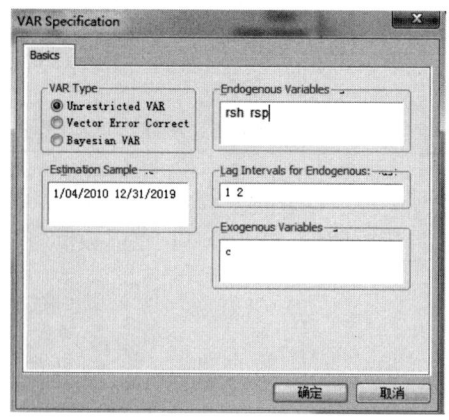

图 6.5

③ 点击"确定",即输出 VAR(2)模型的系数估计(见图 6.6)

```
Vector Autoregression Estimates
Date: 03/07/20   Time: 20:29
Sample (adjusted): 1/07/2010 1/07/2019
Included observations: 2348 after adjustments
Standard errors in ( ) & t-statistics in [ ]
```

	RSH	RSP
RSH(-1)	0.024956 (0.02081) [1.19931]	0.002641 (0.00870) [0.30350]
RSH(-2)	-0.057325 (0.02048) [-2.79903]	-0.002419 (0.00857) [-0.28243]
RSP(-1)	0.412071 (0.04989) [8.25998]	-0.036148 (0.02086) [-1.73247]
RSP(-2)	0.124010 (0.05060) [2.45071]	0.004398 (0.02116) [0.20782]
C	-0.567337 (0.87907) [-0.64539]	0.919844 (0.36766) [2.50191]

图 6.6

注意:在这个 VAR(2)模型中,2 不一定是最优的滞后阶数,因此该模型未必是最优的模型。

6.2.2 最优滞后阶

VAR 模型建模的关键是确定一个恰当的滞后阶 p,使得残差向量 ε_t 是白噪声向量,即要求每一个方程的残差序列 ε_{it} 都不具有序列相关性。

如果残差 ε_{it} 有序列相关性，那么可以通过增加各内生变量更多的滞后来消除。然而，滞后阶数越大，需要估计的参数就越多，模型的自由度就会减少。

如何确定一个恰当的滞后阶数——最优滞后阶，这是 VAR 模型建模的前提。最优滞后阶的确定不仅是建立 VAR 模型的一个关键问题，在后面将要介绍的 Granger 因果检验、协整分析以及 VEC 模型中也占据重要地位。

6.2.2.1 最优滞后阶的确定准则

EViews 提供了五个标准来判定最优滞后阶：

（1）似然比率检验法（LR）

（2）最终预测误差准则（Final Prediction Error，FPE）

（3）赤池信息准则（Akaike Information Criterion，AIC）

（4）施瓦兹准则（Schwarz Criterion，SC）

（5）汉南—奎因准则（Hannan-Quinn Criterion，HQ）

注意：

（1）似然比率检验法只有在每个方程的残差都服从正态分布的条件下才有效。

（2）AIC 和 SC 是常用的两个信息准则，其计算方法由下式给出：

$$\text{AIC} = \ln|\hat{\Sigma}| - \frac{2N}{T}$$

$$\text{SC} = \ln|\hat{\Sigma}| - \frac{2N}{T}\ln T$$

其中，$\hat{\Sigma}$ 为估计的 VAR 模型残差的方差—协方差矩阵，T 是样本容量，N 是所有方程回归项的个数（包括常数项）。

6.2.2.2 最优滞后阶的确定方法

确定最优滞后阶，首先要给定一个最大滞后期 L，然后依次计算滞后 $j(j=1, 2,\cdots,L)$ 期的信息准则或检验统计量的值，最后选择的"最优滞后阶"是使信息准则或检验统计量值达到"最小"的那个滞后期。

然而，实际应用中并不需要具体的计算，各标准的检验过程已经嵌入 EViews，并且每一标准选择的最优滞后阶都用"＊"号标出。

6.2.2.3 最优滞后阶检验的 EViews 操作

（1）点击"Quick \ Estimate VAR"，在默认滞后区间"1 2"设置下，输出 VAR（2）模型的估计；

（2）在模型窗口点击"View \ Lag Structure \ Lag Length Criteria"；

（3）在窗口中输入一个最大滞后期；

（4）点击"OK"，输出五个准则检验的结果

注意：五个准则检验的结果可能不一致，一般可按照"多数原则"。

案例 2　上证指数与标普 500 指数收益率 VAR 模型的最优滞后阶检验。

① 打开上证指数与标普 500 指数收益率 rsh 和 rsp 的 VAR（2）模型估计窗口（见

图 6.7）

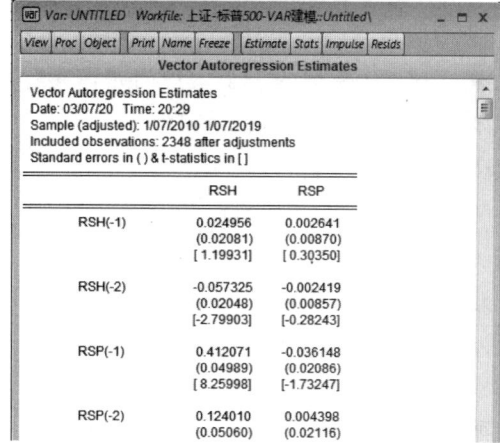

图 6.7

② 点击 "View \ Lag Structure \ Lag Length Criteria"（见图 6.8）

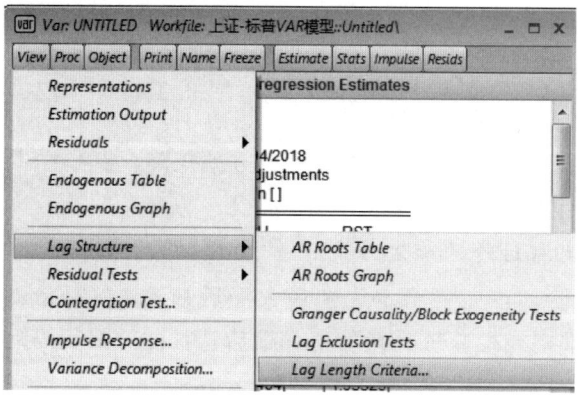

图 6.8

③ 在输出的窗口中填入最大滞后期 "3"（见图 6.9）

图 6.9

④ 点击"OK",输出五个准则检验的结果(见图6.10)

```
VAR Lag Order Selection Criteria
Endogenous variables: RSH RSP
Exogenous variables: C
Date: 04/13/20   Time: 21:53
Sample: 1/04/2010 12/31/2019
Included observations: 2347

 Lag     LogL         LR        FPE       AIC        SC        HQ
  0    -22230.03      NA      579144.0   18.94506  18.94997  18.94685
  1    -22190.00   79.96297   561631.4   18.91436  18.92908* 18.91972*
  2    -22183.88   12.20198*  560620.6*  18.91255* 18.93710  18.92149
  3    -22180.81    6.119808  561065.5   18.91335  18.94771  18.92586

* indicates lag order selected by the criterion
LR: sequential modified LR test statistic (each test at 5% level)
FPE: Final prediction error
AIC: Akaike information criterion
SC: Schwarz information criterion
HQ: Hannan-Quinn information criterion
```

图 6.10

结果显示:LR、FPE 和 AIC 三个准则检验结果显示最优滞后阶数为 2,故可认为上证指数和标普 500 指数收益率 VAR 模型的最优滞后阶数是 2。

注意:在最优滞后阶的检验中,"最大滞后期"的预先设定带有一定的主观性,最大滞后期设定的不同,会直接影响"最优滞后阶数"的判定。例如,在案例 2 中,若设定最大滞后期为 5,则显示的 4 为最优滞后阶。(见图 6.11)

```
VAR Lag Order Selection Criteria
Endogenous variables: RSH RSP
Exogenous variables: C
Date: 04/13/20   Time: 22:01
Sample: 1/04/2010 12/31/2019
Included observations: 2345

 Lag     LogL         LR        FPE       AIC        SC        HQ
  0    -22213.00      NA      580090.2   18.94669  18.95161  18.94848
  1    -22173.00   79.88614   562552.8   18.91599  18.93073* 18.92136
  2    -22166.93   12.12720   561557.4   18.91422  18.93879  18.92317
  3    -22163.86    6.121985  562002.9   18.91502  18.94940  18.92754
  4    -22145.09   37.38051*  554971.4*  18.90243* 18.94664  18.91853*
  5    -22142.26    5.635384  555525.1   18.90342  18.95746  18.92311

* indicates lag order selected by the criterion
LR: sequential modified LR test statistic (each test at 5% level)
FPE: Final prediction error
AIC: Akaike information criterion
SC: Schwarz information criterion
HQ: Hannan-Quinn information criterion
```

图 6.11

张成思认为,可以根据数据的频率确定最大滞后期,年度数据可考虑 2、3 或 4;季度数据可考虑 4 或 8;月度数据可考虑 12、18 或 24。

对金融的日度数据,在实用中可以按照以下对最大滞后期"逐步放大"的方法消除最大滞后期设定的主观性。

6.2.2.4 最大滞后期"逐步放大"法

由于 VAR 模型不含外生变量,最优滞后阶数从 1 开始(否则从 0 开始)。

(1)先设最大滞后期为 2,如果多数星号出现在滞后期 1,那么 1 是最优滞后阶;

（2）如果多数星号出现在滞后期 2，那么不能确定最优滞后阶，因为最大滞后期 2 的设定可能限制了最优滞后阶的显示。

此时，增加最大滞后期为 3。如果多数星号出现在滞后期 1 或 2，那么 1 或 2 是最优滞后阶；

（3）如果多数星号出现在滞后期 3，那么仍不能确定最优滞后阶，再增加最大滞后期为 4，重复以上过程。

案例 1（续） 上证指数与标普 500 指数收益率的 VAR 模型建模。

（1）最优滞后阶检验

① 打开上证指数与标普 500 指数收益率 rsh 和 rsp 的 VAR(2) 模型估计窗口（见图 6.12）。

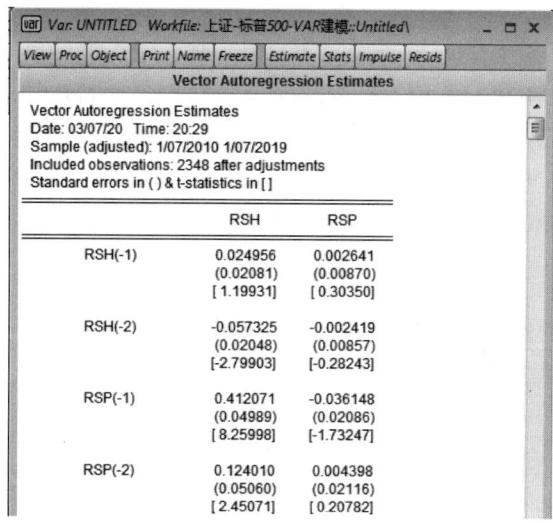

图 6.12

② 点击 "View \ Lag Structure \ Lag Length Criteria"，在输出的窗口中填入最大滞后期 "2"，输出结果（见图 6.13）。

Lag	LogL	LR	FPE	AIC	SC	HQ
0	-22239.59	NA	579187.0	18.94513	18.95004	18.94692
1	-22199.54	79.98656	561674.9	18.91443	18.92915*	18.91979*
2	-22193.38	12.31000*	560638.5*	18.91259*	18.93712	18.92152

* indicates lag order selected by the criterion

图 6.13

由于多数星号在最后一行的滞后 2 期出现，故不能判定最优滞后阶。

③ 改设最大滞后期为 3，输出结果（见图 6.14）

```
Lag    LogL        LR          FPE         AIC         SC          HQ
0      -22230.03   NA          579144.0    18.94506    18.94997    18.94685
1      -22190.00   79.96297    561631.4    18.91436    18.92908*   18.91972*
2      -22183.88   12.20198*   560620.6*   18.91255*   18.93710    18.92149
3      -22180.81   6.119808    561065.5    18.91335    18.94771    18.92586
```

indicates lag order selected by the criterion

图 6.14

多数星号在倒数第二行的滞后 2 期出现，可以认定 2 是最优滞后阶。将上述输出表示为如下表格形式：

表 6.2　最优滞后阶检验

滞后阶	LR	FPE	AIC	SC	HQ
0	NA	579144.0	18.9450	18.9499	18.9468
1	79.9629	561631.4	18.9143	18.9290*	18.9197*
2	12.2019*	560620.6*	18.9125*	18.9371	18.9214
3	6.1198	561065.5	18.9133	18.9477	18.9258

注：* 表示由该准则确定的滞后阶。

由表 6.2 可以看出，LR、FPE 和 AIC 三个准则检验结果显示 2 是最优滞后阶，SC 和 HQ 两个准则检验结果显示 1 是最优滞后阶，根据多数原则，我们选择最优滞后阶 2。

（2）写出模型表达式

根据 VAR(2)的输出结果，模型有如下表达式：

$$rsh_t = -0.5673 + 0.0249\, rsh_{t-1} - 0.0573\, rsh_{t-2}$$
$$+ 0.4120\, rsp_{t-1} + 0.1240\, rsp_{t-2} + \varepsilon_{1t}$$
$$rsp_t = 0.9198 + 0.0026\, rsh_{t-1} - 0.0024\, rsh_{t-2}$$
$$- 0.0361\, rsp_{t-1} + 0.0043\, rsp_{t-2} + \varepsilon_{2t}$$

注意：虽然当最大滞后期设为 5 时，显示 4 是最优滞后阶，但是模型 VAR(2)与 VAR(4)的 AIC 值分别为 10.33788 和 10.32560，两者相差不大，并且"最优滞后阶"应当含有某种"最小"的含义，因此我们选择最优滞后阶 2。

> **注记**：除了非限制性 VAR 模型之外，还有结构 VAR 模型(SVAR)。[①]

[①] 对向量自回归模型的进一步了解，可参见沈悦、李善燊、马续涛：《VAR 宏观计量经济模型的演变与最新发展》，载《数量经济技术经济研究》2012 年第 10 期；高铁梅主编：《计量经济分析方法与建模——EViews 应用及实例》，清华大学出版社 2006 年版，第 252 页。

6.3 格兰杰因果关系检验

格兰杰小传

克莱夫·格兰杰(Clive W. J. Granger)(见图6.15)1934年9月4日出生于英国威尔士；1955年毕业于诺丁汉大学，并获得经济学、数学双学士学位，后留校任教并于1959年获诺丁汉大学统计学博士学位；1974年移居美国，在加州大学圣迭戈分校任教。

格兰杰是经济时间序列分析大师，被认为是世界上最伟大的计量经济学家之一，2003年获诺贝尔经济学奖。2009年5月27日在美国因病逝世，享年75岁。

瑞典皇家科学院曾说："他不仅是研究人员学习的光辉典范，也是金融分析家的楷模。"无数经济学专业的学生奋斗一生，也只是为了能远远看到他的背影。

格兰杰利用数学模型分析时间序列数据方面的实证研究，给全世界打开了一扇窥探经济运行规律，特别是金融市场运行规律的窗户。没有格兰杰的分析方法，进行时间序列计量方面的实证分析几乎是不可能的。

图6.15

6.3.1 Granger 因果关系定义

1969年，格兰杰基于"预期理论"研究了变量 x 是否引起变量 y 的问题，也就是研究现在的 y 在多大程度上能够被过去的 x 解释，即加入 x 的滞后值是否使 y 解释程度提高。

如果添加 x 的过去值能够对 y 的预测有所帮助，那么就说"y 是由 x Granger 引起的"。

对 y_t 进行 s 期预测的均方误差为：

$$\text{MSE} = \frac{1}{s}\sum_{j=1}^{s}(\dot{y}_{t+j} - y_{t+j})^2$$

对于两个时间序列 $\{x_t\}$ 和 $\{y_t\}$，如果对所有的 $s>0$，基于 $(y_t, y_{t-1}, \cdots)$ 预测 y_{t+s} 得到的条件均方误差，与基于 $(y_t, y_{t-1}, \cdots)$ 和 $(x_{t-1}, x_{t-2}, \cdots)$ 两者预测 y_{t+s} 得到的条件均方误差相同，即

$$\text{MSE}[\dot{E}(y_{t+s} \mid y_t, y_{t-1}, \cdots)] = \text{MSE}[\dot{E}(y_{t+s} \mid y_t, y_{t-1}, \cdots; x_{t-1}, x_{t-2}, \cdots)]$$

则称变量 y 不是由 x Granger 引起的，或 x 不是 y 的 Granger 原因。

Granger 因果关系早在1969年就被提出，但是具体检验却难以操作。直到1980年，西姆斯将 VAR 模型引入经济学研究中，将"x 是否为 y 的 Granger 原因"的检

验转换为"x 的滞后项是否可以引入 y 的方程中"的检验。

6.3.2 Granger 因果关系检验原理

以如下两变量 VAR(p) 模型为例：

$$\begin{cases} x_t = c_1 + \varphi_{11}^{(1)} x_{t-1} + \cdots + \varphi_{1p}^{(1)} x_{t-p} + \varphi_{21}^{(1)} y_{t-1} + \cdots + \varphi_{2p}^{(1)} y_{t-p} + \varepsilon_{1t} \\ y_t = c_2 + \varphi_{11}^{(2)} x_{t-1} + \cdots + \varphi_{1p}^{(2)} x_{t-p} + \varphi_{21}^{(2)} y_{t-1} + \cdots + \varphi_{2p}^{(2)} y_{t-p} + \varepsilon_{1t} \end{cases}$$

当且仅当系数 $\varphi_{11}^{(2)} = \cdots = \varphi_{1p}^{(2)} = 0$ 时，变量 x 不能 Granger 引起 y。

6.3.3 Granger 因果关系的 F-检验

原假设 H_0：$\varphi_{11}^{(2)} = \cdots = \varphi_{1p}^{(2)} = 0$。

统计量为：

$$F = \frac{(\text{RSS}_0 - \text{RSS}_1)/P}{\text{RSS}_1/(T - 2p - 1)} \sim F(p, T - 2p - 1)$$

其中，RSS_1 是模型中 y 方程的残差平方和，RSS_0 是从 y 方程中去掉 x 的所有滞后项的方程的残差平方和。

应注意的是，Granger 因果关系的 F-检验是建立在 VAR 模型基础上的，因此检验的前提是两组数据必须都是平稳的。

6.3.4 Granger 因果关系检验的 EViews 操作

（1）打开两变量的数据组；

（2）点击"View \ Granger Causality"；

（3）在对话框中填入滞后阶数；

（4）点击"OK"，输出结果。

案例 3 上证指数与标普 500 指数收益率之间的 Granger 因果关系检验。

① 打开变量 rsh 和 rsp 的数据组（见图 6.16）

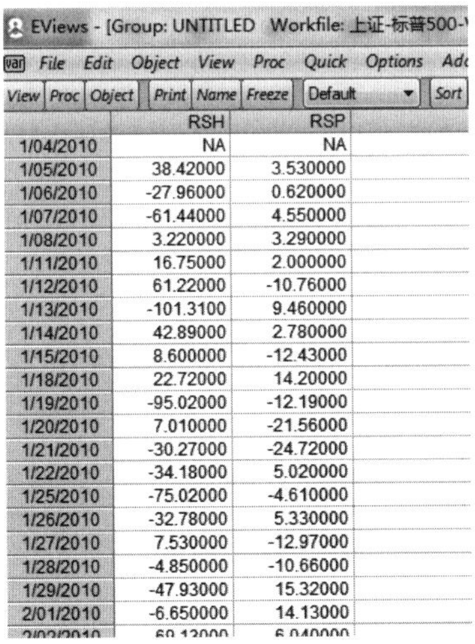

图 6.16

② 点击"View \ Granger Causality"（见图 6.17）

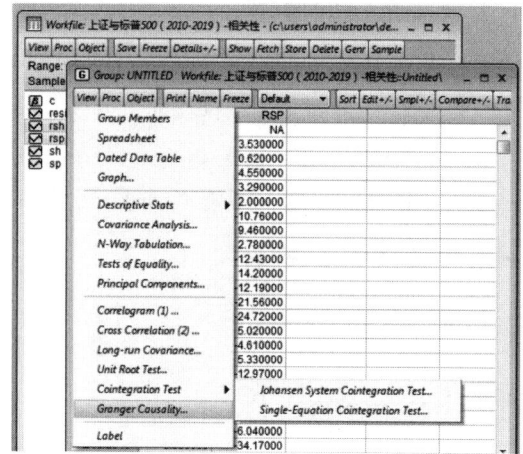

图 6.17

③ 在对话框中依次填入滞后阶：1，…，l（l 为最优滞后阶，这里为 2）（见图 6.18）

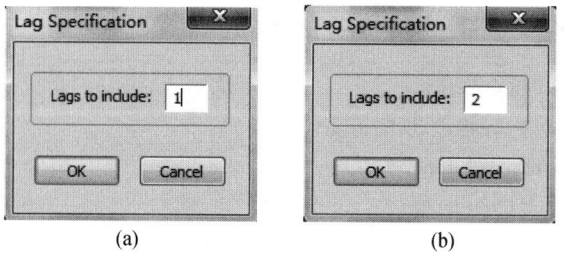

(a)　　　　　　　　(b)

图 6.18

④ 点击"OK"，依次输出结果（见图 6.19）

Lags: 1

Null Hypothesis:	Obs	F-Statistic	Prob.
RSP does not Granger Cause RSH	2349	66.0148	7.E-16
RSH does not Granger Cause RSP		0.10965	0.7406

Lags: 2

Null Hypothesis:	Obs	F-Statistic	Prob.
RSP does not Granger Cause RSH	2348	36.0478	4.E-16
RSH does not Granger Cause RSP		0.08343	0.9200

图 6.19

将结果编辑成如下表格：

表 6.3　Granger 因果关系检验

原假设	滞后阶	F 统计量	P 值
rsp 不是 rsh 的 Granger 原因	1	66.0148	0.0000
	2	36.0478	0.0000
rsh 不是 rsp 的 Granger 原因	1	0.1096	0.7406
	2	0.0834	0.9200

由表 6.3 可以看出，对滞后 1 阶和滞后 2 阶，均在 1% 水平下显著拒绝"rsp 不是 rsh 的 Granger 原因"的原假设，而在 10% 显著水平下均不能拒绝"rsh 不是 rsp 的 Granger 原因"的原假设，这说明变量 rsp 是 rsh 的 Granger 原因，而变量 rsh 不是 rsp 的 Granger 原因。因此，仅存在从标普 500 指数收益率到上证指数收益率的单向 Granger 因果关系。

注意：当两变量的最优滞后阶数 $p>1$ 时，依次从 1 到 p 阶滞后进行 Granger 因果检验，大于 p 阶的滞后不再检验，因为超过最优滞后阶数的检验结果不再可信。

案例 3 中对于 1—2 阶滞后的检验结果表现出稳定的性态。但有时 Granger 因果检验结果对滞后阶数比较敏感，表现出不稳定的现象，可以采用另外一种检验方法——在 VAR 模型中进行 Granger 因果关系检验。

6.3.5　在 VAR 模型中进行 Granger 因果关系检验

（1）打开变量 rsh 和 rsp 的 VAR(2) 模型（见图 6.20）

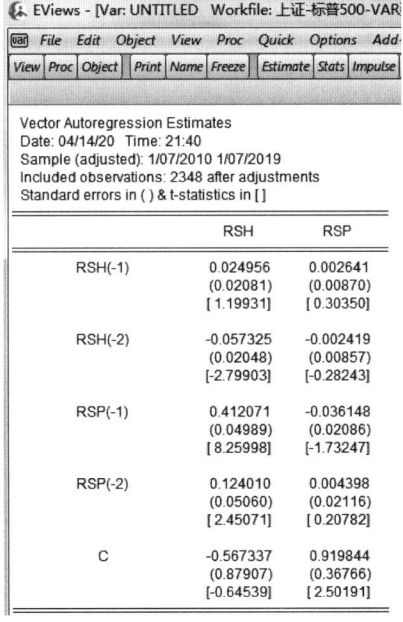

图 6.20

（2）点击"View \ Lag Structure \ Granger Causality/Block Exogeneity Tests"（见图 6.21）

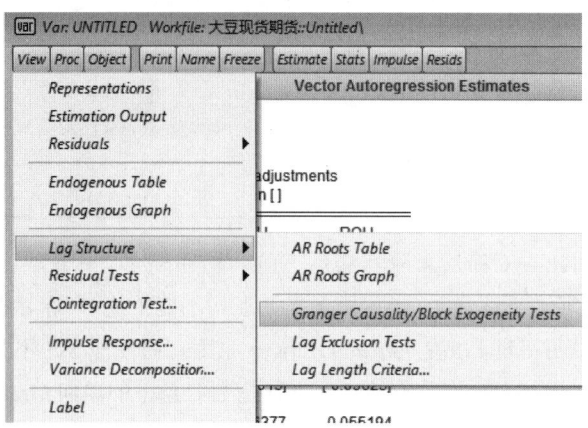

图 6.21

（3）输出结果（见图 6.22）

图 6.22

将此结果整理成表 6.4 形式：

表 6.4　VAR 模型中的 Granger 因果关系检验

原假设	χ^2 统计量	P 值
rsp 不是 rsh 的 Granger 原因	72.0956	0.0000
rsh 不是 rsp 的 Granger 原因	0.1668	0.9200

由表 6.4 可以看出，在 1% 水平下显著拒绝 "rsp 不是 rsh 的 Granger 原因" 的原假设，而在 10% 显著水平下不能拒绝 "rsh 不是 rsp 的 Granger 原因" 的原假设。所以，存在从标普 500 指数收益率到上证指数收益率的单向 Granger 因果关系。

注意：Granger 在 2003 年获得诺贝尔经济学奖的演讲中强调：Granger 因果关系检验的结论只是一种统计估计，是基于预期理论意义的，而不是真实的因果关系，不能作为肯定或否定因果关系的根据。

也就是说，Granger 因果关系反映的只是时间上的先后关系，这种"先后顺序"并不真正表示"前因后果"。

俗话说：鸡叫三遍天下白

鸡叫第一遍的时间在三更（午夜 12 点到凌晨 1 点半左右），每次间隔大约一个半小时，凌晨 1 点到 3 点为四更，凌晨 3 点到 5 点为五更。鸡叫第三遍时，即五更，天就快亮了——太阳即将露出地平线时天空发出光亮。

有人通过对公鸡打鸣和日出的时间数据检验发现，公鸡打鸣是日出的 Granger 原因，这仅表明公鸡打鸣的时间要早于日出的时间，而不能说明公鸡打鸣是日出的原因。

众所周知，日出日落是由于地球自转所致。

图 6.23

Granger 因果关系检验也有不足之处，如未考虑干扰因素的影响，也未考虑时间序列间非线性的相互关系。

注记：上述 Granger 因果关系检验是在 VAR 模型框架下进行的，因此我们称其为"线性 Granger 因果关系检验"，它考察变量之间是否存在"线性"的 Granger 因果关系。如果两个变量之间不存在"线性"Granger 因果关系，并不意味着它们之间不存在任何其他形式的"因果关系"。

Baek 和 Brock 指出，利用线性因果关系的检验方法来分析非线性因果关系的准确率不高。他们提出一种非参数统计方法，引入空间概率中的"关联和"概念，用于描述变量间的非线性关系。[①] Hiemstra 和 Jones 修正了 Baek 和 Brock 方法要求变量必须独立同分布的假设，允许检验变量之间具有弱依赖性，从而极大地拓展了这种检验方法的实用性。[②] Diks 和 Panchenko 指出 Hiemstra 和 Jones 方法存在过度拒绝问

---

① See Baek E.，Brock W.，A Nonparametric Test for Independence of a Multivariate Time Series，*Statistics Sinica*，1992，(2)：137—156.

② See Hiemstra C.，Jones J.D.，Testing for Linear and Nonlinear Granger Causality in the Stock Price-volume Relation，*Journal of Finance*，1994，(49)：1639—1664.

题，并提出一种新的非线性因果关系检验方法。① 这个方法利用非参数的检验统计量来考察变量之间是否存在非线性 Granger 因果关系，可以依据带宽的调节自动考虑条件分布的变化，进而克服检验过程中可能产生的过度拒绝问题，检验结果也更加稳健和可靠。

▶▶▶ **操作练习 6**

选取标普 500 指数及其期货 2006 年 1 月 4 日—2020 年 9 月 30 日收盘价数据，完成以下工作：

（1）数据描述、数据图以及描述性统计检验，并作简要解释（注意需对数据作对齐处理）；

（2）对标普 500 指数及其期货的收益率进行单位根检验；

（3）确定最优滞后阶数；

（4）建立 VAR 模型并写出模型的表达式；

（5）进行 Granger 因果关系检验，将结果用规范表格形式表达并作出解释。

格式要求：

（1）在 Word 文档中以"实验报告"形式提交；

（2）标题"实验报告 6"黑体 4 号字体居中排列，正文宋体小 4 号字体；

（3）图形和表格按照 PPT 中的规范形式表达，分别依次编号，其中的文字为 5 号宋体，图题在图形的下方，表题在表格上方；

（4）EViews 原始输出结果不要放在报告正文中，作为附录放在实验报告后。

---

① See Diks C., Panchenko V., A New Statistic and Practical Guidelines for Nonparametric Granger Causality Testing, *Journal of Economic Dynamics & Control*, 2006，(30): 1647—1669.

第 7 篇

收益率跨市场传导的定量分析

上一篇介绍了 VAR 模型在不同资产收益率之间定性分析的应用——Granger 因果关系检验，本篇将介绍 VAR 模型在定量分析方面的应用。

> **通过本篇你可以了解**
>
> - 脉冲响应函数分析
> - 方差分解分析

7.1 脉冲响应函数分析

VAR 模型是一种非理论性的模型，实际分析 VAR 模型时，往往并不分析一个变量的变化对另一个变量的影响，而是分析当系统受到某一冲击时，整个系统的动态变化路径，这就是脉冲响应函数。

7.1.1 脉冲概念

以如下两变量 VAR(2) 模型为例来说明：

$$\begin{cases} x_t = \varphi_{11}^{(1)} x_{t-1} + \varphi_{12}^{(1)} x_{t-2} + \varphi_{21}^{(1)} y_{t-1} + \varphi_{22}^{(1)} y_{t-2} + \varepsilon_{1t} \\ y_t = \varphi_{11}^{(2)} x_{t-1} + \varphi_{12}^{(2)} x_{t-2} + \varphi_{21}^{(2)} y_{t-1} + \varphi_{22}^{(2)} y_{t-2} + \varepsilon_{2t} \end{cases}$$

给定残差序列：

$$\varepsilon_{10} = 1, \quad \varepsilon_{1t} = 0, \quad t = 1, 2, \cdots$$
$$\varepsilon_{2t} = 0, \quad t = 0, 1, 2, \cdots$$

称为在第 0 期给 x 的单位冲击或者脉冲。

脉冲示意图如图 7.1 所示。

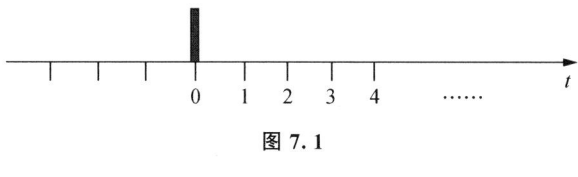

图 7.1

给定残差序列：

$$\varepsilon_{1t} = 0, \quad t = 0, 1, 2, \cdots$$

$$\varepsilon_{20} = 1, \quad \varepsilon_{2t} = 0, \quad t = 1, 2, \cdots$$

称为在第 0 期给 y 的单位冲击或者脉冲。

7.1.2 脉冲响应函数

假定对 VAR(2)模型系统从 0 期开始运动，且设 $x_{-1}=x_{-2}=y_{-1}=y_{-2}=0$。考察 x_t 与 y_t 对第 0 期 x 的脉冲的响应：

$t=0: x_0 = 1, y_0 = 0$

$t=1: x_1 = \varphi_{11}^{(1)}, \quad y_1 = \varphi_{11}^{(2)}$

$t=2: x_2 = [\varphi_{11}^{(1)}]^2 + \varphi_{12}^{(1)} + \varphi_{21}^{(1)}\varphi_{11}^{(2)}, \quad y_2 = \varphi_{11}^{(2)}\varphi_{11}^{(1)} + \varphi_{12}^{(2)} + \varphi_{21}^{(2)}\varphi_{11}^{(2)}$

 ············

称序列 $x_0, x_1, x_2, \cdots$ 为由 x 的脉冲引起的 x 的响应函数，$y_0, y_1, y_2, \cdots$ 为由 x 的脉冲引起的 y 的响应函数。

考察 x_t 与 y_t 对第 0 期 y 的脉冲的响应，可以分别得到由 y 的脉冲引起 x 和 y 的响应函数。

可见，脉冲响应函数全面反映了各个变量对于冲击的动态响应。

7.1.3 VAR 模型的稳定性

当对 VAR 模型的每一个变量施以脉冲时，如果随着时间推移，冲击对于系统的影响会逐渐消失，那么称该 VAR 模型是稳定的。

VAR 模型的稳定性是进行脉冲响应函数分析的前提。因为非稳定的系统是所谓的"混沌"系统，对混沌系统而言，脉冲响应函数分析没有任何意义。

7.1.3.1 VAR 模型稳定的条件

将 VAR(p)模型：

$$X_t = C + \Phi_1 X_{t-1} + \cdots + \Phi_p X_{t-p} + \varepsilon_t$$

变形为：

$$X_t - \Phi_1 X_{t-1} - \cdots - \Phi_p X_{t-p} = C + \varepsilon_t$$

记后推算子 B 的多项式 $\Phi(B) = I_k - \Phi_1 B - \cdots - \Phi_p B^p$，上式可写为：

$$\Phi(B) X_t = C + \varepsilon_t$$

其特征多项式为：

$$|\Phi(\lambda^{-1})| = |I_k \lambda^p - \Phi_1 \lambda^{p-1} - \cdots - \Phi_p| = 0$$

VAR 模型稳定的条件为：特征多项式的所有根均在单位圆内。

7.1.3.2 VAR 模型稳定性检验的 EViews 操作

(1) 在 VAR 模型的输出窗口点击"View \ Lag Structure \ AR Roots Table"或

"AR Roots Graph";

(2) 输出单位根的表格（数值）形式或图形形式。

7.1.4 脉冲响应函数分析的 EViews 操作

在脉冲响应函数分析中，EViews 给出了几种脉冲响应函数的分析方法。默认状态下是"Cholesky 正交化脉冲响应函数"。这个脉冲响应函数与 VAR 模型中变量的顺序有关，因此在实际应用中，通常采用"广义脉冲响应函数"以避免因变量排序不当而引起的偏差。

脉冲响应函数分析的 EViews 操作步骤如下：

(1) 在 VAR 模型的输出窗口点击"View \ Impulse Response"；

(2) 在"Impulse Definition"窗口点击"Generalized Impulses"按钮；

(3) 在"Display"窗口默认"Multiple Graphs"等选项，点击"确定"输出图形结果；

(4) 在"Display"窗口点击"Table \ 确定"，输出表格结果。

案例 1 上证指数和标普 500 指数收益率 VAR(2)模型的脉冲响应函数分析。

(1) 模型的稳定性检验

① 打开第 6 篇案例 1 中关于 rsh 和 rsp 的 VAR(2)模型的输出窗口（见图 7.2）

Vector Autoregression Estimates
Date: 04/21/20   Time: 21:32
Sample (adjusted): 1/07/2010 1/07/2019
Included observations: 2348 after adjustments
Standard errors in ( ) & t-statistics in [ ]

	RSH	RSP
RSH(-1)	0.024956	0.002641
	(0.02081)	(0.00870)
	[1.19931]	[0.30350]
RSH(-2)	-0.057325	-0.002419
	(0.02048)	(0.00857)
	[-2.79903]	[-0.28243]
RSP(-1)	0.412071	-0.036148
	(0.04989)	(0.02086)
	[8.25998]	[-1.73247]
RSP(-2)	0.124010	0.004398
	(0.05060)	(0.02116)

图 7.2

② 点击"View \ Lag Structure \ AR Roots Graph"（见图 7.3）

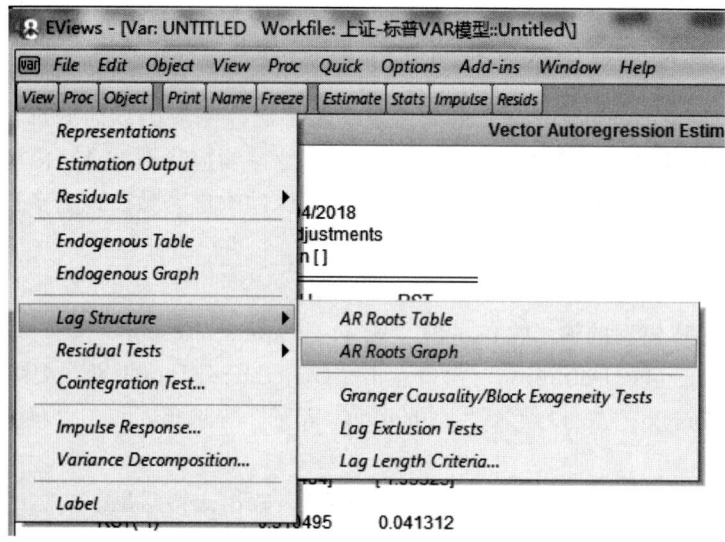

图 7.3

③ 输出图形形式的结果（见图 7.4）

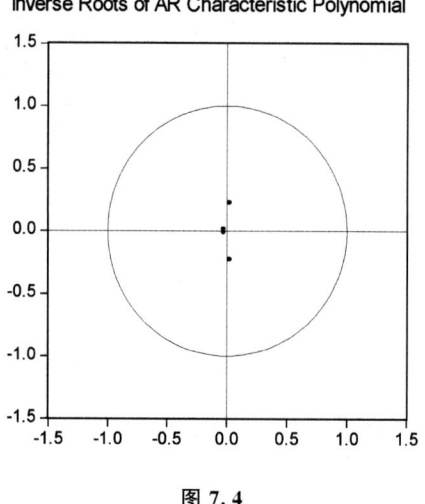

图 7.4

④ 点击"View \ Lag Structure \ AR Roots Table"，输出表格形式的结果（见图 7.5）

⑤ 图形形式结果的表达（见图 7.6）

由图 7.6 可以看出，VAR(2)模型的 4 个特征根均位于单位圆内部，所以该模型是稳定的。

⑥ 表格形式结果的表达（见表 7.1）

第7篇 收益率跨市场传导的定量分析

```
Roots of Characteristic Polynomial
Endogenous variables: RSH RSP
Exogenous variables: C
Lag specification: 1 2
Date: 04/21/20   Time: 21:36

 Root                         Modulus
 0.021969 - 0.227954i         0.229010
 0.021969 + 0.227954i         0.229010
-0.027565 - 0.012368i         0.030212
-0.027565 + 0.012368i         0.030212

No root lies outside the unit circle.
VAR satisfies the stability condition.
```

图 7.5

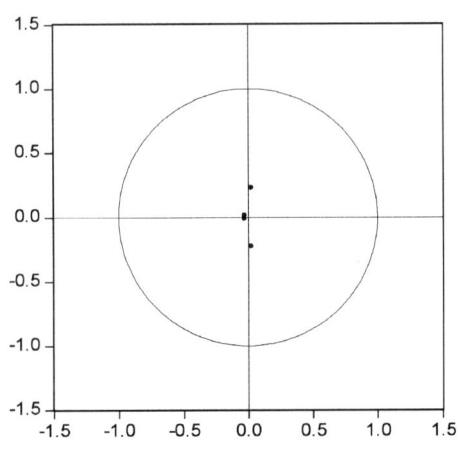

图 7.6

表 7.1 模型的稳定性检验

特征根	模
$-0.0219-0.2279i$	0.2290
$-0.0219+0.2279i$	0.2290
$-0.0275-0.0123i$	0.0302
$-0.0275-0.0123i$	0.0302

由表 7.1 可以看出，模型的 4 个特征根的模均小于 1，即特征根均在单位圆内部，所以该模型是稳定的。

（2）脉冲响应函数分析

① 点击"View \ Impulse Response"（见图 7.7）

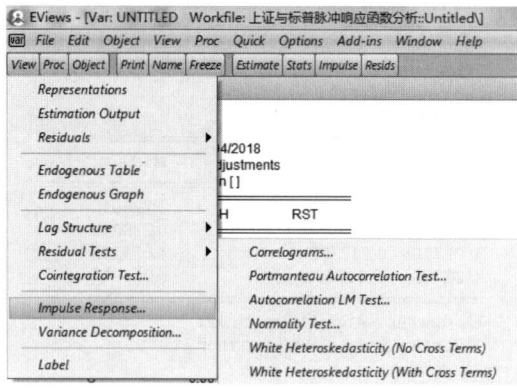

图 7.7

② 输出界面（见图 7.8）

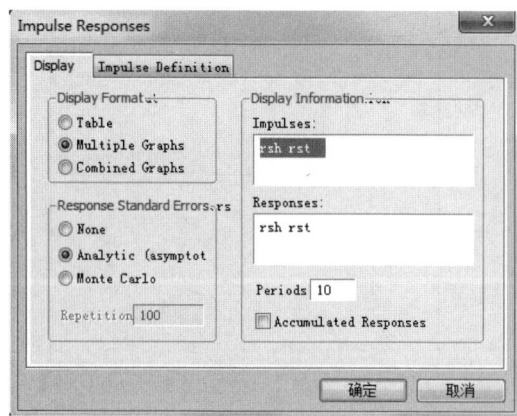

图 7.8

③ 在"Display"窗口默认"Multiple Graphs"等选项，在"Impulse Definition"窗口点击"Generalized Impulses"（见图 7.9）

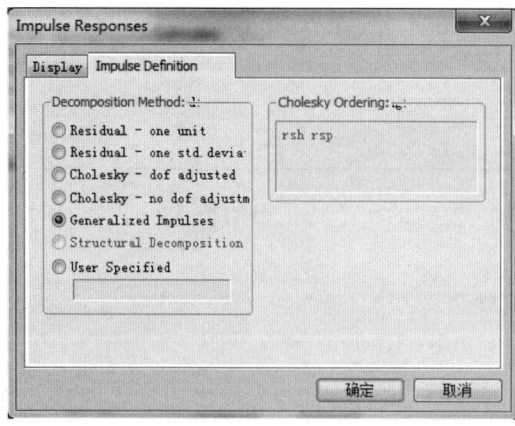

图 7.9

④ 点击"确定",输出图形结果(见图 7.10)

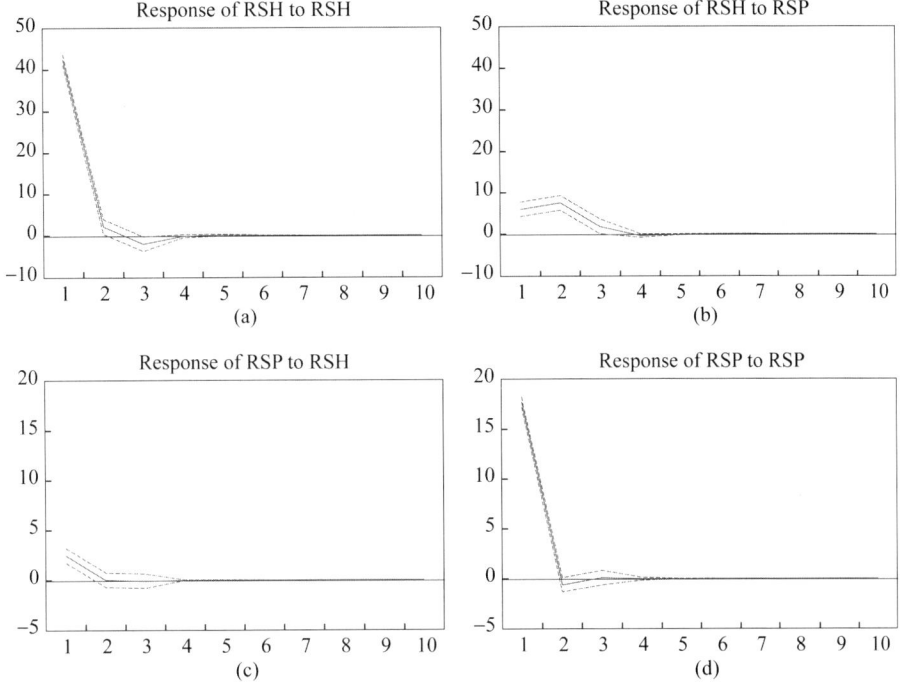

图 7.10

注:实线表示脉冲响应函数,虚线表示正负两倍标准差偏离带。

⑤ 保持"Impulse Definition"窗口的"Generalized Impulses"选项,在"Display"窗口点击"Table"(见图 7.11)

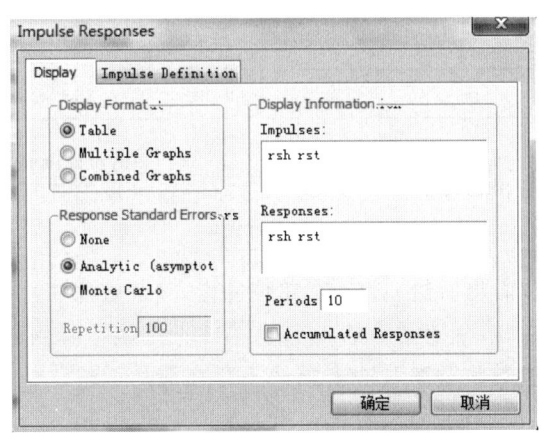

图 7.11

⑥ 点击"确定",输出表格形式的结果(见图 7.12)

Response of RSH: Period	RSH	RSP		Response of RSP: Period	RSH	RSP
1	42.47598 (0.61984)	5.940896 (0.87229)		1	2.484693 (0.36482)	17.76496 (0.25924)
2	2.083885 (0.88837)	7.468691 (0.88454)		2	0.022375 (0.36626)	-0.626471 (0.36714)
3	-2.065582 (0.87717)	1.790700 (0.89263)		3	-0.087132 (0.36080)	0.106134 (0.36712)
4	-0.204136 (0.19551)	-0.417408 (0.22842)		4	-0.007249 (0.01734)	-0.019930 (0.07238)
5	0.099523 (0.09744)	-0.108119 (0.07613)		5	0.004337 (0.01615)	-0.004247 (0.01470)
6	0.015074 (0.01974)	0.017008 (0.02262)		6	0.000568 (0.00165)	0.000790 (0.00384)
7	-0.004557 (0.00814)	0.006421 (0.00607)		7	-0.000202 (0.00073)	0.000259 (0.00082)
8	-0.000991 (0.00153)	-0.000610 (0.00187)		8	-3.87E-05 (0.00013)	-3.01E-05 (0.00014)
9	0.000195 (0.00058)	-0.000364 (0.00047)		9	8.92E-06 (3.0E-05)	-1.49E-05 (5.0E-05)
10	6.06E-05 (0.00011)	1.60E-05 (0.00013)		10	2.42E-06 (8.6E-06)	9.22E-07 (4.3E-06)

图 7.12

7.1.5 脉冲响应函数分析结果的表达与解释

将图 7.10 裁剪为如图 7.13 所示的两个脉冲响应函数图。

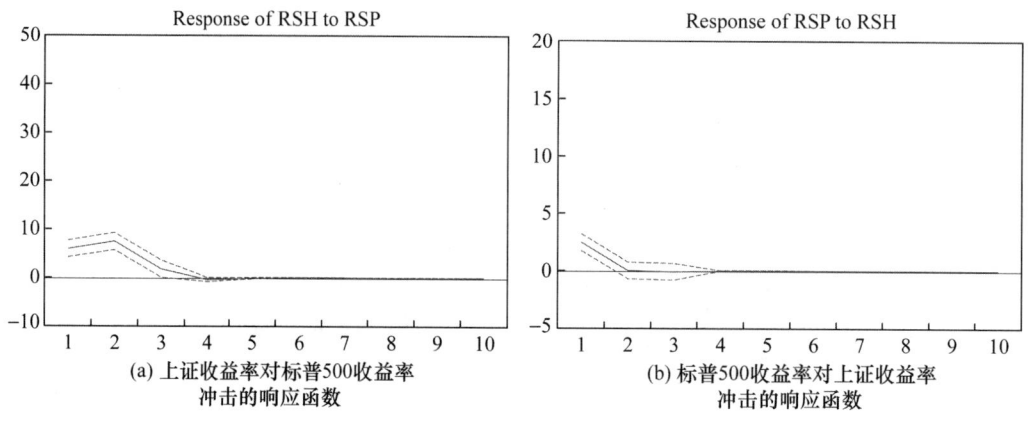

(a) 上证收益率对标普500收益率冲击的响应函数　　(b) 标普500收益率对上证收益率冲击的响应函数

图 7.13

由图 7.13(a)可以看出，给 rsp 一个单位冲击，rsh 在第 1 期的响应达到 5.94，第 2 期响应上升到 7.47，第 3 期则降到 1.79，第 4 期起响应降到 0.42 以下并迅速衰减趋于 0，这表明上证指数收益率对冲击虽然不存在滞后效应，但是响应的最大值却在滞后 1 期出现；由图 7.13(b)可以看出，给 rsh 一个单位冲击，rsp 在第 1 期响应达到 2.48，第 2 期就降到 0.1 以下并迅速衰减趋于 0，这表明标普 500 指数收益率对冲击不存在滞后效应。相对而言，上证指数收益率对标普 500 指数收益率冲击的响应强度明显高于标普 500 指数收益率对上证指数收益率冲击的响应强度，响应的期限也长于标普 500 指数收益率对上证指数收益率冲击的响应期限。

注意：以上解释中的数据可由脉冲响应函数的表格输出（见图 7.12）中读出。

7.1.6 脉冲响应函数分析与 Granger 因果关系检验

Granger 因果关系检验定性分析一个变量的滞后项对另一个变量的预测是否有影响，它是一个整体的静态的关系刻画；脉冲响应函数则是定量分析一个变量的冲击对整个系统动态影响的路径，它是一个局部的动态的描述。

7.2 方差分解分析

脉冲响应函数描述的是 VAR 模型中一个变量的"冲击因素"给各个变量所带来的动态影响的"路径"。西姆斯于 1980 年提出"方差分解"方法，将 VAR 模型中每一个变量的方差分解到各个扰动项上，通过分析每一个结构冲击对模型各个变量变化（通常用方差度量）的"贡献度"，进一步评价不同结构冲击的重要性。

7.2.1 方差分解的基本思想

类似于第 4 篇中将 MA(1) 转换为无穷阶自回归模型的方法，也可将 AR(1) 转化为无穷阶移动平均模型 MA(∞)。将这种方法推广到向量情形，可将向量自回归模型 VAR 转换为无穷阶向量移动平均模型 VMA(∞)。考虑如下 VAR(p) 模型：

$$X_t = \Phi_1 X_{t-1} + \cdots + \Phi_p X_{t-p} + \varepsilon_t$$

改写为：

$$X_t - \Phi_1 X_{t-1} - \cdots - \Phi_p X_{t-p} = \varepsilon_t$$

或者

$$X_t(I_k - \Phi_1 B - \cdots - \Phi_p B^p) = \varepsilon_t$$

进而有

$$X_t = (I_k - \Phi_1 B - \cdots - \Phi_p B^p)^{-1} \varepsilon_t = (I_k + C_1 B + C_2 B^2 + \cdots) \varepsilon_t \text{①}$$

其中，第 i 个分量 x_{it} 为：

$$x_{it} = \sum_{j=1}^{k}(c_{ij}^{(0)} \varepsilon_{j,t} + c_{ij}^{(1)} \varepsilon_{j,t-1} + c_{ij}^{(2)} \varepsilon_{j,t-2} + \cdots)$$

括号内表示第 j 个扰动项 ε_j 从过去到现在对 x_i 的影响的总和，其方差为：

$$E[(c_{ij}^{(0)} \varepsilon_{j,t} + c_{ij}^{(1)} \varepsilon_{j,t-1} + c_{ij}^{(2)} \varepsilon_{j,t-2} + \cdots)^2] = \sum_{q=0}^{\infty}((c_{ij}^{(q)})^2 \sigma_{jj})$$

这是第 j 个扰动项 ε_j 从过去到现在对 x_i 的影响用方差评价的结果。

第 i 个变量 x_i 的方差为：

$$\mathrm{Var}(x_{it}) = \sum_{j=1}^{k}\left\{\sum_{q=0}^{\infty}((c_{ij}^{(q)})^2 \sigma_{jj})\right\}$$

记

---

① 具体转换细节参见高铁梅主编：《计量经济分析方法与建模——EViews 应用及实例》，清华大学出版社 2006 年版，第 265 页。

$$\mathrm{RVC}_{j \to i}(\infty) = \frac{\sum_{q=0}^{\infty}((c_{ij}^{(q)})^2 \sigma_{jj})}{\mathrm{Var}(x_{it})}$$

表示第 j 个变量基于冲击的方差对第 i 个变量 x_i 的方差的相对贡献度——刻画第 j 个变量对第 i 个变量的影响。

7.2.2 方差分解的 EViews 操作

（1）在 VAR 模型的输出窗口点击"View \ Variance Decomposition"；
（2）在对话窗口点击"Table \ OK"，输出表格形式的结果；
（3）在对话窗口点击"Multiple Graphs \ OK"，输出图形形式的结果。

案例 2 上证和标普 500 指数收益率 VAR(2) 模型的方差分解分析。
（1）打开关于 rsh 和 rsp 的 VAR(2) 模型的输出窗口（见图 7.14）

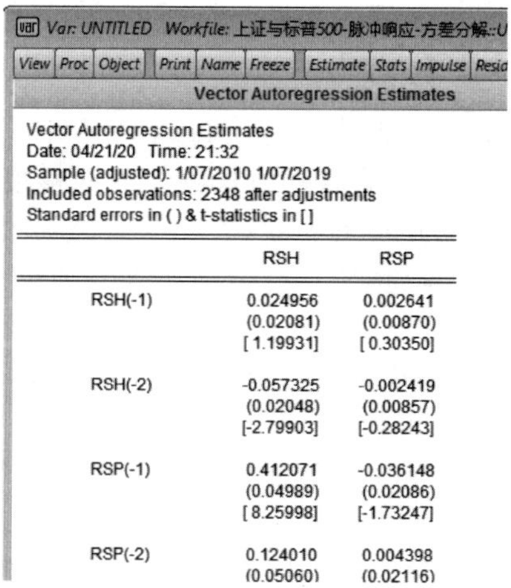

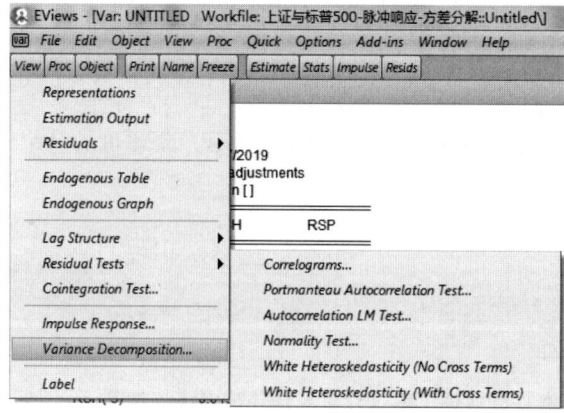

图 7.14

（2）点击"View \ Variance Decomposition"（见图 7.15）

图 7.15

(3) 在对话窗口默认选择 "Table"（见图 7.16）

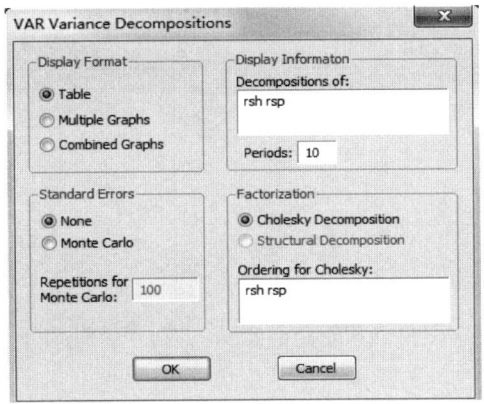

图 7.16

(4) 点击 "OK"，输出表格形式的结果（见图 7.17）

Variance Decomposition of RSH:			
Period	S.E.	RSH	RSP
1	42.47598	100.0000	0.000000
2	43.14038	97.17690	2.823096
3	43.24084	96.95409	3.045907
4	43.24310	96.94616	3.053835
5	43.24339	96.94539	3.054606
6	43.24340	96.94538	3.054618
7	43.24340	96.94538	3.054620
8	43.24340	96.94538	3.054620
9	43.24340	96.94538	3.054620
10	43.24340	96.94538	3.054620

(a)

Variance Decomposition of RSP:			
Period	S.E.	RSH	RSP
1	17.76496	1.956217	98.04378
2	17.77635	1.953869	98.04613
3	17.77696	1.956136	98.04386
4	17.77697	1.956150	98.04385
5	17.77697	1.956156	98.04384
6	17.77697	1.956156	98.04384
7	17.77697	1.956156	98.04384
8	17.77697	1.956156	98.04384
9	17.77697	1.956156	98.04384
10	17.77697	1.956156	98.04384

(b)

图 7.17

(5) 在对话框中选择 "Multiple Graphs"（见图 7.18）

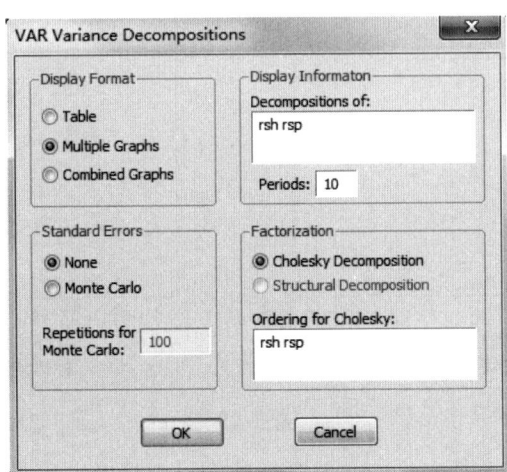

图 7.18

（6）点击"OK"，输出图形形式的结果（见图7.19）

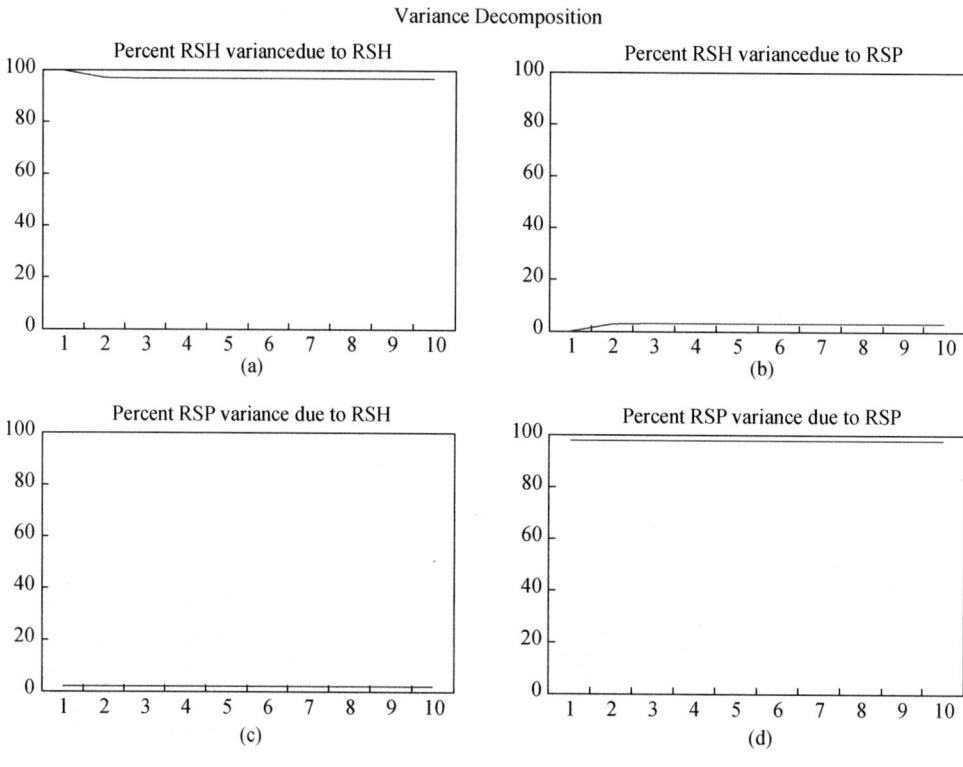

图 7.19

7.2.3 方差分解分析结果的表达和解释

将图7.19裁剪为如图7.20所示的两个方差分解图

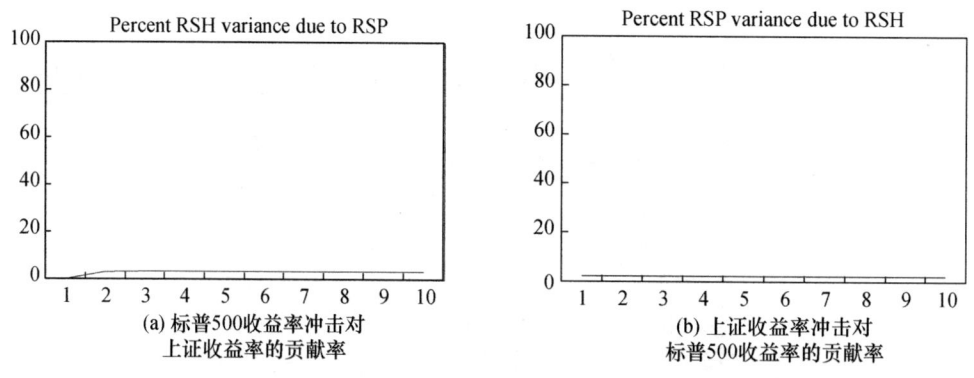

图 7.20

由图7.20(a)可知，标普500收益率的冲击对上证收益率的贡献率在第1期为0，第2期达到2.823%，第3期达到3.045%，此后一直保持在3.054%的水平。由图

7.20(b)可知,上证收益率的冲击对标普 500 收益率的贡献率在第 1 期即达到 1.956%,仅在第 2 期稍微有所下降之后一直保持 1.956% 的水平。由此可以看出,标普 500 收益率的冲击对上证收益率的贡献率略高于上证收益率的冲击对标普 500 收益率的贡献率。

注意:其中的数据可由方差分解的表格输出(见图 7.17)中读出。

7.2.4 脉冲响应函数与方差分解

(1)脉冲响应函数描述了 VAR 模型中的一个内生变量的冲击给其他内生变量所带来的影响,是"精确地"说明变量之间的影响关系。方差分解描述了 VAR 模型中一个内生变量的冲击引起其他内生变量变动的百分比——贡献度,是"粗略地"说明变量之间的影响关系。

(2)脉冲响应函数分析的前提是 VAR 模型是稳定的。如果 VAR 模型不稳定,那么不能进行脉冲响应函数分析,但仍可进行方差分解分析。

注意:方差分解有一个显著缺陷,其结果对于 VAR 模型中变量的次序比较敏感,即调换 VAR 模型中变量的顺序,可能改变方差分解的结果。

Enders 指出,无论是脉冲响应还是方差分解,在研究经济变量之间的互动关系时都非常有用。当 VAR 模型各个等式的随机扰动项之间相关性较小时,脉冲响应和方差分解受变量排序的影响也较小。[①]

7.3 Granger 因果关系检验的推广

对于两个同阶单整的非平稳序列,可以进行差分平稳化,然后对差分后的平稳序列进行 Granger 因果检验。对于两个具有不同单整阶数的时间序列,如何进行 Granger 因果关系检验?

Toda 和 Yamamoto 提出了一个利用扩展 VAR 模型对具有不同单整阶数的时间序列进行 Granger 因果检验的方法。[②]

在 VAR(p)模型中添加 d 个滞后变量来建立一个新的扩展 VAR 模型,即 VAR($p+d$),其中,p 是最优滞后阶数,d 是最大单整阶数。通过 Wald 系数检验方法检验模型的前 p 阶滞后项的系数是否全部为零,从而判定是否存在 Granger 因果关系。我们将这个方法称为 T-Y Granger 因果关系检验。

案例 3 中国和泰国 GDP 之间的 T-Y Granger 因果关系检验。

选取中国和泰国 1960—2017 年年度 GDP 数据,分别记为变量:GDP_CHN,

---

① See Enders W., *Applied Econometric Time Series*, John Wiley & Sons, 2004.
② See Toda H. Y., Yamamoto T., Statistical Inference in Vector Autoregression with Possibly Integrated Processes, *Journal of Econometrics*, 1995, 66: 225—250.

GDP_THA，它们的数据图见图 7.21。

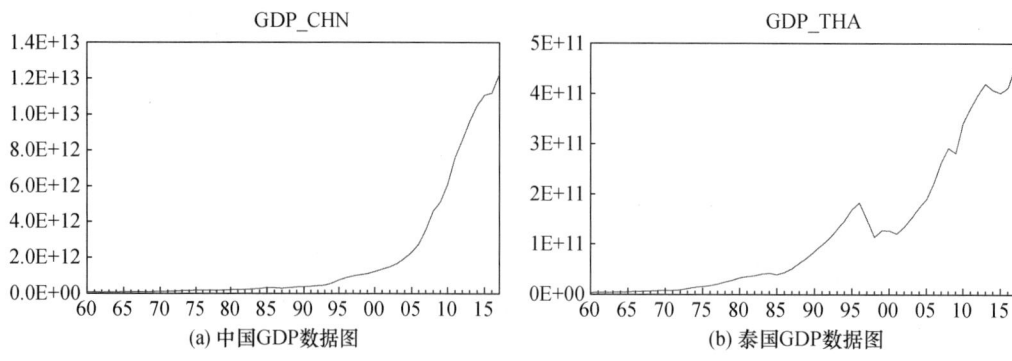

图 7.21

对中国与泰国年度 GDP 数据进行 ADF 单位根检验，检验结果如表 7.2 所示。

表 7.2　ADF 单位根检验

变量	原序列	一阶差分序列
GDP_THA	-0.6312	-5.1541^{***}
GDP_CHN	5.1030	-1.8406
ΔGDP_CHN		-4.5895^{***}

注：*** 表示在 1% 水平下显著。

由表 7.2 可见，GDP_THA~I(1)，GDP_CHN~I(2)。经检验知最优滞后阶为 2，故对变量 GDP_CHN 和 GDP_THA 建立 VAR(2+2) 模型。

为了进行 Wald 系数检验，对变量 GDP_CHN 和 GDP_THA 分别建立滞后 4 阶回归模型：

$$\text{GDP}_{\text{CHN}_t} = \varphi_{11}^{(1)} \text{GDP\_CHN}_{t-1} + \varphi_{12}^{(1)} \text{GDP\_CHN}_{t-2} + \varphi_{13}^{(1)} \text{GDP\_CHN}_{t-3}$$
$$+ \varphi_{14}^{(1)} \text{GDP\_CHN}_{t-4} + \varphi_{21}^{(1)} \text{GDP\_THA}_{t-1} + \varphi_{22}^{(1)} \text{GDP\_THA}_{t-2}$$
$$+ \varphi_{23}^{(1)} \text{GDP\_THA}_{t-3} + \varphi_{24}^{(1)} \text{GDP\_THA}_{t-4}$$

$$\text{GDP}_{\text{THA}_t} = \varphi_{11}^{(2)} \text{GDP\_CHN}_{t-1} + \varphi_{12}^{(2)} \text{GDP\_CHN}_{t-2} + \varphi_{13}^{(2)} \text{GDP\_CHN}_{t-3}$$
$$+ \varphi_{14}^{(2)} \text{GDP\_CHN}_{t-4} + \varphi_{21}^{(2)} \text{GDP\_THA}_{t-1} + \varphi_{22}^{(2)} \text{GDP\_THA}_{t-2}$$
$$+ \varphi_{23}^{(2)} \text{GDP\_THA}_{t-3} + \varphi_{24}^{(2)} \text{GDP\_THA}_{t-4}$$

(1) 点击"Quick/Equation Estimation"，在窗口中输入 VAR(2+2) 的一个方程
gdp_chn gdp_chn(-1) gdp_chn(-2) gdp_chn(-3) gdp_chn(-4) gdp_tha(-1) gdp_tha(-2) gdp_tha(-3) gdp_tha(-4)（见图 7.22）

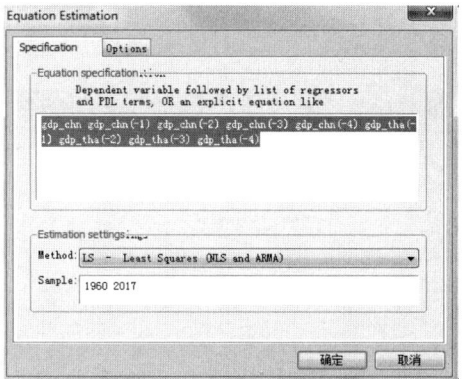

图 7.22

（2）点击“确定”，输出模型估计结果（见图 7.23）

Dependent Variable: GDP_CHN
Method: Least Squares
Date: 04/12/20 Time: 10:16
Sample (adjusted): 1964 2017
Included observations: 54 after adjustments

Variable	Coefficient	Std. Error	t-Statistic	Prob.
GDP_CHN(-1)	1.076312	0.196556	5.475841	0.0000
GDP_CHN(-2)	0.230896	0.394862	0.584753	0.5616
GDP_CHN(-3)	0.138548	0.385637	0.359270	0.7210
GDP_CHN(-4)	-0.490487	0.257334	-1.906032	0.0629
GDP_THA(-1)	8.108801	1.963708	4.129332	0.0002
GDP_THA(-2)	-8.154808	3.395870	-2.401390	0.0204
GDP_THA(-3)	-1.507984	3.656322	-0.412432	0.6819
GDP_THA(-4)	2.358967	2.411382	0.978263	0.3331

R-squared	0.997900	Mean dependent var	2.11E+12
Adjusted R-squared	0.997580	S.D. dependent var	3.41E+12
S.E. of regression	1.68E+11	Akaike info criterion	54.66731
Sum squared resid	1.30E+24	Schwarz criterion	54.96198
Log likelihood	-1468.018	Hannan-Quinn criter.	54.78096
Durbin-Watson stat	1.904146		

图 7.23

（3）点击“View \ Coefficient Diagnostics \ Wald Test-Coefficient Restrictions”（见图 7.24）

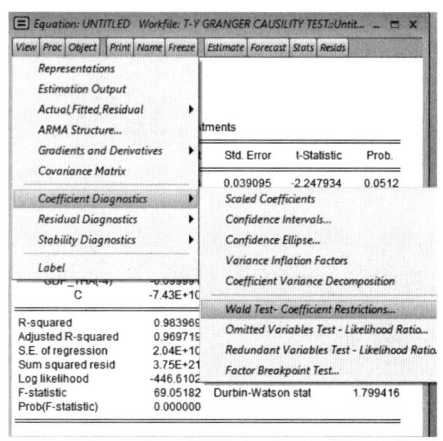

图 7.24

（4）在对话框中填入"c(5)＝c(6)＝0"（其中，c(5)、c(6)分别表示第一个方程中的系数 $\varphi_{21}^{(1)}$、$\varphi_{22}^{(1)}$）（见图 7.25）

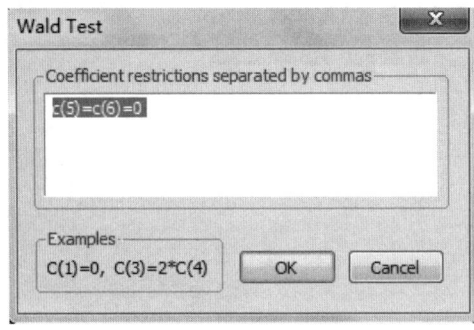

图 7.25

（5）点击"OK"，输出结果（见图 7.26）

Wald Test:
Equation: Untitled

Test Statistic	Value	df	Probability
F-statistic	8.975635	(2, 46)	0.0005
Chi-square	17.95127	2	0.0001

图 7.26

由结果可以看出，在 1% 水平下显著拒绝"c(5)＝c(6)＝0"的原假设，这表明第一个方程中系数 $\varphi_{21}^{(1)}$ 与 $\varphi_{22}^{(1)}$ 不全为零。因此，泰国 GDP 是中国 GDP 的 Granger 原因。

（6）点击"Quick/Equation Estimation"，在窗口中输入 VAR(2＋2) 的另一个方程

gdp_tha gdp_chn(－1) gdp_chn(－2) gdp_chn(－3) gdp_chn(－4) gdp_tha(－1) gdp_tha(－2) gdp_tha(－3) gdp_tha(－4)（见图 7.27）

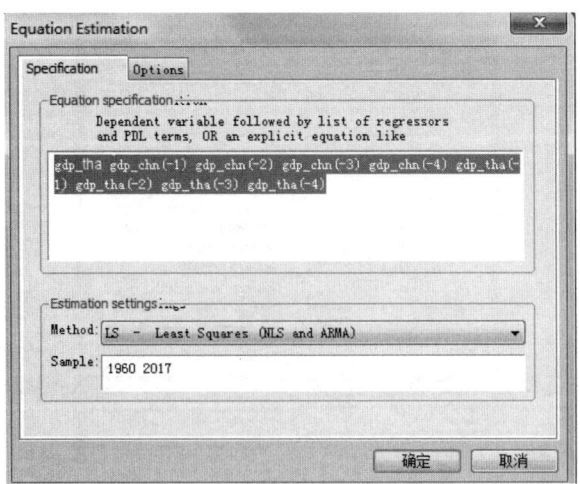

图 7.27

(7) 点击"确定",输出模型估计结果(见图 7.28)

```
Dependent Variable: GDP_THA
Method: Least Squares
Date: 04/12/20   Time: 10:38
Sample (adjusted): 1964 2017
Included observations: 54 after adjustments

Variable        Coefficient   Std. Error    t-Statistic   Prob.
GDP_CHN(-1)     -0.030646     0.016368      -1.872360     0.0675
GDP_CHN(-2)      0.076989     0.032881       2.341451     0.0236
GDP_CHN(-3)     -0.083402     0.032113      -2.597162     0.0126
GDP_CHN(-4)      0.038363     0.021429       1.790264     0.0800
GDP_THA(-1)      1.672513     0.163522      10.22806      0.0000
GDP_THA(-2)     -0.876397     0.282781      -3.099205     0.0033
GDP_THA(-3)      0.334529     0.304470       1.098725     0.2776
GDP_THA(-4)     -0.074867     0.200801      -0.372844     0.7110

R-squared            0.990851    Mean dependent var      1.32E+11
Adjusted R-squared   0.989459    S.D. dependent var      1.36E+11
S.E. of regression   1.40E+10    Akaike info criterion   49.69603
Sum squared resid    8.99E+21    Schwarz criterion       49.99070
Log likelihood      -1333.793    Hannan-Quinn criter.    49.80967
Durbin-Watson stat   1.933316
```

图 7.28

(8) 点击"View \ Coefficient Diagnotics \ Wald Test-Coefficient",在对话框中填入"c(1)=c(2)=0"(其中,c(1)、c(2)分别表示第二个方程中的系数 $\varphi_{11}^{(2)}$、$\varphi_{12}^{(2)}$)(见图 7.29)

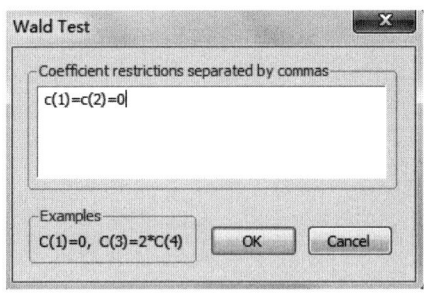

图 7.29

(9) 点击"OK",输出结果(见图 7.30)

```
Wald Test:
Equation: Untitled

Test Statistic    Value       df         Probability
F-statistic       2.765187    (2, 46)    0.0734
Chi-square        5.530374    2          0.0630
```

图 7.30

由结果可以看出,在 10% 显著水平下拒绝"c(1)=c(2)=0"的原假设,这表明第二个方程中系数 $\varphi_{11}^{(2)}$ 与 $\varphi_{12}^{(2)}$ 不全为零。因此,中国 GDP 也是泰国 GDP 的 Granger 原因。

▶▶▶ 操作练习 7

对标普 500 指数及其期货 2006 年 1 月 4 日至 2020 年 2 月 28 日的日收盘价数据，在操作练习 6 建立 VAR 模型的基础上，完成以下工作：

（1）对模型进行稳定性检验；

（2）进行脉冲响应函数分析并对结果给出解释；

（3）进行方差分解分析并对结果给出解释。

格式要求：

（1）在 Word 文档中以"实验报告"形式提交；

（2）标题"实验报告 7"为黑体 4 号字体居中排列，正文为宋体小 4 号字体；

（3）特别要注意图形和表格形式的规范；

（4）EViews 输出结果不要放在报告正文中，作为附录放在实验报告后。

第 8 篇

资产价格的长期均衡分析

前两篇通过建立 VAR 模型来分析平稳的资产收益率跨市场传导问题,本篇将讨论非平稳的资产价格的跨市场传导问题。

> **通过本篇你可以了解**
> - 处理非平稳的协整思想
> - 协整概念
> - 协整检验的方法
> - 误差修正模型

8.1 协整思想

20 世纪 70 年代之前,计量经济学的建模方法均是以经济变量平稳这一假设条件为基础的,然而实际中许多经济指标的时间序列是非平稳的,并且呈现出明显的趋势性和周期性。

Granger 和 Newbold 曾经指出,如果直接对非平稳时间序列进行回归分析,可能会造成伪回归,即变量间本来不存在相依关系,但回归分析却得出存在相依关系的错误结论。[1] 因此对于非平稳时间序列,通常利用"差分"运算使其平稳化,再去建立模型并作进一步分析。但是,差分平稳化建模存在一些缺点:

(1) 差分过程会损失某些有用的信息;

(2) 差分序列改变了原变量的经济含义,因而所建模型不便于作经济学解释。

"差分平稳化"主要是针对单个变量施加的运算。对于多个变量的系统而言,为了克服差分平稳化的缺点,能否就多个变量的整体来进行平稳化?

Engle 和 Granger 提出的"协整理论",就是从系统整体出发来对序列进行平稳化的思想,这为非平稳序列的建模提供了一条新的途径。[2]

---

[1] See Granger C. W. J., Newbold P., Spurious Regressions in Economics, *Journal of Econometrics*, 1974, 2: 111—120.

[2] See Engle R. F., Granger C. W. J., Co-integration and Error Correction: Representation, Estimation, and Testing, *Econometric*, 1987, 55: 251—276.

一些经济变量本身是非平稳序列，但它们的某个线性组合却有可能是平稳序列。这种平稳的线性组合被称为"协整关系"，且可解释为变量之间长期稳定的均衡关系。例如，消费和收入都是非平稳时间序列，但是它们应具有协整关系，否则，长期消费就可能比收入高或低，于是消费者便会非理性地消费或进行储蓄。

如果一些经济指标被某经济系统联系在一起，那么从长远来看，这些变量应该具有均衡关系，这是建立和检验模型的基本出发点。在短期内，因为季节影响或随机干扰，这些变量有可能偏离均衡。如果这种偏离是暂时的，那么随着时间推移将会回到均衡状态。协整可以被看作这种均衡关系的统计表示；如果这种偏离是持续的，那就不能说这些变量之间存在均衡关系。

8.2 协整概念

8.2.1 经济时间序列的协整定义

对于两个时间序列$\{x_t\}$和$\{y_t\}$，如果

(1) $x_t \sim I(1)$，$y_t \sim I(1)$；

(2) 存在不全为零的常数k与l，使得

$$kx_t + ly_t \sim I(0)$$

那么称x_t与y_t是协整的，其中，(k,l)为协整向量，$kx_t + ly_t = 0$为协整方程。

"协整"的两个序列存在共同的随机性趋势，即具有协整关系的两个序列的数据图呈现出某种"平行"的特征。（见图8.1）

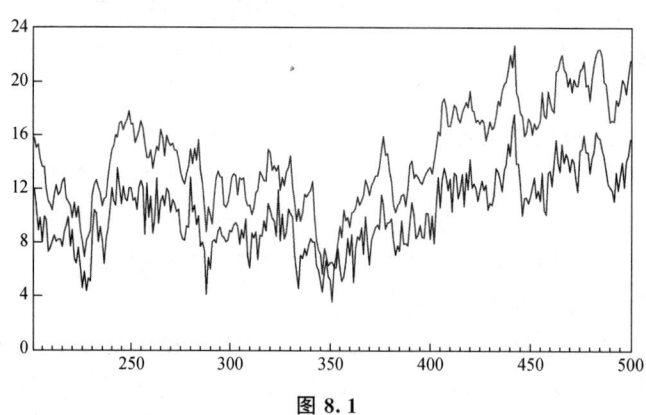

图 8.1

8.2.2 协整的经济学意义

协整描述了经济变量之间长期稳定的均衡关系。即经济变量之间会出现对均衡的偏离，但不会偏离太远，即使存在外部的冲击与干扰，造成的影响也仅仅是短暂的，不能破坏其长期稳定的均衡关系。

协整的经济学意义表明：经济系统具有自我调节、自我修复的功能。

注意：高阶单整序列的协整定义为：若变量$x_t, y_t \sim I(d)$（d为大于1的整数），且

存在不全为零的常数 k 与 l，使得 $kx_t+ly_t\sim I(d-1)$，则称变量 x_t 是 y_t 协整的。

8.3 协整的检验方法

协整检验有如下两种方法：
(1) 基于回归残差——E-G（Engle-Granger）两步法；
(2) 基于回归系数——Johansen 协整检验。

8.3.1 E-G 两步法

8.3.1.1 E-G 两步法的检验原理

E-G 两步法是由 Engle 和 Granger 在 1987 年提出的一个简单方法，检验过程分为如下两步：

(1) 对 1 阶单整序列 $\{x_t\}$ 和 $\{y_t\}$ 建立回归方程：$y_t=\beta x_t+\mu_t$；
(2) 检验残差 $\mu_t=-\beta x_t+y_t$ 的平稳性：当残差序列 $\{\mu_t\}$ 平稳时，序列 $\{x_t\}$ 和 $\{y_t\}$ 之间存在协整关系，且协整向量为 $(-\beta,1)$。

8.3.1.2 E-G 两步法的 EViews 操作

(1) 在主窗口点击"Quick \ Equation Estimation"；
(2) 在对话框中填入待检序列的变量名，点击"OK"，输出回归方程；
(3) 在方程窗口点击"Proc \ Make Residual Series \ OK"，输出残差序列；
(4) 在残差序列窗口点击"Unit Root Test \ OK"，输出检验结果；
(5) 根据残差平稳性判定两序列是否协整。

案例 1 标普 500 指数与标普 500 指数期货收盘价序列的协整检验。

选取标普 500 指数与标普 500 指数期货 2006 年 1 月 4 日至 2020 年 2 月 28 日的日收盘价数据并进行对齐处理，导入 EViews 并记为变量：sp,spf。由 ADF 单位根检验可知两变量均为 1 阶单整的。

(1) 建立回归模型

在主窗口点击"Quick \ Equation Estimation"，在对话框中填入变量名：sp，spf，点击"OK"，输出回归方程。（见图 8.2）

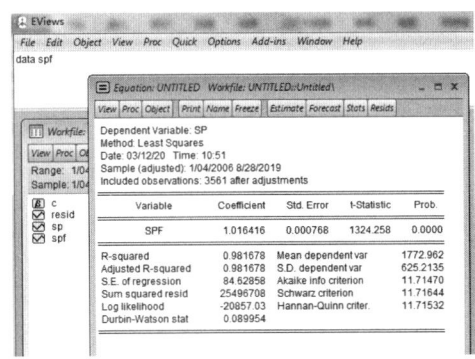

图 8.2

（2）残差的平稳性检验

① 在模型窗口点击"Proc \ Make Residual Series"（见图 8.3）

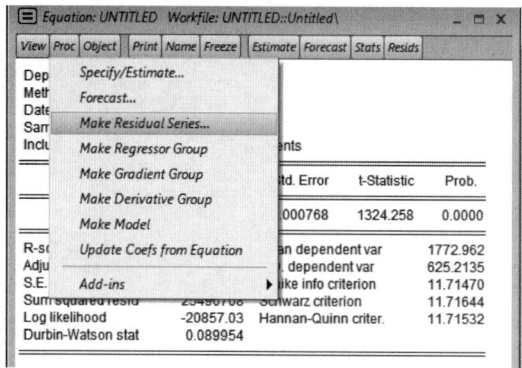

图 8.3

② 输出对话框（见图 8.4）

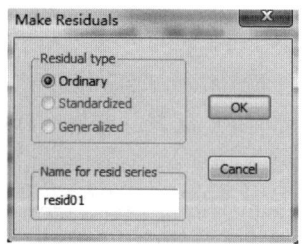

图 8.4

③ 默认残差序列"resid01"，点击"OK"输出残差序列（见图 8.5）

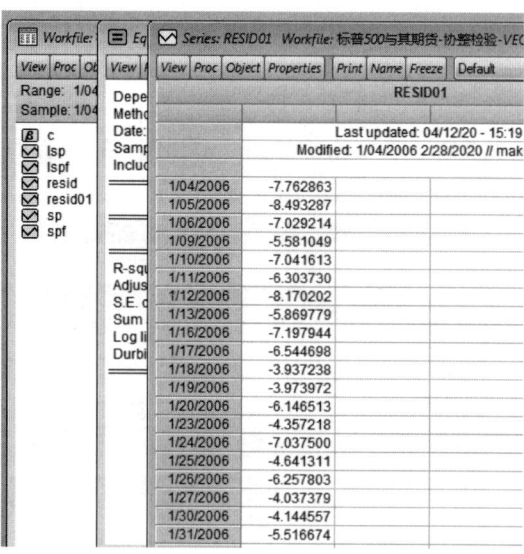

图 8.5

④ 在残差序列窗口点击"View \ Unit Root Test",默认 ADF 单位检验,选择模型"Intercept"并在"Maximum lags"中填入"6",点击"OK",输出检验结果(见图 8.6)

```
Null Hypothesis: RESID01 has a unit root
Exogenous: Constant
Lag Length: 5 (Automatic - based on SIC, maxlag=6)

                                         t-Statistic    Prob.*

Augmented Dickey-Fuller test statistic   -8.943918      0.0000
Test critical values:   1% level         -3.432003
                        5% level         -2.862156
                        10% level        -2.567141

*MacKinnon (1996) one-sided p-values.
```

图 8.6

由检验结果可知,变量 sp 和 spf 的回归方程的残差序列是平稳的,所以标普 500 指数与标普 500 指数期货的收盘价序列间具有协整关系,其协整向量为 $(-1.016, 1)$。

注意:(1) 当回归方程的残差不平稳时,我们不能推定两变量不是协整的,因为仅仅检验了回归系数 $(-\beta, 1)$ 不是协整向量,但是有可能存在其他协整向量。

例如,对上证指数和标普 500 指数收盘价序列 sh 和 sp 进行线性回归的残差数据图如图 8.7 所示。

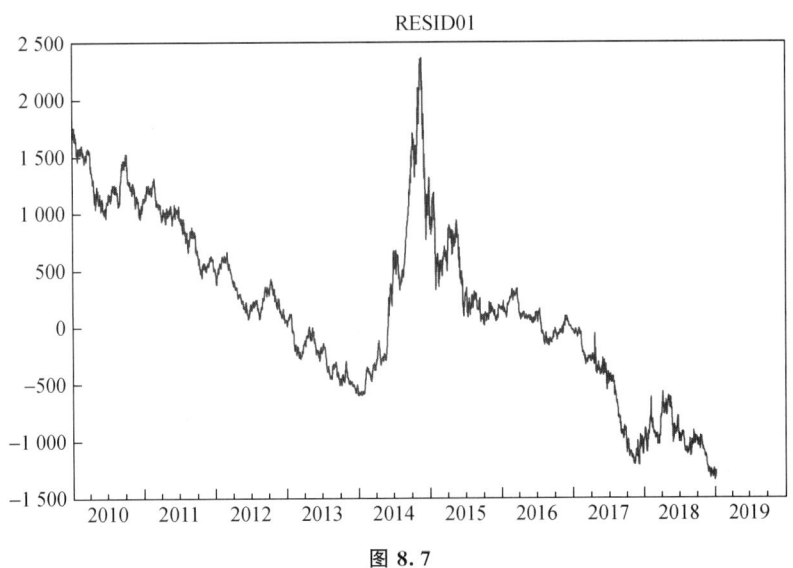

图 8.7

用 ADF 单位根检验(选择模型"Trend and intercept"并且在"Maximum lags"中填入"5"),结果如图 8.8 所示。

此结果表明残差序列不是平稳的。由此我们并不能得出"上证指数和标普 500 指数的收盘价序列不是协整的"结论,尽管它们实际上是不协整的(参见下节"Johansen

```
Null Hypothesis: RESID01 has a unit root
Exogenous: Constant, Linear Trend
Lag Length: 4 (Automatic - based on AIC, maxlag=5)
```

	t-Statistic	Prob.*
Augmented Dickey-Fuller test statistic	-2.257830	0.4565
Test critical values: 1% level	-3.961957	
5% level	-3.411724	
10% level	-3.127743	

*MacKinnon (1996) one-sided p-values.

图 8.8

协整检验")。

（2）当回归方程的残差平稳时，虽然我们能够判定变量协整，但是仅能识别一个协整关系：$-\beta x_t + y_t = 0$。对于 n 个变量而言，可能会存在（$n-1$）个协整关系，此时 E-G 两步法就无能为力了。

8.3.2 Johansen 协整检验

Johansen 检验是 Johansen 与 Juselius 于 1988 年共同提出的，是以 VAR 模型为基础的检验回归系数的方法，又称为 JJ 检验。

Johansen 检验的原理有些复杂，其基本思想是：基于 VAR 模型将变量间的协整问题转化为对一个特定矩阵的特征根和特征向量的检验问题。

8.3.2.1 JJ 检验的基本思想

对 VAR(p) 模型：

$$X_t = C + \Phi_1 X_{t-1} + \cdots + \Phi_p X_{t-p} + \varepsilon_t$$

其中，$X_t = (x_{1t}, \cdots, x_{kt})' \sim I(1)$，即每个分量 $x_{it} \sim I(1)$，$i=1,2,\cdots,k$。

经差分变换为：

$$\Delta X_t = \Pi X_{t-1} + \sum_{j=1}^{p-1} \Gamma_j \Delta X_{t-j} + \varepsilon_t$$

其中，$\Pi = \sum_{j=1}^{p} \Phi_j - I$，$\Gamma_j = -\sum_{s=j+1}^{p} \Phi_s$。

由于 $X_t \sim I(1)$，我们有 ΔX_t，$\Delta x_{t-j} \sim I(0)$，从而 ΠX_{t-1} 应是平稳向量，即 ΠX_{t-1} 的每一分量均是平稳的。

向量 ΠX_{t-1} 的每一分量都是 $x_{1t-1}, \cdots, x_{kt-1}$ 的一个线性组合，因此，$x_{1t-1}, \cdots, x_{kt-1}$ 之间的协整关系个数与矩阵 Π 的秩有关，于是，协整检验问题转化为矩阵秩的检验问题。

记 $r = \text{rank}(\Pi)$，则矩阵 Π 有 r 个非零特征根，于是可得到 r 个协整向量，从而决定了 r 个协整关系。可见，变量 $x_{1t-1}, \cdots, x_{kt-1}$ 之间协整关系个数的检验归结为矩阵 Π 秩数 r 的检验。

8.3.2.2 JJ 检验原理

假定矩阵 Π 的特征根为：

$$\lambda_1 > \lambda_2 > \cdots > \lambda_k$$

（1）特征根迹检验（Trace 检验）

原假设为：
$$H_{r0}: \lambda_r > 0, \lambda_{r+1} = 0, \quad r = 0, 1, 2, \cdots, k-1$$
特征根迹统计量为：
$$\eta_r = -T \sum_{j=r+1}^{k} \ln(1-\lambda_j), \quad r = 0, 1, 2, \cdots, k-1$$

（2）最大特征根检验

原假设为：
$$H_{r0}: \lambda_{r+1} = 0, \quad r = 0, 1, 2, \cdots, k-1$$
最大特征根统计量为：
$$\xi_r = -T \ln(1-\lambda_{r+1}), \quad r = 0, 1, 2, \cdots, k-1$$

注意：（1）上述两种检验均是为了确定协整关系的数量：对 r 的取值自 $0, 1, 2$，…，$k-1$ 依次进行，直到被拒绝为止。

（2）JJ 检验中有不同类型的模型，检验时应当根据向量序列的趋势和截距等情况适当选取。

8.3.2.3 JJ 检验的 EViews 操作

（1）打开两个变量的数据组，点击 "View \ Cointegration Test \ Johanson System Cointegration Test"。

（2）输出对话框，选择适当的模型（"Deterministic trend assumption of test" 中主要确定待检数据的趋势问题：有明显趋势选 "4)"，否则选 "3)"），填入适当的滞后阶（最优滞后阶为 -1）。

（3）点击 "确定"，输出检验结果。

案例 2 标普 500 指数和标普 500 指数期货收盘价序列的 JJ 协整检验。

（1）打开数据组 SP、SPF（见图 8.9）

	SP	SPF
1/04/2006	1273.460	1280.500
1/05/2006	1273.480	1281.250
1/06/2006	1285.450	1291.750
1/09/2006	1290.150	1295.000
1/10/2006	1289.690	1296.000
1/11/2006	1294.180	1299.750
1/12/2006	1286.060	1293.500
1/13/2006	1287.610	1292.750
1/16/2006	1283.030	1289.500
1/17/2006	1277.930	1283.750
1/18/2006	1285.040	1288.250
1/19/2006	1261.490	1264.750
1/20/2006	1263.820	1269.250
1/23/2006	1266.860	1270.500
1/24/2006	1264.680	1271.000
1/25/2006	1273.830	1277.750

图 8.9

(2) 点击"View \ Cointegration Test \ Johanson System Cointegration Test"（见图 8.10）

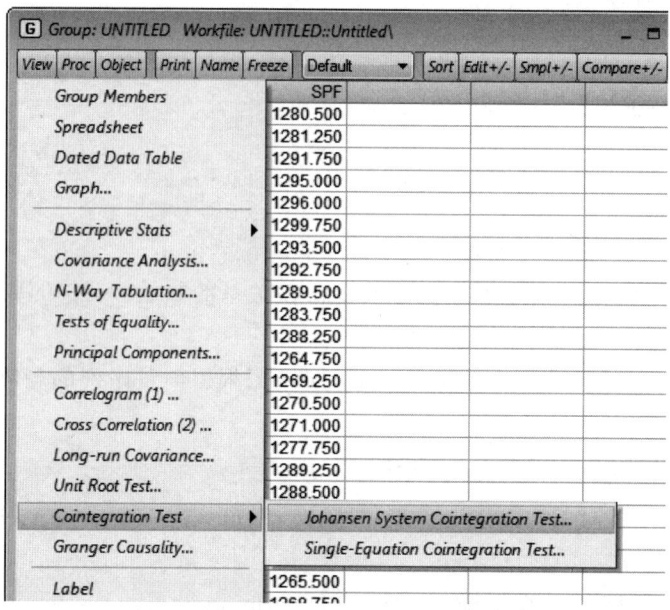

图 8.10

(3) 输出对话框（见图 8.11）

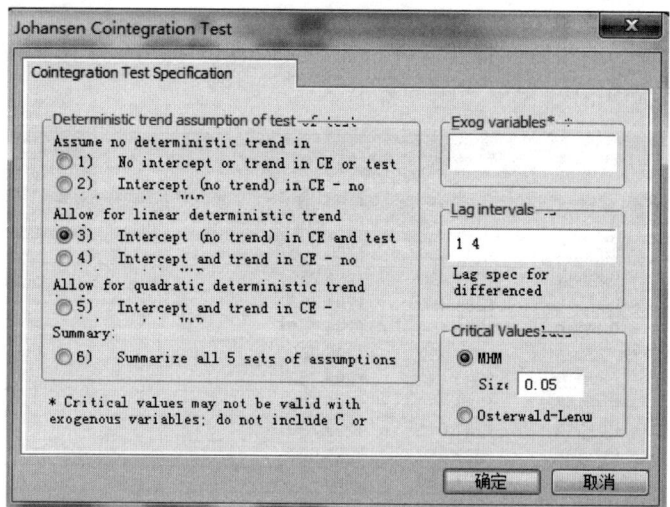

图 8.11

(4) 经检验数据图有趋势且最优滞后阶为 7（见图 8.12、图 8.13）

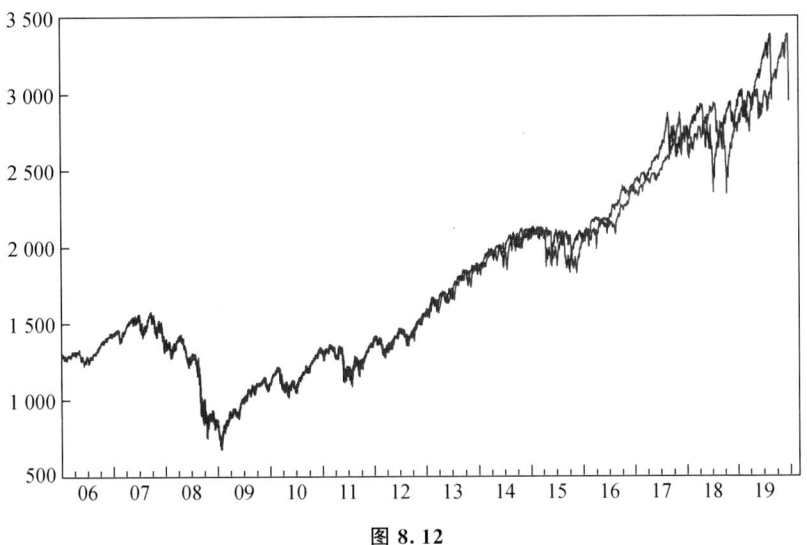

图 8.12

图 8.13

（5）在 "Cointegration Test Specification" 中选择 "4)"，在 "Lag intervals" 中填入 "1 6"（见图 8.14）

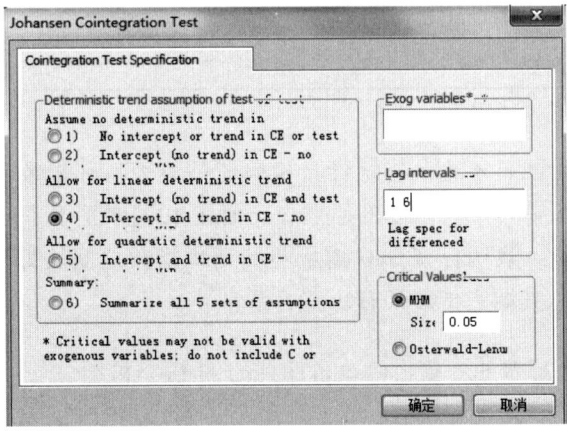

图 8.14

(6) 点击"确定",输出检验结果(见图 8.15)

```
Date: 03/14/20   Time: 10:13
Sample (adjusted): 1/13/2006 8/28/2019
Included observations: 3554 after adjustments
Trend assumption: Linear deterministic trend (restricted)
Series: SP SPF
Lags interval (in first differences): 1 to 6

Unrestricted Cointegration Rank Test (Trace)

Hypothesized              Trace        0.05
No. of CE(s)  Eigenvalue  Statistic    Critical Value   Prob.**

None *        0.020196    78.19344     25.87211         0.0000
At most 1     0.001597    5.681977     12.51798         0.5017

Trace test indicates 1 cointegrating eqn(s) at the 0.05 level
* denotes rejection of the hypothesis at the 0.05 level
**MacKinnon-Haug-Michelis (1999) p-values

Unrestricted Cointegration Rank Test (Maximum Eigenvalue)

Hypothesized              Max-Eigen    0.05
No. of CE(s)  Eigenvalue  Statistic    Critical Value   Prob.**

None *        0.020196    72.51146     19.38704         0.0000
At most 1     0.001597    5.681977     12.51798         0.5017

Max-eigenvalue test indicates 1 cointegrating eqn(s) at the 0.05 level
* denotes rejection of the hypothesis at the 0.05 level
**MacKinnon-Haug-Michelis (1999) p-values

Unrestricted Cointegrating Coefficients (normalized by b'*S11*b=I):

SP            SPF         @TREND(1/05/06)
-0.013116     0.013617    -6.06E-06
-0.002286    -0.000405    0.002088
```

图 8.15

此 JJ 协整检验结果如表 8.1 所示。

表 8.1　标普 500 与其期货指数的 JJ 协整检验结果

原假设	迹统计量(P 值)	最大特征根统计量(P 值)
没有协整向量*	78.1934(0.0000)	72.5114(0.0000)
至多有 1 个协整向量	5.6819(0.5017)	5.6819(0.5017)

注:*表示在 5%水平下显著。

由表 8.1 可以看出,不论是迹统计量检验还是最大特征根统计量检验,均在 1%显著水平下拒绝"没有协整向量"的原假设,而在 10%水平下不能拒绝"至多有 1 个协整向量"的原假设,表明标普 500 指数与其期货指数之间恰好存在一个协整向量,因而标普 500 指数与其期货指数具有协整关系。

案例 3　上证和标普 500 指数收盘价序列的 JJ 协整检验。

选取上证和标普 500 指数 2010 年 1 月 4 日—2019 年 12 月 31 日收盘价数据,记为变量 sh 和 sp。由 ADF 单位根检验可知两变量均是 1 阶单整的。通过数据图和最优滞后阶检验可知，两数据有线性趋势且最优滞后阶为3（见图8.16、图8.17）。

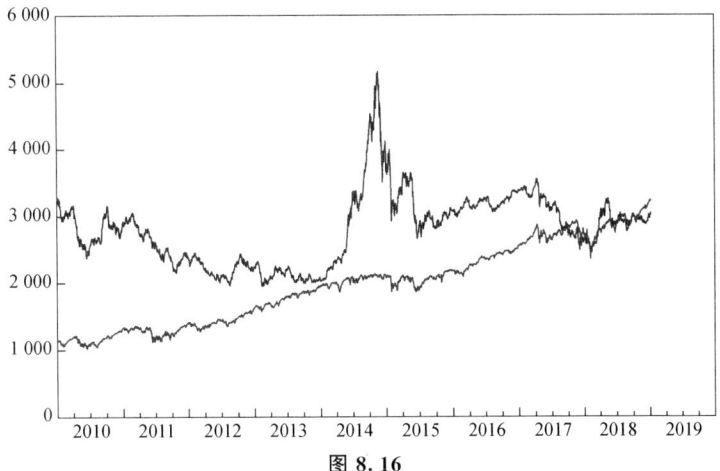

图 8.16

图 8.17

在"Cointegration Test Specification"中选择"4)"，在"Lag intervals"中填入"1 2"，JJ检验结果如图8.18所示。

图 8.18

可见，不论是迹统计量检验还是最大特征根统计量检验，在10%水平下都不能拒绝"没有协整向量"的原假设，所以上证与标普500指数收盘价序列不是协整的（由数据图也能看出两曲线并不"平行"）。

注意：（1）在进行JJ协整检验时，如果模型选择不当，可能会导致错误结果。如上证和标普500指数收盘价序列，若在"Cointegration Test Specification"中选择"5)"（平方趋势模型），那么有如图8.19所示的检验结果。

```
Date: 03/14/20   Time: 11:13
Sample (adjusted): 1/07/2010 1/07/2019
Included observations: 2348 after adjustments
Trend assumption: Quadratic deterministic trend
Series: SH SP
Lags interval (in first differences): 1 to 2

Unrestricted Cointegration Rank Test (Trace)

Hypothesized                    Trace        0.05
No. of CE(s)    Eigenvalue     Statistic   Critical Value   Prob.**

    None *       0.006502      20.80947     18.39771       0.0226
At most 1 *      0.002337       5.493962     3.841466       0.0191

Trace test indicates 2 cointegrating eqn(s) at the 0.05 level
* denotes rejection of the hypothesis at the 0.05 level
**MacKinnon-Haug-Michelis (1999) p-values

Unrestricted Cointegration Rank Test (Maximum Eigenvalue)

Hypothesized                   Max-Eigen     0.05
No. of CE(s)    Eigenvalue     Statistic   Critical Value   Prob.**

    None         0.006502      15.31551     17.14769       0.0906
At most 1 *      0.002337       5.493962     3.841466       0.0191
```

图 8.19

从迹统计量检验可以看出上证和标普500指数有协整关系，但最大特征根统计量检验结果出现了一个矛盾，既接受"没有特征向量"，又拒绝"至多有1个特征向量"（意味着"至少有两个特征向量"）。这个矛盾应该是模型选择错误导致的。

（2）迹统计量检验与最大特征根检验有时会出现不同的结果，此时应当采信迹统计量检验。[①]

> **注记**：上述JJ协整检验没有考虑市场结构的突变因素。如果市场存在结构突变，那么JJ协整检验可能失效。Gregory和Hansen提出了一种结构突变协整的检验方法。[②] Hansena and Seob 提出了门限协整的检验。[③]

[①] 参见 Johansen S.，Juselius K.，Maximum Likelihood Estimation and Inference on Cointegration with Application to the Demand for Money，*Oxford Bulletin of Economics and Statistics*，1990，52：169—210。对JJ协整检验的进一步了解，可以参见钟志威、雷钦礼：《Johansen 和 Juselius 协整检验应注意的几个问题》，载《统计与信息论坛》2008年第10期，第80—82页。

[②] See Gregory A. W.，Hansen B. E.，Residual-based Tests for Cointegration in Models with regime shifts，*Journal of Econometrics*，1996，70：99—126。

[③] See Hansena B. E.，Seob B.，Testing for Two-regime Threshold Cointegration in Vector Error-correction Models，*Journal of Econometrics*，2002，110：293—318。

8.4 误差修正模型

对于多个平稳时间序列可以建立 VAR 模型，那么，对于多个非平稳序列如何建立模型？作为协整理论的一个应用，对于多个非平稳序列，如果它们具有协整关系，那么可以建立误差修正模型。

如果系统是协整的，那么短期对于均衡状态的偏离系统都会有调整，如何进行调整？误差修正模型能够反映这种调整机制和调整过程。

误差修正概念是由 Sargen 于 1964 年提出的，而误差修正模型则是由 Davidson，Hendry 等于 1978 年引进的。[①]

8.4.1 单变量误差修正模型

传统的经济模型通常表述的是变量之间的一种"长期均衡"关系，而实际经济数据却是由"非均衡过程"生成的。因此，建模时需要用数据的动态非均衡过程来逼近。

经济理论的长期均衡过程最一般的模型是自回归分布滞后模型（autoregressive distributed lag model，ADL 模型）。

如果一个内生变量 y_t 只被表示成同一时点的外生变量 x_t 的函数，那么 x_t 对 y_t 的长期影响很容易求出。如果每个变量的滞后也出现在模型之中，那么长期影响将通过分布滞后的函数反映，这就是 ADL 模型。

8.4.2 自回归分布滞后模型

1 阶自回归分布滞后模型 ADL(1,1) 为：

$$y_t = \alpha_0 + \alpha_1 y_{t-1} + \beta_0 x_t + \beta_1 x_{t-1} + u_t$$

其中，右端除解释变量 x_t 外还含有 y_t 与 x_t 的滞后项，y_t 与 x_t 之间有长期均衡关系。

对 ADL(1,1) 模型作差分变换，得到

$$\Delta y_t = a(y_{t-1} - k_0 - k_1 x_{t-1}) + \beta_0 \Delta x_t + u_t$$

该模型称为误差修正模型（error correction model，ECM），其中，$|\beta_0|<1$，$a=(\beta_0-1)<0$。误差修正模型是 ADL 模型的另一种表达形式。

括号中的表达式记为：

$$ecm_{t-1} \triangleq y_{t-1} - k_0 - k_1 x_{t-1}$$

称为误差修正项。当 $ecm_{t-1}=0$ 时，得到静态方程 $y^* = k_0 + k_1 x^*$，它描述了变量 y 与 x 之间的长期均衡关系。当 $ecm_{t-1} \neq 0$ 时，它表示变量间在上一期偏离均衡的误差水平。误差修正项的系数 $a(<0)$ 称为调整系数，表示当期项对前一期的偏离向均衡状态

[①] See Davidson J., Hendry D., Srba F., Yeo S., Econometric Modeling of the Aggregate Time-series Relationship between Consumers' Expenditure and Income in the United Kingdom, *Economic Journal*, 1978, 88: 661—692.

的调整速度。

变量 y 的短期波动 Δy 由 x 的短期变化 Δx 以及 y 在上一期偏离均衡的程度来决定。

误差修正模型既描述了系统的短期波动，又描述了系统的长期均衡状态，还描述了系统由非均衡状态调整到均衡状态的调整过程。

(1) 从短期看，被解释变量的变动由较为稳定的长期趋势和短期波动决定，短期内系统对于均衡状态的偏离幅度大小直接导致波动振幅的大小；

(2) 从长期看，协整关系式起到引力线的作用，将非均衡状态拉回均衡状态。

Granger 和 Weiss 提出著名的 Granger 表示定理：如果两个变量之间存在协整关系，那么二者之间的关系可以用误差修正模型表示。[①]

8.4.3 向量误差修正模型

Engle 和 Granger 将协整与误差修正模型结合起来，建立了向量误差修正（VEC）模型。[②] 一个协整系统可以有多种表示形式，向量误差修正模型是最普遍使用的方法。可以认为 VEC 模型是带有协整约束的 VAR 模型。

VAR 模型的差分形式：

$$\Delta X_t = \Pi X_{t-1} + \sum_{j=1}^{p-1} \Gamma_j \Delta X_{t-j} + \varepsilon_t$$

若 Π 的秩 r：$0 < r < k$，Π 可分解成两个 $k \times r$ 矩阵 A 和 B 的积：$\Pi = AB'$，因此有

$$\Delta X_t = AB' X_{t-1} + \sum_{j=1}^{p-1} \Gamma_j \Delta X_{t-j} + \varepsilon_t$$

其中，$B'X_{t-1}$ 是一个平稳向量，即每一行均是一个协整关系（共有 r 个协整关系），B' 称为协整向量矩阵，A 的每一行是出现在第 i 个方程中协整组合的一组权重，A 称为调整参数矩阵。

这个向量差分方程称为 p 阶向量误差修正模型，记为 VEC(p)，$\text{ECM}_{t-1} = B'X_{t-1}$ 称为误差修正向量，反映变量之间的长期均衡关系。此时，向量误差修正模型可以写为：

$$\Delta X_t = A \cdot \text{ECM}_{t-1} + \sum_{j=1}^{p-1} \Gamma_j \Delta X_{t-j} + \varepsilon_t$$

VEC 模型多应用于具有协整关系的非平稳时间序列建模，用以刻画经济变量之间的非线性调整机制。

[①] See Granger C. W. J., Weiss A. A., Time Series Analysis of Error-correction Models, Karlin S., Amemiya T. and Goodman L. A., *Studies in Econometrics, Time Series, and Multivariate Statistics*, Academic Press, 1983: 255—278.

[②] See Engle R. F., Granger C. W. J., Co-integration and Error Correction: Representation, Estimation, and Testing, *Econometric*, 1987, 55: 251—276.

8.4.4 两个变量的 VEC(1) 模型

假定 $\{x_t\}$ 和 $\{y_t\}$ 是两个协整的 1 阶单整序列，1 阶误差修正模型 VEC(1) 为：

$$\begin{cases} \Delta x_t = \alpha_1 ecm_{t-1} + \beta_1 \Delta x_{t-1} + \gamma_1 \Delta y_{t-1} + \varepsilon_{1t} \\ \Delta y_t = \alpha_2 ecm_{t-1} + \beta_2 \Delta x_{t-1} + \gamma_2 \Delta y_{t-1} + \varepsilon_{2t} \end{cases}$$

其中，$ecm_{t-1} = y_{t-1} - ax_{t-1} - b$ 为误差修正项，反映两变量 x_t 与 y_t 在上一期偏离长期均衡的程度，系数 α_1 与 α_2 分别反映变量 x_t 和 y_t 对均衡偏差调整的速度。变量 x_t 和 y_t 的长期均衡关系为 $ecm_t = 0$，即 $y_t = ax_t + b$。

如果直接对变量差分建立向量自回归模型 VAR(1)：

$$\begin{cases} \Delta x_t = \beta_1' \Delta x_{t-1} + \gamma_1' \Delta y_{t-1} + \varepsilon_{1t} \\ \Delta y_t = \beta_2' \Delta x_{t-1} + \gamma_2' \Delta y_{t-1} + \varepsilon_{2t} \end{cases}$$

与 VAR(1) 的表达式比较可以看出，模型 VEC(1) 损失了"长期均衡"的重要信息。

8.4.5 VEC 模型建模的步骤及 EViews 操作

(1) 进行平稳性检验——非平稳(平稳时建 VAR 模型)且同阶单整；
(2) 建立 VAR 模型，进行最优滞后阶检验；
(3) 进行协整检验——协整(非协整时不能建 VEC 模型)；
(4) 建立 VEC 模型：点击"Quick/EstimateVAR"，在"Endogenous Variables"中填入变量，在"VAR Type"中选"Unrestricted VAR"，"Lag Interval for Endogenous"中输入"1 $p-1$"（p 为最优滞后阶），点击"确定"，输出结果；
(5) 写出 VEC 模型并作出解释。

案例 4 美元兑人民币汇率与美元兑新加坡元汇率的 VEC 建模。

(1) 下载数据

下载美元兑人民币汇率和美元兑新加坡元汇率在 2005 年 7 月 21 日至 2020 年 2 月 28 日的日收盘价数据并进行对齐处理，导入 EViews 并记为变量：cny，sgd。

(2) 数据图

由于新加坡元兑人民汇率在 5 左右，为了在一个图中清楚地显示两个汇率的走势，我们将新加坡元汇率扩大 5 倍并记为 $sgd1$。图 8.20 是人民币汇率 cny 和新加坡元汇率 $sgd1$ 的数据图。可见，人民币汇率在 2014 年之前呈现下行趋势，2014 年后波动上行。新加坡元汇率在 2006—2008 年及 2016 年之后这两个时间段与人民币汇率的走势大体一致，而在其他时间段则有较大的偏离。特别是 2008 年年中到 2010 年年底这段时间，人民币汇率呈现一个平台期，而新加坡元汇率出现大幅波动。

(3) 描述性统计检验

对变量 cny 和 sgd 进行描述性统计检验，检验结果如表 8.2 所示。

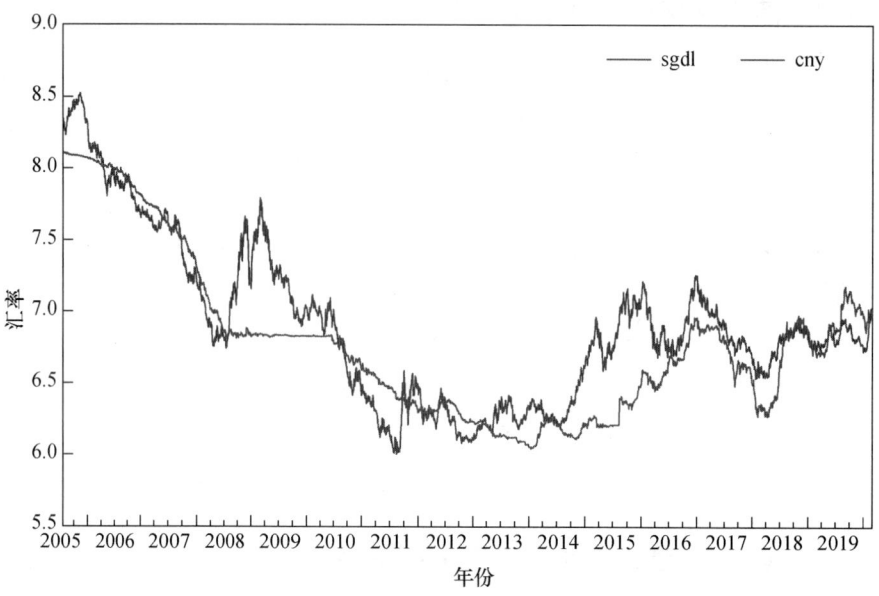

图 8.20

表 8.2 人民币汇率和新加坡元汇率的描述性统计检验

变量	均值	标准差	偏度	峰度	JB 统计量	P 值
cny	6.78	0.555	0.964	3.107	592.8	0.0000
sgd	1.36	0.111	0.792	3.209	405.5	0.0000

由表 8.2 可以看出,人民币汇率的标准差为 0.555,大于新加坡元汇率的标准差 0.111,表明人民币汇率的波动大于新加坡元汇率的波动。人民币汇率和新加坡元汇率均有正的偏度和高于 3 的峰度,表明这两个汇率都是右偏和尖峰的。此外,人民币汇率和新加坡元汇率的 JB 统计量的相伴概率均为 0.0000,表明均在 1% 显著水平下拒绝正态分布的原假设,因此这两个汇率均不服从正态分布。

(4) 平稳性检验

对变量 cny 和 sgd 及其 1 阶差分进行 ADF 单位根检验,检验结果如表 8.3 所示。

表 8.3 人民币汇率和新加坡元汇率的 ADF 单位根检验

变量	无截距无趋势项 t 统计量(P 值)	带截距项 t 统计量(P 值)	带截距和趋势项 t 统计量(P 值)
cny	−1.9420 (0.0499)	−2.9415 (0.0408)	−0.7607 (0.9676)
$Dcny$	−61.6964 (0.0001)	−61.7356 (0.0001)	−61.9938 (0.0000)

(续表)

变量	无截距无趋势项	带截距项	带截距和趋势项
	t 统计量（P 值）	t 统计量（P 值）	t 统计量（P 值）
sgd	−1.1179（0.2400）	−2.4881（0.1184）	−1.8407（0.6847）
$Dsgd$	−63.8658（0.0001）	−63.8720（0.0001）	−63.9164（0.0000）

由图 8.20 可以看出，变量 cny 和 sgd 的曲线有下降趋势。根据表 8.3 中"带截距和趋势项"的模型检验结果可知，在 10% 显著水平下不能拒绝两变量"有单位根"的原假设，因此变量 cny 和 sgd 均是非平稳的。在表 8.3 中，三个模型的检验均在 1% 显著水平下一致拒绝两变量的差分"有单位根"的原假设，所以两个差分变量均是平稳的。因此，人民币汇率和新加坡元汇率均是 1 阶单整序列。

(5) 最优滞后阶检验

对变量 cny 和 sgd 建立默认的 VAR(2) 模型并作最优滞后阶的检验，检验结果见表 8.4。

表 8.4 最优滞后阶的检验

Lag	LR	FPE	AIC	SC	HQ
1	48269.1	2.33e-09	−14.2010	−14.1911	−14.1975
2	97.5574*	2.28e-09*	−14.2245*	−14.2081*	−14.2187*
3	6.5855	2.28e-09	−14.2241	−14.2012	−14.2160

注：* 表示由该准则确定的滞后阶。

由表 8.4 可以看出，五个准则一致显示最优滞后阶为 2。

(6) 协整检验

由于变量 cny 和 sgd 均是 1 阶单整序列，数据图略现"U"形趋势且最优滞后阶为 2，对 cny 和 sgd 进行 JJ 协整检验时在"Cointegration Test Specification"中选取模型"5)"并输入滞后区间"1 1"，得到如表 8.5 所示的检验结果。

表 8.5 人民币和新加坡元汇率的 JJ 协整检验

原假设	迹统计量（P 值）	最大特征根统计量（P 值）
没有协整向量*	24.3807（0.0064）	21.8932（0.0095）
至多有 1 个协整向量	2.4874（0.1148）	2.4874（0.1148）

注：* 表示在 5% 水平下显著。

由表 8.5 可以看出，不论是迹统计量检验还是最大特征根统计量检验，均在 1% 显著水平下拒绝"没有协整向量"的原假设，而在 10% 水平下不能拒绝"至多有 1 个协整向量"的原假设，这表明人民币汇率和新加坡元汇率之间恰好存在一个协整向量，因此人民币汇率和新加坡元汇率具有协整关系。

(7) VEC 模型建模

① 打开 EViews 工作窗口（见图 8.21）

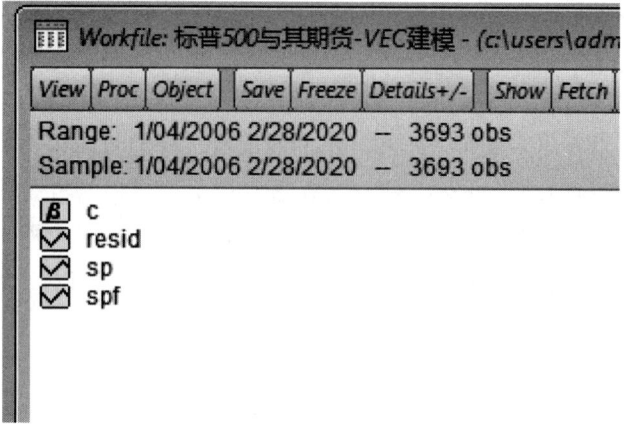

图 8.21

② 点击"Quick/EstimateVAR"，输出对话框（见图 8.22）

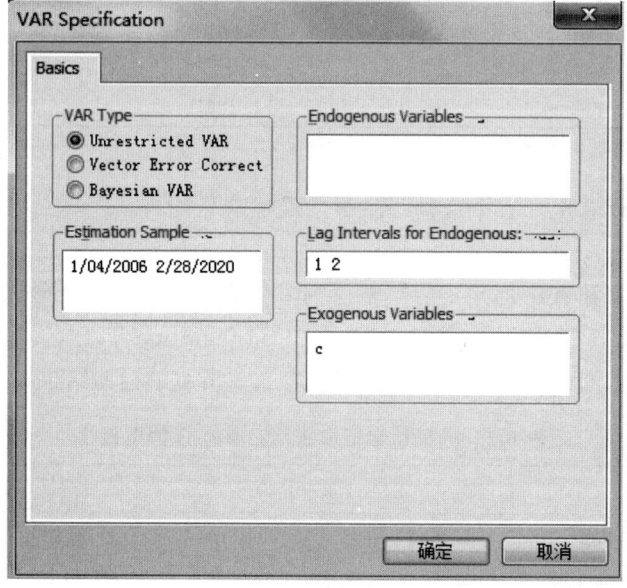

图 8.22

③ 在"VAR Type"中点击"Vector Error Correct"按钮，在"Endogenous Variables"中输入变量"*cny sgd*"，在"Lag Intervals for D(Endogenous)"中输入"1 1"（见图 8.23）

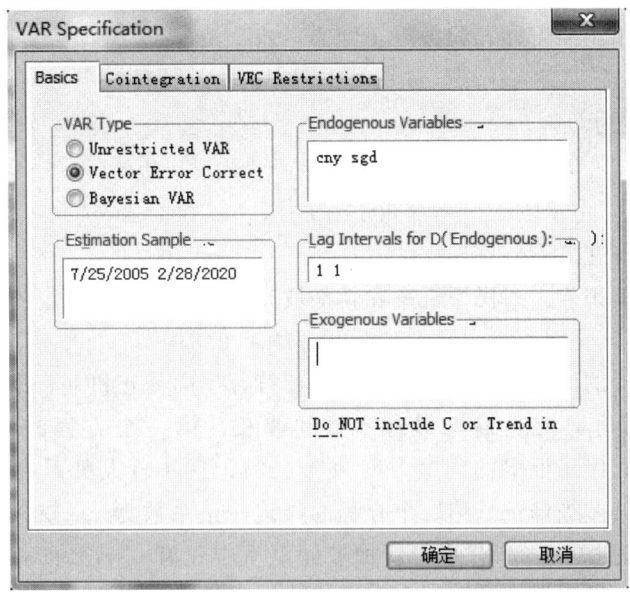

图 8.23

④ 点击"确定",输出 VEC 模型的估计结果(见图 8.24)

图 8.24

（8）模型的表达与解释

由模型的输出结果可知，误差修正项为：

$$ecm_t = cny_t - 4.328sgd_t - 0.810$$

VEC(1)模型为：

$$\begin{cases} \Delta cny_t = -0.0034ecm_{t-1} - 0.0391\Delta cny_{t-1} + 0.3336\Delta sgs_{t-1} - 0.0002 \\ \Delta sgs_t = -0.0001ecm_{t-1} - 0.0065\Delta cny_{t-1} - 0.0312\Delta sgd_{t-1} - 7.38\times 10^{-5} \end{cases}$$

其中，所有系数均在5%水平下显著。

首先，从长期来看，人民币汇率和新加坡元汇率之间存在稳定的长期均衡关系：

$$cny_t = 4.328sgd_t + 0.810$$

误差修正项 ecm_{t-1} 的两个系数均显著为负值，符合反向修正机制，即人民币汇率和新加坡元汇率对长期均衡的偏离都有明显的修正。第一个方程的误差修正系数为 -0.0034，表明人民币汇率的调整力度为 0.0034，意味着人民币汇率中有 0.34% 的相对长期均衡的偏差被修正。第二个方程的误差修正系数为 -0.0001，表明新加坡元汇率的调整力度为 0.0001，意味着新加坡元汇率中仅有 0.01% 的相对长期均衡的偏差被修正。可见人民币汇率的调整力度更高，换言之，人民币汇率对于误差修正的反应速度更快。

就短期波动而言，由于模型右边的差分滞后项系数显著，表明前一期人民币汇率的变动对当期新加坡元汇率和人民币汇率自身都有显著影响；同时，前一期新加坡元汇率的变动对当期人民币汇率和新加坡元汇率自身也有显著影响。

具体地说，当人民币汇率在前期变动1个百分点时，当期则反向变动 0.0392 个百分点，同时新加坡元汇率在当期反向变动 0.0065 个百分点，这表明人民币汇率的短期波动之间具有自回归特征，人民币汇率的短期波动是新加坡元汇率短期波动的 Granger 原因。

另一方面，新加坡元汇率在前期变动1个百分点时，当期则正向变动 0.0312 个百分点，同时人民币汇率在当期正向变动 0.3336 个百分点，这表明新加坡元汇率的短期波动之间也具有自回归特征，新加坡元汇率的短期波动也是人民币汇率短期波动的 Granger 原因。

8.4.6　VEC模型的应用

对于具有"协整关系"的两个非平稳序列，可以通过建立 VEC 模型进行以下检验和分析：

（1）Granger 因果关系检验；

（2）脉冲响应函数分析；

（3）方差分解分析。

对平稳的收益率序列可以直接进行 Granger 因果检验来研究"收益率的跨市场传导"；对非平稳的价格序列则可以通过建立 VEC 模型作 Granger 因果检验来研究"价格的跨市场传导"；收益率和价格的跨市场传导效应统称为"均值溢出效应"。

案例 4（续） 人民币汇率与新加坡元汇率基于 VEC 模型的进一步分析。

(1) Granger 因果关系检验

① 打开案例 4 人民币汇率与加坡元汇率 VEC 模型的输出结果，点击"View \ Lag Structure \ Granger Causality…"（见图 8.25）

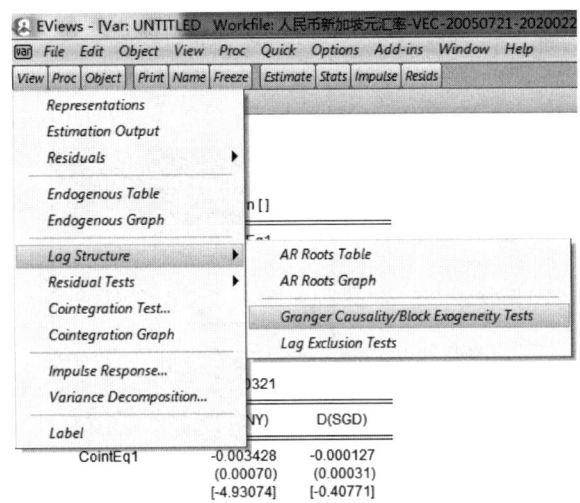

图 8.25

② 输出结果（见图 8.26）

图 8.26

结果表明：在 1% 显著水平下拒绝"新加坡元汇率变动不是人民币汇率变动的 Granger 原因"的原假设，在 10% 显著水平下不能拒绝"人民币汇率变动不是新加坡元汇率变动的 Granger 原因"的原假设，这表明新加坡元汇率变动是人民币汇率变动的 Granger 原因，而人民币汇率变动不是新加坡元汇率变动的 Granger 原因，即仅存在新加坡元汇率变动到人民币汇率变动的单向的 Granger 因果关系。

注意：这里 Granger 因果关系检验的结果与案例 4 中模型的相关解释并不一致，思考一下为什么？

（2）脉冲响应函数分析

① 对 VEC 模型进行稳定性检验，点击"View\Lag Structure\AR Roots Graph"（见图 8.27）

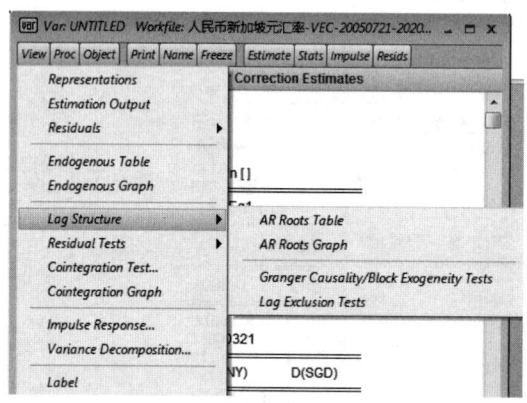

图 8.27

② 输出结果（见图 8.28）

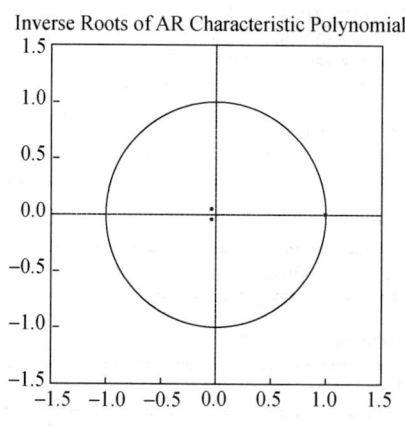

图 8.28

由图 8.28 可见存在一个单位根，说明 VEC 模型不是稳定的，因此不能作脉冲响应函数分析。

（如果 VEC 模型是稳定的，那么可以进行脉冲响应函数分析：点击"View \ Impulse Response"，默认输出的对话框并点击"OK"，输出图形形式的脉冲响应函数分析结果）

(3) 方差分解分析

① 点击"View \ Variance Decomposition"(见图 8.29)

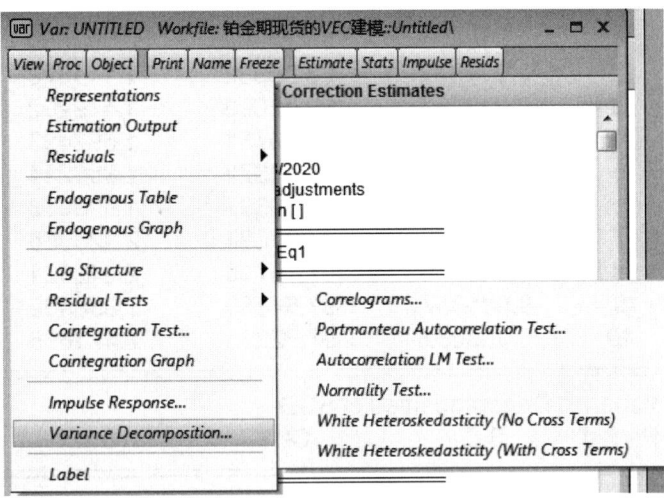

图 8.29

② 输出对话框(见图 8.30)

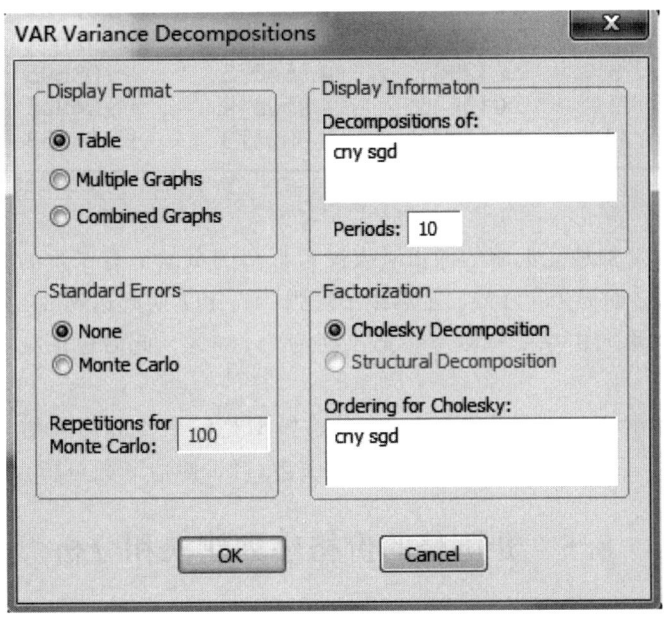

图 8.30

③ 默认输出的对话框并点击"OK",输出表格形式的结果(见图 8.31)

Variance Decomposition of CNY:			
Period	S.E.	CNY	SGD
1	0.010469	100.0000	0.000000
2	0.014847	98.85832	1.141678
3	0.018167	98.52080	1.479202
4	0.020963	98.30751	1.692493
5	0.023423	98.14379	1.856214
6	0.025643	98.00397	1.996033
7	0.027683	97.87694	2.123056
8	0.029579	97.75718	2.242821
9	0.031357	97.64160	2.358402
10	0.033037	97.52836	2.471636

Variance Decomposition of SGD:			
Period	S.E.	CNY	SGD
1	0.004685	5.536568	94.46343
2	0.006514	5.213574	94.78643
3	0.007930	5.112324	94.88768
4	0.009130	5.058195	94.94181
5	0.010190	5.023518	94.97648
6	0.011151	4.998710	95.00129
7	0.012036	4.979592	95.02041
8	0.012861	4.964055	95.03595
9	0.013636	4.950919	95.04908
10	0.014370	4.939473	95.06053

图 8.31

结果显示：新加坡元汇率的冲击对人民币汇率的贡献率有1阶的滞后效应，即在第1期为0，第2期为1.141%，之后逐渐增强，自第7期起达到2%以上。人民币汇率的冲击对新加坡元汇率的贡献率在第1期为5.536%，此后逐渐减弱，自第6期起达到5%以下。

注意：由输出结果可以看出，虽然VEC模型是汇率差分形式的方程，但是方差分解所给出的结果却是原汇率变量间的方差分解（脉冲响应函数分析也是如此）。

8.5 非协整的价格序列建模和分析

对于具有协整关系的两个价格序列可以建立VEC模型并进行分析。如果两个价格序列不协整，那么就不能建立VEC模型，只能分别对价格序列差分得到平稳序列，而后建立VAR模型进行分析。

案例5 上证指数和标普500指数收盘价序列的建模与分析。

由案例 3 的 JJ 协整检验可知，上证指数和标普 500 指数收盘价序列 sh 和 sp 不存在协整关系，因此不能建立 VEC 模型。以下对变量差分平稳化后建立 VAR 模型。

(1) 变量平稳化

① 在 EViews 主窗口点击"Quick \ Generate Series"（见图 8.32）

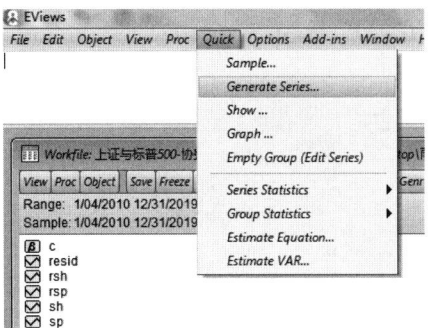

图 8.32

② 在输出对话框中分别填入 dsh＝sh－sh(－1), dsp＝sp－sp(－1)（见图 8.33）

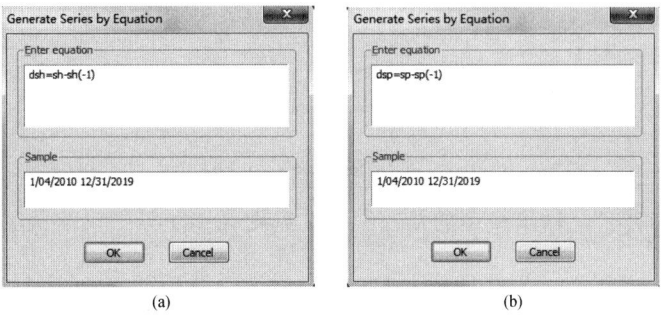

图 8.33

③ 点击"OK"，分别得到差分变量 dsh 和 dsp（见图 8.34）

图 8.34

由于变量 sh 和 sp 均是 1 阶单整的，因此差分变量 dsh 和 dsp 均是平稳的，可以对 dsh 和 dsp 建立 VAR 模型。

（2）建立 VAR 模型

① 在 EViews 主窗口点击"Quick/EstimateVAR"，在输出的对话框中填入差分变量 $dsh\ dsp$，由案例 3 可知变量 sh 和 sp 的最优滞后阶为 3，所以 dsh 和 dsp 的最优滞后阶为 2，在滞后区间中填入"1 2"（见图 8.35）

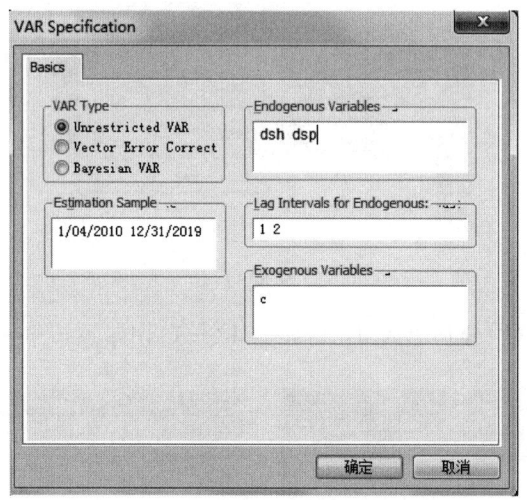

图 8.35

② 点击"确定"，输出模型的估计结果（见图 8.36）

Vector Autoregression Estimates
Date: 04/30/20   Time: 21:24
Sample (adjusted): 1/07/2010 1/07/2019
Included observations: 2348 after adjustments
Standard errors in ( ) & t-statistics in [ ]

	DSH	DSP
DSH(-1)	0.024956 (0.02081) [1.19931]	0.002641 (0.00870) [0.30350]
DSH(-2)	-0.057325 (0.02048) [-2.79903]	-0.002419 (0.00857) [-0.28243]
DSP(-1)	0.412071 (0.04989) [8.25998]	-0.036148 (0.02086) [-1.73247]
DSP(-2)	0.124010 (0.05060) [2.45071]	0.004398 (0.02116) [0.20782]
C	-0.567337 (0.87907) [-0.64539]	0.919844 (0.36766) [2.50191]

图 8.36

（3）Granger 因果关系检验

点击“View \ Lag Structure \ Granger Cansality \ Block Exogeneity Tests”，输出结果（见图 8.37）

VAR Granger Causality/Block Exogeneity Wald Tests
Date: 04/30/20 Time: 21:28
Sample: 1/04/2010 12/31/2019
Included observations: 2348

Dependent variable: DSH

Excluded	Chi-sq	df	Prob.
DSP	72.09568	2	0.0000
All	72.09568	2	0.0000

Dependent variable: DSP

Excluded	Chi-sq	df	Prob.
DSH	0.166863	2	0.9200
All	0.166863	2	0.9200

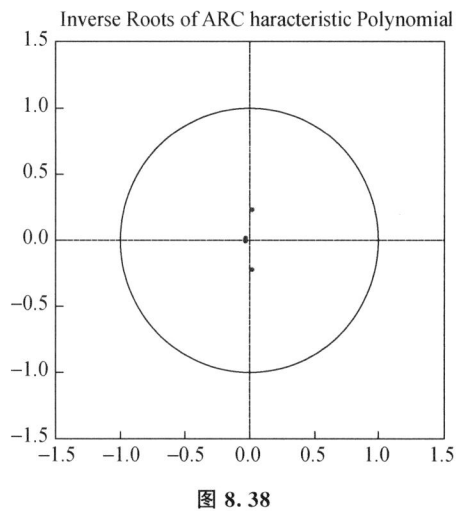

图 8.37

（4）脉冲响应函数分析

① 对模型进行平稳性检验，点击“View \ Lag Structure \ AR Roots Graph”，输出结果（见图 8.38）

图 8.38

由图 8.38 可见，四个特征根均位于单位圆内部，说明模型是平稳的，因此可以进行脉冲响应函数分析。

② 点击“View \ Impulse Response”，默认输出的对话框并点击“确定”，输出脉冲响应函数分析结果（见图 8.39）

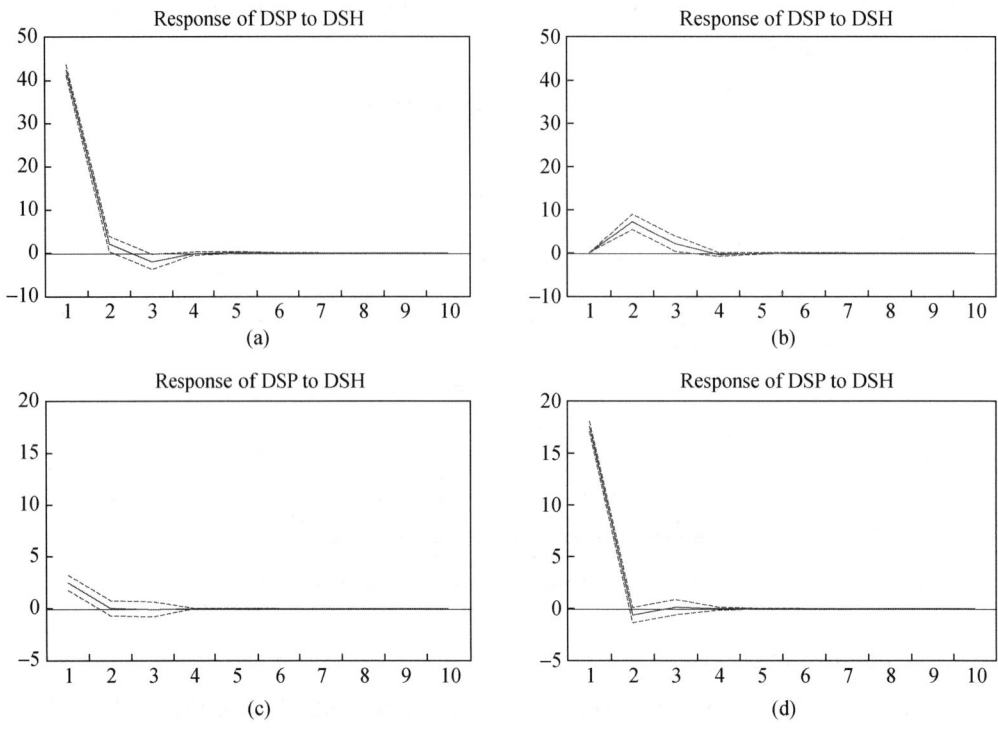

图 8.39

（5）方差分解分析

点击"View \ Variance Decomposition"，默认输出的对话框并点击"确定"，输出方差分解分析结果。（见图 8.40）

Variance Decomposition of DSH:

Period	S.E.	DSH	DSP
1	42.47598	100.0000	0.000000
2	43.14038	97.17690	2.823096
3	43.24084	96.95409	3.045907
4	43.24310	96.94616	3.053835
5	43.24339	96.94539	3.054606
6	43.24340	96.94538	3.054618
7	43.24340	96.94538	3.054620
8	43.24340	96.94538	3.054620
9	43.24340	96.94538	3.054620
10	43.24340	96.94538	3.054620

(a)

Variance Decomposition of DSP:

Period	S.E.	DSH	DSP
1	17.76496	1.956217	98.04378
2	17.77635	1.953869	98.04613
3	17.77696	1.956136	98.04386
4	17.77697	1.956150	98.04385
5	17.77697	1.956156	98.04384
6	17.77697	1.956156	98.04384
7	17.77697	1.956156	98.04384
8	17.77697	1.956156	98.04384
9	17.77697	1.956156	98.04384
10	17.77697	1.956156	98.04384

(b)

图 8.40

（该案例略去了各检验输出结果的编辑和解释）

注意：这里的 VAR 模型以及各种分析均是对上证和标普 500 两个指数的差分变量而言的。有时会遇到两个 1 阶单整序列的最优滞后阶为 1，此时不论它们协整与否，对差分序列都不能建立 VAR 模型。因为差分序列的最优滞后阶为 0，意味着差分变量的 VAR 模型不含滞后项，即差分序列都是白噪声。

金融数据建模分析的流程图如图 8.41 所示。

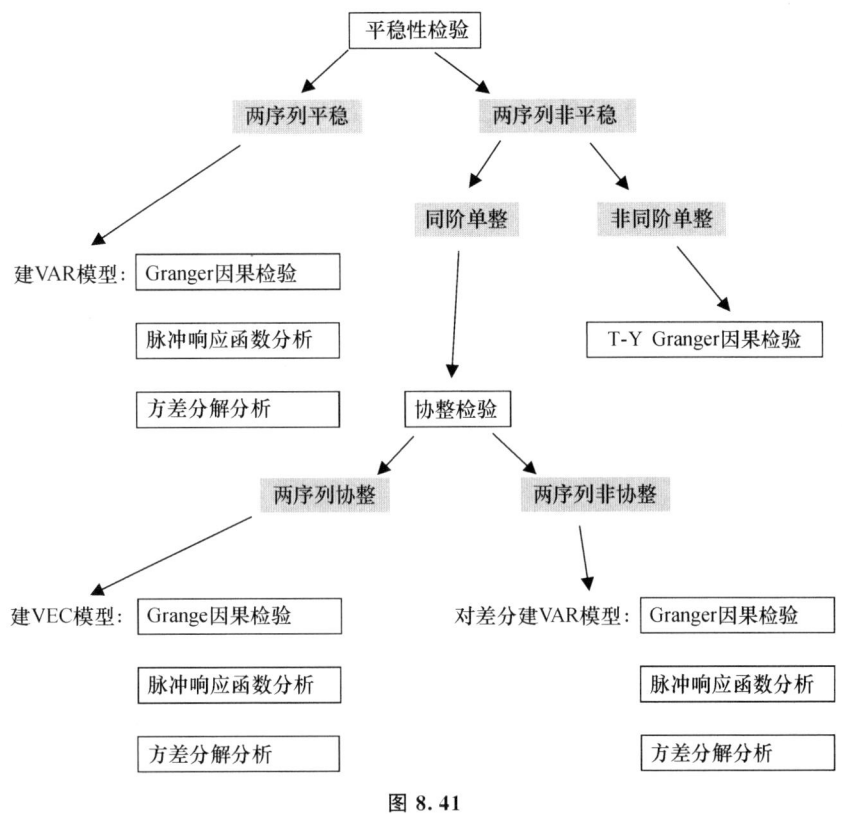

图 8.41

▶▶▶ 操作练习 8

选取沪深 300 指数及期货的日收盘价数据，完成以下工作：

(1) 进行平稳性检验；

(2) 确定最优滞后阶数；

(3) 进行协整检验；

(4) 建立模型（若协整则建立 VEC 模型，否则对其差分建立 VAR 模型），并对模型作出解释；

(5) 进行 Granger 因果关系检验，并对结果作出解释；

(6) 进行脉冲响应函数分析，并对结果作出解释。

格式要求：

(1) 在 Word 文档中以"实验报告"形式提交；

(2) 标题"实验报告 8"为黑体 4 号字体居中排列，正文为宋体小 4 号字体；

(3) 特别要注意图形和表格形式的规范；

(4) EViews 输出结果不要放在报告正文中，作为附录放在实验报告后。

第 9 篇

资产收益率的波动建模

前面几篇介绍了资产收益率和价格的建模和跨市场传导,从本篇开始将讨论资产风险的建模和跨市场传导问题。

> **通过本篇你可以了解**
> - 资产风险的描述
> - 波动模型的类型
> - 波动模型的建模

9.1 资产风险的描述

ARMA 模型是对单个金融资产的收益率序列进行建模,VAR 模型是对多个金融资产的收益率序列进行建模,这些模型都称为"均值模型"。

假定某资产收益率序列 $\{x_t\}$ 有如下 AR 模型:

$$x_t = c + \varphi_1 x_{t-1} + \cdots + \varphi_m x_{t-m} + u_t \tag{9.1}$$

那么,该模型右边的线性部分描述了收益率的主要变化规律,这部分是确定的,"不确定性"部分均包含在残差序列 $\{u_t\}$ 中。这种"不确定性"的大小可以用 u_t 的方差 σ_t^2 刻画,它描述了金融资产收益率的波动,也就是风险。

如果残差 u_t 的方差 σ_t^2 不随时点 t 变化,那么资产收益率的波动是固定的;如果方差 σ_t^2 随时点 t 变化,那么资产收益率呈现"异方差"现象。"异方差"现象广泛存在于金融资产价格或收益率数据中。Mandelbort 早在 1963 年就发现棉花价格的时间序列的方差和协方差是时变的,Fama 在 1965 年也发现方差和协方差具有"时变性"。如何对时变波动进行建模和分析,不仅是学术界研究的热点,更是资产定价、风险管理以及投资分析等领域重点关注的问题。

从 20 世纪 80 年代起,Engle、Bollerslev 和 Anderson 等就开始对经济和金融数据的方差和协方差进行建模研究,之后众多学者参与其中并取得一系列重要研究成果。

9.2 条件异方差模型

波动模型有很多种类,这里我们仅介绍"条件异方差模型"的几种基本类型。

9.2.1 ARCH 模型

自回归条件异方差模型(autoregressive conditional heteroscedasticity model,ARCH 模型)是由 Engle 于 1982 年提出。ARCH 模型是条件方差模型的基础,其他各种模型都是在 ARCH 模型的基础上扩展而来的。

恩格尔小传

罗伯特·恩格尔(Robert F. Engle)(见图 9.1)1942 年 11 月出生在美国纽约州锡拉丘兹。毕业于威廉斯学院物理学专业,后在康奈尔大学获得物理学硕士学位和经济学博士学位。1969 年至 1977 年任教于麻省理工学院。1978 年进入加利福尼亚大学圣迭戈分校执教,直至 2003 年退休。2003 年,恩格尔与格兰杰一起获得诺贝尔经济学奖。

恩格尔于 1982 年研究通货膨胀模型时,发现大的和小的预测误差会成群出现,并且预测误差的方差与前期扰动项的大小有关。恩格尔引入"条件方差"概念解释方差变化的原因,提出了 ARCH 模型。

图 9.1

9.2.1.1 ARCH 模型的基本思想

对于 AR 模型:
$$x_t = c + \varphi_1 x_{t-1} + \cdots + \varphi_m x_{t-m} + u_t \tag{9.2}$$

其中,残差 u_t 不存在序列相关且 $u_t \sim N(0, \sigma_t^2)$,如果当期残差项 u_t 的方差 σ_t^2 与前期残差项的平方 u_{t-1}^2 有关,那么有
$$\sigma_t^2 = \alpha_0 + \alpha_1 u_{t-1}^2$$

这就是一阶 ARCH 模型,记为 ARCH(1)。这里 x_t 代表"收益率",方差 σ_t^2 代表"风险"。

由于 u_t 的均值为 0,对模型(9.2)两边取基于 $(t-1)$ 期信息集的期望,有
$$E_{t-1}(x_t) = c + \varphi_1 x_{t-1} + \cdots + \varphi_m x_{t-m}$$

这表明 x_t 的条件均值近似等于(9.2)式,所以(9.2)式被称为条件均值方程。

由此可见,ARCH(1)模型涉及三个方面:

一是条件均值方程:

$$x_t = c + \varphi_1 x_{t-1} + \cdots + \varphi_m x_{t-m} + u_t$$

二是异方差性：
$$u_t \sim N(0, \sigma_t^2)$$

三是条件方差方程：
$$\sigma_t^2 = \alpha_0 + \alpha_1 u_{t-1}^2$$

注意：ARCH(1)模型并不是单指"条件方差方程"，而是由上述三个方面有机组成的一个整体。

(1) 建立"均值方程"，实际上就是对收益率序列中的"确定性成分"进行过滤，这部分"确定性成分"是收益率的变化规律，所有"不确定性成分"则留在残差序列 $\{u_t\}$ 中。

(2) 残差序列 $\{u_t\}$ 的"异方差性"是建立波动方程的前提。如果残差不存在"异方差性"，那么其方差恒为常数，即 $\sigma_t^2 = \sigma_u^2$（常数）。这里 u_t 服从正态分布只是一个示范性的假设，不排除其他分布的使用。

(3) "条件方差方程"描述了方差 σ_t^2 依赖于前期残差项的平方 u_{t-1}^2 的线性关系，也称为"波动方程"。

9.2.1.2 ARCH(p) 模型

均值方程：
$$x_t = c + \varphi_1 x_{t-1} + \cdots + \varphi_m x_{t-m} + u_t, \quad u_t \sim N(0, \sigma_t^2)$$

方差方程：
$$\sigma_t^2 = \alpha_0 + \alpha_1 u_{t-1}^2 + \cdots + \alpha_p u_{t-p}^2$$

ARCH 模型集中反映了方差的变化特点，被广泛应用于金融数据的波动分析。ARCH 模型是 20 世纪 80 年代以来金融计量学发展中最重大的创新，在所有波动率模型中，ARCH 类模型无论从理论研究的深度还是从实证运用的广度来说都是独一无二的。

9.2.1.3 ARCH 模型的平稳性

ARCH(p)模型平稳的条件为：
$$\alpha_1 + \alpha_2 + \cdots + \alpha_p < 1$$

由于 u_t 的均值为 0，有 $\sigma_t^2 = E(u_t^2)$。这说明 σ_t^2 与 u_t^2 并不完全相等，而是存在一个预测误差 $\varepsilon_t = u_t^2 - \sigma_t^2$，即 $u_t^2 = \sigma_t^2 + \varepsilon_t$。将 ARCH($p$)模型的方差方程代入该式，得到
$$u_t^2 = \alpha_0 + \alpha_1 u_{t-1}^2 + \cdots + \alpha_p u_{t-p}^2 + \varepsilon_t$$

这是关于 u_t^2 的一个 AR(p) 模型，由其平稳性条件便可得到 ARCH(p) 模型的平稳条件：
$$\alpha_1 + \alpha_2 + \cdots + \alpha_p < 1$$

波动模型的平稳性是波动预测的基础。

虽然假定残差项 u_t 不存在序列相关性，但是有数据检验表明：残差项的平方 u_t^2 却可能存在相关性。特别是，股票市场数据残差的平方具有正相关性反映了股票市场的"波动聚集性"。然而，由于 $\sigma_t^2 = E(u_t^2)$，即方差 σ_t^2 是残差平方 u_t^2 的期望，所以 u_t^2

并不能完全刻画收益率的波动 σ_t^2。下面介绍的 GARCH 模型可以弥补 ARCH 模型的不足。

9.2.2 GARCH 模型

广义自回归条件异方差模型(generalized autoregressive conditional heteroscedasticity model,GARCH 模型)由 Bollerslev 于 1986 年提出。Bollerslev 发现金融市场的波动不仅与前期残差的平方有关,还与前期波动有关。[①]

9.2.2.1 GARCH(1,1)模型

均值方程:
$$x_t = c + \varphi_1 x_{t-1} + \cdots + \varphi_m x_{t-m} + u_t, \quad u_t \sim N(0, \sigma_t^2)$$

方差方程:
$$\sigma_t^2 = \omega + \alpha u_{t-1}^2 + \beta \sigma_{t-1}^2$$

其中,$\omega, \alpha, \beta \geqslant 0$,$u_{t-1}^2$ 称为 ARCH 项,σ_{t-1}^2 称为 GARCH 项。

GARCH(1,1)模型平稳的条件为:
$$\alpha + \beta < 1$$

9.2.2.2 GARCH(p,q)模型

均值方程:
$$x_t = c + \varphi_1 x_{t-1} + \cdots + \varphi_m x_{t-m} + u_t, \quad u_t \sim N(0, \sigma_t^2)$$

方差方程:
$$\sigma_t^2 = \alpha_0 + \alpha_1 u_{t-1}^2 + \cdots + \alpha_p u_{t-p}^2 + \beta_1 \sigma_{t-1}^2 + \cdots + \beta_q \sigma_{t-q}^2$$

其中,$\alpha_0, \alpha_i, \beta_j \geqslant 0$ ($i=1, 2, \cdots, p$,$j=1, 2, \cdots, q$)。

GARCH(p,q)模型平稳的条件为:
$$\sum_{i=1}^{p} \alpha_i + \sum_{j=1}^{q} \beta_j < 1$$

9.2.2.3 GARCH 模型的特点

(1) GARCH 模型具有与 ARMA 模型类似的结构。

(2) GARCH 模型反映了当期波动不仅与过去残差平方有关,也与过去波动有关,因此能够很好地描述市场波动的"群聚现象"。

(3) GARCH 模型体现了波动"尖峰厚尾"的特征。

GARCH(1,1)模型的峰度计算如下:
$$K = \frac{E(u_t^4)}{[\mathrm{Var}(u_t^2)]^2} = 3\frac{1-(\alpha_1+\beta_1)^2}{1-(\alpha_1+\beta_1)^2-2\alpha_1^2} > 3$$

可见,GARCH(1,1)模型反映了波动"尖峰厚尾"的特征。

(4) GARCH 模型无法反映波动的非对称性。

资本市场中的冲击常常表现出一种"非对称效应":负的冲击似乎比正的冲击更

[①] See Bollerslev T., Generalized Autoregressive Conditional Heteroskedasticity, *Journal of Econometrics*, 1986, 31: 307—327.

容易加剧波动，这就是所谓的"杠杆效应"。波动对市场下跌的反应比对市场上升的反应更加迅速，是因为较低的股价减少了股东权益，股价的大幅下降提高了公司的杠杆作用，从而增加了持有股票的风险。GARCH模型由于其形式的对称性，无法描述波动的"非对称效应"。

9.2.3 TGARCH模型

门限广义自回归条件异方差模型(threshold GARCH model，TGARCH模型)是由Zakoian以及Glosten，Jagannathan和Runkle分别独立引进的。[①]

9.2.3.1 TGARCH(1,1)模型

均值方程：

$$x_t = c + \varphi_1 x_{t-1} + \cdots + \varphi_m x_{t-m} + u_t, \quad u_t \sim N(0, \sigma_t^2)$$

方差方程：

$$\sigma_t^2 = \omega + \alpha u_{t-1}^2 + \gamma u_{t-1}^2 d_{t-1} + \beta \sigma_{t-1}^2$$

其中，d_{t-1}是虚拟变量，当$u_{t-1} < 0$时，$d_{t-1} = 1$；否则$d_{t-1} = 0$。

好消息($u_{t-1} > 0$)和坏消息($u_{t-1} < 0$)对条件方差有不同的影响：好消息有一个α倍的冲击，坏消息有一个$(\alpha + \gamma)$倍的冲击。可见，具有一个门限的GARCH模型能够很好地描述波动的"非对称效应"。

此模型称为单门限GARCH模型。若方差方程不含GARCH项，则称为TARCH模型。

9.2.3.2 TGARCH(p,q)模型

均值方程：

$$x_t = c + \varphi_1 x_{t-1} + \cdots + \varphi_m x_{t-m} + u_t, \quad u_t \sim N(0, \sigma_t^2)$$

方差方程：

$$\sigma_t^2 = \alpha_0 + \alpha_1 u_{t-1}^2 + \cdots + \alpha_p u_{t-p}^2 + \gamma_1 u_{t-1}^2 d_{t-1}$$
$$+ \cdots + \gamma_s u_{t-s}^2 d_{t-s} + \beta_1 \sigma_{t-1}^2 + \cdots + \beta_q \sigma_{t-q}^2$$

其中，d_{t-j}是虚拟变量，当$u_{t-j} < 0$时，$d_{t-j} = 1$；否则$d_{t-j} = 0$，$j = 1, 2, \cdots, s$，$s \leq p$。

此模型称为s-门限GARCH(p,q)模型。

注意：除了TGARCH模型，描述非对称效应的还有EGARCH模型、PGARCH模型、CGARCH模型、QGARCH模型等。

在很多情况下，一种金融资产的收益率常常与投资风险密切相关。人们认为金融资产的收益应当与其风险成正比，具有较高风险的资产投资自然期望获得较高的平均收益。上述各种模型均不能反映金融市场的这一基本特征，因此有必要把代表风险的"方差"作为一个因素引入收益率模型中来。

[①] See Zakoian J. M., Threshold Heteroskedastic Models, *Journal of Economic Dynamics and Control*, 1994, 18: 931—955; Glosten L. R., Jagannathan R., Runkle D. E., On the Relation between the Expected Value and the Volatility of the Nominal Excess Return on Stocks, *The Journal of Finance*, 1993, 48: 1779—1801.

9.2.4 GARCH-M 模型

广义自回归条件异方差均值模型(GARCH in mean model，GARCH-M 模型)是由 Engle、Lilien 和 Robins 于 1987 年提出的，利用"条件方差"表示预期风险，并且引入均值方程中。

9.2.4.1 GARCH(1,1)-M 模型

均值方程：
$$x_t = c + \varphi_1 x_{t-1} + \cdots + \varphi_m x_{t-m} + \gamma \sigma_t^2 + u_t, \quad u_t \sim N(0, \sigma_t^2)$$

方差方程：
$$\sigma_t^2 = \omega + \alpha u_{t-1}^2 + \beta \sigma_{t-1}^2$$

9.2.4.2 GARCH(p,q)-M 模型

均值方程：
$$x_t = c + \varphi_1 x_{t-1} + \cdots + \varphi_m x_{t-m} + \gamma \sigma_t^2 + u_t, \quad u_t \sim N(0, \sigma_t^2)$$

方差方程：
$$\sigma_t^2 = \alpha_0 + \alpha_1 u_{t-1}^2 + \cdots + \alpha_p u_{t-p}^2 + \beta_1 \sigma_{t-1}^2 + \cdots + \beta_q \sigma_{t-q}^2$$

GARCH-M 模型描述了金融资产的收益率除了受其他一些因素影响外，还受其波动大小的影响，该模型通常用于资产预期收益与预期风险紧密关联的金融领域。

若方差方程仅含 ARCH 项，则称为 ARCH-M 模型。

注意：均值方程中表示风险因子除了用"方差"之外，还可以用"标准差"和"方差的对数"，如

$$x_t = \varphi_1 x_{t-1} + \cdots + \varphi_m x_{t-m} + \gamma \sigma_t + u_t$$
$$x_t = \varphi_1 x_{t-1} + \cdots + \varphi_m x_{t-m} + \gamma \log(\sigma_t^2) + u_t$$

9.3 ARCH 类模型的建模

在对资产收益率建立 ARCH 类模型之前，应当首先检验收益率变量是否具有 ARCH 效应，即收益率的均值方程的残差是否具有异方差性。只有具有 ARCH 效应的收益率序列才能建立 ARCH 类模型。

9.3.1 ARCH 效应检验

检验一个模型是否存在 ARCH 效应，通常有两种方法：

9.3.1.1 残差平方相关图检验

残差平方相关图表示的是均值方程残差平方的自相关函数和偏自相关函数以及 Ljung-Box Q 统计量：

$$Q_{LB} = T(T+2) \sum_{j=1}^{p} \frac{\rho_j^2}{T-j}$$

其中，ρ_j 是残差平方序列的 j 阶自相关系数，T 为样本容量，p 为设定的滞后阶数。

Q 统计量检验的原假设为 H_0：残差平方序列不存在 p 阶自相关；备择假设为

H_1：残差平方序列存在 p 阶自相关。

残差平方相关图检验的 EViews 操作如下：

(1) 建立均值方程；

(2) 在方程窗口点击 "Views \ Residual Diagnostic \ Correlogram Squared Residuals"；

(3) 在输出对话框中填入滞后阶 p；

(4) 点击 "OK"，输出残差平方相关图及 Q 统计量检验结果。

9.3.1.2 ARCH LM 检验

ARCH LM 检验，即 ARCH 效应的拉格朗日乘数检验（Lagrange multiplier test），是在均值方程的残差平方序列 $\{u_t^2\}$ 进行回归，即在

$$\hat{u}_t^2 = \alpha_0 + \alpha_1 \hat{u}_{t-1}^2 + \cdots + \alpha_p \hat{u}_{t-p}^2 + \varepsilon_t, \quad \varepsilon_t \sim N(0,1)$$

基础上，对回归系数 α_i 的检验。

ARCH LM 检验的原假设是 H_0：残差序列直到 p 阶都不存在 ARCH 效应，即 $\alpha_1 = \alpha_2 = \cdots = \alpha_p = 0$，备择假设是 H_1：至少存在一个 j，使得 $\alpha_j \neq 0$。

ARCH LM 检验有两个统计量：

(1) LM 统计量，$LM = T \times R^2$（T 为样本容量，R^2 为回归模型优度）；

(2) F 统计量，$F = \dfrac{(SSE_r - SSE_u)/p}{SSE_u/(T-p-1)}$（$SSE_r$ 与 SSE_u 分别为均值方程和回归模型的残差平方和）。

ARCH LM 检验的 EViews 操作如下：

(1) 建立均值方程；

(2) 在方程窗口点击 "Views \ Residual Diagnostics \ Heteroskedasticity Tests"；

(3) 在输出的对话框 "Test type" 中选择 "ARCH"，并在 "Number of lags" 中设定滞后阶 p；

(4) 点击 "OK"，输出 ARCH LM 检验结果。

注意：关于 ARCH 检验中滞后阶 p 的设定，张成思建议对月度数据可设 $p=12$，对日数据可设 $p=5$ 或 10。[①]

9.3.2 ARCH 类模型建模的步骤

(1) 对收益率序列建立均值方程（自回归模型）；

(2) ARCH 效应检验，即检验均值方程的残差项是否存在异方差性；

(3) 波动模型识别，根据残差平方序列的自相关函数和偏自相关函数尾部特征判定波动模型的类型和阶数；

(4) 建立波动模型并进行诊断，即检验波动模型的残差是否序列相关，是否存在异方差性。

---

① 参见张成思：《金融计量学——时间序列分析视角》，中国人民大学出版社 2016 年版。

案例 1 人民币汇率的波动建模。

(1) 数据的选取与导入

2005 年 7 月 21 日，人民币汇率启动改革，开始走上市场化的道路。因此，我们从英为财情网站下载美元\人民币汇率 2005 年 7 月 21 日至 2020 年 2 月 28 日的日收盘价数据，导入 EViews 并记为变量 cny。

① 点击 "Quick \ Generate Series"，在对话框中输入命令：$rcny = \log(cny) - \log(cny(-1))$，点击 "OK"，得到人民币汇率的对数收益率 $rcny$（见图 9.2）

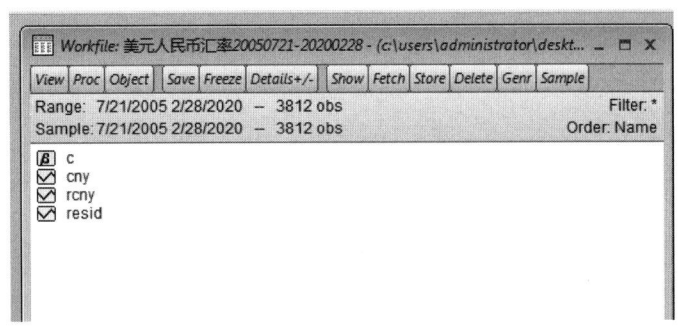

图 9.2

根据 $rcny$ 的自\偏自相关函数的尾部特征，经过多次试验我们无法建立均值方程（即无法得到残差不存在序列相关性的 ARMA 模型）。检查如图 9.3 所示的人民币汇率 cny 的数据图。

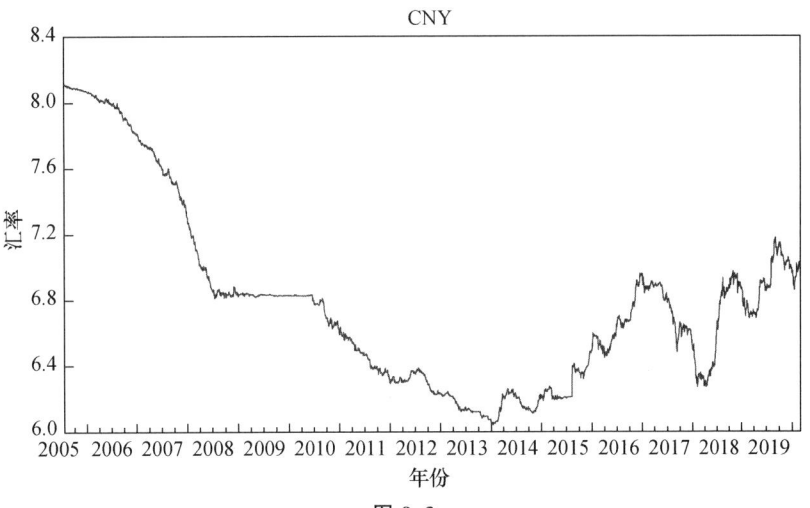

图 9.3

我们发现，自从 2005 年 7 月汇改开始，美元\人民币汇率 cny 一直呈现下行趋势，到 2013 年年底达到最低。2014 年 7 月 2 日，我国取消银行对客户美元挂牌买卖价差管理，市场供求在汇率形成中发挥更大作用，人民币汇率弹性增强，汇率预期分化，中国人民银行基本退出常态外汇干预。之后，美元\人民币汇率 cny 振荡回升。

由图 9.3 可见，2014 年前后汇率 *cny* 的波动特征完全不同，因此，我们将样本区间分为两个子样本区间：2005 年 7 月 21 日至 2014 年 6 月 30 日和 2014 年 7 月 1 日至 2020 年 2 月 28 日。以下对后一个子样本区间美元 \ 人民币汇率的波动建模。

注意：上述讨论告诉我们：并不是对任何数据都可以顺利地建立均值和波动模型，有时需要根据数据的具体特征划分为若干时段分别进行建模分析。请读者自行完成对前一个子样本区间人民币汇率的波动建模，并与本案例所建的波动模型进行比较。

② 修改 EViews 工作区间为：2014 年 7 月 1 日至 2020 年 2 月 28 日（见图 9.4）

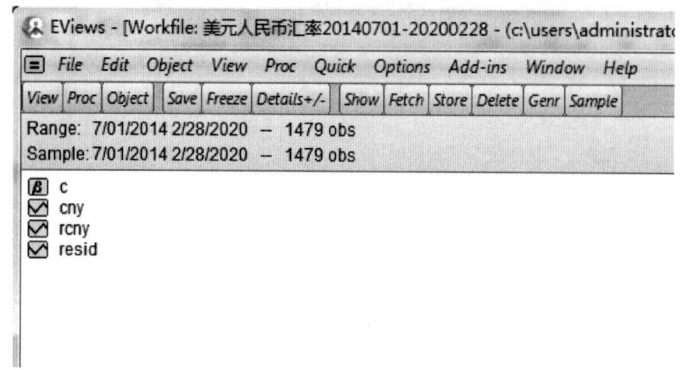

图 9.4

(2) 建立均值方程

① 打开变量 *rcny*，点击"View \ Correlogram \ OK"，得到自相关函数图和偏自相关函数图（见图 9.5）

Date: 04/04/20 Time: 13:30
Sample: 7/01/2014 2/28/2020
Included observations: 1479

	AC	PAC	Q-Stat	Prob
1	0.013	0.013	0.2579	0.612
2	0.004	0.004	0.2871	0.866
3	0.033	0.032	1.8645	0.601
4	0.068	0.067	8.6567	0.070
5	0.025	0.023	9.5581	0.089
6	0.003	0.001	9.5742	0.144
7	0.007	0.002	9.6421	0.210
8	0.007	0.001	9.7197	0.285
9	0.066	0.063	16.138	0.064
10	-0.012	-0.015	16.366	0.090
11	-0.012	-0.014	16.599	0.120
12	0.012	0.007	16.804	0.157
13	0.014	0.007	17.113	0.194
14	0.006	0.006	17.165	0.247
15	0.011	0.012	17.344	0.299
16	0.038	0.036	19.451	0.246
17	0.036	0.034	21.440	0.207
18	-0.020	-0.027	22.044	0.230
19	0.047	0.045	25.304	0.151
20	0.065	0.059	31.680	0.047
73	-0.014	-0.011	72.632	0.490
74	0.011	0.018	72.819	0.517
75	0.004	0.003	72.843	0.549
76	0.030	0.015	74.292	0.534
77	0.060	0.059	79.994	0.385
78	-0.053	-0.055	84.484	0.288
79	-0.011	-0.016	84.669	0.311
80	-0.031	-0.040	86.149	0.299
81	-0.010	-0.011	86.306	0.323
82	-0.018	-0.009	86.813	0.337
83	0.014	0.028	87.119	0.357
84	-0.000	0.001	87.119	0.386
85	0.009	0.004	87.245	0.412
86	0.026	0.020	88.330	0.410
87	-0.027	0.001	89.448	0.407
88	-0.065	-0.060	96.222	0.257
89	0.014	0.021	96.535	0.275
90	-0.006	-0.014	96.586	0.298
91	-0.028	-0.030	97.833	0.293
92	-0.039	-0.036	100.23	0.262
93	-0.002	-0.004	100.24	0.286
94	0.018	0.014	100.78	0.298
95	0.018	0.030	101.32	0.310
96	-0.007	-0.003	101.40	0.333

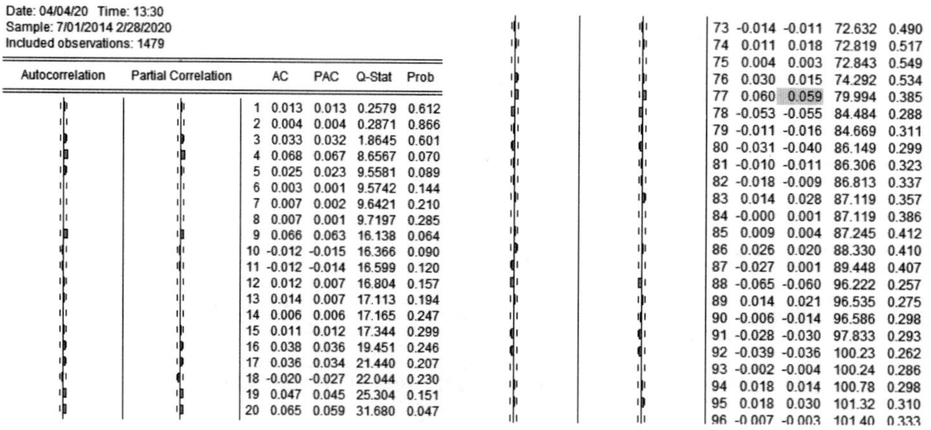

图 9.5

我们发现，当滞后阶设为 100 时，自相关函数和偏自相关函数直到 88 阶还有显著非零，这意味着不存在截尾特征，因此可认为两个相关函数都是拖尾的，故考虑对变量 *rcny* 建立 ARMA 模型。

由于 4 阶自 \ 偏自相关函数显著非零，可以尝试建立模型 ARMA(4,4)。（见图 9.6）

```
Dependent Variable: RCNY
Method: Least Squares
Date: 04/04/20   Time: 13:39
Sample (adjusted): 7/07/2014 2/28/2020
Included observations: 1475 after adjustments
Convergence achieved after 26 iterations
MA Backcast: 7/01/2014 7/04/2014
```

Variable	Coefficient	Std. Error	t-Statistic	Prob.
C	8.81E-05	9.02E-05	0.976718	0.3289
AR(1)	1.492057	1.738052	0.858465	0.3908
AR(2)	-1.576270	2.047363	-0.769903	0.4415
AR(3)	1.339853	2.090376	0.640963	0.5216
AR(4)	-0.305269	1.671299	-0.182654	0.8551
MA(1)	-1.486926	1.733628	-0.857696	0.3912
MA(2)	1.582030	2.019576	0.783348	0.4335
MA(3)	-1.324524	2.083135	-0.635832	0.5250
MA(4)	0.306297	1.623733	0.188637	0.8504

图 9.6

② 删去最不显著的系数 ar(4)，得到模型（见图 9.7）

```
Dependent Variable: RCNY
Method: Least Squares
Date: 05/20/20   Time: 18:32
Sample (adjusted): 7/04/2014 2/28/2020
Included observations: 1476 after adjustments
Convergence achieved after 26 iterations
MA Backcast: 6/30/2014 7/03/2014
```

Variable	Coefficient	Std. Error	t-Statistic	Prob.
C	8.88E-05	9.05E-05	0.981726	0.3264
AR(1)	1.174502	0.031757	36.98424	0.0000
AR(2)	-1.201902	0.009570	-125.5860	0.0000
AR(3)	0.957653	0.031576	30.32827	0.0000
MA(1)	-1.168544	0.041070	-28.45284	0.0000
MA(2)	1.210241	0.033033	36.63682	0.0000
MA(3)	-0.941163	0.044282	-21.25404	0.0000
MA(4)	0.007870	0.027273	0.288569	0.7730

图 9.7

③ 再依次删去最不显著的系数 ma(4) 和常数 "c"，得到 ARMA(3,3) 模型（见图 9.8）

```
Dependent Variable: RCNY
Method: Least Squares
Date: 05/20/20   Time: 18:35
Sample (adjusted): 7/04/2014 2/28/2020
Included observations: 1476 after adjustments
Convergence achieved after 30 iterations
MA Backcast: 7/01/2014 7/03/2014
```

Variable	Coefficient	Std. Error	t-Statistic	Prob.
AR(1)	1.178694	0.027991	42.10905	0.0000
AR(2)	-1.203061	0.008909	-135.0358	0.0000
AR(3)	0.961596	0.027935	34.42203	0.0000
MA(1)	-1.165167	0.035608	-32.72233	0.0000
MA(2)	1.202438	0.012994	92.53757	0.0000
MA(3)	-0.935740	0.035629	-26.26331	0.0000

图 9.8

此时，所有系数均在1‰水平下显著。下面对其残差进行序列相关性检验。

④ 点击"View \ Residual Diagnostics \ Correlogram-Q-statistics"，输出残差检验结果（见图9.9）。

```
Date: 05/20/20   Time: 18:35
Sample: 7/01/2014 2/28/2020
Included observations: 1476
Q-statistic probabilities adjusted for 6 ARMA terms

Autocorrelation   Partial Correlation        AC      PAC    Q-Stat    Prob

                                     1    -0.007  -0.007   0.0793
                                     2    -0.009  -0.009   0.1890
                                     3     0.003   0.002   0.1991
                                     4     0.030   0.030   1.4993
                                     5     0.003   0.003   1.5100
                                     6    -0.005  -0.004   1.5462
                                     7    -0.014  -0.014   1.8459   0.174
                                     8    -0.030  -0.031   3.1991   0.202
                                     9     0.042   0.041   5.7734   0.123
                                    10    -0.018  -0.018   6.2750   0.180
                                    11    -0.025  -0.023   7.1749   0.208
                                    12    -0.021  -0.020   7.8089   0.252
                                    13    -0.015  -0.018   8.1508   0.319
                                    14    -0.001  -0.001   8.1527   0.419
                                    15     0.007   0.008   8.2364   0.511
                                    16     0.015   0.017   8.5790   0.576
                                    17     0.007   0.010   8.6497   0.654
                                    18    -0.033  -0.036  10.279    0.592
                                    19     0.048   0.047  13.722    0.394
                                    20     0.054   0.054  18.171    0.199
                                    21     0.002   0.003  18.177    0.253
                                    22     0.011   0.014  18.367    0.303
                                    23     0.030   0.027  19.683    0.291
                                    24    -0.011  -0.015  19.850    0.341
                                    25     0.032   0.030  21.363    0.317
                                    26    -0.034  -0.035  23.066    0.286
                                    27    -0.023  -0.017  23.897    0.298
                                    28    -0.051  -0.053  27.780    0.183
                                    29     0.043   0.038  30.576    0.134
                                    30    -0.005   0.001  30.608    0.165
                                    31     0.029   0.035  31.845    0.163
                                    32     0.009   0.013  31.964    0.194
```

图9.9

由于各阶对应的P值均大于10%，表明残差序列不存在序列相关性，所以均值方程可取该ARMA(3,3)模型。

注意：也可保留ar(4)和ma(4)，删去余下最不显著的系数ma(3)，得到模型（见图9.10）

```
Dependent Variable: RCNY
Method: Least Squares
Date: 05/20/20   Time: 14:52
Sample (adjusted): 7/07/2014 2/28/2020
Included observations: 1475 after adjustments
Convergence achieved after 27 iterations
MA Backcast: 7/01/2014 7/04/2014

Variable      Coefficient   Std. Error   t-Statistic   Prob.

C              8.83E-05     9.07E-05      0.974202    0.3301
AR(1)          0.402454     0.018779     21.43122     0.0000
AR(2)         -0.291923     0.049080     -5.947932    0.0000
AR(3)          0.025340     0.020981      1.207767    0.2273
AR(4)          0.744288     0.048938     15.20893     0.0000
MA(1)         -0.390689     0.013102    -29.82009     0.0000
MA(2)          0.303633     0.050985      5.955337    0.0000
MA(4)         -0.726436     0.053484    -13.58228     0.0000
```

图9.10

再依次删去最不显著的常数"c"和系数 ar(3)，得到模型（见图 9.11）

```
Dependent Variable: RCNY
Method: Least Squares
Date: 05/20/20   Time: 14:53
Sample (adjusted): 7/07/2014 2/28/2020
Included observations: 1475 after adjustments
Convergence achieved after 24 iterations
MA Backcast: 7/01/2014 7/04/2014
```

Variable	Coefficient	Std. Error	t-Statistic	Prob.
AR(1)	0.378249	0.011908	31.76470	0.0000
AR(2)	-0.259266	0.039706	-6.529559	0.0000
AR(4)	0.770184	0.041375	18.61464	0.0000
MA(1)	-0.383943	0.017700	-21.69128	0.0000
MA(2)	0.289093	0.048621	5.945885	0.0000
MA(4)	-0.732918	0.050751	-14.44134	0.0000

图 9.11

点击"View \ Residual Diagnostics \ Correlogram-Q-statistics"，输出残差检验结果（见图 9.12）

```
Date: 04/04/20   Time: 13:44
Sample: 7/01/2014 2/28/2020
Included observations: 1475
Q-statistic probabilities adjusted for 6 ARMA terms
```

Autocorrelation	Partial Correlation		AC	PAC	Q-Stat	Prob
		1	-0.002	-0.002	0.0062	
		2	0.002	0.002	0.0100	
		3	-0.007	-0.007	0.0781	
		4	0.026	0.026	1.0639	
		5	0.003	0.004	1.0815	
		6	0.005	0.005	1.1263	
		7	-0.020	-0.020	1.7158	0.190
		8	-0.035	-0.036	3.5526	0.169
		9	0.037	0.037	5.6296	0.131
		10	-0.009	-0.009	5.7477	0.219
		11	-0.027	-0.026	6.8025	0.236
		12	-0.025	-0.023	7.7591	0.256
		13	-0.023	-0.024	8.5262	0.288
		14	0.005	0.005	8.5661	0.380
		15	0.008	0.007	8.6593	0.469
		16	0.013	0.015	8.9256	0.539
		17	-0.001	0.003	8.9280	0.629
		18	-0.030	-0.033	10.257	0.593
		19	0.048	0.046	13.683	0.397
		20	0.055	0.055	18.277	0.194
		21	-0.003	-0.004	18.294	0.248
		22	0.012	0.015	18.520	0.294
		23	0.027	0.025	19.630	0.294
		24	-0.009	-0.013	19.742	0.348
		25	0.027	0.024	20.844	0.345
		26	-0.033	-0.035	22.530	0.312
		27	-0.028	-0.021	23.673	0.309
		28	-0.050	-0.050	27.425	0.196
		29	0.040	0.034	29.776	0.156
		30	-0.003	0.003	29.791	0.192
		31	0.025	0.029	30.729	0.198
		32	0.009	0.016	30.844	0.234

图 9.12

可见，残差序列也不存在序列相关性，所以均值方程也可取这个 ARMA(4,4)模型。此外，还有其他几种形式的 ARMA(4,4)模型的残差也不存在序列相关性，这说明均值方程可以有多种形式。

(3) ARCH 效应检验——ARCH LM 检验

① 打开 ARMA(3,3)模型窗口（见图 9.13）

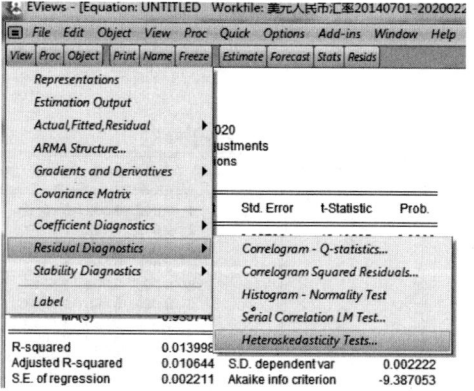

图 9.13

② 点击"View \ Residual Diagnostics \ Heteroskedasticity Tests"（见图 9.14）

图 9.14

③ 在输出的对话框"Test type"中选"ARCH"，在"Number of lags"中填入"5"（见图 9.15）

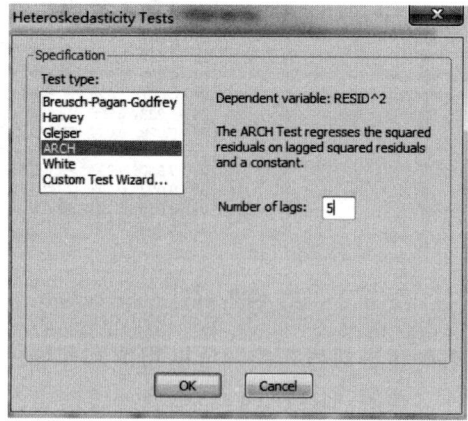

图 9.15

④ 点击"OK",输出结果(见图9.16)

```
Heteroskedasticity Test: ARCH

F-statistic        7.261141    Prob. F(5,1465)      0.0000
Obs*R-squared     35.57283    Prob. Chi-Square(5)   0.0000

Test Equation:
Dependent Variable: RESID^2
Method: Least Squares
Date: 11/03/20   Time: 12:59
Sample (adjusted): 7/11/2014 2/28/2020
Included observations: 1471 after adjustments

Variable       Coefficient   Std. Error   t-Statistic   Prob.

C              3.95E-06      4.72E-07      8.371300    0.0000
RESID^2(-1)    0.148033      0.026126      5.666152    0.0000
RESID^2(-2)    0.027762      0.026407      1.051309    0.2933
RESID^2(-3)   -0.004792      0.026417     -0.181396    0.8561
RESID^2(-4)    0.014474      0.026408      0.548076    0.5837
RESID^2(-5)    0.004594      0.026126      0.175823    0.8605
```

图 9.16

将此结果整理成表9.1。

表 9.1　均值方程残差的 ARCH 效应检验

F 统计量	7.2611	Prob. F(5,1465)	0.0000
Obs$\times R^2$	35.5728	Prob. Chi-Square(5)	0.0000

由表9.1可知,两个统计量均在1%显著水平下拒绝"残差序列在5阶内不存在ARCH效应的原假设",因此残差序列存在ARCH效应。

注意:ARCH效应检验也可用"残差平方相关图检验"方法,这部分留给读者自行完成。

(4) 波动方程识别

点击"Estimate \ OK",回到ARMA(3,3)模型窗口,点击"View \ Residual Diagnostics \ Corrlogram Squared Residuals \ OK",输出残差平方图(见图9.17)

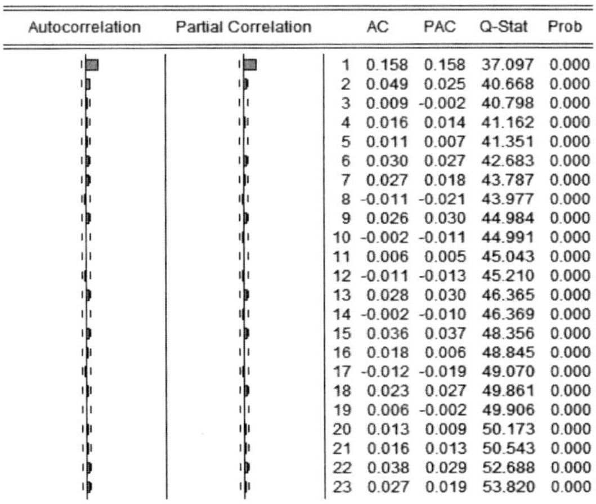

```
Date: 04/04/20   Time: 13:48
Sample: 7/01/2014 2/28/2020
Included observations: 1475

Autocorrelation  Partial Correlation       AC      PAC    Q-Stat   Prob

                                      1   0.158   0.158   37.097   0.000
                                      2   0.049   0.025   40.668   0.000
                                      3   0.009  -0.002   40.798   0.000
                                      4   0.016   0.014   41.162   0.000
                                      5   0.011   0.007   41.351   0.000
                                      6   0.030   0.027   42.683   0.000
                                      7   0.027   0.018   43.787   0.000
                                      8  -0.011  -0.021   43.977   0.000
                                      9   0.026   0.030   44.984   0.000
                                     10  -0.002  -0.011   44.991   0.000
                                     11   0.006   0.005   45.043   0.000
                                     12  -0.011  -0.013   45.210   0.000
                                     13   0.028   0.030   46.365   0.000
                                     14  -0.002  -0.010   46.369   0.000
                                     15   0.036   0.037   48.356   0.000
                                     16   0.018   0.006   48.845   0.000
                                     17  -0.012  -0.019   49.070   0.000
                                     18   0.023   0.027   49.861   0.000
                                     19   0.006  -0.002   49.906   0.000
                                     20   0.013   0.009   50.173   0.000
                                     21   0.016   0.013   50.543   0.000
                                     22   0.038   0.029   52.688   0.000
                                     23   0.027   0.019   53.820   0.000
```

图 9.17

由图 9.17 可知，残差平方序列的自相关函数和偏自相关函数在 1 阶都是非零的，所以我们尝试建立 GARCH(1,1)模型。

（5）建立波动方程

① 打开"Equation Estimation"窗口（见图 9.18）

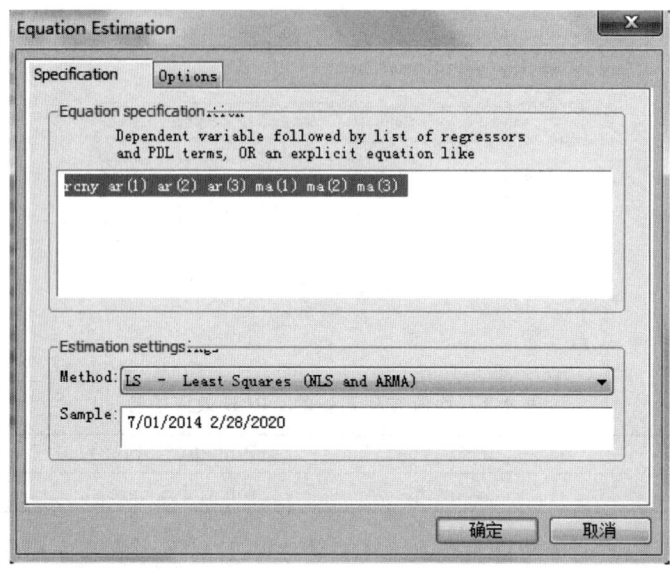

图 9.18

② 默认均值方程的设定，在"Method"下拉框中点击"ARCH—Autoregressive Conditional Heteroskedasticity"（见图 9.19）

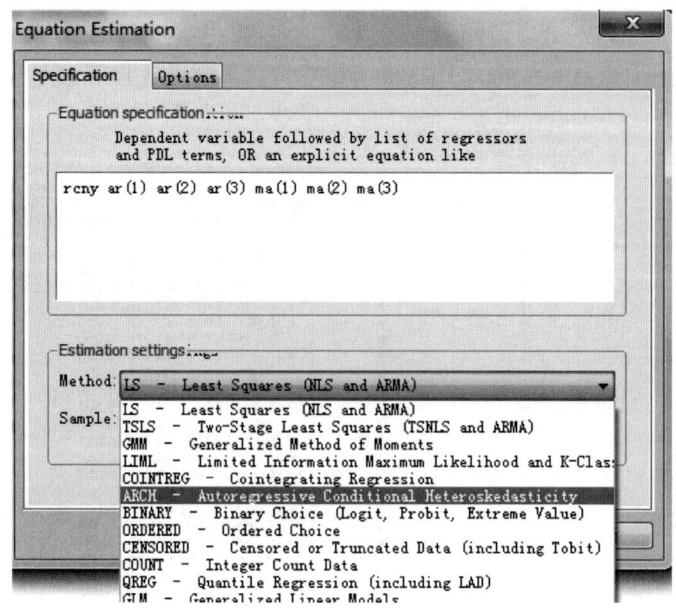

图 9.19

③ 输出对话框（见图9.20）

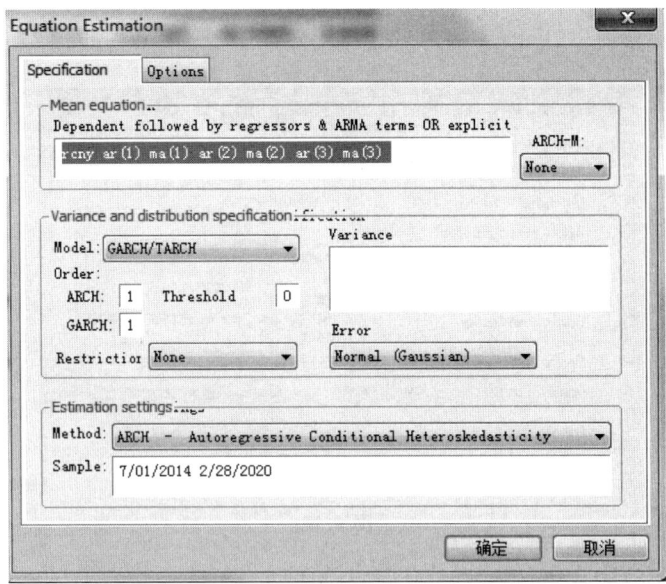

图 9.20

④ 默认设置 ARCH：1；GARCH：1；其他不变，点击"OK"得到GARCH(1,1)模型的估计（见图9.21）

```
Dependent Variable: RCNY
Method: ML - ARCH (Marquardt) - Normal distribution
Date: 11/03/20   Time: 15:41
Sample (adjusted): 7/04/2014 2/28/2020
Included observations: 1476 after adjustments
Convergence achieved after 18 iterations
MA Backcast: 7/01/2014 7/03/2014
Presample variance: backcast (parameter = 0.7)
GARCH = C(7) + C(8)*RESID(-1)^2 + C(9)*GARCH(-1)
```

Variable	Coefficient	Std. Error	z-Statistic	Prob.
AR(1)	1.550723	0.011689	132.6640	0.0000
AR(2)	-1.572392	0.012528	-125.5126	0.0000
AR(3)	0.898721	0.016432	54.69314	0.0000
MA(1)	-1.530163	0.002795	-547.4080	0.0000
MA(2)	1.555914	0.010633	146.3324	0.0000
MA(3)	-0.865443	0.013032	-66.40764	0.0000
Variance Equation				
C	1.42E-06	1.55E-07	9.179040	0.0000
RESID(-1)^2	0.164545	0.018349	8.967298	0.0000
GARCH(-1)	0.560653	0.043986	12.74613	0.0000
R-squared	0.011353	Mean dependent var		8.01E-05
Adjusted R-squared	0.007991	S.D. dependent var		0.002222
S.E. of regression	0.002214	Akaike info criterion		-9.454485
Sum squared resid	0.007203	Schwarz criterion		-9.422186
Log likelihood	6986.410	Hannan-Quinn criter.		-9.442443
Durbin-Watson stat	2.027306			

图 9.21

(6) 波动方程的诊断

① 在 GARCH(1,1) 模型窗口点击 "View \ Residual Diagnostics \ Correlogram-Q-statistics"（见图 9.22）

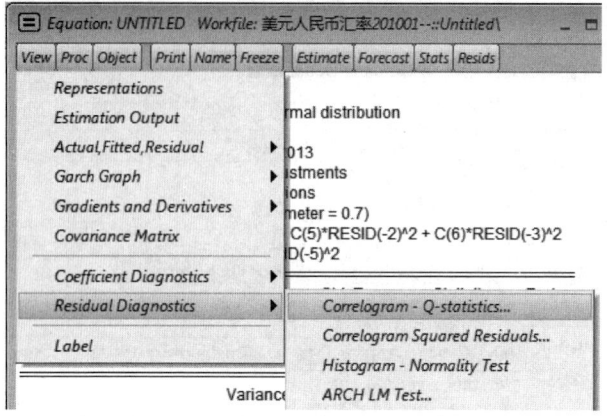

图 9.22

② 在输出窗口中点击 "OK"，输出残差序列相关性检验结果（见图 9.23）

```
Date: 11/10/20   Time: 22:26
Sample: 7/01/2014 2/28/2020
Included observations: 1476
Q-statistic probabilities adjusted for 6 ARMA terms
```

Autocorrelation	Partial Correlation		AC	PAC	Q-Stat	Prob*
		1	0.000	0.000	0.0004	
		2	-0.005	-0.005	0.0444	
		3	0.016	0.016	0.4459	
		4	0.023	0.023	1.2276	
		5	0.000	0.000	1.2276	
		6	-0.025	-0.025	2.1463	
		7	0.007	0.007	2.2294	0.135
		8	-0.002	-0.003	2.2376	0.327
		9	0.045	0.046	5.1894	0.158
		10	-0.031	-0.030	6.6152	0.158
		11	-0.036	-0.036	8.5409	0.129
		12	0.016	0.013	8.8994	0.179
		13	0.008	0.007	8.9838	0.254
		14	-0.010	-0.007	9.1200	0.332
		15	-0.011	-0.008	9.3033	0.410
		16	0.021	0.018	9.9615	0.444
		17	0.035	0.034	11.824	0.377
		18	-0.023	-0.024	12.646	0.395
		19	0.024	0.027	13.507	0.409
		20	0.051	0.051	17.472	0.232
		21	0.023	0.018	18.242	0.250
		22	0.045	0.046	21.254	0.169
		23	0.023	0.024	22.053	0.183
		24	-0.010	-0.014	22.212	0.223
		25	0.029	0.026	23.454	0.218
		26	-0.009	-0.012	23.567	0.262
		27	-0.017	-0.011	23.996	0.293
		28	-0.060	-0.061	29.468	0.132
		29	0.042	0.036	32.159	0.097
		30	-0.004	-0.000	32.179	0.123

图 9.23

由于各阶对应的 P 值均大于 10%，因此，波动模型的残差不存在序列相关性。

③ 点击"View \ Residual Diagnostics \ ARCH LM Test"（见图 9.24）

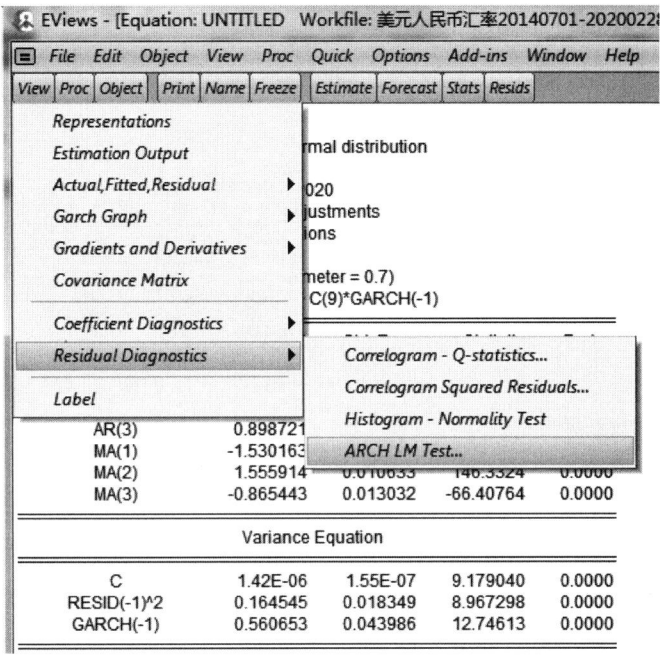

图 9.24

④ 在输出对话框的"Number of lags"中填入"5"（见图 9.25）

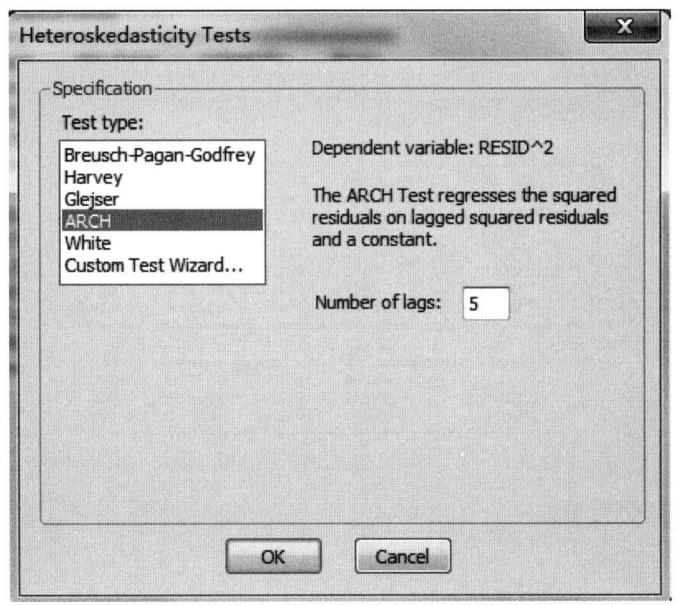

图 9.25

⑤ 点击"OK",输出检验结果(见图9.26)

```
Heteroskedasticity Test: ARCH
F-statistic          0.137175    Prob. F(5,1465)       0.9837
Obs*R-squared        0.688361    Prob. Chi-Square(5)   0.9836

Test Equation:
Dependent Variable: WGT_RESID^2
Method: Least Squares
Date: 11/10/20   Time: 22:35
Sample (adjusted): 7/11/2014 2/28/2020
Included observations: 1471 after adjustments

Variable          Coefficient   Std. Error   t-Statistic   Prob.
C                  1.026966     0.114010      9.007668    0.0000
WGT_RESID^2(-1)    0.003288     0.026125      0.125856    0.8999
WGT_RESID^2(-2)   -0.004580     0.026124     -0.175316    0.8609
WGT_RESID^2(-3)   -0.016869     0.026120     -0.645807    0.5185
WGT_RESID^2(-4)   -0.008304     0.026123     -0.317862    0.7506
WGT_RESID^2(-5)   -0.009039     0.026125     -0.346013    0.7294
```

图 9.26

将检验结果整理成表9.2。

表 9.2　模型 GARCH(1,1)残差的 ARCH 效应检验

F 统计量	0.1371	Prob. F(5,1465)	0.9837
Obs$\times R^2$	0.6883	Prob. Chi-Square(5)	0.9836

由表9.2可知,两个统计量在10%显著水平下均不能拒绝"残差序列直到滞后5都不存在 ARCH 效应"的原假设,因此可以认为 GARCH(1,1)模型的残差序列不存在 ARCH 效应。

注意:如果 GARCH(1,1)模型不能通过诊断,那么可以适当增加波动模型的滞后阶数后再诊断。

(7)波动模型的表达

由 GARCH(1,1)模型估计的输出(见图9.27)

```
Variable    Coefficient   Std. Error   z-Statistic    Prob.
AR(1)        1.550723     0.011689     132.6640     0.0000
AR(2)       -1.572392     0.012528    -125.5126     0.0000
AR(3)        0.898721     0.016432      54.69314    0.0000
MA(1)       -1.530163     0.002795    -547.4080     0.0000
MA(2)        1.555914     0.010633     146.3324     0.0000
MA(3)       -0.865443     0.013032     -66.40764    0.0000

                   Variance Equation
C            1.42E-06     1.55E-07      9.179040    0.0000
RESID(-1)^2  0.164545     0.018349      8.967298    0.0000
GARCH(-1)    0.560653     0.043986     12.74613    0.0000
```

图 9.27

得到 GARCH(1,1)模型:

均值方程:
$$rcny_t = 1.5507 rcny_{t-1} - 1.5723 rcny_{t-2} + 0.8987 rcny_{t-3} + a_t$$
$$- 1.5301 a_{t-1} + 1.5559 a_{t-2} - 0.8654 a_{t-3}$$

方差方程:

$$\sigma_t^2 = 1.42 \times 10^{-6} + 0.1645 u_{t-1}^2 + 0.5606 \sigma_{t-1}^2$$

其中，所有系数均在 1% 水平下显著，表明美元\人民币汇率的收益率具有显著的自相关性，汇率的波动也具有显著的自相关性。σ_{t-1}^2 的系数为 0.5606，表明美元\人民币汇率的当期波动与前期波动之间有较高的正向相关关系，这也说明美元\人民币汇率的波动具有"群集效应"。

（8）其他类型波动方程的建模

一是 ARCH 模型。

① 在"Equation Estimation"窗口中设置 ARCH：1；GARCH：0；其他默认不变（见图 9.28）

图 9.28

② 点击"确定"，输出 ARCH(1) 模型的估计（见图 9.29）

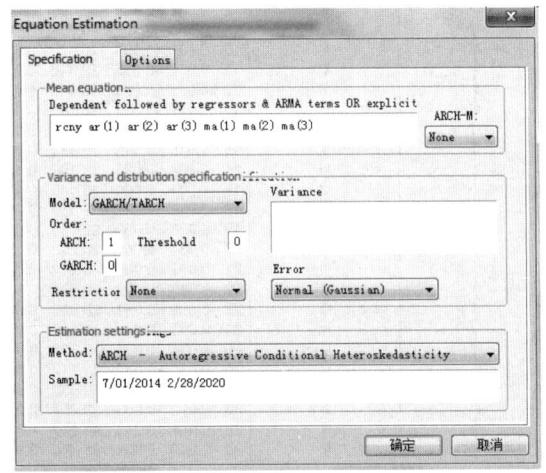

图 9.29

所有系数均在1%水平下显著。但是，经检验该模型的残差存在序列相关性，如图9.30所示。

```
Date: 11/11/20   Time: 13:16
Sample: 7/01/2014 2/28/2020
Included observations: 1476
Q-statistic probabilities adjusted for 6 ARMA terms

Autocorrelation  Partial Correlation       AC     PAC    Q-Stat   Prob*
                                    1    0.007   0.007   0.0663
                                    2   -0.006  -0.006   0.1175
                                    3   -0.010  -0.009   0.2518
                                    4    0.038   0.038   2.3360
                                    5    0.022   0.021   3.0312
                                    6   -0.002  -0.002   3.0381
                                    7   -0.017  -0.016   3.4879  0.062
                                    8   -0.037  -0.038   5.5198  0.063
                                    9    0.058   0.057  10.597   0.014
                                   10    0.007   0.006  10.679   0.030
                                   11   -0.036  -0.035  12.646   0.027
                                   12   -0.026  -0.021  13.633   0.034
                                   13   -0.009  -0.011  13.747   0.056
                                   14    0.027   0.023  14.815   0.063
                                   15    0.015   0.016  15.171   0.086
                                   16    0.004   0.008  15.198   0.125
                                   17   -0.001   0.006  15.199   0.174
                                   18   -0.016  -0.021  15.568   0.212
                                   19    0.058   0.053  20.604   0.081
                                   20    0.061   0.062  26.206   0.024
                                   21   -0.002  -0.000  26.214   0.036
                                   22    0.016   0.021  26.593   0.046
                                   23    0.036   0.031  28.593   0.038
                                   24    0.005  -0.005  28.630   0.053
                                   25    0.034   0.033  30.328   0.048
                                   26   -0.030  -0.030  31.717   0.046
                                   27   -0.023  -0.017  32.530   0.052
                                   28   -0.062  -0.065  38.257   0.017
                                   29    0.044   0.033  41.158   0.011
                                   30   -0.003   0.001  41.176   0.016
```

图 9.30

因此，需要增加 ARCH 模型的阶数。

③ 在"Equation Estimation"窗口中设置 ARCH：2；GARCH：0；其他默认不变（见图9.31）

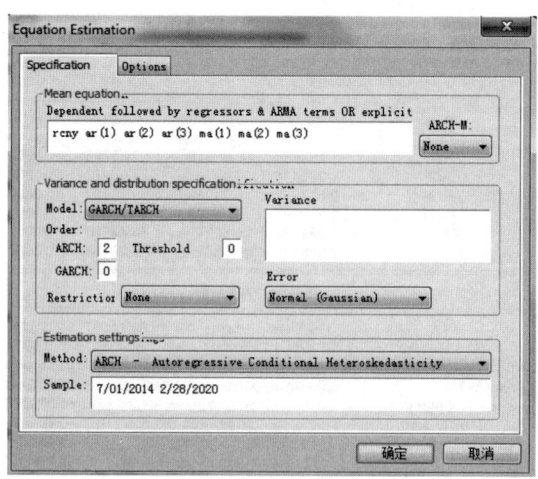

图 9.31

④ 点击"OK",输出 ARCH(2)模型(见图 9.32)

```
Dependent Variable: RCNY
Method: ML - ARCH (Marquardt) - Normal distribution
Date: 11/11/20   Time: 13:21
Sample (adjusted): 7/04/2014 2/28/2020
Included observations: 1476 after adjustments
Convergence achieved after 8 iterations
MA Backcast: 7/01/2014 7/03/2014
Presample variance: backcast (parameter = 0.7)
GARCH = C(7) + C(8)*RESID(-1)^2 + C(9)*RESID(-2)^2
```

Variable	Coefficient	Std. Error	z-Statistic	Prob.
AR(1)	1.538296	0.011516	133.5825	0.0000
AR(2)	-1.530116	0.011499	-133.0606	0.0000
AR(3)	0.887918	0.014492	61.27129	0.0000
MA(1)	-1.545505	0.003400	-454.5685	0.0000
MA(2)	1.538447	0.004528	339.7608	0.0000
MA(3)	-0.863480	0.009407	-91.79127	0.0000
Variance Equation				
C	3.58E-06	6.32E-08	56.67452	0.0000
RESID(-1)^2	0.185757	0.020866	8.902472	0.0000
RESID(-2)^2	0.121468	0.024903	4.877727	0.0000
R-squared	0.007056	Mean dependent var		8.01E-05
Adjusted R-squared	0.003679	S.D. dependent var		0.002222
S.E. of regression	0.002218	Akaike info criterion		-9.445831
Sum squared resid	0.007234	Schwarz criterion		-9.413531
Log likelihood	6980.023	Hannan-Quinn criter.		-9.433788
Durbin-Watson stat	1.968731			

图 9.32

所有系数均在1%水平下显著,经检验可知该模型残差不存在序列相关性,也不存在 ARCH 效应,所以有 ARCH(2)模型:

均值方程:

$$rcny_t = 1.5382 rcny_{t-1} - 1.5301 rcny_{t-2} + 0.8879 rcny_{t-3} + a_t$$
$$- 1.5455 a_{t-1} + 1.5384 a_{t-2} - 0.8634 a_{t-3}$$

方差方程:

$$\sigma_t^2 = 3.58 \times 10^{-6} + 0.1857 u_{t-1}^2 + 0.1214 u_{t-2}^2$$

二是 TGARCH 模型。

① 在"Equation Estimation"窗口中设置 ARCH:1;GARCH:1;Threshold:1;其他默认不变(见图 9.33)

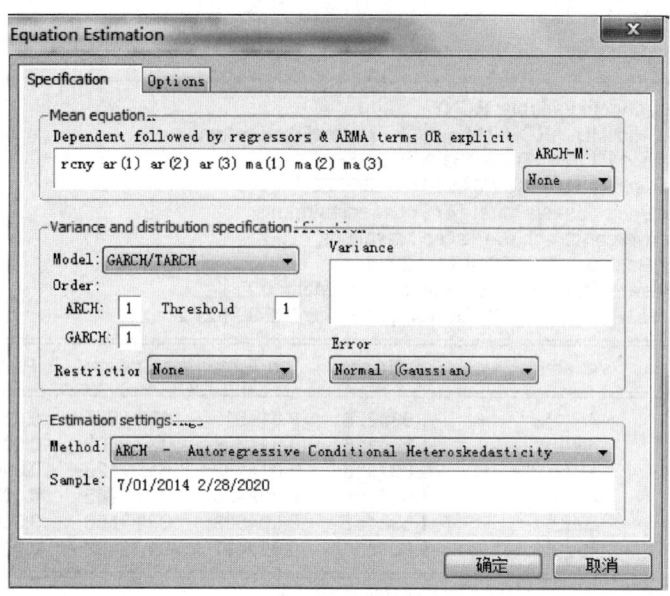

图 9.33

② 点击"确定"得到 TGARCH（1，1）模型的估计结果（见图 9.34）

```
Dependent Variable: RCNY
Method: ML - ARCH (Marquardt) - Normal distribution
Date: 11/03/20   Time: 15:52
Sample (adjusted): 7/04/2014 2/28/2020
Included observations: 1476 after adjustments
Convergence achieved after 114 iterations
MA Backcast: 7/01/2014 7/03/2014
Presample variance: backcast (parameter = 0.7)
GARCH = C(7) + C(8)*RESID(-1)^2 + C(9)*RESID(-1)^2*(RESID(-1)<0) +
    C(10)*GARCH(-1)
```

Variable	Coefficient	Std. Error	z-Statistic	Prob.
AR(1)	1.161516	0.061270	18.95746	0.0000
AR(2)	-1.189334	0.026925	-44.17255	0.0000
AR(3)	0.925248	0.059389	15.57952	0.0000
MA(1)	-1.157207	0.074263	-15.58252	0.0000
MA(2)	1.184946	0.034564	34.28310	0.0000
MA(3)	-0.895633	0.070476	-12.70834	0.0000
Variance Equation				
C	1.51E-06	1.59E-07	9.488475	0.0000
RESID(-1)^2	0.172432	0.018720	9.211016	0.0000
RESID(-1)^2*(RESID(-1)<0)	-0.002189	0.034556	-0.063359	0.9495
GARCH(-1)	0.530939	0.046690	11.37161	0.0000
R-squared	0.011901	Mean dependent var		8.01E-05
Adjusted R-squared	0.008541	S.D. dependent var		0.002222
S.E. of regression	0.002213	Akaike info criterion		-9.452588
Sum squared resid	0.007199	Schwarz criterion		-9.416699
Log likelihood	6986.010	Hannan-Quinn criter.		-9.439207
Durbin-Watson stat	1.992573			

图 9.34

注意：门限项系数在 10% 水平下不显著，此时不能轻易得出"不存在单门限非对称效应"的结论。尝试改进模型为单门限 GARCH(2,1) 模型。（见图 9.35）

```
Dependent Variable: RCNY
Method: ML - ARCH (Marquardt) - Normal distribution
Date: 11/11/20   Time: 13:31
Sample (adjusted): 7/04/2014 2/28/2020
Included observations: 1476 after adjustments
Convergence achieved after 29 iterations
MA Backcast: 7/01/2014 7/03/2014
Presample variance: backcast (parameter = 0.7)
GARCH = C(7) + C(8)*RESID(-1)^2 + C(9)*RESID(-1)^2*(RESID(-1)<0) +
    C(10)*RESID(-2)^2 + C(11)*GARCH(-1)
```

Variable	Coefficient	Std. Error	z-Statistic	Prob.
AR(1)	1.662290	0.045747	36.33690	0.0000
AR(2)	-1.581708	0.065566	-24.12393	0.0000
AR(3)	0.870654	0.047976	18.14776	0.0000
MA(1)	-1.686399	0.049223	-34.26070	0.0000
MA(2)	1.620302	0.059975	27.01629	0.0000
MA(3)	-0.868437	0.047505	-18.28082	0.0000
Variance Equation				
C	7.61E-09	6.22E-10	12.22881	0.0000
RESID(-1)^2	0.155743	0.021866	7.122514	0.0000
RESID(-1)^2*(RESID(-1)<0)	-0.002499	0.000995	-2.511112	0.0120
RESID(-2)^2	-0.157862	0.021968	-7.186055	0.0000
GARCH(-1)	1.002667	0.000727	1379.161	0.0000
R-squared	0.008371	Mean dependent var		8.01E-05
Adjusted R-squared	0.004998	S.D. dependent var		0.002222
S.E. of regression	0.002217	Akaike info criterion		-9.565067
Sum squared resid	0.007224	Schwarz criterion		-9.525590
Log likelihood	7070.020	Hannan-Quinn criter.		-9.550349
Durbin-Watson stat	1.937080			

图 9.35

此时，门限项系数在 5% 水平下显著，经检验可知该模型残差不存在序列相关性，也不存在 ARCH 效应，所以有 TGARCH(2,1) 模型：

均值方程：
$$rcny_t = 1.6622 rcny_{t-1} - 1.5817 rcny_{t-2} + 0.8706 rcny_{t-3} + a_t \\ - 1.6863 a_{t-1} + 1.6203 a_{t-2} - 0.8684 a_{t-3}$$

方差方程：
$$\sigma_t^2 = 7.61 \times 10^{-9} + 0.1557 u_{t-1}^2 - 0.0025 u_{t-1}^2 d_{t-1} \\ - 0.1579 u_{t-2}^2 + 1.0027 \sigma_{t-1}^2$$

三是 ARCH-M 模型。

① 在"Equation Estimation"窗口中，设置 ARCH：1；GARCH：0；Threshold order：0；在"ARCH-M"下拉框中选"Variance"（见图 9.36）

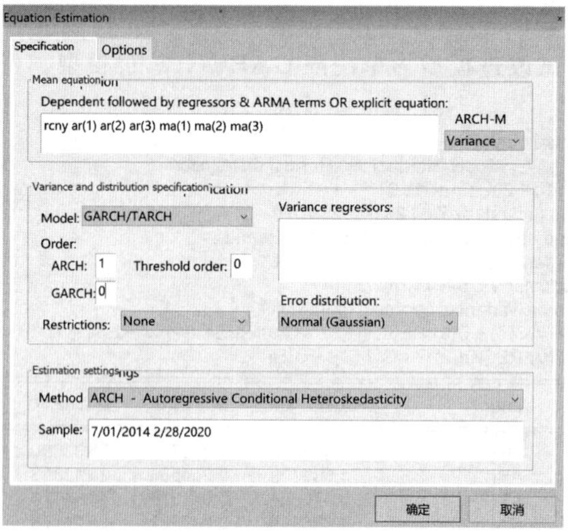

图 9.36

② 点击"确定",输出 ARCH(1)-M 模型的估计结果(见图 9.37)

图 9.37

可见,方差 σ_t^2 系数在 10% 水平下显著,故带方差 σ_t^2 的 ARCH(1)-M 模型为:

均值方程:
$$rcny_t = 1.1983 rcny_{t-1} - 1.2196 rcny_{t-2} + 0.9200 rcny_{t-3} + a_t \\ - 1.2057 a_{t-1} + 1.2382 a_{t-2} - 0.9040 a_{t-3} + 26.1542 \sigma_t^2$$

方差方程:
$$\sigma_t^2 = 3.87 \times 10^{-6} + 0.2240 u_{t-1}^2$$

注意:经检验可知,对于带标准差 σ_t 和方差对数 $\log(\sigma_t^2)$ 的 ARCH(1)-M 模型,

以及带方差 σ_t^2、标准差 σ_t 和方差对数 $\log(\sigma_t^2)$ 的 GARCH(1,1)-M 模型，均值方程中的波动项系数都不显著。

四是一个综合 GARCH 模型。

受以上各类模型的启发，我们尝试把上述各类型综合起来考虑。

① 在"Estimate Equation"窗口中，设置 ARCH：2；GARCH：1；Threshold：1。在"ARCH-M"下拉框中选"Variance"（见图 9.38）

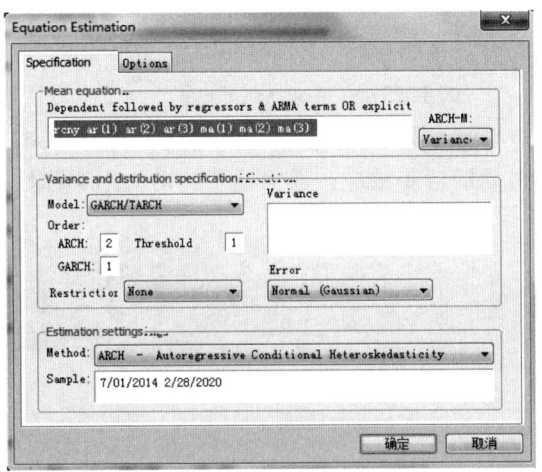

图 9.38

② 点击"确定"，输出 TGARCH(2,1)-M 模型（见图 9.39）

```
Dependent Variable: RCNY
Method: ML - ARCH (Marquardt) - Normal distribution
Date: 11/11/20   Time: 14:18
Sample (adjusted): 7/04/2014 2/28/2020
Included observations: 1476 after adjustments
Convergence achieved after 28 iterations
MA Backcast: 7/01/2014 7/03/2014
Presample variance: backcast (parameter = 0.7)
GARCH = C(8) + C(9)*RESID(-1)^2 + C(10)*RESID(-1)^2*(RESID(-1)<0) +
    C(11)*RESID(-2)^2 + C(12)*GARCH(-1)
```

Variable	Coefficient	Std. Error	z-Statistic	Prob.
GARCH	23.66844	13.73065	1.723768	0.0847
AR(1)	1.559932	0.081009	19.25622	0.0000
AR(2)	-1.480174	0.098225	-15.06920	0.0000
AR(3)	0.802649	0.084550	9.493300	0.0000
MA(1)	-1.574417	0.085130	-18.49419	0.0000
MA(2)	1.503570	0.099943	15.04434	0.0000
MA(3)	-0.786949	0.090845	-8.662592	0.0000

Variance Equation				
C	6.40E-09	6.59E-10	9.710441	0.0000
RESID(-1)^2	0.165251	0.023301	7.095146	0.0000
RESID(-1)^2*(RESID(-1)<0)	-0.003016	0.000530	-5.686513	0.0000
RESID(-2)^2	-0.167719	0.023438	-7.155891	0.0000
GARCH(-1)	1.003556	0.000103	9701.041	0.0000

R-squared	0.008908	Mean dependent var	8.01E-05
Adjusted R-squared	0.004860	S.D. dependent var	0.002222
S.E. of regression	0.002217	Akaike info criterion	-9.564043
Sum squared resid	0.007221	Schwarz criterion	-9.520977
Log likelihood	7070.264	Hannan-Quinn criter.	-9.547987
Durbin-Watson stat	1.969125		

图 9.39

此时，均值方程中方差 σ_t^2 系数在 10% 水平下显著，门限项系数以及其他各系数均在 1% 水平下显著。经检验可知，该模型残差不存在序列相关性，也不存在 ARCH 效应。所以，对人民币汇率收益率应当建立 TGARCH(2,1)-M 模型：

均值方程：
$$rcny_t = 1.5599 rcny_{t-1} - 1.4802 rcny_{t-2} + 0.8026 rcny_{t-3} + a_t$$
$$- 1.5744 a_{t-1} + 1.5036 a_{t-2} - 0.7869 a_{t-3} + 23.6684 \sigma_t^2$$

方差方程：
$$\sigma_t^2 = 6.40 \times 10^{-9} + 0.1653 u_{t-1}^2 - 0.0030 u_{t-1}^2 d_{t-1}$$
$$- 0.1677 u_{t-2}^2 + 1.0036 \sigma_{t-2}^2$$

这个 TGARCH(2,1)-M 模型蕴含了丰富的信息：它不仅描述了收益率与波动的高度关联，也描述了波动的群集效应，还描述了波动的不对称性。

> **注记**：这个案例分析详细呈现了对于未知问题的探索过程，由此，读者可以获得真实的科学研究的过程体验。

▶▶▶ 操作练习 9

下载如下汇率的每日收盘价数据：
（1）美元兑新加坡元：2014 年 7 月 1 日至 2020 年 2 月 28 日；
（2）美元兑人民币：2005 年 7 月 21 日至 2014 年 6 月 30 日。
在其中选取一组数据，完成以下工作：
（1）生成收益率数据，检验其平稳性以及自相关函数和偏自相关函数，建立均值方程；
（2）均值方程的诊断：检验残差的序列相关性和 ARCH 效应；
（3）GARCH 模型识别，建立 GARCH 类模型；
（4）波动模型的诊断：检验残差的序列相关性和 ARCH 效应；
（5）写出模型的均值方程与波动方程，并给出解释。
格式要求：
（1）在 Word 文档中以"实验报告"形式提交；
（2）标题"实验报告 9"要求黑体 4 号字体居中排列，正文要求宋体小 4 号字体；
（3）图形和表格按照 PPT 中的规范形式表达，依次编号，其中的文字为 5 号宋体，图题在图形的下方，表题在表格上方；
（4）EViews 原始输出结果不要放在实验报告正文中，作为附录放在报告后。

第 10 篇

波动模型的应用

上一篇介绍了波动模型的类型和建模方法，本篇将介绍波动模型的一些应用。

通过本篇你可以了解

- 收益率波动序列的生成
- 收益率波动的预测
- 收益率波动的溢出效应
- GARCH 模型在风险管理中的应用

10.1 收益率波动序列的生成

在计量经济学发展早期，人们曾用残差平方（如图 10.1 所示）代表金融变量收益率的波动。

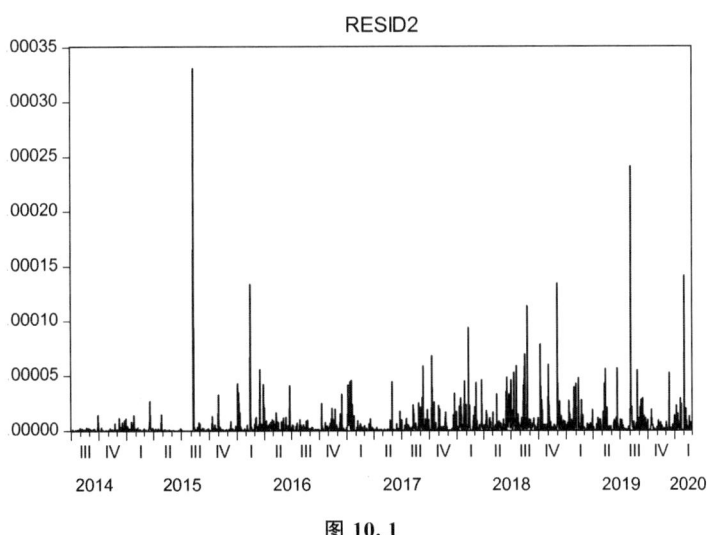

图 10.1

但是随着研究的深入，人们发现收益率的波动并不应该出现如此频繁的突变。收益率的波动是一种比图 10.1 描绘的情形更加平缓的移动过程，因此，残差的平方序列 $\{u_t^2\}$ 并不能准确捕捉波动性的特点。GARCH 模型的出现为描述收益率的波动提供了有效途径。

GARCH 模型的方差方程描述了收益率波动 σ_t^2 的变化规律，那么这个波动序列 $\{\sigma_t^2\}$ 到底是一个怎样的序列？EViews 提供了 GARCH 模型的"视图"和"过程"功能，使我们能够清楚地看到这个波动序列的图形以及它的具体数值。

10.1.1　GARCH 模型的"视图"

（1）在 GARCH 模型估计的输出窗口点击"View \ Garch Graph \ Conditional Standard Deviation"，输出条件标准差图；

（2）点击"View \ Garch Graph \ Conditional Variance"，输出条件方差图。

10.1.2　GARCH 模型的"过程"

（1）在 GARCH 模型估计的输出窗口点击"Proc \ Make GARCH Varianc Series"；

（2）在输出窗口中填写波动序列名；

（3）点击"OK"，输出方差序列并以所命之名保存在文件中。

案例 1　美元 \ 人民币汇率条件方差序列的输出。

（1）打开第 9 篇案例 1 中以模型 ARMA(3,3) 为均值方程的 GARCH(1,1) 模型（见图 10.2）。

Equation: UNTITLED　Workfile: 美元人民币汇率20140701-20200228::Untitled\

Dependent Variable: RCNY
Method: ML - ARCH (Marquardt) - Normal distribution
Date: 11/17/20　Time: 21:18
Sample (adjusted): 7/04/2014 2/28/2020
Included observations: 1476 after adjustments
Convergence achieved after 18 iterations
MA Backcast: 7/01/2014 7/03/2014
Presample variance: backcast (parameter = 0.7)
GARCH = C(7) + C(8)*RESID(-1)^2 + C(9)*GARCH(-1)

Variable	Coefficient	Std. Error	z-Statistic	Prob.
AR(1)	1.550723	0.011689	132.6640	0.0000
AR(2)	-1.572392	0.012528	-125.5126	0.0000
AR(3)	0.898721	0.016432	54.69314	0.0000
MA(1)	-1.530163	0.002795	-547.4080	0.0000
MA(2)	1.555914	0.010633	146.3324	0.0000
MA(3)	-0.865443	0.013032	-66.40764	0.0000
Variance Equation				
C	1.42E-06	1.55E-07	9.179040	0.0000
RESID(-1)^2	0.164545	0.018349	8.967298	0.0000
GARCH(-1)	0.560653	0.043986	12.74613	0.0000

图 10.2

(2) 在模型窗口点击"View \ Garch Graph \ Conditional Variance"（见图 10.3）

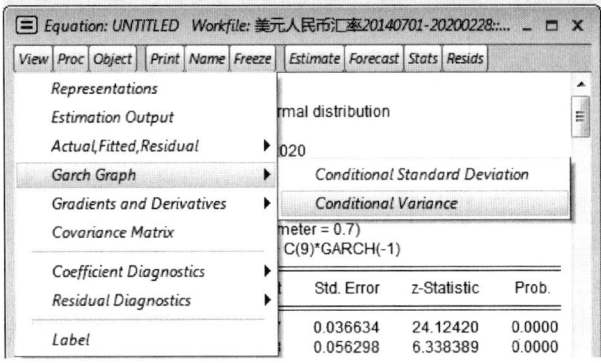

图 10.3

(3) 输出条件方差图（见图 10.4）

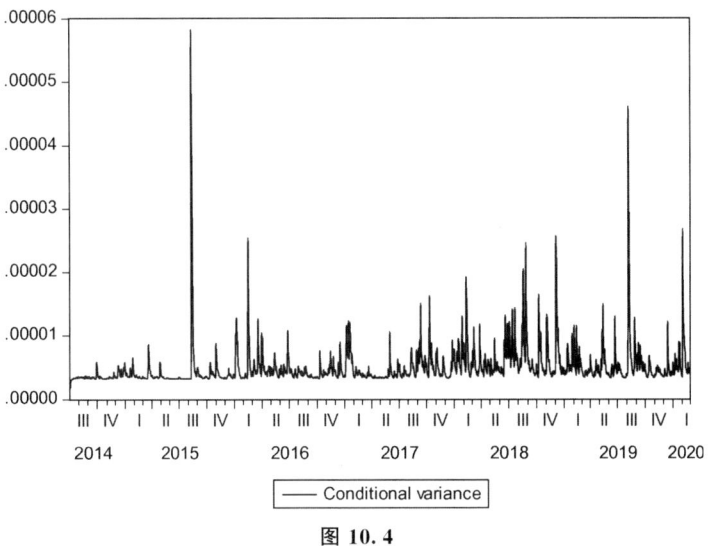

图 10.4

(4) 点击"View \ Garch Graph \ Conditional Standard Deviation"（见图 10.5）

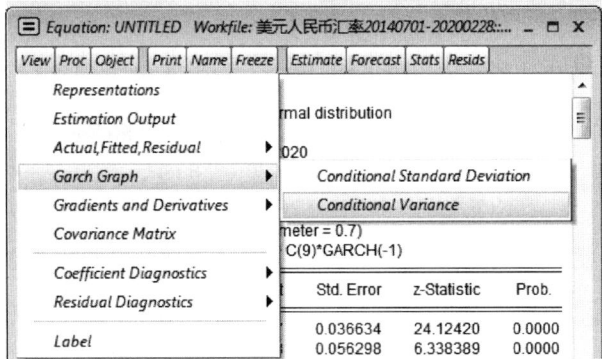

图 10.5

(5) 输出条件标准差图（见图 10.6）

图 10.6

(6) 点击 "Proc \ Make GARCH Variance Series"（见图 10.7）

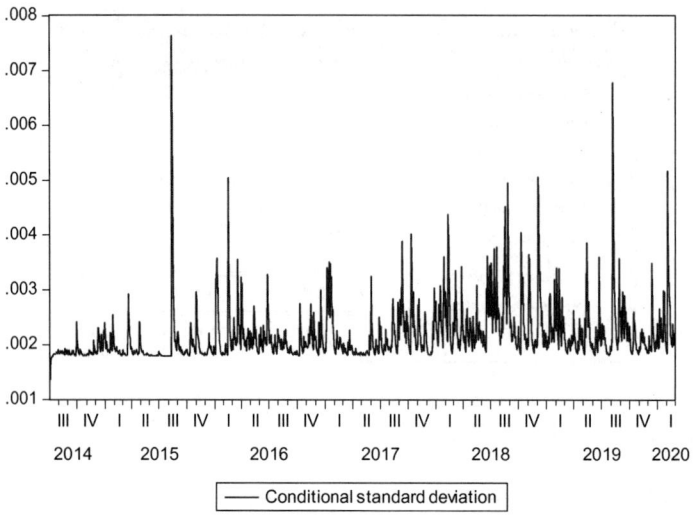

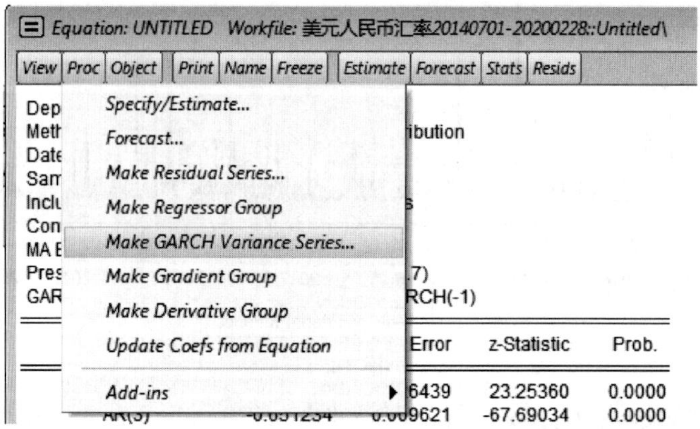

图 10.7

(7) 在窗口中输入 "vcny"（见图 10.8）

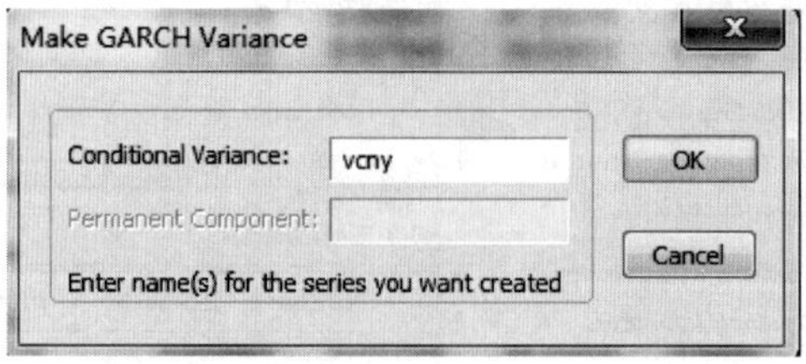

图 10.8

(8) 点击"OK",输出条件方差序列并以"vcny"命名保存在文件中(见图10.9)

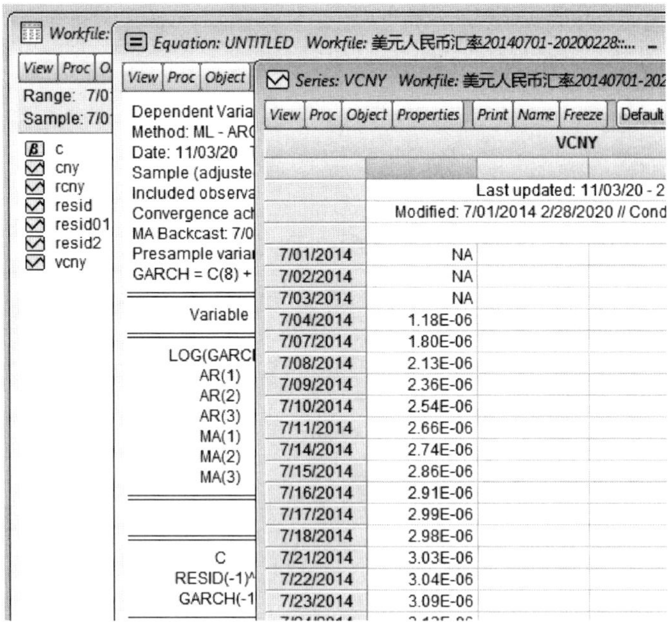

图 10.9

注意:序列"vcny"的曲线就是"条件方差图"。

10.1.3 条件方差图与残差平方图的比较

比较图 10.1 残差平方图和图 10.4 条件方差图后发现,就大的波动出现的时点和幅度而言,两个图形大体相似;就小的波动之间的过渡而言,条件方差图要比残差平方图平缓得多。

10.2 收益率波动的预测

利用 GARCH 模型对收益率波动进行预测的步骤与利用 ARMA 模型的预测步骤类似,下面通过案例 2 说明。

案例 2 美元\人民币汇率波动序列的预测。

(1) 在第 9 篇案例 1 中的 GARCH(3,3)模型的输出窗口,将工作区间 2014 年 7 月 1 日至 2020 年 2 月 28 日扩展为 2014 年 7 月 1 日至 2020 年 3 月 31 日(见图 10.10)

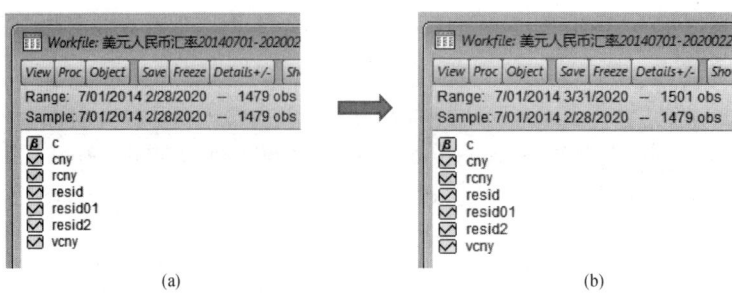

图 10.10

（2）在 GARCH(3,3) 模型估计窗口，点击"Forecast"，输出对话框（见图 10.11）

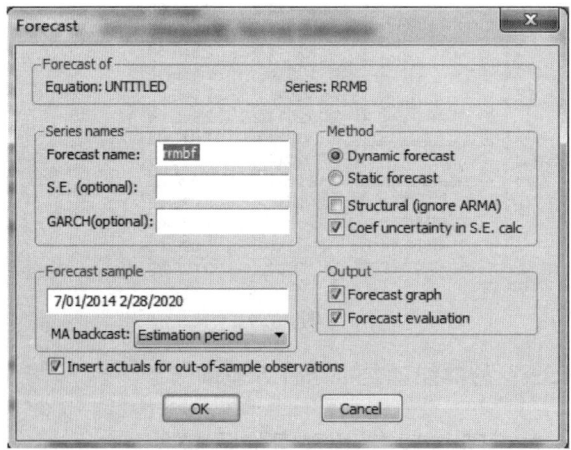

图 10.11

（3）在对话框的"Series names"的"GARCH（optional）"中输入"vcnyf"，将"Forecast sample"设置为 2020 年 3 月 1 日至 2020 年 3 月 31 日，保持"Method"中默认的"Dynamic forecast"和"Output"中默认的"Forecast graph"等（见图 10.12）

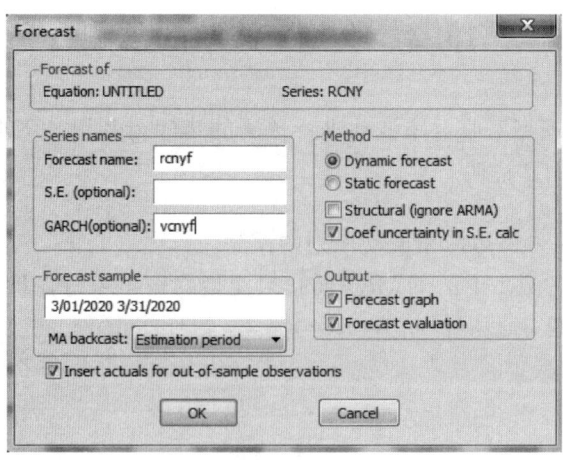

图 10.12

（4）点击"OK"，同时输出收益率和波动的预测结果，并且以"*rcnyf*"和"*vcnyf*"命名保存在文件中（见图 10.13）

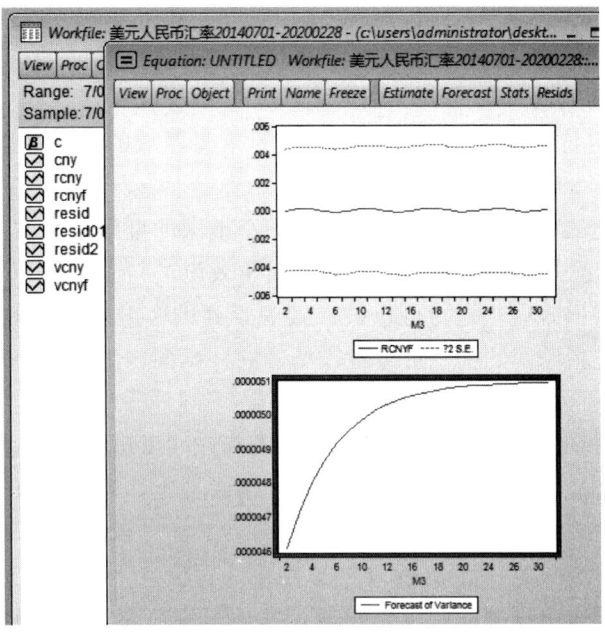

图 10.13

（5）打开"*vcnyf*"序列，即可得到汇率波动 2020 年 3 月 1 日至 2020 年 3 月 31 日的预测值(见图 10.14(b))，(图 10.14(a)为"*vcny*"序列）

Series: VCNY Workfile: 美元人民币汇率2014(

	VCNY
2/25/2020	4.10E-06
2/26/2020	4.61E-06
2/27/2020	4.22E-06
2/28/2020	4.81E-06
3/02/2020	NA
3/03/2020	NA
3/04/2020	NA
3/05/2020	NA
3/06/2020	NA
3/09/2020	NA
3/10/2020	NA
3/11/2020	NA
3/12/2020	NA
3/13/2020	NA
3/16/2020	NA
3/17/2020	NA
3/18/2020	NA
3/19/2020	NA
3/20/2020	NA
3/23/2020	NA
3/24/2020	NA
3/25/2020	NA
3/26/2020	NA
3/27/2020	NA
3/30/2020	NA
3/31/2020	NA

(a)

Series: VCNYF Workfile: 美元人民币汇率2014(

	VCNYF
2/24/2020	4.64E-06
2/25/2020	4.10E-06
2/26/2020	4.61E-06
2/27/2020	4.22E-06
2/28/2020	4.81E-06
3/02/2020	4.61E-06
3/03/2020	4.72E-06
3/04/2020	4.80E-06
3/05/2020	4.86E-06
3/06/2020	4.92E-06
3/09/2020	4.96E-06
3/10/2020	4.99E-06
3/11/2020	5.01E-06
3/12/2020	5.03E-06
3/13/2020	5.04E-06
3/16/2020	5.06E-06
3/17/2020	5.07E-06
3/18/2020	5.07E-06
3/19/2020	5.08E-06
3/20/2020	5.08E-06
3/23/2020	5.09E-06
3/24/2020	5.09E-06
3/25/2020	5.09E-06
3/26/2020	5.09E-06
3/27/2020	5.09E-06
3/30/2020	5.09E-06
3/31/2020	5.09E-06

(b)

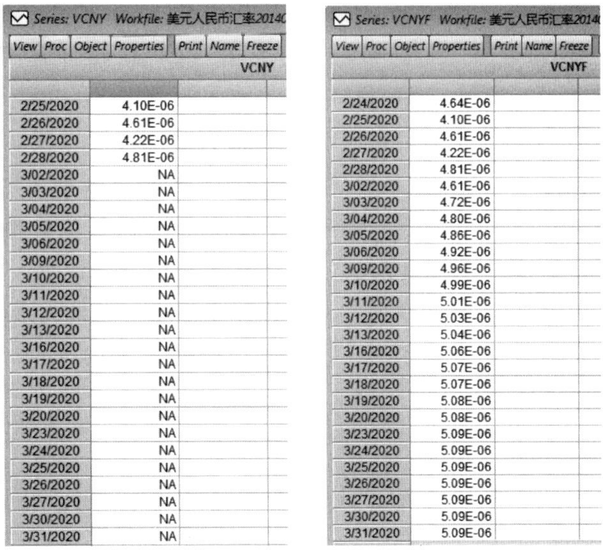

图 10.14

10.3 收益率波动的溢出效应

自 Engle 于 1982 年提出用 ARCH 模型来研究时间序列的波动特征之后，这一方法以及背后所涵盖的思想受到金融学领域学者的极大关注。对金融资产波动的深入研究，给期权定价、资产组合及风险管理等诸多领域的决策理念带来了革命性的影响。

在经济全球化的背景下，一个国家或者一个地区的金融市场波动会迅速传递到其他主要经济体的金融市场，这就是所谓的"溢出效应"。

金融市场的溢出效应，是指可以被人们观察到的金融市场间的信息的传导现象。其中的金融市场包括跨国的同一类金融市场、同一国国内的不同金融市场，以及跨国的不同金融市场。

按照"有效市场假说"，金融市场之间并不存在"溢出效应"，因为所有信息会在同一时刻被所有市场消化吸收，并且反映在价格水平上，即金融市场的价格遵循随机游走，市场回报表现出"白噪声"。

然而，众多研究发现"溢出效应"是存在的，信息是可以被观察出跨市场传导的。例如，美国股票市场波动幅度增加时，其他国家股票市场的波动幅度也会增加，这就是"金融传染"的表现。

金融市场的溢出分为"均值溢出"和"波动溢出"。均值溢出是指一个市场价格或收益率的变动对其他市场产生的影响，这种影响有正负之分，例如，利率上升会导致股票价格下降。波动溢出是指一个市场波动的变化（一般用方差来衡量波动）对其他市场产生的影响，这种影响无正负，而只有大小之分。

收益率建模一般是 AR 模型，"均值溢出效应"可以通过向量 AR(VAR)模型来研究；相应地，波动建模一般是 GARCH 模型，"波动溢出效应"应当通过向量 GARCH 模型来研究。然而，由于 GARCH 模型生成了金融资产的波动序列，我们利用 Granger 因果关系检验，也可以分析两个金融资产之间的"波动溢出效应"。

基于 VAR 的 Granger 因果关系，描述的是市场收益率（或价格）之间的传导，这种均值溢出效应是一种"线性溢出关系"。

通过 GARCH 模型导出波动序列，对其进行 Granger 因果关系分析，讨论市场波动之间的传导问题，这种波动溢出效应是一种"非线性溢出关系"。

10.3.1 波动溢出效应检验方法

Hamao 等最早利用单变量 GARCH 模型来研究不同市场波动的溢出效应。[1]

---

[1] See Hamao, Y. and Masulis, R. Correlations in Price Changes and Volatility across International Stock Markets, *The Review of Financial Studies*, 1990, 32 (2): 281—307.

波动溢出效应检验方法为 "GARCH 模型＋Granger 因果关系检验"。

10.3.2 波动溢出效应检验步骤

(1) 分别对两个资产收益率数据进行平稳性以及自相关函数和偏自相关函数检验，建立均值方程；

(2) 分别对两均值方程的残差进行 ARCH 效应检验，建立 GARCH 模型；

(3) 分别导出各资产的方差序列，检验其平稳性及最优滞后阶；

(4) 对两方差序列进行 Granger 因果关系检验，分析波动的溢出效应。

案例 3 中国与新加坡货币汇率收益率波动溢出效应分析。

(1) 变量说明：记美元兑人民币汇率为 cny，美元兑新加坡元汇率为 sgd，对应的收益率分别为 $rcny$ 和 $rsgd$。

(2) 波动序列构建：案例 1 已经导出人民币汇率收益率波动序列 $vcny$，与此类似，对新加坡元汇率收益率 $rsgd$ 建立以 ARMA(4,4) 模型为均值方程的 GARCH(1,1) 模型（见图 10.15）

```
Dependent Variable: RSGD
Method: ML - ARCH (Marquardt) - Normal distribution
Date: 04/04/20   Time: 21:15
Sample (adjusted): 7/07/2014 2/28/2020
Included observations: 1475 after adjustments
Convergence achieved after 23 iterations
MA Backcast: 7/01/2014 7/04/2014
Presample variance: backcast (parameter = 0.7)
GARCH = C(7) + C(8)*RESID(-1)^2 + C(9)*GARCH(-1)
```

Variable	Coefficient	Std. Error	z-Statistic	Prob.
AR(1)	0.144361	0.059389	2.430752	0.0151
AR(3)	0.151111	0.067865	2.226621	0.0260
AR(4)	-0.843582	0.051823	-16.27825	0.0000
MA(1)	-0.163382	0.053882	-3.032201	0.0024
MA(3)	-0.149777	0.062519	-2.395691	0.0166
MA(4)	0.876791	0.049168	17.83269	0.0000
Variance Equation				
C	6.51E-08	1.51E-08	4.323253	0.0000
RESID(-1)^2	0.043274	0.007056	6.132804	0.0000
GARCH(-1)	0.951046	0.006612	143.8256	0.0000

图 10.15

导出波动序列 $vsgd$。（见图 10.16）

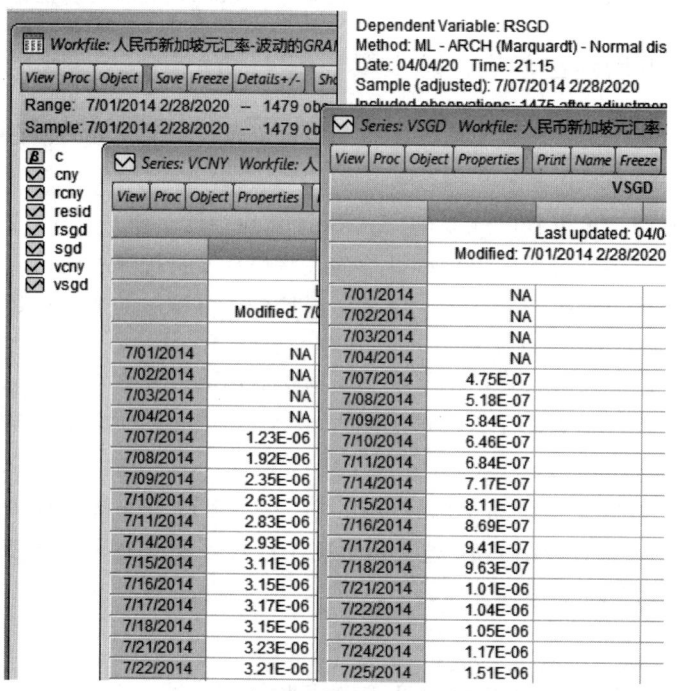

图 10.16

(3) 波动序列的平稳性检验：分别对人民币和新加坡元汇率收益率波动序列进行 ADF 单位根检验，结果如表 10.1 所示。

表 10.1 变量 vcny 和 vsgd 的 ADF 单位根检验

变量	t 统计量	P 值
vcny	−15.0399	0.0000
vsgd	−2.9543	0.0396

由表 10.1 可以看出，在 1% 显著水平下拒绝"变量 vcny 有单位根"的原假设，在 5% 显著水平下拒绝"变量 vsgd 有单位根"的原假设，所以两波动序列均是平稳序列。

(4) 波动序列的最优滞后阶检验：对波动序列 vcny 和 vsgd 建立默认的 VAR(2) 模型，并进行最优滞后阶检验，结果如表 10.2 所示。

表 10.2 变量 vcny 和 vsgd 的最优滞后阶检验

Lag	LR	FPE	AIC	SC	HQ
0	NA	3.6e-22	−43.677	−43.670	−43.674
1	6955.0000	3.2e-24	−48.406	−48.385*	−48.398
2	18.4080*	3.2e-24*	−48.413*	−48.377	−48.400*
3	4.1838	3.2e-24	−48.411	−48.360	−48.392

由表 10.2 可以看出，LR、FPE、AIC 和 HQ 四个准则均显示最优滞后阶为 2，根据多数原则判定 2 为最优滞后阶。

（5）波动序列的 Granger 因果关系检验：对人民币和新加坡元汇率收益率波动序列进行 Granger 因果关系检验，结果如表 10.3 所示。

表 10.3　变量 *vcny* 和 *vsgd* 的 Granger 因果关系检验

原假设	Lag	F 统计量	P 值
vcny 不是 *vsgd* 的 Granger 原因	1	0.2838	0.5943
	2	0.4188	0.6579
vsgd 不是 *vcny* 的 Granger 原因	1	2.7084	0.1000
	2	4.6257	0.0099

由表 10.3 可以看出，对滞后 2 阶，在 1% 显著水平下拒绝"*vsgd* 不是 *vcny* 的 Granger 原因"的原假设，而对滞后 1 阶和 2 阶，在 10% 显著水平下均不能拒绝"*vcny* 不是 *vsgd* 的 Granger 原因"的原假设，这表明 *vsgd* 是 *vcny* 的 Granger 原因，而 *vcny* 不是 *vsgd* 的 Granger 原因，即仅存在新加坡元汇率收益率波动到人民币汇率收益率波动的单向 Granger 因果关系。

注意：上述"GARCH 模型＋Granger 因果检验"方法存在明显的缺陷。由于单变量的 GARCH 模型反映的是各市场单独考察的方差，而两个变量作为一个系统整体还存在条件协方差，两个变量波动序列的 Granger 因果关系检验没有反映两个变量方差－协方差之间相互影响的完整有效信息，因此检验的结果可能会存在偏差。研究市场波动溢出效应的有效方法是通过建立多元 GARCH 模型来分析（参见第 11 篇）。

10.4　GARCH 模型在风险管理中的应用——VaR 值的计算

1993 年，G30 集团在研究衍生品种的基础上发表了《衍生产品的实践和规则》的报告，提出度量市场风险的 VaR(value at risk，即在险价值)已经成为金融界测量市场风险的主流方法。之后，J. P. Morgan 推出用于计算 VaR 的风险控制模型，该模型更是被众多金融机构广泛采用。

所谓 VaR，是指在一定置信水平下，某一金融资产或投资组合在未来特定的一段时间内的最大可能损失。

给定一个置信水平 $\alpha \in (0,1)$ 和风险 X 的累积分布函数 F_x，资产收益率在置信水平 α 下的在险价值为：

$$\mathrm{VaR}_\alpha = \inf\{x \in R, F_x(X) \geqslant \alpha\}$$

其中，α 的取值通常为 0.95、0.99、0.999。

VaR 值的计算方法有历史模拟法、蒙特卡洛模拟法和参数法，这里仅介绍参数法（又称为方差－协方差法）中的一种"Delta-类模型"。

10.4.1 Delta-正态模型

假定 ΔP_t 表示证券组合价值在第 t 天的变化，ΔS_t 表示股票价格在第 t 天的变化，定义 δ 为证券组合价值对股票价格的变化率，即

$$\delta_t = \frac{\Delta P_t}{\Delta S_t}$$

假定证券组合价值函数均取一阶近似，且市场因子服从多元正态分布，那么证券组合的收益率服从一元正态分布 $N(\mu_t, \sigma_t^2)$。在置信水平 α 下，证券组合在第 t 天的在险价值为：

$$\text{VaR}_\alpha(t) = \mu_t - \Phi^{-1}(\alpha) \cdot \sigma_t$$

其中，$\Phi(\cdot)$ 是标准正态分布的分布函数。

这里的公式十分简单，但是正态分布的两个参数 μ_t 和 σ_t^2 如何求得却不得而知。下面的 Delta-GARCH 模型为我们提供了利用 GARCH 模型计算参数 μ_t 和 σ_t^2 的方法。

10.4.2 Delta-GARCH 模型

对证券组合收益率建立 GARCH(1,1) 模型：

均值方程：

$$x_t = \varphi_1 x_{t-1} + \cdots + \varphi_p x_{t-p} + \varepsilon_t, \quad \varepsilon_t \sim N(0, \sigma_t^2)$$

方差方程：

$$\sigma_t^2 = \omega + \alpha \varepsilon_{t-1}^2 + \beta \sigma_{t-1}^2$$

令 $\mu_t = \varphi_1 x_{t-1} + \cdots + \varphi_p x_{t-p}$，将 μ_t 和 σ_t 代入公式

$$\text{VaR}_\alpha(t) = \mu_t - \Phi^{-1}(\alpha) \cdot \sigma_t$$

即可得到在置信水平 α 下，第 t 天证券组合的在险价值。

案例 4 上证指数的在险价值计算。

（1）数据说明：选取上证指数 2017 年 1 月 1 日至 2019 年 12 月 31 日的日收盘价数据，记为 sh，并生成收益率序列 rsh（见图 10.17）

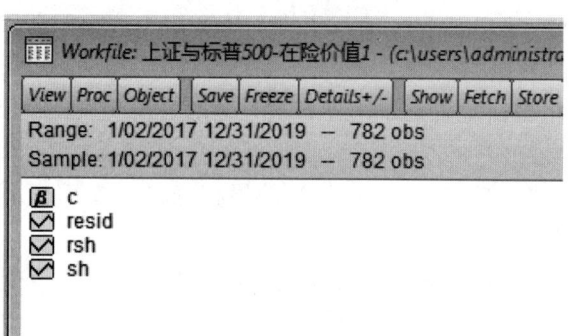

图 10.17

(2) 根据收益率 rsh 相关函数图建立均值方程（见图 10.18）

```
Date: 04/05/20   Time: 16:39
Sample: 1/02/2017 12/31/2019
Included observations: 526

Autocorrelation   Partial Correlation      AC      PAC    Q-Stat   Prob

                                      1  -0.003  -0.003   0.0062  0.937
                                      2   0.005   0.005   0.0208  0.990
                                      3   0.119   0.119   7.4819  0.058
                                      4  -0.062  -0.062   9.5041  0.050
                                      5  -0.068  -0.071  11.975   0.035
                                      6  -0.051  -0.065  13.352   0.038
                                      7   0.049   0.066  14.638   0.041
                                      8   0.034   0.050  15.261   0.054
                                      9   0.014   0.019  15.370   0.081
                                     10   0.031   0.003  15.888   0.103
                                     11   0.028   0.016  16.303   0.130
                                     12  -0.017  -0.012  16.460   0.171
                                     13  -0.061  -0.054  18.487   0.140
                                     14  -0.011  -0.011  18.548   0.183
                                     15  -0.015  -0.007  18.665   0.229
```

图 10.18

可见，偏自相关函数在 3 阶后截尾，所以尝试建立 AR(3) 模型。经诊断可知，AR(3) 模型如图 10.19 所示。

```
Dependent Variable: RSH
Method: Least Squares
Date: 04/05/20   Time: 16:43
Sample (adjusted): 1/05/2017 1/07/2019
Included observations: 523 after adjustments
Convergence achieved after 2 iterations

   Variable       Coefficient   Std. Error   t-Statistic   Prob.

    AR(3)          0.119143     0.043499     2.738989     0.0064

R-squared              0.013835    Mean dependent var     -0.627820
Adjusted R-squared     0.013835    S.D. dependent var     34.20500
S.E. of regression    33.96756    Akaike info criterion    9.890599
Sum squared resid    602280.9    Schwarz criterion        9.898743
Log likelihood       -2585.392   Hannan-Quinn criter.     9.893789
Durbin-Watson stat    1.992791
```

图 10.19

残差的 Q 统计量检验如图 10.20 所示。

```
Date: 04/05/20   Time: 16:44
Sample: 1/02/2017 12/31/2019
Included observations: 523
Q-statistic probabilities adjusted for 1 ARMA term

Autocorrelation   Partial Correlation      AC     PAC    Q-Stat   Prob

                                      1   0.003   0.003   0.0056
                                      2   0.014   0.014   0.1133  0.736
                                      3   0.007   0.007   0.1406  0.932
                                      4  -0.069  -0.069   2.6279  0.453
                                      5  -0.075  -0.075   5.5861  0.232
                                      6  -0.068  -0.066   8.0329  0.154
                                      7   0.054   0.058   9.5836  0.143
                                      8   0.040   0.039  10.434   0.165
                                      9   0.023   0.013  10.714   0.218
                                     10   0.033   0.016  11.288   0.257
                                     11   0.026   0.023  11.657   0.309
                                     12  -0.017  -0.009  11.819   0.377
                                     13  -0.058  -0.045  13.626   0.325
                                     14  -0.018  -0.011  13.804   0.388
                                     15  -0.011  -0.004  13.866   0.460
                                     16  -0.059  -0.057  15.780   0.397
                                     17   0.025   0.016  16.119   0.445
                                     18  -0.014  -0.028  16.226   0.508
                                     19  -0.043  -0.054  17.215   0.508
                                     20   0.088   0.085  21.474   0.311
                                     21  -0.004  -0.003  21.483   0.369
```

图 10.20

可见，残差序列不存在序列相关性。因此，均值方程可以取模型 AR(3)：

$$rsh_t = 0.1191 rsh_{t-3} + \varepsilon_t$$

（3）ARCH 效应检验：对模型 AR(3) 的残差序列进行 ARCH LM 检验（见图 10.21）

```
Heteroskedasticity Test: ARCH

F-statistic         3.078239    Prob. F(10,502)        0.0008
Obs*R-squared      29.63943     Prob. Chi-Square(10)   0.0010

Test Equation:
Dependent Variable: RESID^2
Method: Least Squares
Date: 04/05/20   Time: 16:47
Sample (adjusted): 1/19/2017 1/07/2019
Included observations: 513 after adjustments

Variable         Coefficient   Std. Error   t-Statistic   Prob.

C                 662.4040     175.5793      3.772678    0.0002
RESID^2(-1)        -0.011898     0.044548    -0.267081    0.7895
RESID^2(-2)        -0.005199     0.043914    -0.118386    0.9058
RESID^2(-3)         0.055084     0.043916     1.254307    0.2103
RESID^2(-4)         0.128273     0.043950     2.918595    0.0037
RESID^2(-5)         0.004392     0.044317     0.099112    0.9211
RESID^2(-6)         0.007679     0.044316     0.173278    0.8625
RESID^2(-7)         0.035865     0.043942     0.816189    0.4148
RESID^2(-8)        -0.009306     0.043900    -0.211989    0.8322
RESID^2(-9)         0.167361     0.043904     3.812001    0.0002
RESID^2(-10)        0.063930     0.044530     1.435657    0.1517
```

图 10.21

可见，在 1% 显著水平下拒绝"不存在 ARCH 效应"的原假设，所以，均值方程的残差有 ARCH 效应。

（4）建立 GARCH(1,1) 模型：以 AR(3) 为均值方程建立 GARCH(1,1) 模型（见图 10.22）

Dependent Variable: RSH
Method: ML - ARCH (Marquardt) - Normal distribution
Date: 04/05/20 Time: 17:00
Sample (adjusted): 1/05/2017 1/07/2019
Included observations: 523 after adjustments
Convergence achieved after 13 iterations
Presample variance: backcast (parameter = 0.7)
GARCH = C(2) + C(3)*RESID(-1)^2 + C(4)*GARCH(-1)

Variable	Coefficient	Std. Error	z-Statistic	Prob.
AR(3)	0.101570	0.041438	2.451123	0.0142
		Variance Equation		
C	27.14198	7.066718	3.840818	0.0001
RESID(-1)^2	0.055043	0.012813	4.295744	0.0000
GARCH(-1)	0.924327	0.014305	64.61582	0.0000

R-squared	0.013527	Mean dependent var	-0.627820
Adjusted R-squared	0.013527	S.D. dependent var	34.20500
S.E. of regression	33.97287	Akaike info criterion	9.808935
Sum squared resid	602469.2	Schwarz criterion	9.841513
Log likelihood	-2561.037	Hannan-Quinn criter.	9.821694
Durbin-Watson stat	1.994736		

图 10.22

经检验可知，该模型的残差不存在序列相关性且不再有 ARCH 效应。

（5）计算在险价值

根据 GARCH(1,1)模型：

$$rsh_t = 0.1015 rsh_{t-3} + \varepsilon_t$$

$$\sigma_t^2 = 27.142 + 0.055\varepsilon_{t-1}^2 + 0.924\sigma_{t-1}^2$$

导出残差序列和方差序列。（见图 10.23）

Series: RESID2 Workfile: 上证与标普500-在险

View | Proc | Object | Properties | Print | Name | Freeze

		RESID2
		Last up
		Modified: 1/02/201
1/02/2017	1/02/2017	NA
1/03/2017	1/03/2017	NA
1/04/2017	1/04/2017	NA
1/05/2017	1/05/2017	38.54644
1/06/2017	1/06/2017	86.50976
1/09/2017	1/09/2017	108.0786
1/10/2017	1/10/2017	83.41339
1/11/2017	1/11/2017	1.122955
1/12/2017	1/12/2017	76.21708
1/13/2017	1/13/2017	60.66368
1/16/2017	1/16/2017	109.4489
1/17/2017	1/17/2017	71.79425
1/18/2017	1/18/2017	747.9447
1/19/2017	1/19/2017	3.672021
1/20/2017	1/20/2017	2.661780
1/23/2017	1/23/2017	98.23686
1/24/2017	1/24/2017	141.0087
1/25/2017	1/25/2017	261.4355
1/26/2017	1/26/2017	711.8105
1/27/2017	1/27/2017	9.395212
1/30/2017	1/30/2017	113.6614
1/31/2017	1/31/2017	5.290601
2/01/2017	2/01/2017	224.3415
2/02/2017	2/02/2017	381.9036
2/03/2017	2/03/2017	757.6620
2/06/2017	2/06/2017	23.14391
2/07/2017	2/07/2017	209.7367
2/08/2017	2/08/2017	149.7057
2/09/2017	2/09/2017	339.7435

Series: GARCHSH Workfile: 上证与标普500-在

View | Proc | Object | Properties | Print | Name | Freeze

	GARCHSH
	Last updated: 04/05
	Modified: 1/02/2017 12/31/2019
1/02/2017	NA
1/03/2017	NA
1/04/2017	NA
1/05/2017	101.8274
1/06/2017	123.3855
1/09/2017	145.9523
1/10/2017	167.9986
1/11/2017	187.0189
1/12/2017	200.0703
1/13/2017	216.2676
1/16/2017	230.3830
1/17/2017	246.1156
1/18/2017	258.5850
1/19/2017	307.3285
1/20/2017	311.4160
1/23/2017	315.1386
1/24/2017	323.8403
1/25/2017	334.2378
1/26/2017	350.4772
1/27/2017	390.2779
1/30/2017	388.4034
1/31/2017	392.4100
2/01/2017	390.1482
2/02/2017	400.1149
2/03/2017	418.0001
2/06/2017	455.2150
2/07/2017	449.1833
2/08/2017	453.8787
2/09/2017	454.9145

图 10.23

给定置信水平 $\alpha=0.95$，$\Phi^{-1}(\alpha)=1.96$，则

$$\mu_t = 0.1015 rsh_{t-3}$$

$$\sigma_t = [27.14 + 0.055\varepsilon_{t-1}^2 + 0.924\sigma_{t-1}^2]^{\frac{1}{2}}$$

代入公式

$$\text{VaR}_\alpha(t) = \mu_t - \Phi^{-1}(\alpha) \cdot \sigma_t$$

得到上证指数在险价值 VaR 的计算公式：

$$\text{VaR}_{0.95}(t) = 0.1015 rsh_{t-3} - 1.96 \times [27.14 + 0.055 u_{t-1}^2 + 0.924\sigma_{t-1}^2]^{\frac{1}{2}}$$

将收益率、残差和方差的数据（见图 10.24）依次代入公式，即可求得各期的 VaR 值，如

$$\text{VaR}_{0.95}(2017.1.5.) = 0.1015 \times (-2.18)$$
$$- 1.96 \times [27.14 + 0.055 \times 38.546 + 0.924 \times 101.827]^{\frac{1}{2}} = -21.987$$

$$\text{VaR}_{0.95}(2017.1.6.) = 0.1015 \times (4.42)$$
$$- 1.96 \times [27.14 + 0.055 \times 86.509 + 0.924 \times 123.385]^{\frac{1}{2}} = -23.169$$

等等，以此类推。

RSH		RESID2		GARCHSH	
1/02/2017	-2.180000	1/02/2017	NA	1/02/2017	NA
1/03/2017	4.420000	1/03/2017	NA	1/03/2017	NA
1/04/2017	-12.05000	1/04/2017	NA	1/04/2017	NA
1/05/2017	-6.430000	1/05/2017	38.54644	1/05/2017	101.8274
1/06/2017	9.750000	1/06/2017	86.50976	1/06/2017	123.3855
1/09/2017	-11.62000	1/09/2017	108.0786	1/09/2017	145.9523
1/10/2017	8.480000	1/10/2017	83.41339	1/10/2017	167.9986
1/11/2017	2.050000	1/11/2017	1.122955	1/11/2017	187.0189
1/12/2017	7.550000	1/12/2017	76.21708	1/12/2017	200.0703
1/13/2017	8.650000	1/13/2017	60.66368	1/13/2017	216.2676
1/16/2017	10.67000	1/16/2017	109.4489	1/16/2017	230.3830
1/17/2017	9.240000	1/17/2017	71.79425	1/17/2017	246.1156
1/18/2017	-26.47000	1/18/2017	747.9447	1/18/2017	258.5850
1/19/2017	3.000000	1/19/2017	3.672021	1/19/2017	307.3285
1/20/2017	2.570000	1/20/2017	2.661780	1/20/2017	311.4160
1/23/2017	-12.60000	1/23/2017	98.23686	1/23/2017	315.1386
1/24/2017	-11.57000	1/24/2017	141.0087	1/24/2017	323.8403
1/25/2017	16.43000	1/25/2017	261.4355	1/25/2017	334.2378
1/26/2017	25.40000	1/26/2017	711.8105	1/26/2017	350.4772
1/27/2017	1.890000	1/27/2017	9.395212	1/27/2017	390.2779
1/30/2017	12.33036	1/30/2017	113.6614	1/30/2017	388.4034
1/31/2017	4.880000	1/31/2017	5.290601	1/31/2017	392.4100
2/01/2017	15.17000	2/01/2017	224.3415	2/01/2017	390.1482
2/02/2017	-18.29000	2/02/2017	381.9036	2/02/2017	400.1149
2/03/2017	-27.03000	2/03/2017	757.6620	2/03/2017	418.0001
2/06/2017	-3.270000	2/06/2017	23.14391	2/06/2017	455.2150
		2/07/2017	209.7367	2/07/2017	449.1833
		2/08/2017	149.7057	2/08/2017	453.8787
		2/09/2017	339.7435	2/09/2017	454.9145

图 10.24

▶▶▶ **操作练习 10**

选取两个适当的资产价格数据（5 年以上的样本），完成以下工作：

（1）给出两数据的描述、数据图及描述性统计检验，并给出简要解释；

（2）分别产生两资产的收益率序列，并对其进行平稳性检验以及自相关函数和偏自相关函数检验；

（3）建立均值方程，并对残差进行序列相关性和 ARCH 效应检验；

（4）建立 GARCH 模型，并对残差进行相应诊断；

（5）分别导出两资产收益率波动序列的图形和数据，检验其平稳性及最优滞后阶；

（6）对两资产收益率的波动进行 Granger 因果关系检验，分析波动溢出效应。

格式要求：

（1）在 Word 文档中以"实验报告"形式提交；

（2）标题"实验报告 10"为黑体 4 号字体居中排列，正文为宋体小 4 号字体；

（3）特别要注意图形和表格形式的规范；

（4）EViews 输出结果不要放在报告正文中，作为附录放在实验报告后。

第 11 篇

收益率波动的跨市场传导

在金融市场中,不同的市场(资产)不仅在价格之间相互影响,在它们的波动之间也可能存在相互影响。单变量波动模型描述的是单个市场(资产)波动的变化规律。要研究多个市场(资产)波动之间的相互影响,就需要多变量的波动模型。

1986 年,Bollerslev 等人引入向量 GARCH 模型。向量 GARCH 模型不仅能刻画多个金融资产沿时间方向的波动集聚,还能有效捕捉不同金融资产之间的风险交叉传递,因此在波动溢出、风险转移以及投资组合等方面有着广泛应用。

> **通过本篇你可以了解**
> - 向量 GARCH 模型的类型
> - 向量 GARCH 模型的建模
> - 收益率波动的跨市场传导

11.1 向量 GARCH 模型的结构

向量 GARCH 模型有以下三种类型:第一类是单变量 GARCH 模型的直接推广,包括 VEC、BEKK 和因素多元 GARCH 模型等;第二类是单变量 GARCH 模型的线性组合,包括正交多元 GARCH 模型和隐含因素多元 GARCH 模型等;第三类是单变量模型的非线性组合,主要是指动态协方差模型,比如 DCC 和 VC 多元 GARCH 模型等。这里仅介绍第一类单变量 GARCH 模型直接推广的形式。

11.1.1 向量 ARCH 模型

11.1.1.1 单变量 ARCH(p)模型

均值方程(AR):

$$x_t = c + \varphi_1 x_{t-1} + \cdots + \varphi_m x_{t-m} + u_t, \quad u_t \sim N(0, \sigma_t^2)$$

方差方程:

$$\sigma_t^2 = \alpha_0 + \alpha_1 u_{t-1}^2 + \cdots + \alpha_p u_{t-p}^2$$

11.1.1.2 向量 ARCH(p)模型

向量均值方程(VAR)：

$$X_t = C + \sum_{l=1}^{m} \Phi_l X_{t-l} + U_t, \quad U_t \mid I_{t-1} \sim N(0, H_t)$$

向量方差—协方差方程：

$$\text{Vech}(H_t) = W + \sum_{i=1}^{p} A_i \text{Vech}(U_{t-i} U'_{t-i})$$

其中，$X_t = (x_{1t}, x_{2t}, \cdots, x_{kt})'$是 k 维列向量时间序列，C 为 k 维常值列向量，Φ_i 是 k 阶参数方阵，U_t 是 k 维白噪声列向量序列，I_{t-1} 表示在 $(t-1)$ 时刻的信息集，H_t 是 $k \times k$ 阶条件方差和协方差矩阵。符号 Vech($\cdot$) 表示把矩阵 H_t 的下三角阵按列依次堆积而成 $\frac{1}{2}k(k+1)$ 维列向量，W 为 $\frac{1}{2}k(k+1)$ 维常值列向量，A_i 为 $\frac{1}{2}k(k+1)$ 阶参数方阵且使 H_t 正定。

11.1.2 向量 GARCH 模型

11.1.2.1 单变量 GARCH(p,q)模型

均值方程(AR)：

$$x_t = c + \varphi_1 x_{t-1} + \cdots + \varphi_m x_{t-m} + u_t, \quad u_t \sim N(0, \sigma_t^2)$$

方差方程：

$$\sigma_t^2 = \alpha_0 + \alpha_1 u_{t-1}^2 + \cdots + \alpha_p u_{t-p}^2 + \beta_1 \sigma_{t-1}^2 + \cdots + \beta_q \sigma_{t-q}^2$$

11.1.2.2 向量 GARCH(p,q)模型

向量均值方程(VAR)：

$$X_t = C + \sum_{l=1}^{m} \Phi_l X_{t-l} + U_t, \quad U_t \mid I_{t-1} \sim N(0, H_t)$$

向量方差—协方差方程：

$$\text{Vech}(H_t) = W + \sum_{i=1}^{p} A_i \text{Vech}(U_{t-i} U'_{t-i}) + \sum_{j=1}^{q} B_j \text{Vech}(H_{t-j})$$

其中，Vech($\cdot$)、W 含义同上，A_i 和 B_j 为 $\frac{1}{2}k(k+1)$ 阶参数方阵且使 H_t 正定。

由于均值方程是 VAR 模型，这个向量 GARCH 模型也称为 VAR-MVGARCH 模型，又由于它是用算子 Vech 的形式表达，又称为 VECH 模型。

11.1.2.3 向量 GARCH 模型的缺点

(1) 模型的参数设置较多：2 个变量的参数有 21 个；3 个变量的参数有 78 个；k 个变量的参数有 $\{k(k+1)[k(k+1)+1]\}/2$ 个。

(2) 对 H_t 的参数化过程难以保证它的正定性。

Bollerslev、Engle 和 Wooldridge 于 1988 年提出一种对角向量 GARCH 模型，大大减少了模型的参数。

11.1.2.4 对角向量 GARCH 模型

向量均值方程(VAR)：

$$X_t = C + \sum_{l=1}^{m} \Phi_l X_{t-l} + U_t, \quad U_t \mid I_{t-1} \sim N(0, H_t)$$

向量方差—协方差方程：

$$\text{Vech}(H_t) = W + \sum_{i=1}^{p} \text{diag}(a_{i1}, a_{i2}, \cdots, a_{i,\frac{1}{2}k(k+1)}) \text{Vech}(U_{t-i} U'_{t-i})$$

$$+ \sum_{j=1}^{q} \text{diag}(b_{j1}, b_{j2}, \cdots, b_{j,\frac{1}{2}k(k+1)}) \text{Vech}(H_{t-j})$$

注意：虽然对角向量 GARCH 模型的参数较少，但是模型对波动的刻画并不完全，因此不能用来分析多个市场之间的波动溢出效应。

11.1.3 BEKK 模型

BEKK 模型是由 Engle 和 Kroner 于 1995 年在总结 Baba、Engle、Kraft 和 Kroner 四人研究的基础上，提出的以四人名字命名的向量 GARCH 模型，用以克服向量 GARCH 模型的两个缺点。

11.1.3.1 BEKK(p,q) 模型

向量均值方程(VAR)：

$$X_t = C + \sum_{l=1}^{m} \Phi_l X_{t-l} + U_t, \quad U_t \mid I_{t-1} \sim N(0, H_t)$$

向量方差—协方差方程：

$$H_t = W'W + \sum_{i=1}^{p} A'_i (U_{t-i} U'_{t-i}) A_i + \sum_{j=1}^{q} B'_j (H_{t-j}) B_j$$

其中，W、A_i 和 B_j 均为 k 阶参数方阵。这个模型也称为 VAR-MVGARCH-BEKK 模型。

11.1.3.2 BEKK 模型的特点

(1) 由于向量方差—协方差方程的右边是二次型，它确保了矩阵的正定性。

(2) 相对于向量 GARCH 模型，BEKK 模型的参数较少。

(3) 模型中参数的经济含义不如向量 GARCH 模型中的明确。然而通过证明向量随机过程具有 BEKK 表达式时，它与向量 GARCH 模型表达式等价，从而其参数也具有明确的经济意义。

11.1.3.3 BEKK(1,1) 模型

向量均值方程(VAR)：

$$X_t = C + \sum_{l=1}^{m} \Phi_l X_{t-l} + U_t, \quad U_t \mid I_{t-1} \sim N(0, H_t)$$

向量方差—协方差方程：
$$H_t = W'W + A'(U_{t-1}U'_{t-1})A + B'(H_{t-1})B$$

其中，W、A 和 B 均为 k 阶参数方阵。

矩阵 A 反映的是 ARCH 效应，代表了收益率序列的残差项的过去值对现在条件方差的影响程度。矩阵 B 反映的是 GARCH 效应，代表了收益率序列条件方差的过去值对现在条件方差的影响程度。

11.1.3.4 两变量 BEKK(1,1) 模型的分量表示

向量均值方程(VAR)：
$$\begin{cases} x_t = c_1 + \sum_{i=1}^{p} \varphi_{1i}^{(1)} x_{t-i} + \sum_{i=1}^{p} \varphi_{2i}^{(1)} y_{t-i} + \varepsilon_{1t} \\ y_t = c_2 + \sum_{i=1}^{p} \varphi_{1i}^{(2)} x_{t-i} + \sum_{i=1}^{p} \varphi_{2i}^{(2)} y_{t-i} + \varepsilon_{2t} \end{cases}$$

其中
$$\varepsilon_t = \begin{pmatrix} \varepsilon_{1t} \\ \varepsilon_{2t} \end{pmatrix} \sim N(0, H_t), \quad H_t = \begin{bmatrix} h_{11t} & h_{12t} \\ h_{21t} & h_{22t} \end{bmatrix}, \quad h_{ijt} = E(\varepsilon_{it}\varepsilon_{jt} \mid I_{t-1})$$

向量方差—协方差方程：
$$\begin{aligned} h_{11,t} &= \omega_1^2 + \beta_1^2 h_{11,t-1} + 2\beta_1\beta_4 h_{12,t-1} + \beta_4^2 h_{22,t-1} \\ &\quad + \alpha_1^2 \varepsilon_{1,t-1}^2 + 2\alpha_1\alpha_4 \varepsilon_{1,t-1}\varepsilon_{2,t-1} + \alpha_4^2 \varepsilon_{2,t-1}^2 \\ h_{22,t} &= \omega_3^2 + \omega_2^2 + \beta_3^2 h_{11,t-1} + 2\beta_2\beta_3 h_{12,t-1} + \beta_2^2 h_{22,t-1} \\ &\quad + \alpha_3^2 \varepsilon_{1,t-1}^2 + 2\alpha_2\alpha_3 \varepsilon_{1,t-1}\varepsilon_{2,t-1} + \alpha_2^2 \varepsilon_{2,t-1}^2 \\ h_{12,t} &= \omega_1\omega_2 + \beta_1\beta_3 h_{11,t-1} + \beta_2\beta_1 h_{22,t-1} + \beta_3\beta_4 h_{12,t-1} + \beta_1\beta_2 h_{12,t-1} \\ &\quad + \alpha_1\alpha_3 \varepsilon_{1,t-1}^2 + \alpha_3\alpha_4 \varepsilon_{1,t-1}\varepsilon_{2,t-1} + \alpha_1\alpha_2 \varepsilon_{1,t-1}\varepsilon_{2,t-1} + \alpha_2\alpha_4 \varepsilon_{2,t-1}^2 \end{aligned}$$

其中，$h_{11,t}$ 和 $h_{22,t}$ 分别表示变量 x_t 和 y_t 的方差，$h_{12,t}$ 表示变量 x_t 和 y_t 的协方差。

注意：这里的符号和格式是 EViews 程序中 BEKK 模型的形式，利用这种形式可以方便地根据 EViews 的输出结果对模型参数进行解释。

11.1.3.5 两变量 BEKK(1,1) 模型中参数的经济含义

参数 α_3 和 α_4 分别表示变量 x_t 对 y_t 的 ARCH 效应和变量 y_t 对 x_t 的 ARCH 效应，即冲击传导效应；α_1 和 α_2 则分别表示变量 x_t 和 y_t 对自身的 ARCH 效应。参数 β_3 和 β_4 分别表示变量 x_t 对 y_t 的 GARCH 效应和变量 y_t 对 x_t 的 GARCH 效应，即波动传导效应；β_1 和 β_2 分别表示变量 x_t 和 y_t 波动的持续性（自回归性）。冲击传导效应和波动传导效应统称为波动溢出效应。

更具体地说，对方程：

$$h_{11,t} = \omega_1^2 + \beta_1^2 h_{11,t-1} + 2\beta_1\beta_4 h_{12,t-1} + \beta_4^2 h_{22,t-1}$$
$$+ \alpha_1^2 \varepsilon_{1,t-1}^2 + 2\alpha_1\alpha_4 \varepsilon_{1,t-1}\varepsilon_{2,t-1} + \alpha_4^2 \varepsilon_{2,t-1}^2$$

若参数 α_4 显著不为 0，则存在变量 y_t 到 x_t 的冲击传导效应；若参数 β_4 显著不为 0，则存在变量 y_t 到 x_t 的波动传导效应。

对方程：

$$h_{22,t} = \omega_3^2 + \omega_2^2 + \beta_3^2 h_{11,t-1} + 2\beta_2\beta_3 h_{12,t-1} + \beta_2^2 h_{22,t-1}$$
$$+ \alpha_3^2 \varepsilon_{1,t-1}^2 + 2\alpha_2\alpha_3 \varepsilon_{1,t-1}\varepsilon_{2,t-1} + \alpha_2^2 \varepsilon_{2,t-1}^2$$

若参数 α_3 显著不为 0，则存在变量 x_t 到 y_t 的冲击传导效应；若参数 β_3 显著不为 0，则存在变量 x_t 到 y_t 的波动传导效应。

11.1.3.6 对角 BEKK(1,1) 模型

$$H_t = W'W + A'(U_{t-1}U'_{t-1})A + B'(H_{t-1})B$$

其中，参数方阵 A 和 B 均为对角阵。

对角 BEKK(1,1) 模型的分量形式为：

$$h_{11,t} = \omega_1^2 + \alpha_1^2 \varepsilon_{1,t-1}^2 + \beta_1^2 h_{11,t-1}$$
$$h_{12,t} = \omega_1\omega_2 + \alpha_1\alpha_2 \varepsilon_{1,t-1}\varepsilon_{2,t-1} + \beta_1\beta_2 h_{12,t-1}$$
$$h_{22,t} = \omega_3^2 + \omega_2^2 + \alpha_2^2 \varepsilon_{2,t-1}^2 + \beta_2^2 h_{22,t-1}$$

对角 BEKK 模型的表达式比较简单，但是仅反映了方差和协方差的自回归性质，因此不能用来分析波动的溢出效应。

11.2 向量 GARCH 模型的建模

11.2.1 VAR-MVGARCH 建模步骤

(1) 数据的平稳性检验

(2) 建立向量均值方程(VAR)

(3) ARCH 效应检验

(4) 建立 VAR-MVGARCH 模型

其中，ARCH 效应检验可以采用以下两种方法：

(1) 在 VAR 模型中进行联合检验

EViews 操作：在 VAR 模型输出窗口点击 "View \ Residual Tests \ White Heteroskedasticity (No Cross Terms or with Cross Terms)"，输出检验结果(注意：原假设是"没有 ARCH 效应"）。

(2) 根据 VAR 模型的形式，分别建立 VAR 模型的每一个回归方程并进行 ARCH

效应检验

EViews 操作：同单变量模型的 ARCH 效应检验。

11.2.2 VAR-MVGARCH 建模的 EViews 操作

（1）在主窗口中点击"Object \ New Object \ System"，再点击"OK"，输出对话窗口

（2）在该窗口中设置向量均值方程——VAR(p)的形式

（3）点击"Estimate"，并在输出对话框的"Estimation method"中选择"ARCH-…"，输出 ARCH 类型选项

（4）在"ARCH model specification"中选择一个（如 Diagonal VECH）

（5）点击"确定"，输出 VAR-MVGARCH 模型的估计结果

案例 1　中国与新加坡货币汇率的 VAR-MVGARCH 模型建模。

（1）导入数据

从英为财情网站数据库下载 2005 年 7 月 21 日至 2020 年 2 月 28 日美元兑人民币和美元兑新加坡元汇率的日收盘价数据，进行对齐处理。两数据分别记为变量 cny 和 sgd，导入 EViews 并生成收益率 $rcny$ 和 $rsgd$。（见图 11.1）

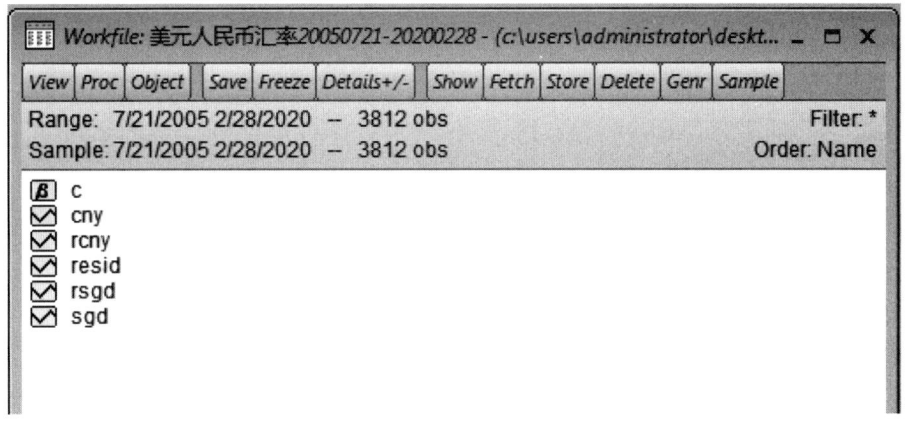

图 11.1

（2）对收益率建立 VAR 模型

经检验可知，两收益率序列 $rcny$ 与 $rsgd$ 均是平稳序列，且最优滞后阶为 1，所以建立 VAR(1)模型，如图 11.2 所示。

```
Vector Autoregression Estimates
Date: 03/30/20   Time: 15:50
Sample: 7/25/2005 2/28/2020
Included observations: 3810
Standard errors in ( ) & t-statistics in [ ]
```

	RCNY	RSGD
RCNY(-1)	-0.032015	-0.033259
	(0.01648)	(0.03572)
	[-1.94295]	[-0.93100]
RSGD(-1)	0.070682	-0.031028
	(0.00768)	(0.01664)
	[9.20837]	[-1.86451]
C	-3.71E-05	-4.85E-05
	(2.5E-05)	(5.5E-05)
	[-1.46039]	[-0.88172]
R-squared	0.021797	0.001426
Adj. R-squared	0.021283	0.000901
Sum sq. resids	0.009340	0.043901
S.E. equation	0.001566	0.003396
F-statistic	42.41494	2.717524
Log likelihood	19204.24	16255.98
Akaike AIC	-10.07939	-8.531746
Schwarz SC	-10.07448	-8.526828
Mean dependent	-3.90E-05	-4.59E-05
S.D. dependent	0.001583	0.003397

图 11.2

该 VAR(1) 模型可写为：

$$\text{rcny}_t = -0.032\text{rcny}_{t-1} + 0.071\text{rsgd}_{t-1} - 3.71 \times 10^{-5}$$

$$\text{rsgd}_t = -0.033\text{rcny}_{t-1} - 0.031\text{rsgd}_{t-1} - 4.85 \times 10^{-5}$$

注意：下面 MVGARCH 模型建模并不需要 VAR(1) 模型的具体表达式。

（3）ARCH 效应检验

在 VAR 模型输出窗口点击 "View \ Residual Tests \ White Heteroskedasticity (No Cross Terms)"，输出结果（见图 11.3）

```
VAR Residual Heteroskedasticity Tests: No Cross Terms (only levels and squares)
Date: 03/30/20   Time: 15:59
Sample: 7/25/2005 2/28/2020
Included observations: 3810
```

Joint test:

Chi-sq	df	Prob.
284.5733	12	0.0000

Individual components:

Dependent	R-squared	F(4,3805)	Prob.	Chi-sq(4)	Prob.
res1*res1	0.034038	33.52003	0.0000	129.6864	0.0000
res2*res2	0.020208	19.61960	0.0000	76.99351	0.0000
res2*res1	0.001279	1.217990	0.3009	4.872123	0.3007

图 11.3

结果显示，模型在 1% 水平下显著拒绝"没有 ARCH 效应"的原假设，故 VAR(1) 模型的残差存在 ARCH 效应。

（4）VAR-MVGARCH 模型估计

① 在主窗口中点击 "Object \ New Object"，选择 "System"（见图 11.4）

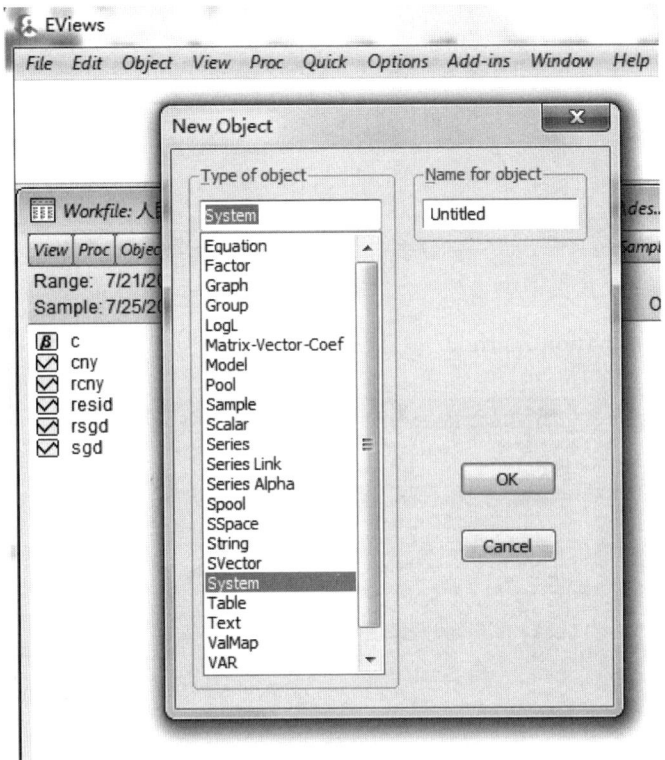

图 11.4

② 点击 "OK"，在输出的窗口中填入 VAR(1) 模型的一般形式（见图 11.5）

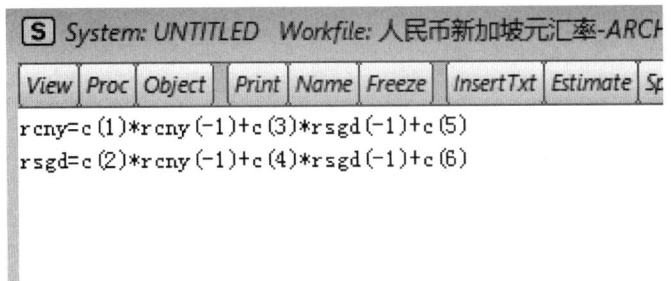

图 11.5

③ 点击 "Estimate"，输出对话框（见图 11.6）

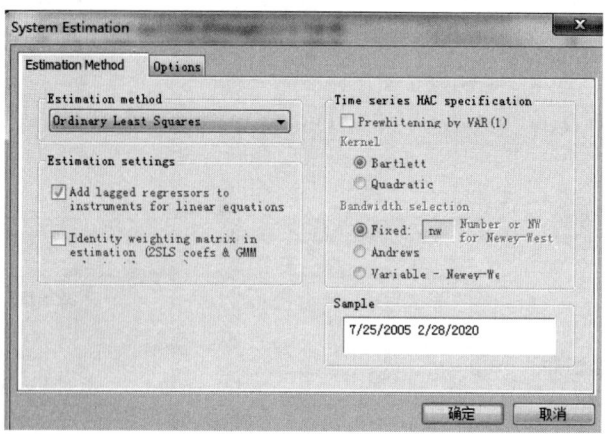

图 11.6

④ 点开"Estimation method"下拉框（见图 11.7）

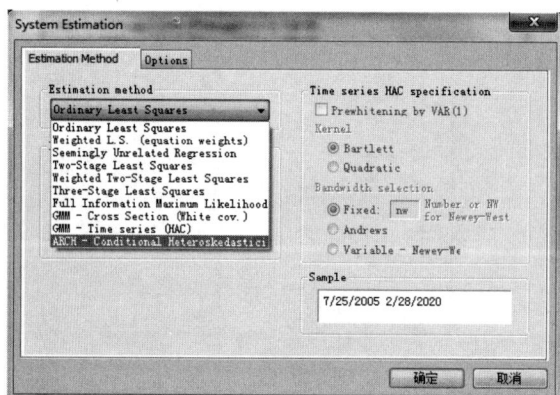

图 11.7

⑤ 点击选项"ARCH-Conditional Heteroskedasticity"，输出对话框（见图 11.8）

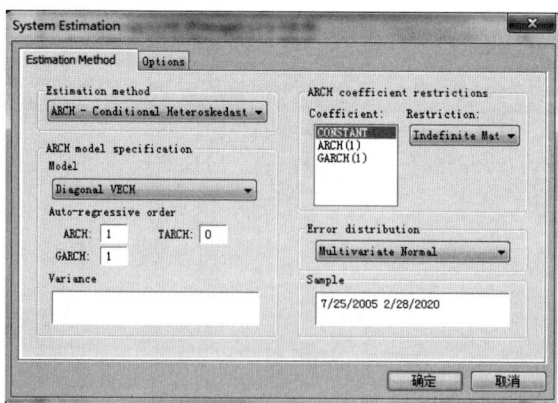

图 11.8

⑥ 在"ARCH model specification"下拉框中选择一个（如 Diagonal VECH）（见图 11.9）

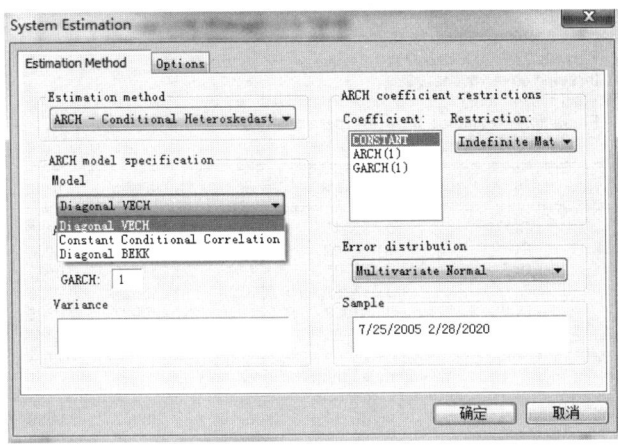

图 11.9

⑦ 点击"确定"，输出对角 VECH 模型的估计结果（见图 11.10）

```
System: UNTITLED
Estimation Method: ARCH Maximum Likelihood (Marquardt)
Covariance specification: Diagonal VECH
Date: 03/30/20   Time: 16:36
Sample: 7/25/2005 2/28/2020
Included observations: 3810
Total system (balanced) observations 7620
Presample covariance: backcast (parameter =0.7)
Convergence achieved after 3 iterations
```

	Coefficient	Std. Error	z-Statistic	Prob.
C(1)	-0.032018	0.013684	-2.339723	0.0193
C(3)	0.070645	0.002948	23.96067	0.0000
C(5)	-5.45E-05	1.29E-05	-4.206846	0.0000
C(2)	-0.033257	0.027359	-1.215611	0.2241
C(4)	-0.031027	0.017058	-1.818926	0.0689
C(6)	-8.82E-05	4.17E-05	-2.114714	0.0345
Variance Equation Coefficients				
C(7)	1.04E-09	1.58E-10	6.619834	0.0000
C(8)	4.10E-09	1.59E-09	2.581966	0.0098
C(9)	6.05E-08	1.27E-08	4.759225	0.0000
C(10)	0.017351	0.000598	29.03809	0.0000
C(11)	0.030487	0.001797	16.96652	0.0000
C(12)	0.053570	0.004775	11.21908	0.0000
C(13)	0.984564	0.000298	3308.590	0.0000
C(14)	0.962999	0.003094	311.2122	0.0000
C(15)	0.941721	0.004733	198.9566	0.0000

```
Log likelihood         36949.13    Schwarz criterion      -19.36341
Avg. log likelihood    4.848967    Hannan-Quinn criter.   -19.37926
Akaike info criterion  -19.38600
```

图 11.10

⑧ 在"ARCH model specification"下拉框中选择"Diagonal BEKK"，则输出对

角 BEKK 模型的估计结果（见图 11.11）

```
System: UNTITLED
Estimation Method: ARCH Maximum Likelihood (Marquardt)
Covariance specification: Diagonal BEKK
Date: 03/30/20   Time: 16:48
Sample: 7/25/2005 2/28/2020
Included observations: 3810
Total system (balanced) observations 7620
Presample covariance: backcast (parameter =0.7)
Convergence achieved after 1 iteration
```

	Coefficient	Std. Error	z-Statistic	Prob.
C(1)	-0.032015	0.012974	-2.467641	0.0136
C(3)	0.070682	0.002950	23.96240	0.0000
C(5)	-4.43E-05	1.37E-05	-3.231819	0.0012
C(2)	-0.033259	0.026275	-1.265807	0.2056
C(4)	-0.031028	0.016974	-1.828027	0.0675
C(6)	-4.95E-05	4.23E-05	-1.171824	0.2413

Variance Equation Coefficients				
C(7)	9.04E-10	1.58E-10	5.735062	0.0000
C(8)	4.36E-09	1.49E-09	2.920266	0.0035
C(9)	6.13E-08	1.21E-08	5.065655	0.0000
C(10)	0.131761	0.002230	59.09247	0.0000
C(11)	0.231429	0.009188	25.18728	0.0000
C(12)	0.992292	0.000150	6633.635	0.0000
C(13)	0.970422	0.002096	463.0653	0.0000

Log likelihood	36947.30	Schwarz criterion	-19.36678
Avg. log likelihood	4.848727	Hannan-Quinn criter.	-19.38051
Akaike info criterion	-19.38809		

图 11.11

由均值方程的形式：
$$\ln xh = c(1) + c(3) \times \ln xh(-1) + c(5) \times \ln qh(-1)$$
$$\ln qh = c(2) + c(4) \times \ln xh(-1) + c(6) \times \ln qh(-1)$$

代入参数得到均值方程为：
$$rcny_t = -0.032 rcny_{t-1} + 0.071 rsgd_{t-1} - 4.43 \times 10^{-5}$$
$$rsgd_t = -0.033 rcny_{t-1} - 0.031 rsgd_{t-1} - 4.95 \times 10^{-5}$$

由对角 BEKK 模型的形式：
$$h_{11,t} = \omega_1^2 + \alpha_1^2 \varepsilon_{1,t-1}^2 + \beta_1^2 h_{11,t-1}$$
$$h_{12,t} = \omega_1 \omega_2 + \alpha_1 \alpha_2 \varepsilon_{1,t-1} \varepsilon_{2,t-1} + \beta_1 \beta_2 h_{12,t-1}$$
$$h_{22,t} = \omega_3^2 + \omega_2^2 + \alpha_2^2 \varepsilon_{2,t-1}^2 + \beta_2^2 h_{22,t-1}$$

此处，$\omega_1 = c(7)$，$\omega_2 = c(8)$，$\omega_3 = c(9)$，$\alpha_1 = c(10)$，$\alpha_2 = c(11)$，$\beta_1 = c(12)$，$\beta_2 = c(13)$，代入参数得到对角 BEKK 模型的方差方程：
$$h_{11,t} = 8.17 \times 10^{-19} + 0.017 \varepsilon_{1,t-1}^2 + 0.984 h_{11,t-1}$$
$$h_{12,t} = 3.94 \times 10^{-18} \omega_1 \omega_2 + 0.030 \varepsilon_{1,t-1} \varepsilon_{2,t-1} + 0.962 h_{12,t-1}$$
$$h_{22,t} = 193.75 \times 10^{-15} + 0.053 \varepsilon_{2,t-1}^2 + 0.941 h_{22,t-1}$$

(5) 系数的 Wald 检验

模型估计中如有系数不显著，则应对该系数进行 Wald 检验，即检验该项是否在模型中不出现，亦即检验该系数是否为 0。

在建立的对角 BEKK 模型中，系数 $c(2)$ 不显著，故对其进行 Wald 检验。

① 点击"View \ Coefficient Test \ Wald Coefficient Test"，在输出的窗口中填入"$c(2)=0$"（见图 11.12）

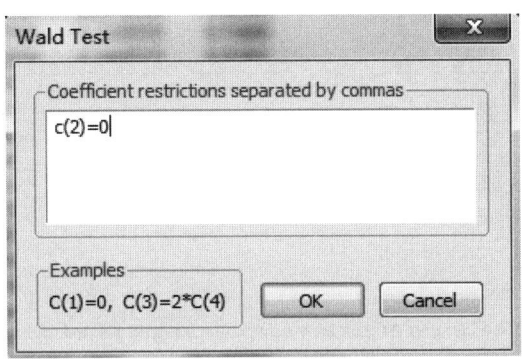

图 11.12

② 点击"OK"，输出检验结果（见图 11.13）

图 11.13

结果显示，不能拒绝"$c(2)=0$"的原假设，因此 $c(2)=0$，即 VAR(1) 模型的第二个方程中不含 rcny(-1) 项。

同理，可对不显著的系数 $c(6)$ 进行检验。

注意：从案例 1 的操作过程可以看出，EViews 菜单中只给出对角 VECH、对角 BEKK 和常值条件相关三种模型。这三种模型都仅仅刻画了单个市场的冲击和波动对本市场波动的影响，没有任何关于冲击和波动的跨市场传导的信息，因此都不能用来探测波动的溢出效应。

11.3 收益率序列的波动溢出效应

对于 VAR-MVGARCH-BEKK 模型的应用，需要讨论收益率序列的波动溢出效应。EViews 的菜单仅提供了对角 VECH 模型和对角 BEKK 模型的估计。对一般的 BEKK 模型的建模需要 EViews 程序，这个程序可以在 EViews 中通过如下路径找到二元对角 BEKK 模型的程序"bv_garch.prg"并加以改进得到：

help→quick help reference→sample programs &data→exmple programs→log1→bv_garch.prg

案例 2 中国与新加坡货币汇率间波动溢出效应分析。

（1）程序准备

按照如下路径：

help→quick help reference→sample programs &data→exmple programs→log1→bv_garch.prg

在 EViews 中找到二元对角 BEKK 模型的程序"bv_garch.prg"（见图 11.14）

```
' BV_GARCH.PRG (3/30/2004)
' example program for EViews LogL object
'
' restricted version of
' bi-variate BEKK of Engle and Kroner (1995):
'
'   y = mu + res
'   res ~ N(0,H)
'
'   H = omega*omega' + beta H(-1) beta' + alpha res(-1) res(-1)' alpha'
'
' where
'
'   y = 2 x 1
'   mu = 2 x 1
'   H = 2 x 2 (symmetric)
'       H(1,1) = variance of y1    (saved as var_y1)
'       H(1,2) = cov of y1 and y2  (saved as var_y2)
'       H(2,2) = variance of y2    (saved as cov_y1y2)
'   omega = 2 x 2 low triangular
'   beta = 2 x 2 diagonal
'   alpha = 2 x 2 diagonal

' change path to program path
%path = @runpath + "../data/"
cd %path

' load workfile
wfload intl_fin.wf1

' dependent variables of both series must be continues
smpl @all
series y1 = dlog(sp500)
series y2 = dlog(tbond)

' set sample
```

图 11.14

其中的方差—协方差方程是对角 BEKK 形式：

bvgarch. append var_y1 = omega(1)^2 + beta(1)^2 * var_y1(- 1) + alpha(1)^2 * sqres1(- 1)

bvgarch. append var_y2 = omega(3)^2 + omega(2)^2 + beta(2)^2 * var_y2(- 1) + alpha(2)^2 * sqres2(- 1)

bvgarch. append cov_y1y2 = omega(1) * omega(2)^2 + beta(2) * beta(1) * cov_y1y2(- 1) + alpha(2) * alpha(1) * res1res2(- 1)

将其改为一般 BEKK(1,1)模型形式，即用下列表达式替换上述对角 BEKK 的方差—协方差方程：

bvgarch. append var_y1 = omega(1)^2 + beta(1)^2 * var_y1(- 1) + 2 * beta(1) * beta(4) * cov_y1y2(- 1) + beta(4)^2 * var_y2(- 1) + alpha(1)^2 * sqres1(- 1) + 2 * alpha(1) * alpha(4) * res1res2(- 1) + alpha(4)^2 * sqres2(- 1)

bvgarch. append var_y2 = omega(3)^2 + omega(2)^2 + beta(3)^2 * var_y1(- 1) + 2 * beta(2) * beta(3) * cov_y1y2(- 1) + beta(2)^2 * var_y2(- 1) + alpha(3)^2 * sqres1(- 1) + 2 * alpha(2) * alpha(3) * res1res2(- 1) + alpha(2)^2 * sqres2(- 1)

bvgarch. append cov_y1y2 = omega(1) * omega(2) + beta(1) * beta(3) * var_y1(- 1) + beta(2) * beta(4) * var_y2(- 1) + beta(3) * beta(4) * cov_y1y2(- 1) + beta(1) * beta(2) * cov_y1y2(- 1) + alpha(1) * alpha(3) * sqres1(- 1) + alpha(3) * alpha(4) * res1res2(- 1) + alpha(1) * alpha(2) * res1res2(- 1) + alpha(2) * alpha(4) * sqres2(- 1)

再将 "bv_garch. prg" 程序中的

```
coef(2) alpha
alpha(1) = (eq1.c(3))^.5
alpha(2) = (eq2.c(3))^.5
coef(2) beta
beta(1) = (eq1.c(4))^.5
beta(2) = (eq2.c(4))^.5
```

改为：

```
coef(4) alpha
alpha(1) = (eq1.c(3))^.5
alpha(2) = (eq2.c(3))^.5
alpha(3) = 0
alpha(4) = 0
coef(4) beta
beta(1) = (eq1.c(4))^.5
beta(2) = (eq2.c(4))^.5
```

beta(3) = 0
beta(4) = 0

得到一般 BEKK 模型的程序，删去说明部分的内容，整理成 EViews 程序并将其保存为"EViews Program"文件类型，以"bekk"命名存入文件夹"BEKK Program"中备用。（见图 11.15）

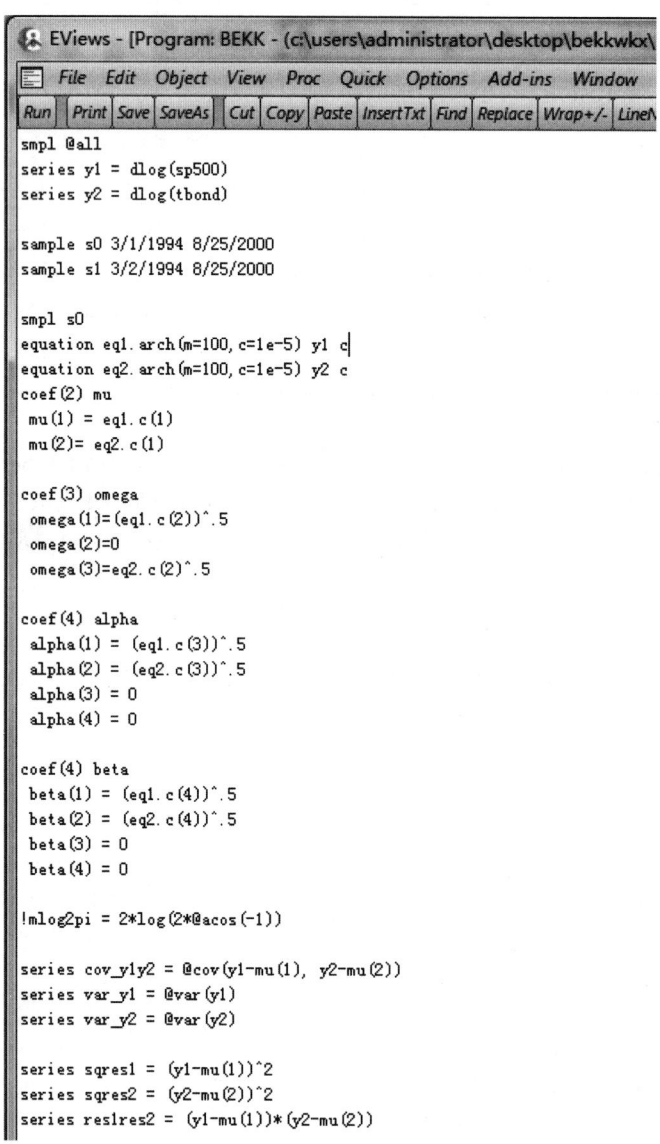

图 11.15

（2）导入数据

同案例 1，将人民币汇率 cny 和新加坡元汇率 sgd 导入 EViews，并生成收益率变量 $rcny$ 和 $rsgd$。（见图 11.16）

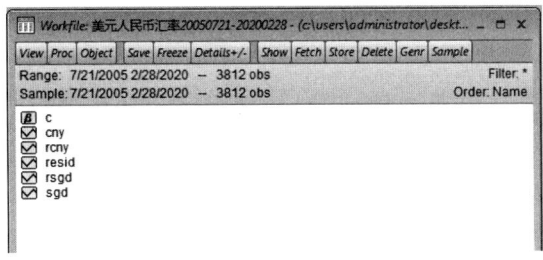

图 11.16

（3）对收益率建立 VAR 模型

同案例 1，由于两收益率序列均是平稳序列，建立向量均值方程 VAR(1)。以下 BEKK-MVGARCH 模型的建模也不需要 VAR(1) 的具体表达式。

（4）ARCH 效应检验

同案例 1，经检验可知，VAR(1) 模型的残差存在 ARCH 效应。

（5）建立 BEKK-MVGARCH 模型

一是打开"BEKK"。

① 在主菜单中点击"File \ Open \ Programs"（见图 11.17）

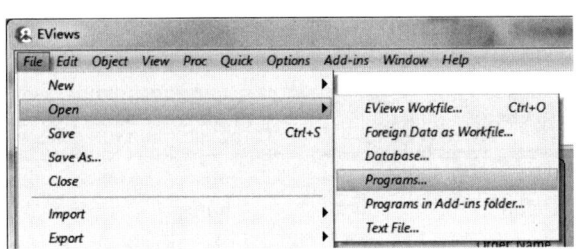

图 11.17

② 输出界面（见图 11.18）

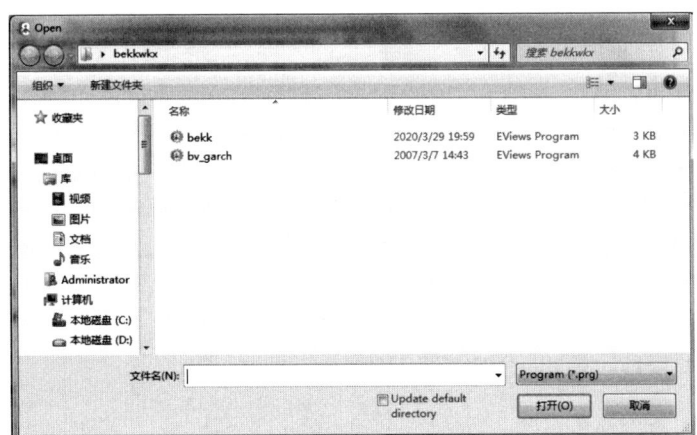

图 11.18

③ 按照某个路径查找备用的程序文件夹"BEKK Program"（见图11.19）

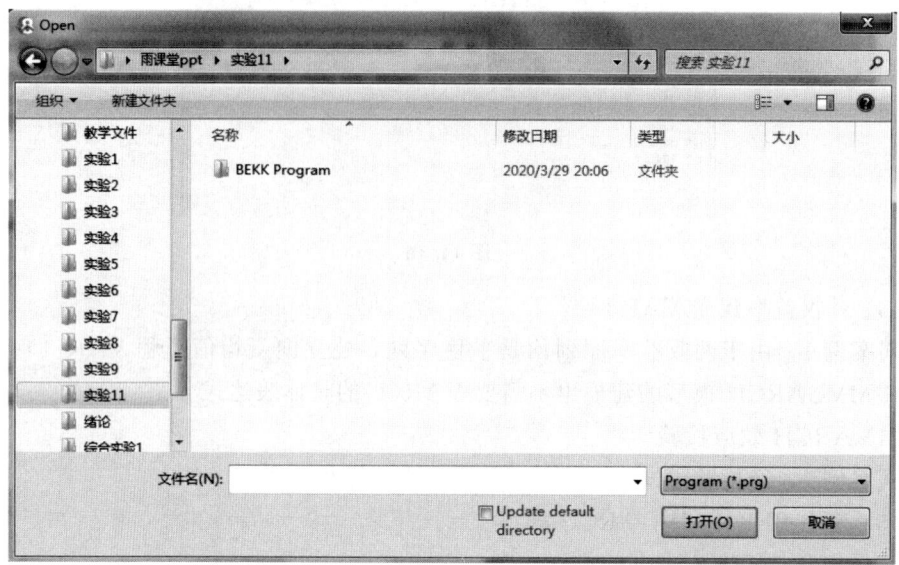

图 11.19

④ 打开文件夹，选中"bekk"（见图11.20）

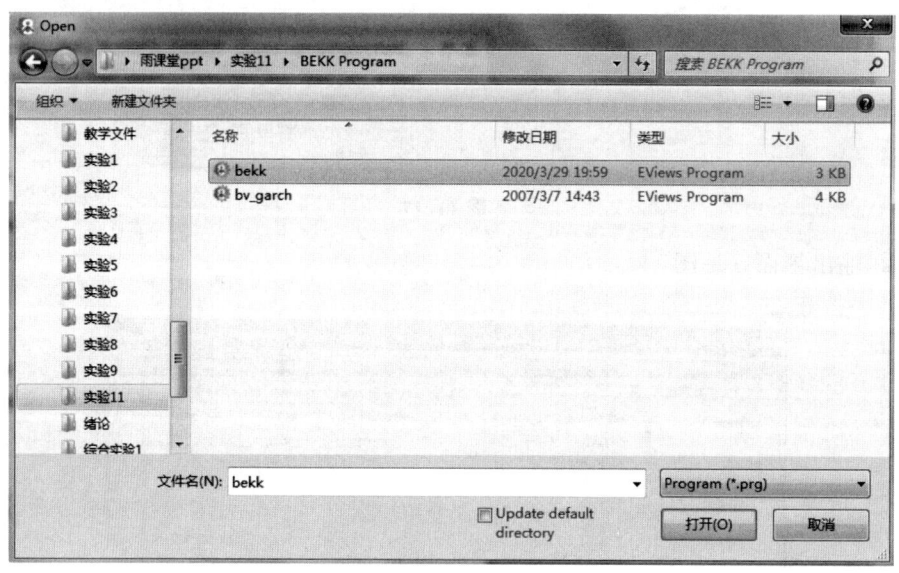

图 11.20

⑤ 点击"打开"，输出"BEKK"程序（见图11.21）

```
Program: BEKK - (c:\users\administrator\desktop\雨课堂ppt\实验11\b...
Run  Print  Save  SaveAs  Cut  Copy  Paste  InsertTxt  Find  Replace  Wrap+/-  LineNum+/-
smpl @all
series y1 = dlog(sp500)
series y2 = dlog(tbond)

sample s0 3/1/1994 8/25/2000
sample s1 3/2/1994 8/25/2000

smpl s0
equation eq1.arch(m=100,c=1e-5) y1 c
equation eq2.arch(m=100,c=1e-5) y2 c
coef(2) mu
 mu(1) = eq1.c(1)
 mu(2)= eq2.c(1)

coef(3) omega
 omega(1)=(eq1.c(2))^.5
 omega(2)=0
 omega(3)=eq2.c(2)^.5

coef(4) alpha
 alpha(1) = (eq1.c(3))^.5
 alpha(2) = (eq2.c(3))^.5
 alpha(3) = 0
 alpha(4) = 0
```

图 11.21

二是设置程序参数。(见图 11.22)

将原程序中变量和样本的信息：

  series y1 = dlog (sp500)
  series y2 = dlog (tbond)
  sample s0 3/1/1994 8/25/2000
  sample s1 3/2/1994 8/25/2000

修改为本案例的变量和样本区间：

  series y1 = rcny
  series y2 = rsgd
  sample s0 7/22/2005 2/28/2020 (收益率从第 2 位起)
  sample s1 7/23/2005 2/28/2020 (首位比 s0 迟 1 到 2 位)

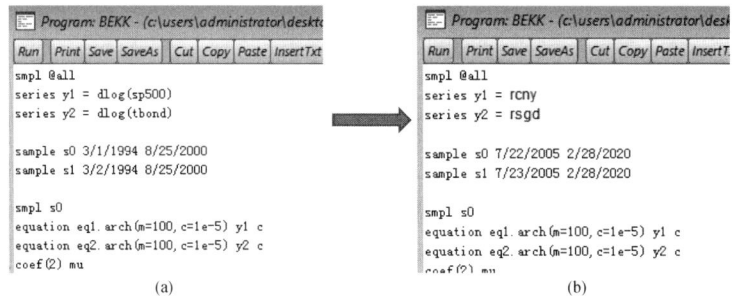

图 11.22

三是运行程序。

① 点击程序中按钮"Run"（见图 11.23）

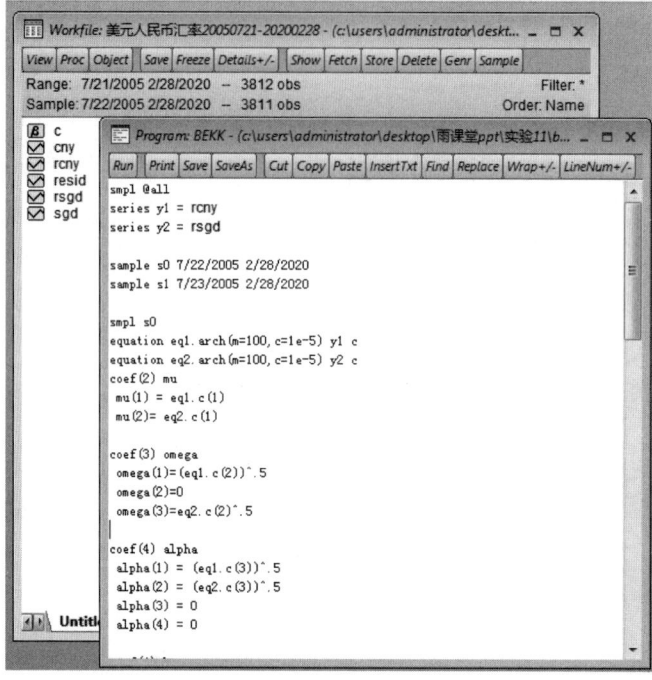

图 11.23

② 输出对话框（见图 11.24）

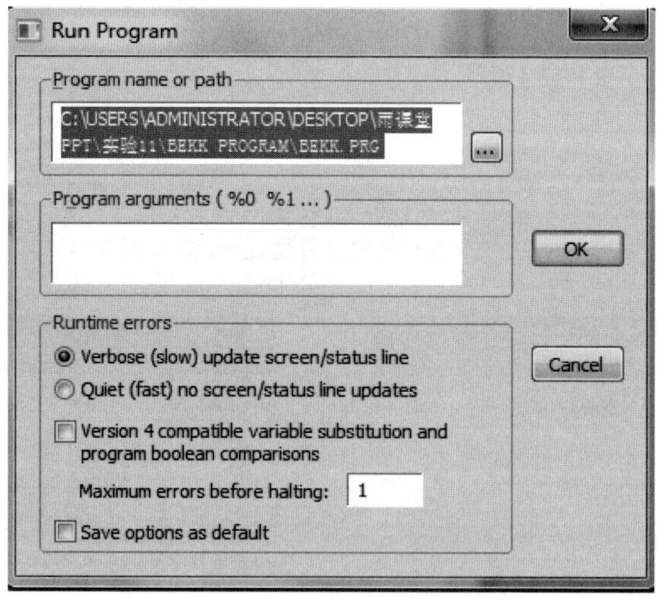

图 11.24

③ 点击"OK",输出 BEKK 模型估计结果,相关信息保存在文件中(见图 11.25)

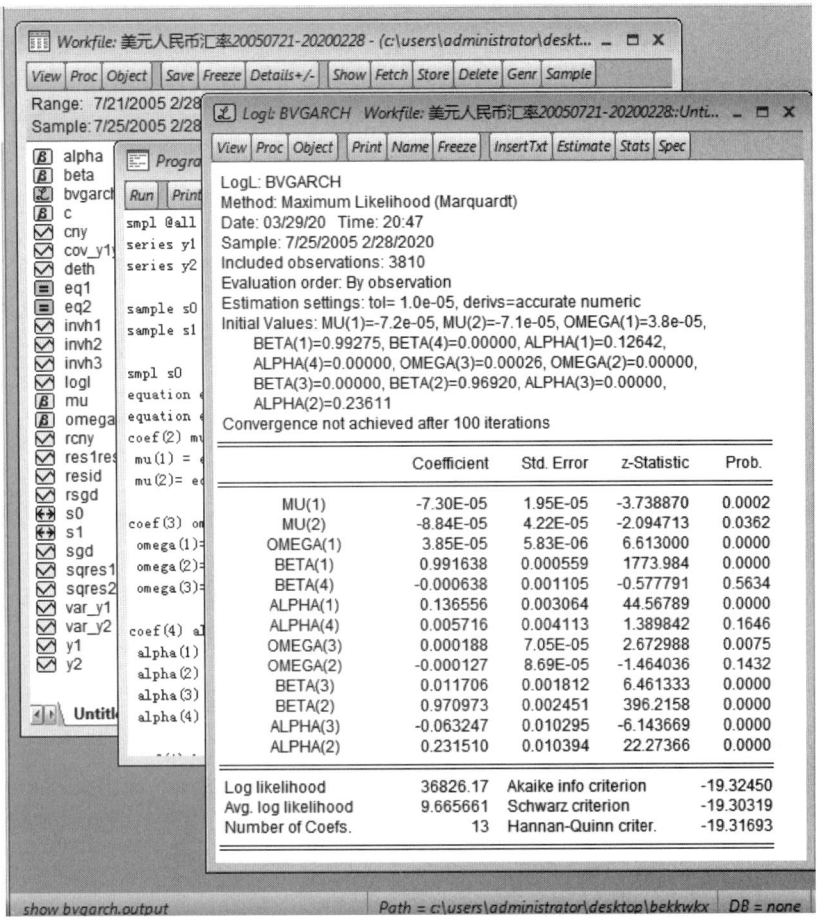

图 11.25

(6) 结果的表达和解释

由 BEKK 模型的估计结果,即可得到表 11.1。

表 11.1 人民币与新加坡货币汇率收益率 BEKK 模型的系数估计

	系数	标准差	Z 统计量	P 值
μ_1	−7.30E−05	1.95E−05	−3.7388	0.0002
μ_2	−8.84E−05	4.22E−05	−2.0947	0.0362
ω_1	3.85E−05	5.83E−05	6.6130	0.0000
β_1	0.9916	0.0005	1773.9	0.0000
β_4	−0.0006	0.0011	−0.5777	0.5634
α_1	0.1365	0.0030	44.5678	0.0000
α_4	0.0057	0.0041	1.3898	0.1646

（续表）

	系数	标准差	Z统计量	概率
ω_3	0.0002	7.05E-05	2.6729	0.0075
ω_2	−0.0001	8.69E-05	−1.4604	0.1432
β_3	0.0117	0.0018	6.4613	0.0000
β_2	0.9709	0.0024	396.21	0.0000
α_3	−0.0632	0.0103	−6.1436	0.0000
α_2	0.2315	0.0104	22.273	0.0000

由表 11.1 可见，参数 α_3 和 β_3 在 1% 水平下显著不为 0，因此人民币到新加坡元汇率收益率既存在冲击传导效应（大小为 $|\alpha_3|=0.0632$），又存在波动传导效应（大小为 $|\beta_3|=0.0117$）。而参数 α_4 和 β_4 在 10% 水平下不显著，我们进一步对其进行 Wald 系数检验。

(7) 系数的 Wald 检验

① 点击"View \ Wald Coefficient Tests"（见图 11.26）

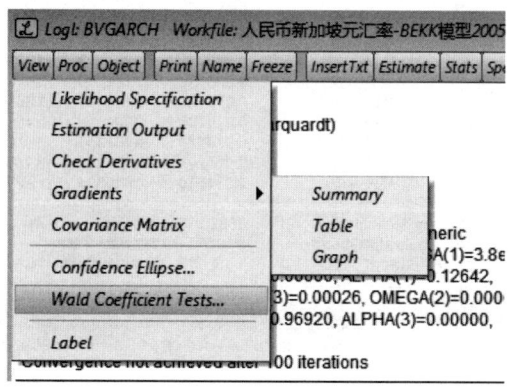

图 11.26

② 在输出的窗口中分别填入"beta(4)=0""alpha(4)=0"（见图 11.27）

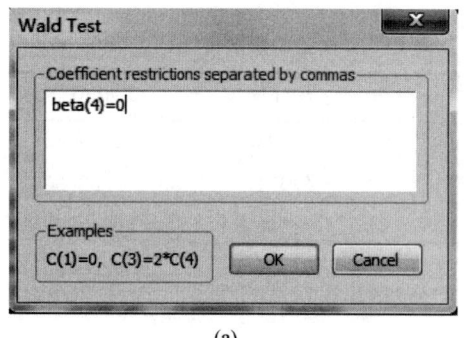

(a)

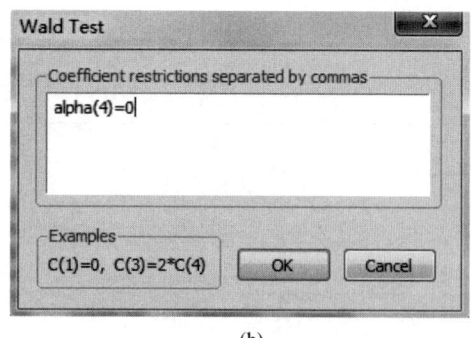

(b)

图 11.27

③ 点击“OK”，依次输出检验结果（见图 11.28）

Wald Test:
LogL: BVGARCH

Test Statistic	Value	df	Probability
Chi-square	0.333843	1	0.5634

Null Hypothesis: BETA(4)=0
Null Hypothesis Summary:

Normalized Restriction (= 0)	Value	Std. Err.
BETA(4)	-0.000638	0.001105

Restrictions are linear in coefficients.

(a)

Wald Test:
LogL: BVGARCH

Test Statistic	Value	df	Probability
Chi-square	1.931661	1	0.1646

Null Hypothesis: ALPHA(4)=0
Null Hypothesis Summary:

Normalized Restriction (= 0)	Value	Std. Err.
ALPHA(4)	0.005716	0.004113

Restrictions are linear in coefficients.

(b)

图 11.28

将检验结果整理成表 11.2。

表 11.2　系数的 Wald 检验

原假设	χ^2 统计量	P 值
Beta(4)=0	0.3338	0.5634
Alpha(4)=0	1.9316	0.1646

由表 11.2 可知，原假设“beta(4)=0”和“alpha(4)=0”在 10%显著水平下均不能被拒绝，因此这两个系数均为 0。可见，新加坡元兑人民币汇率收益率既不存在冲击传导效应，也不存在波动传导效应。

注记：（1）按照上述案例 2 的方式，我们可以将 EViews 的“sample programs”中的所有方法实现。

（2）EViews 中给出的 BEKK 程序“bv _ garch. prg”只是对两个变量进行建模。如果研究多个变量的波动溢出效应，这个程序便无能为力。我们在本教程的附录里给出一个利用 WinRATS 7.0 软件进行多个变量 BEKK 模型的建模方法，操作十分简单。

（3）若要对向量 GARCH 模型作进一步了解，可以参阅李文君、尹康发表的《多元 GARCH 模型研究述评》一文。①

操作练习 11

任意选取一个国家或地区，研究人民币与该国或地区货币汇率波动的溢出效应，

① 参见李文君、尹康：《多元 GARCH 模型研究述评》，载《数量经济技术经济研究》2009 年第 10 期，第 138—147 页。

按照以下步骤完成：

(1) 建立汇率收益率序列，并进行平稳性检验；

(2) 建立向量均值方程(VAR 模型)；

(3) 进行 ARCH 效应检验；

(4) 建立 VAR-BEKK-MVGARCH 模型，根据模型参数分析货币汇率收益率之间波动的溢出效应。

(注：由于人民币汇率自 2005 年 7 月 21 日起改革，因此所有汇率数据从 2005 年 7 月 21 日起选取)

格式要求：

(1) 在 Word 文档中以"实验报告"形式提交；

(2) 标题"实验报告 11"为黑体 4 号字体居中排列，正文为宋体小 4 号字体；

(3) 图形和表格按照 PPT 中的规范形式表达，依次编号，其中的文字为 5 号宋体，图题在图形的下方，表题在表格上方；

(4) EViews 原始输出结果不要放在报告正文中，作为附录放在实验报告后。

第 12 篇

面板数据模型与建模

公司金融问题常常涉及多家公司的样本数据,这些数据时间较短,不能用多变量时间序列模型进行分析,需要寻求新的方法。

> **通过本篇你可以了解**
> - 面板数据模型的类型
> - 面板数据的建立
> - 面板数据模型的建模

12.1 面板数据模型类型

12.1.1 面板数据概念

所谓面板数据,是指在时间序列上取多个截面,在这些截面上同时选取样本观测值所构成的数据,也称为时间序列—截面数据或平行数据。

面板数据的特点是个体比较多而时间比较短。

在公司企业投资需求分析中,经常会遇到多个企业若干指标的月度、季度以至年度时间序列数据;在城市居民消费分析中,会遇到全国 31 个省市自治区反映居民消费和居民收入的年度时间序列数据,等等。

面板数据有三个维度:个体、时点、指标,通常记作变量 x_{jit},其中,j 表示指标,i 表示个体,t 表示时点。(见图 12.1)

12.1.2 面板数据模型类型

面板数据模型的一般形式为:

$$y_{it} = \alpha_{it} + \beta_1 x_{1it} + \cdots + \beta_k x_{kit} + \varepsilon_{it}, \quad i=1,2,\cdots,N, \, t=1,2,\cdots,T$$

这里有 N 个个体,T 个时点,$(k+1)$ 个指标:y_{it},x_{1it},x_{2it},$\cdots$,x_{kit}。

根据个体或时点是否固定,面板数据模型分为混合模型、固定效应模型和随机效应模型。

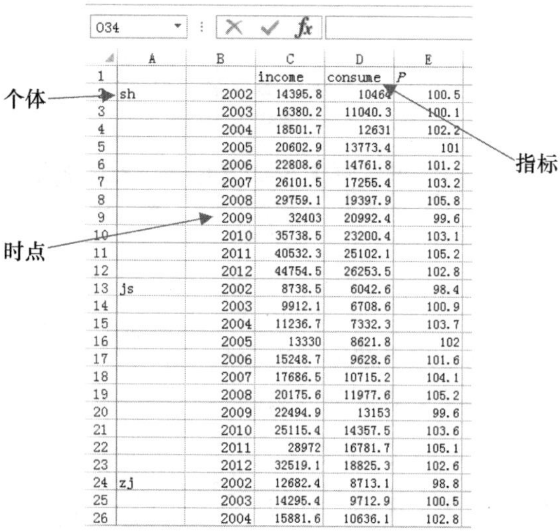

	A	B	C	D	E
1			income	consume	P
2	sh	2002	14395.8	10464	100.5
3		2003	16380.2	11040.3	100.1
4		2004	18501.7	12631	102.2
5		2005	20602.9	13773.4	101
6		2006	22808.6	14761.8	101.2
7		2007	26101.5	17255.4	103.2
8		2008	29759.1	19397.9	105.8
9		2009	32403	20992.4	99.6
10		2010	35738.5	23200.4	103.1
11		2011	40532.3	25102.1	105.2
12		2012	44754.5	26253.5	102.8
13	js	2002	8738.5	6042.6	98.4
14		2003	9912.1	6708.6	100.9
15		2004	11236.7	7332.3	103.7
16		2005	13330	8621.8	102
17		2006	15248.7	9628.6	101.6
18		2007	17686.5	10715.2	104.1
19		2008	20175.6	11977.6	105.2
20		2009	22494.9	13153	99.6
21		2010	25115.4	14357.5	103.6
22		2011	28972	16781.7	105.1
23		2012	32519.1	18825.3	102.6
24	zj	2002	12682.4	8713.1	98.8
25		2003	14295.4	9712.9	100.5
26		2004	15881.6	10636.1	102.8

图 12.1

12.1.2.1 混合效应模型

混合效应模型的一般形式为：

$$y_{it}=\alpha+\beta_1 x_{1it}+\cdots+\beta_k x_{kit}+\varepsilon_{it},\quad i=1,2,\cdots,N,\ t=1,2,\cdots,T$$

该模型描述既没有个体和时点的影响，也没有结构的变化，即对于任何个体和截面，方程的截距项 α 和系数向量 $\beta=(\beta_1,\beta_2,\cdots,\beta_k)'$ 均不变。

该模型可将各个体成员的时间序列数据堆积在一起作为样本数据，利用普通最小二乘法作回归，也称为联合回归模型。

12.1.2.2 固定效应模型

(1) 个体固定效应模型

个体固定效应模型的一般形式为：

$$y_{it}=\alpha_i+\beta_1 x_{1it}+\cdots+\beta_k x_{kit}+\varepsilon_{it},\quad i=1,2,\cdots,N,\ t=1,2,\cdots,T$$

该模型描述在个体成员上存在影响，但没有时点的影响，也没有结构的变化，即不同个体的影响可用截距项 α_i 来区别，但系数向量 $\beta=(\beta_1,\beta_2,\cdots,\beta_k)'$ 不变，也称为变截距模型或个体均值修正回归模型。

该模型的误差项由两部分组成：$\alpha_i+\varepsilon_{it}$，前者 α_i 与个体观察有关，包含所有影响被解释变量但不随时间变化的因素，后者 ε_{it} 包含随截面和时间变化的不可测因素。

个体固定模型可以加入虚拟变量表示为：

$$y_{it}=\alpha_0+\alpha_1 d_1+\alpha_2 d_2+\cdots+\alpha_N d_N+\sum_{j=1}^{k}\beta_j x_{jit}+\varepsilon_{it},$$
$$i=1,2,\cdots,N,\quad t=1,2,\cdots,T$$

其中，$d_i=\begin{cases}1, & \text{若属于第 } i \text{ 个个体}\\ 0, & \text{其他}\end{cases}$

注意：在 EViews 输出结果中，α_i 由一个不变的常数部分与一个随个体变化的部分相加而成。固定效应对话框中无论是否填写 C，输出结果中都会有常数项。

（2）时点固定效应模型

时点固定效应模型的一般形式为：

$$y_{it} = \gamma_t + \beta_1 x_{1it} + \cdots + \beta_k x_{kit} + \varepsilon_{it}, \quad i = 1, 2, \cdots, N, \ t = 1, 2, \cdots, T$$

该模型描述在时点上存在影响，但没有个体的影响，也没有结构的变化，即不同时点的影响可用截距项 γ_t 区别，但系数向量 $\beta = (\beta_1, \beta_2, \cdots, \beta_k)'$ 不变。

时点固定模型也可以加入虚拟变量表示为：

$$y_{it} = \gamma_0 + \gamma_1 w_1 + \gamma_2 w_2 + \cdots + \gamma_T w_T + \sum_{j=1}^{k} \beta_j x_{jit} + \varepsilon_{it},$$
$$i = 1, 2, \cdots, N, \ t = 1, 2, \cdots, T$$

其中，$w_t = \begin{cases} 1, & \text{若属于第 } t \text{ 个截面} \\ 0, & \text{其他} \end{cases}$

（3）个体时点双固定效应模型

个体时点双固定效应模型的一般形式为：

$$y_{it} = \alpha_0 + \alpha_i + \gamma_t + \beta_1 x_{1it} + \cdots + \beta_k x_{kit} + \varepsilon_{it},$$
$$i = 1, 2, \cdots, N, \ t = 1, 2, \cdots, T$$

该模型描述在个体成员上既有个体影响也有时点影响，但没有结构的变化，即不同个体的影响用截距项 α_i 来区别，不同时点的影响用 γ_t 来区别，系数向量 $\beta = (\beta_1, \beta_2, \cdots, \beta_k)'$ 不变。

个体时点双固定模型也可以加入虚拟变量表示为：

$$y_{it} = \alpha_0 + \alpha_1 d_1 + \alpha_2 d_2 + \cdots + \alpha_N d_N$$
$$+ \gamma_1 w_1 + \gamma_2 w_2 + \cdots + \gamma_T w_T + \sum_{j=1}^{k} \beta_j x_{jit} + \varepsilon_{it},$$
$$i = 1, 2, \cdots, N, \ t = 1, 2, \cdots, T$$

12.1.2.3 随机效应模型

对于如下三个模型：

$$y_{it} = \alpha_i + \sum_{j=1}^{k} \beta_j x_{jit} + \varepsilon_{it},$$

$$y_{it} = \gamma_t + \sum_{j=1}^{k} \beta_j x_{jit} + \varepsilon_{it},$$

$$y_{it} = \alpha_0 + \alpha_i + \gamma_t + \sum_{j=1}^{k} \beta_j x_{jit} + \varepsilon_{it}$$

如果截距项 α_i 和 γ_t 都是随机变量，且其分布与 $X_{it} = (x_{1it}, x_{2ti}, \cdots, x_{kit})'$ 无关，那么它们分别称为个体随机效应模型、时点随机效应模型和个体时点双随机效应模型。

注意：以上模型中的系数向量 $\beta = (\beta_1, \beta_2, \cdots, \beta_k)'$ 均不改变，称为固定系数面板模型。此外还有"变系数面板模型"。

12.2 面板数据建模

在对面板数据建模之前，首先要对下载的数据进行预处理，整理成 EViews 中面板数据的格式以便于进行数据的导入；然后再建立面板数据Pool，并进行混合、固定效应或随机效应等模型估计；最后，还要对模型进行检验以确定究竟选择哪一个模型（参见第13篇）。

案例1 华东6省1市城镇居民2002—2012年年度人均总收入和人均现金消费数据的面板模型。

（1）数据下载

① 在国家数据网站，点击"地区数据\分省年度数据"，输出页面（见图12.2）

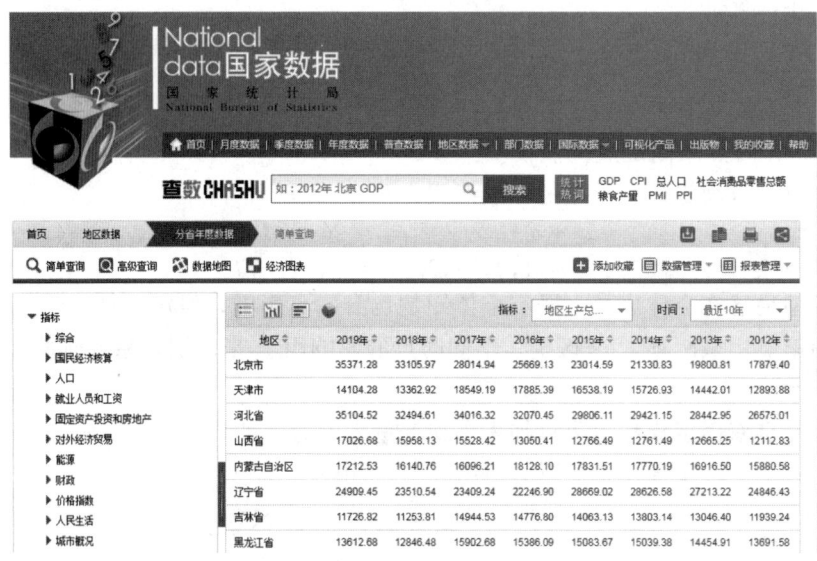

图 12.2

② 点击"人民生活\城镇居民平均每人全年家庭收入"，输出页面（见图12.3）

图 12.3

③ 在"地区"下拉框中选"上海市"，在"时间"下拉框中选"最近20年"，显

示上海市"城镇居民人均可支配收入"等指标数据（见图12.4）

图 12.4

④ 点击下载图标"⬇"，并点击"Excel下载"，得到上海市"城镇居民人均可支配收入"等指标的Excel表格（见图12.5）

行	A	B	C	D	E	F	G
1	数据库：分省年度数据						
2	地区：上海市						
3	时间：最近20年						
4	时间	居民人均可支配收入	镇居民人均总收入(元)	居民人均工资性收入	居民人均经营净收入	居民人均财产性收入	居民人均转移性收入(元)
5	2019年						
6	2018年						
7	2017年						
8	2016年						
9	2015年						
10	2014年						
11	2013年						
12	2012年	40188.3	44754.5	31109.3	2267.2	575.8	10802.2
13	2011年	36230.5	40532.3	28550.8	1994.1	633.1	9354.3
14	2010年	31838.1	35738.5	25440	1628.2	512.1	8158.2
15	2009年	28837.8	32403	23172.4	1434.9	473.4	7322.3
16	2008年	26674.9	29759.1	21791.1	1399.1	369.1	6199.8
17	2007年	23622.7	26101.5	18996.6	1157.6	368.8	5578.6
18	2006年	20667.9	22808.6	16016.4	958.5	300.3	5533.4
19	2005年	18645	20602.9	14280.7	798.1	292.2	5232
20	2004年	16682.8	18501.7	13156.7	506.8	214.7	4623.5
21	2003年	14867.5	16380.2	11526	376.7	130.1	4347.5
22	2002年	13249.8	14395.8	8974.8	436	94.9	4890.6
23	2001年						

图 12.5

注意：系统里只给出2002—2012年年度的数据。

在"人民生活"下选"城镇居民家庭平均每人全年消费"，可得到上海市"城镇居民家庭人均现金消费"等指标数据。

运用类似的方法可以得到江苏、浙江、安徽、江西、福建和山东6省的人均收入和消费数据。

为了使不同省份的数据具有可比性，我们还需要各省市的"价格指数"，具体操作如下：

① 点击"分省年度数据\价格指数\居民消费价格指数和商品零售价格指数"（见图 12.6）。

图 12.6

② 地区设为"上海市"，可获得上海市的价格指数（见图 12.7）。

时间	消费价格指数(上年=	民消费价格指数(上年	消费价格指数(上年	零售价格指数(上年	品零售价格指数(上年
2019年					
2018年	101.6	101.6		101.6	101.6
2017年	101.7	101.7		100.9	100.9
2016年	103.2	103.2		100.8	100.8
2015年	102.4	102.4		101.1	
2014年	102.7	102.7		100.9	100.9
2013年	102.3	102.3		100.2	100.2
2012年	102.8	102.8		101.2	101.2
2011年	105.2	105.2		104.1	104.1
2010年	103.1	103.1		101.7	101.7

图 12.7

可运用此方式下载其他 6 省的价格指数。

（2）数据预处理

将人均总收入、人均现金消费和价格指数分别记为 income、consume 和 P，将上海、江苏、浙江、安徽、江西、福建和山东分别记为 sh、js、zj、ah、jx、fj 和 sd，将上海人均总收入、人均现金消费和价格指数分别记为变量 income_sh、consume_sh 和 P_sh，其他变量类推。

要把三维数据在二维表格中表示出来，并且符合 EViews 面板数据建模的要求，需要将各省市的数据按照如图 12.8 所示的方式编排。

	A	B	C	D	E
1			income	consume	P
2	sh	2002	14395.8	10464	100.5
3		2003	16380.2	11040.3	100.1
4		2004	18501.7	12631	102.2
5		2005	20602.9	13773.4	101
6		2006	22808.6	14761.8	101.2
7		2007	26101.5	17255.4	103.2
8		2008	29759.1	19397.9	105.8
9		2009	32403	20992.4	99.6
10		2010	35738.5	23200.4	103.1
11		2011	40532.3	25102.1	105.2
12		2012	44754.5	26253.5	102.8
13	js	2002	8738.5	6042.6	98.4
14		2003	9912.1	6708.6	100.9
15		2004	11236.7	7332.3	103.7
16		2005	13330	8621.8	102
17		2006	15248.7	9628.6	101.6
18		2007	17686.5	10715.2	104.1
19		2008	20175.6	11977.6	105.2
20		2009	22494.9	13153	99.6
21		2010	25115.4	14357.5	103.6
22		2011	28972	16781.7	105.1
23		2012	32519.1	18825.3	102.6
24	zj	2002	12682.4	8713.1	98.8
25		2003	14295.4	9712.9	100.5
26		2004	15881.6	10636.1	102.8
27		2005	17877.4	12253.7	101.5
28		2006	19954	13348.5	101.1
29		2007	22583.8	14091.2	103.9
30		2008	24980.8	15158.3	104.8
31		2009	27119.3	16683.5	98.7
32		2010	30134.8	17858.2	104
33		2011	34264.4	20437.5	105.3

图 12.8

（3）建立面板数据 Pool

按照如下顺序建立面板数据 Pool：时间——个体——指标。

① 建立工作窗口：在 EViews 中点击"File \ New \ Workfile"，输入样本区间的起止日期："2002""2012"（见图 12.9）

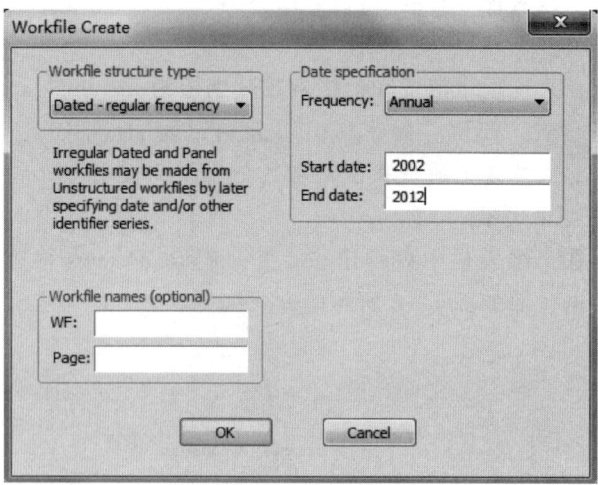

图 12.9

② 点击"OK",输出窗口(见图 12.10)

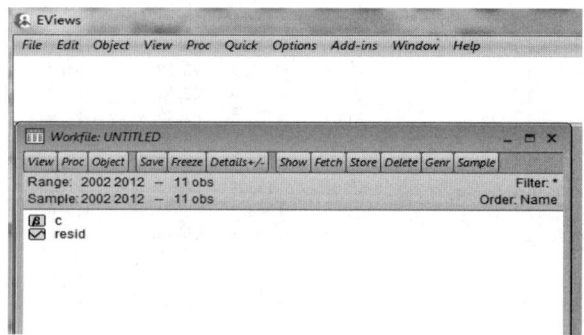

图 12.10

③ 在工作窗口点击"Object \ New Object \ Pool"(见图 12.11)

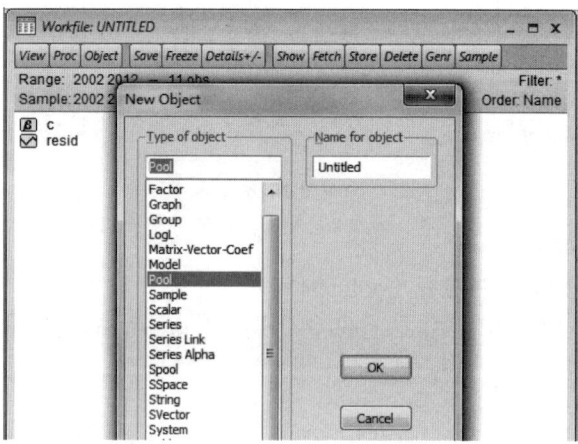

图 12.11

④ 在"Name for object"中输入 Pool 名,如"Pool1"(见图 12.12)

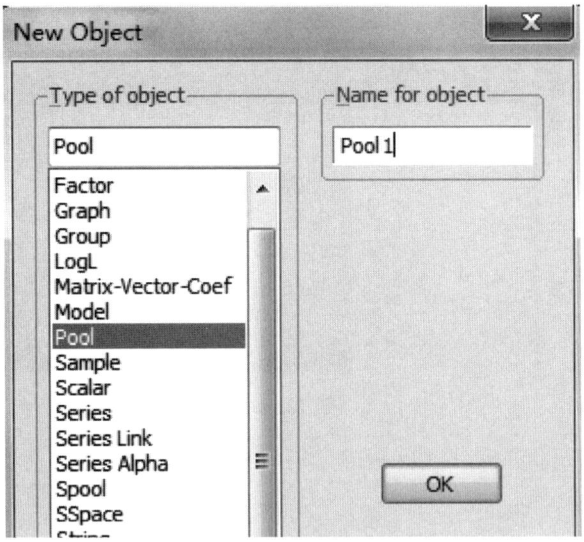

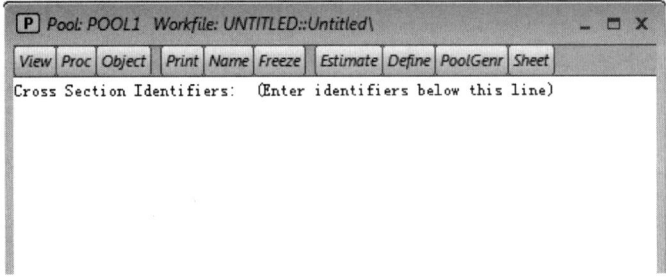

图 12.12

⑤ 点击"OK",输出窗口(见图 12.13)

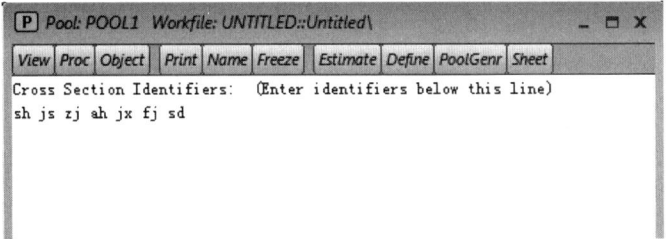

图 12.13

⑥ 填入个体"sh js zj ah jx fj sd"(见图 12.14)

图 12.14

⑦ 点击工具栏中的"Sheet"键（见图12.15）

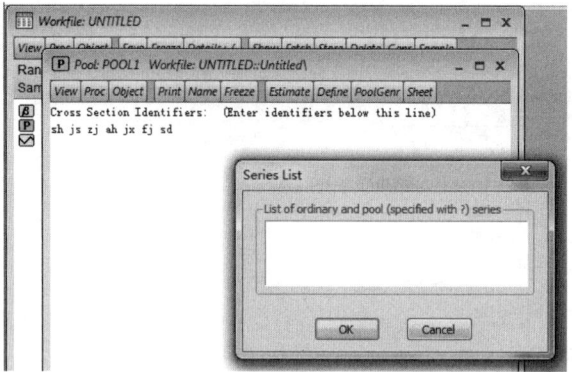

图 12.15

⑧ 填入指标变量"income? consume? P?"（见图12.16）

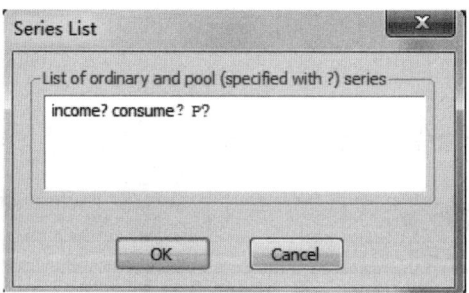

图 12.16

⑨ 点击"OK"，输出Pool1（见图12.17）

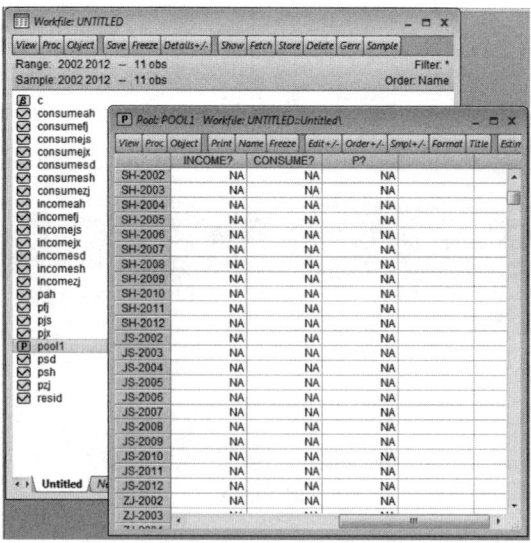

图 12.17

⑩ 点击工具栏中的"Edit+/-",从 Excel 中复制预处理好的面板数据,粘贴得到 Pool1(见图 12.18)

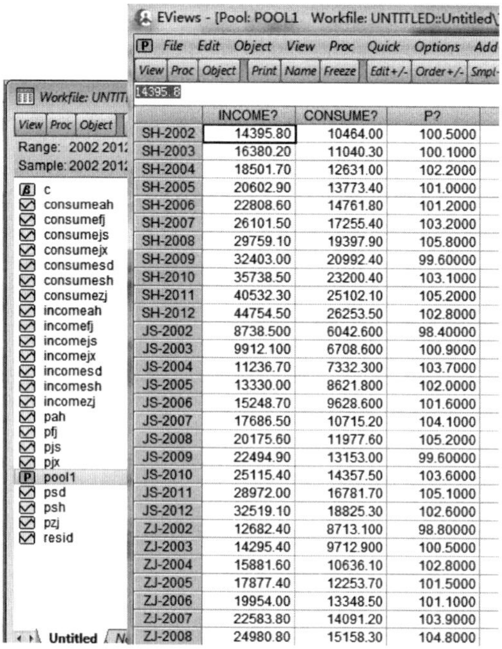

图 12.18

关闭此窗口,Pool1 已经保存在文件中。

(4) 生成新数据

为使数据具有可比性,需要生成"固定价格的人均收入和支出"变量。

① 打开 Pool1,点击工具栏中的"Genr",输出窗口(见图 12.19)

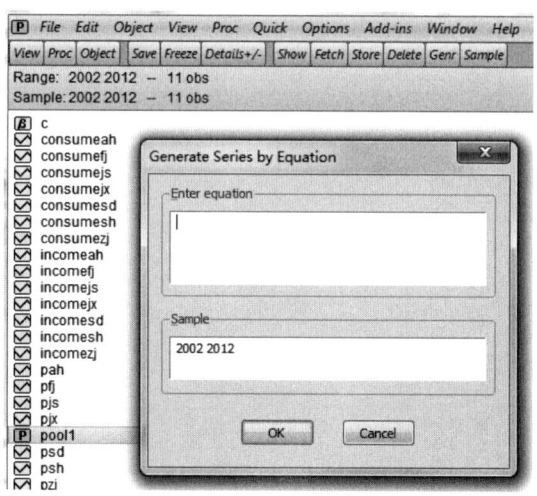

图 12.19

② 填入"ip？=100＊income？/P？"（见图12.20）

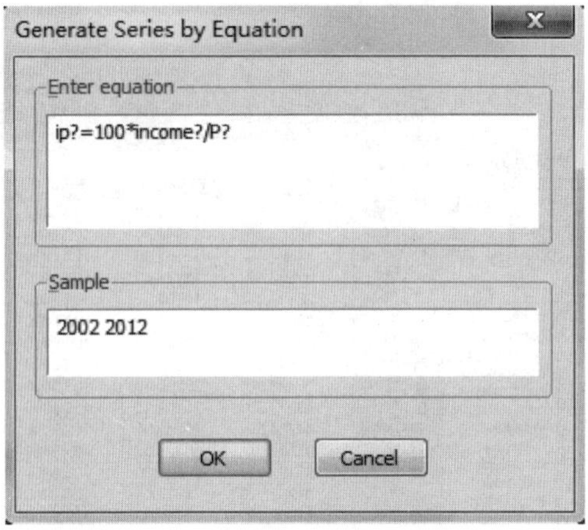

图 12.20

③ 点击"OK"，得到表示固定价格的人均收入的新变量"ip？"（见图12.21）

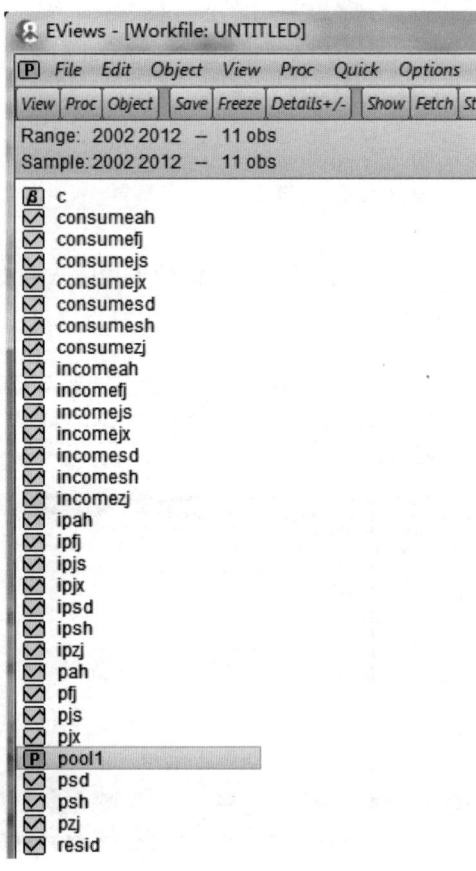

图 12.21

④ 利用公式 cp? ＝100 * consume? /P?，可以得到表示固定价格的人均消费的新变量"cp?"（见图 12.22）

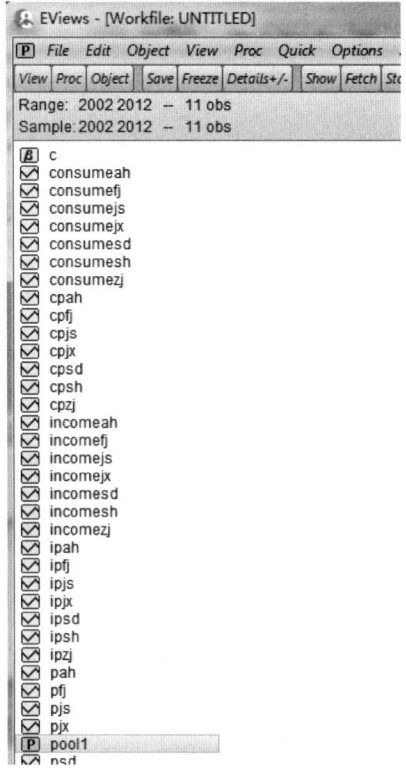

图 12.22

（5）模型估计

① 打开 Pool1，点击工具栏中的"Estimate"，输出对话框（见图 12.23）

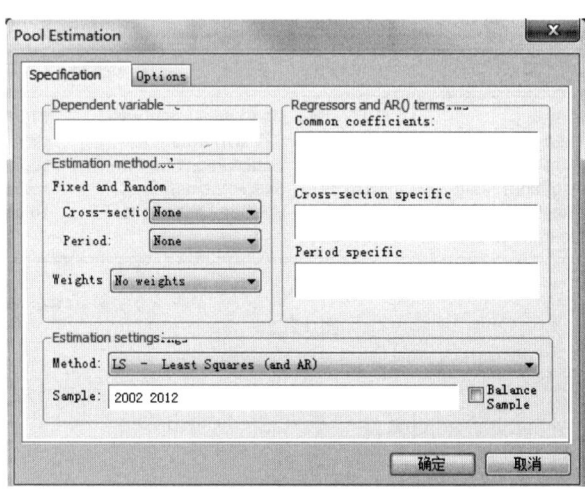

图 12.23

② 在左边的"Dependent variable"中填入被解释变量"cp?",右边的"Commom coefficients"中填入解释变量"ip?"(见图 12.24)

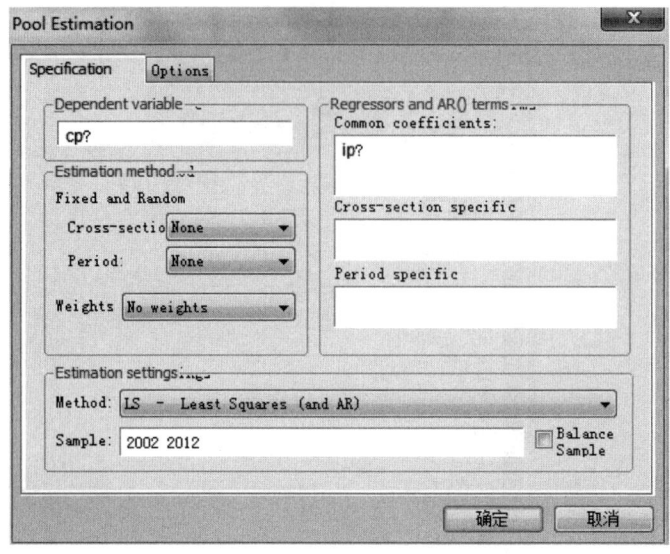

图 12.24

③ 在默认"Cross-section"和"Period"均为"None"的情形下,点击"确定",输出混合效应模型的估计结果(见图 12.25)

```
Dependent Variable: CP?
Method: Pooled Least Squares
Date: 05/19/20   Time: 16:53
Sample: 2002 2012
Included observations: 11
Cross-sections included: 7
Total pool (balanced) observations: 77
```

Variable	Coefficient	Std. Error	t-Statistic	Prob.
IP?	0.622019	0.004140	150.2531	0.0000

R-squared	0.977464	Mean dependent var	11446.50
Adjusted R-squared	0.977464	S.D. dependent var	4818.666
S.E. of regression	723.3835	Akaike info criterion	16.01866
Sum squared resid	39769557	Schwarz criterion	16.04910
Log likelihood	-615.7183	Hannan-Quinn criter.	16.03083
Durbin-Watson stat	0.257856		

图 12.25

写出混合效应模型:

$$cp_{it} = \underset{(0.0000)}{0.622} \times ip_{it}$$

该模型表明华东 6 省 1 市的人均消费平均占收入的 62.2%。

④ 在"Cross-section"中选"Fixed";在"Period"中选"None"(见图 12.26)

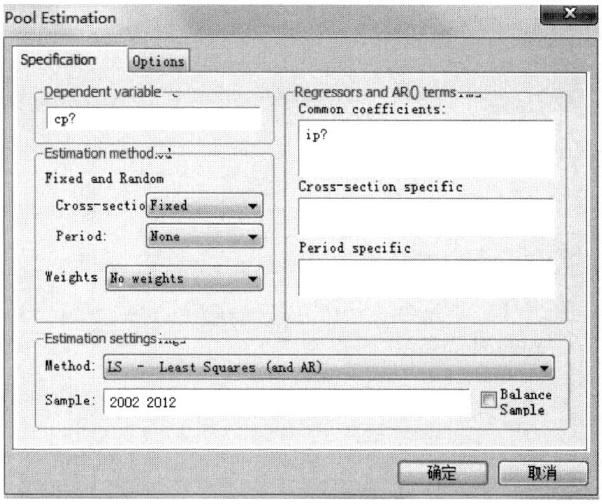

图 12.26

⑤ 点击"确定",输出个体固定效应模型的估计(见图 12.27)

图 12.27

写出个体固定效应模型:

$$cp_{it} = 1603.4 + 1116.7d_{sh} - 500.5d_{js} + 200.6d_{zj}$$
$$(0.0000)$$
$$- 7.2d_{ah} - 345.0d_{jx} - 18.7d_{fj} - 446.1d_{sd} + 0.5439ip_{it}$$
$$(0.0000)$$

该模型表明华东 6 省 1 市人均消费平均占收入的 54.39%，但上海市居民的消费水平明显高于其他省份。

⑥ 在"Cross-section"中选"None"；在"Period"中选"Fixed"（见图 12.28）

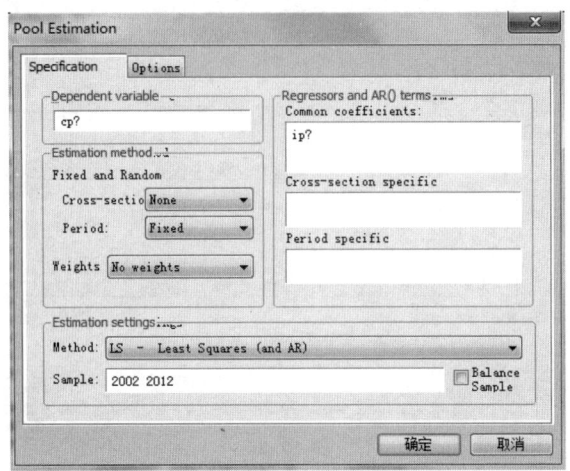

图 12.28

⑦ 点击"确定"，输出时点固定效应模型（见图 12.29）

```
Dependent Variable: CP?
Method: Pooled Least Squares
Date: 05/19/20   Time: 18:08
Sample: 2002 2012
Included observations: 11
Cross-sections included: 7
Total pool (balanced) observations: 77

Variable              Coefficient   Std. Error    t-Statistic    Prob.

C                     299.4363      213.1085      1.405088       0.1648
IP?                   0.615982      0.011340      54.31962       0.0000
Fixed Effects (Period)
  2002--C             512.6471
  2003--C             382.4922
  2004--C             374.6075
  2005--C             380.7726
  2006--C             278.2114
  2007--C             143.6928
  2008--C             -4.425391
  2009--C             -78.16301
  2010--C             -291.4799
  2011--C             -560.5487
  2012--C             -1137.807

                           Effects Specification

Period fixed (dummy variables)

R-squared             0.990632      Mean dependent var     11446.50
Adjusted R-squared    0.989046      S.D. dependent var     4818.666
S.E. of regression    504.3181      Akaike info criterion  15.42656
Sum squared resid     16531888      Schwarz criterion      15.79183
Log likelihood        -581.9226     Hannan-Quinn criter.   15.57267
F-statistic           624.8529      Durbin-Watson stat     0.351774
Prob(F-statistic)     0.000000
```

图 12.29

写出时点固定效应模型：

$$cp_{it} = \begin{array}{c} 299.4 \\ (0.1648) \end{array} + 512.6w_{2002} + 382.5w_{2003} + 374.6w_{2004} + 380.8w_{2005}$$

$$+ 278.2w_{2006} + 143.7w_{2007} - 4.4w_{2008} - 78.2w_{2009}$$

$$- 291.5w_{2010} - 560.5w_{2011} - 1137.8w_{2012} + \underset{(0.0000)}{0.6159ip_{it}}$$

表明华东 6 省 1 市人均支出平均占收入的 61.59%，但 2002 年的居民消费水平明显高于其他年份。

⑧ 在"Cross-section"中选"Random"；在"Period"中选"None"，得到个体随机效应模型（见图 12.30）

```
Dependent Variable: CP?
Method: Pooled EGLS (Cross-section random effects)
Date: 05/19/20   Time: 21:55
Sample: 2002 2012
Included observations: 11
Cross-sections included: 7
Total pool (balanced) observations: 77
Swamy and Arora estimator of component variances
```

Variable	Coefficient	Std. Error	t-Statistic	Prob.
C	1551.719	175.2994	8.851819	0.0000
IP?	0.546781	0.005515	99.15131	0.0000
Random Effects (Cross)				
SH--C	1016.701			
JS--C	-466.1958			
ZJ--C	174.1122			
AH--C	7.244476			
JX--C	-305.4297			
FJ--C	-16.92909			
SD--C	-409.5028			

Effects Specification		
	S.D.	Rho
Cross-section random	367.9330	0.5512
Idiosyncratic random	332.0186	0.4488

Weighted Statistics			
R-squared	0.991778	Mean dependent var	3005.124
Adjusted R-squared	0.991669	S.D. dependent var	3791.812
S.E. of regression	346.1034	Sum squared resid	8984065.
F-statistic	9047.117	Durbin-Watson stat	0.744310
Prob(F-statistic)	0.000000		

Unweighted Statistics			
R-squared	0.984581	Mean dependent var	11446.50
Sum squared resid	27209436	Durbin-Watson stat	0.245758

图 12.30

⑨ 在"Cross-section"中选"None"；在"Period"中选"Random"，得到时点随机效应模型（见图 12.31）

```
Dependent Variable: CP?
Method: Pooled EGLS (Period random effects)
Date: 05/19/20   Time: 21:57
Sample: 2002 2012
Included observations: 11
Cross-sections included: 7
Total pool (balanced) observations: 77
Swamy and Arora estimator of component variances

Variable           Coefficient   Std. Error   t-Statistic   Prob.

    C              1092.027      137.7193     7.929365      0.0000
    IP?            0.572184      0.006916     82.73386      0.0000
Random Effects (Period)
    2002—C         0.000000
    2003—C         0.000000
    2004—C         0.000000
    2005—C         0.000000
    2006—C         0.000000
    2007—C         0.000000
    2008—C         0.000000
    2009—C         0.000000
    2010—C         0.000000
    2011—C         0.000000
    2012—C         0.000000

                   Effects Specification
                                        S.D.      Rho
Period random                           0.000000  0.0000
Idiosyncratic random                    504.3181  1.0000

                   Weighted Statistics
R-squared          0.986526   Mean dependent var    11446.50
Adjusted R-squared 0.986346   S.D. dependent var    4818.666
S.E. of regression 563.0652   Sum squared resid     23778178
F-statistic        5491.087   Durbin-Watson stat    0.309732
Prob(F-statistic)  0.000000
```

图 12.31

（6）系数的 Wald 检验

当模型的某些系数不显著时，就需要对其进行 Wald 系数检验。在时点固定效应模型中，常数项不显著，需要进行 Wald 系数检验。

① 在时点固定效应模型窗口点击 "View \ Cofficient Diagnostics \ Wald-Coefficient Restrictions"（见图 12.32）

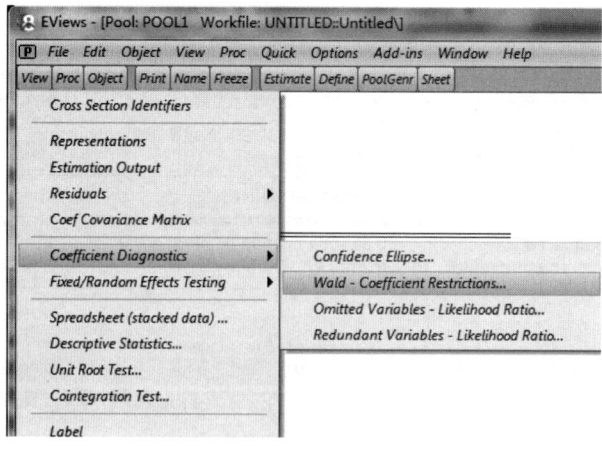

图 12.32

② 在输出的对话框中填入"c(1)=0"（见图 12.33）

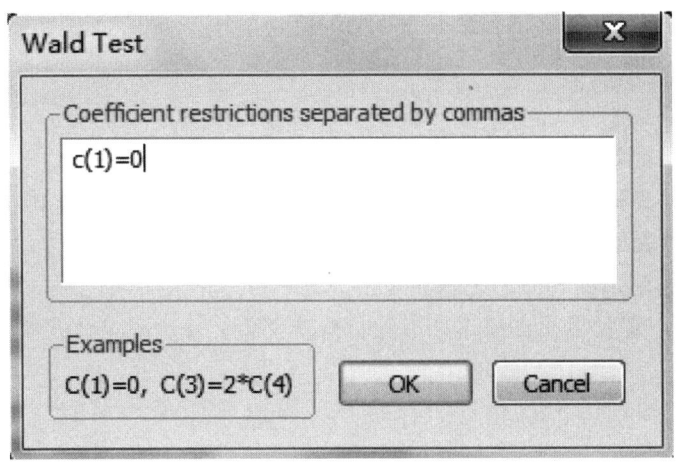

图 12.33

③ 点击"OK"，输出结果（见图 12.34）

```
Wald Test:
Pool: POOL1

Test Statistic         Value        df        Probability

t-statistic           1.405088      65          0.1648
F-statistic           1.974273    (1, 65)       0.1648
Chi-square            1.974273      1           0.1600


Null Hypothesis: C(1)=0
Null Hypothesis Summary:

Normalized Restriction (= 0)       Value        Std. Err.

C(1)                              299.4363      213.1085

Restrictions are linear in coefficients.
```

图 12.34

结果显示，在 10% 显著水平下不能拒绝原假设"c(1)=0"，所以模型不含常数项。

注意：(1) 案例 1 只是介绍各种模型建模的 EViews 操作过程，究竟哪一个模型最合适，还需要进行进一步检验，我们将在下一篇中进行介绍。

(2) 只有对平稳的面板数据才能建立面板数据模型。因此，在对面板数据建模之前，先要对面板数据进行平稳性检验，也将在下一篇中进行介绍。

▶▶▶ **操作练习 12**

以东盟 10 国 2009—2017 年年度 GDP 和对中国的进出口额数据建立面板数据模型。

格式要求：

（1）在 Word 文档中以"实验报告"形式提交；

（2）标题"实验报告 12"为黑体 4 号字体居中排列，正文为宋体小 4 号字体；

（3）图形和表格按照 PPT 中的规范形式表达，并分别依次编号，其中的文字为 5 号宋体，图题在图形的下方，表题在表格上方；

（4）EViews 原始输出结果不要放在报告正文中，作为附录放在实验报告后。

第13篇

面板数据模型的相关检验

通过第12篇我们已经了解面板数据模型的类型及建模方法，但是对于一个具体的问题，究竟应该建立哪一种模型，还需要进一步检验。

> **通过本篇你可以了解**
> - 面板模型类型的识别
> - 面板数据的单位根检验
> - 面板数据的协整检验
> - 面板数据的 Granger 因果检验

13.1 面板模型的识别

模型的识别有混合效应模型与个体固定效应模型检验，以及个体固定效应模型与个体随机效应模型检验两类。

13.1.1 混合效应模型与个体固定效应模型检验

混合效应模型与个体固定效应模型检验的原假设为 H_0：建立混合模型，即 $\alpha_1 = \alpha_2 = \cdots = \alpha_N$。

定义 F 统计量为：

$$F = \frac{(\text{SSE}_r - \text{SSE}_u)/(T+k-2)}{\text{SSE}_u/(NT-T-k)}$$

其中，SSE_r 为混合模型的残差平方和，SSE_u 为个体固定效应模型的残差平方和。在原假设下，统计量 F 服从分布 $F(T-1, NT-T-k)$。对给定的显著水平 α，当统计量 F 值大于对应的临界值 $F_\alpha(T-1, NT-T-k)$ 时，拒绝原假设，即应该建立个体固定效应模型。

案例1 对第12篇中的案例1进行混合效应与个体固定效应模型检验。

(1) 分别建立混合效应模型与个体固定效应模型（见图13.1）

混合模型

```
Dependent Variable: CP?
Method: Pooled Least Squares
Date: 05/20/20  Time: 09:55
Sample: 2002 2012
Included observations: 11
Cross-sections included: 7
Total pool (balanced) observations: 77

Variable          Coefficient   Std. Error   t-Statistic   Prob.
IP?                0.622019    0.004140    150.2531     0.0000

R-squared          0.977464   Mean dependent var      11446.50
Adjusted R-squared 0.977464   S.D. dependent var       4818.666
S.E. of regression   723.3835  Akaike info criterion    16.01866
Sum squared resid  39769557   Schwarz criterion       16.04910
Log likelihood      -615.7131  Hannan-Quinn criter.    16.03083
Durbin-Watson stat  0.257856
```

个体固定效应混合模型

```
Dependent Variable: CP?
Method: Pooled Least Squares
Date: 05/20/20  Time: 09:54
Sample: 2002 2012
Included observations: 11
Cross-sections included: 7
Total pool (balanced) observations: 77

Variable          Coefficient   Std. Error   t-Statistic   Prob.
C                 1603.426    108.3845     14.79386     0.0000
IP?                0.543924    0.005612     96.91351     0.0000
Fixed Effects (Cross)
SH--C             1116.732
JS--C             -500.4958
ZJ--C              200.6491
AH--C               -7.165238
JX--C             -344.9801
FJ--C              -18.68647
SD--C             -446.0536

                    Effects Specification
Cross-section fixed (dummy variables)

R-squared          0.995690   Mean dependent var      11446.50
Adjusted R-squared 0.995252   S.D. dependent var       4818.666
S.E. of regression   332.0186  Akaike info criterion    14.54635
Sum squared resid   7606310   Schwarz criterion       14.78986
Log likelihood      -552.0346  Hannan-Quinn criter.    14.64376
F-statistic         2277.028   Durbin-Watson stat      0.873520
Prob(F-statistic)   0.000000
```

SSE

图 13.1

（2）利用模型输出窗口的参数，计算 F 统计量值：

$$F = \frac{(SSE_r - SSE_u)/(T-k-2)}{SSE_u/(NT-T-k)} = \frac{(39769557 - 7606310)/(11-1-2)}{7606310/(77-11-1)} = 34.35$$

由于 $F > 1.99 = F_{0.05}(10, 65)$，所以拒绝"建立混合效应模型"的原假设，即应当建立个体固定效应模型。

13.1.2　个体固定效应模型与个体随机效应模型检验

检验一个模型是个体固定效应还是个体随机效应的方法是"Hausman 检验"。

Hausman 小传

杰瑞·A. 豪斯曼（Jerry A. Hausman）（见图 13.2），1946 年生，先后就读于布朗大学和牛津大学，1973 年获得牛津大学经济学博士学位。1973 年起一直在美国麻省理工学院（MIT）任教。主要研究领域为计量经济学和应用经济学。

豪斯曼是世界上最杰出的计量经济学家之一。最著名的成就之一"Hausman specification test"被称为世界上经济学生使用最频繁的"daily bread"。

豪斯曼也是世界上首屈一指的通信和电信产业经济学家，同时在消费者行为、公司行为、公共政策等应用经济学领域发表了大量的论文。

豪斯曼所获的各种学术奖项和荣誉难以计数，其中于 1980 年获得计量经济联盟授予的弗里茨奖章，1985 年获得著名的克拉克奖。

图 13.2

豪斯曼还在许多国家政府、监管机构和大公司担任经济顾问。

13.1.2.1 Hausman 检验

原假设为 H_0：建立个体随机效应模型。

Hausman 统计量定义为：

$$H = \frac{(\hat{\beta}_w - \widetilde{\beta}_{RE})^2}{s(\hat{\beta}_w)^2 - s(\widetilde{\beta}_{RE}))^2}$$

其中，$\hat{\beta}_w$ 为个体固定效应回归参数，$\hat{\beta}_{RE}$ 为个体随机效应回归参数。在原假设下，统计量服从自由度为 1 的 χ^2 分布。给定显著水平 α，若统计量 $H > \chi^2_\alpha(1)$，则拒绝"建立个体随机效应模型"的原假设，即应该建立个体固定效应模型。

案例 2 对第 12 篇中的案例 1 进行个体固定效应与个体随机效应模型检验。

(1) 分别建立个体固定效应和个体随机效应模型（见图 13.3）

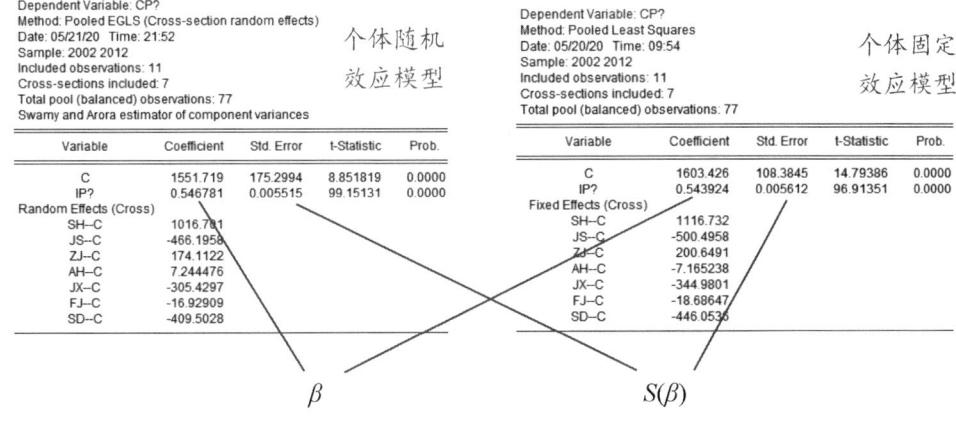

图 13.3

(2) 根据由模型输出窗口的参数，计算 H 统计量值

$$H = \frac{(\hat{\beta}_w - \hat{\beta}_{RE})^2}{s(\hat{\beta}_w)^2 - s(\hat{\beta}_{RE}))^2} = \frac{(0.5439 - 0.5467)^2}{0.0056^2 - 0.0055^2} = 7.0630$$

由于 $H = 7.0630 > 3.84 = \chi^2(1)$，所以拒绝建立"个体随机效应模型"的原假设，即应当建立个体固定效应模型。

Hausman 检验也可以利用 EViews 进行。

13.1.2.2 Hausman 检验的 EViews 操作

(1) 建立个体随机效应模型；

(2) 在模型输出窗口点击 "View \ Fixed \ Random Effects Testing \ Correlated Random Effects-Hansman Test"，输出检验结果。

案例 3 对第 12 篇中的案例 1 进行 Hausman 检验。

① 建立个体随机效应模型（见图 13.4）

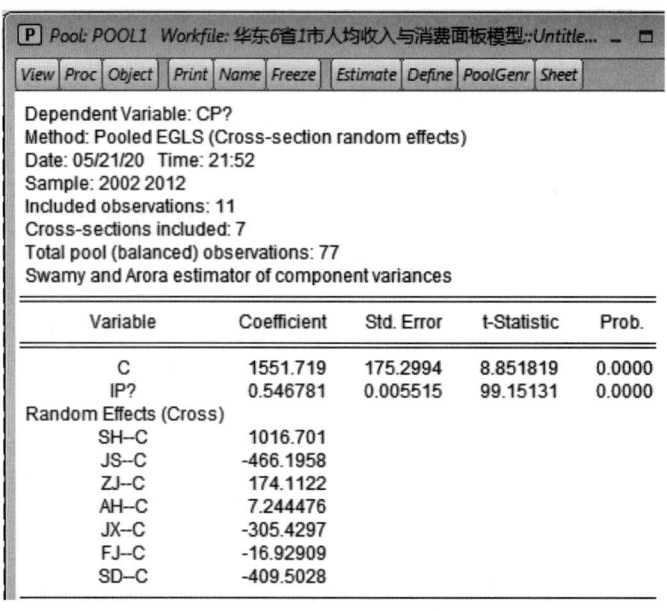

图 13.4

② 在模型窗口点击 "View \ Fixed \ Random Effects Testing \ Correlated Random Effects-Hausman Test"（见图 13.5）

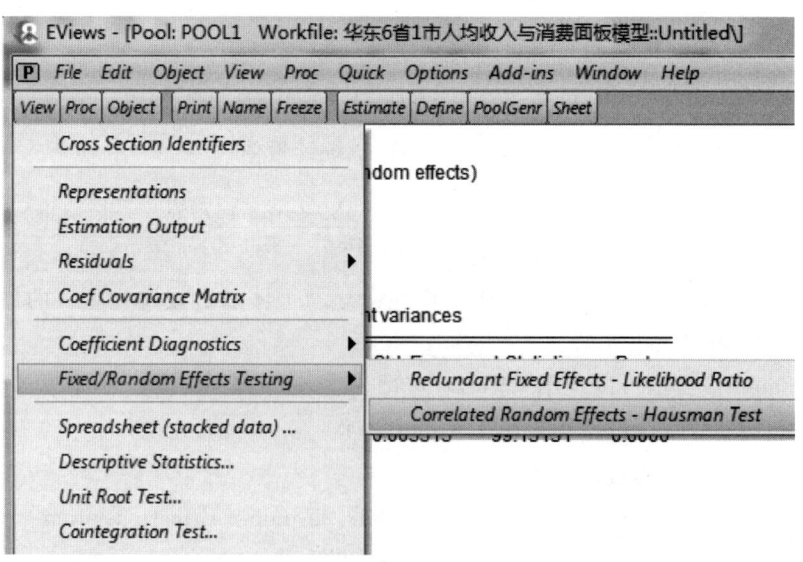

图 13.5

③ 输出检验结果（见图 13.6）

```
Correlated Random Effects - Hausman Test
Pool: POOL1
Test cross-section random effects

Test Summary              Chi-Sq. Statistic   Chi-Sq. d.f.   Prob.
Cross-section random          7.498188              1        0.0062

Cross-section random effects test comparisons:

Variable     Fixed       Random      Var(Diff.)    Prob.
IP?        0.543924     0.546781     0.000001     0.0062

Cross-section random effects test equation:
Dependent Variable: CP?
Method: Panel Least Squares
Date: 05/21/20   Time: 22:24
Sample: 2002 2012
Included observations: 11
Cross-sections included: 7
Total pool (balanced) observations: 77

Variable    Coefficient   Std. Error   t-Statistic   Prob.
C            1603.426     108.3845     14.79386     0.0000
IP?          0.543924     0.005612     96.91351     0.0000

Effects Specification
Cross-section fixed (dummy variables)

R-squared            0.995690    Mean dependent var    11446.50
Adjusted R-squared   0.995252    S.D. dependent var    4818.666
S.E. of regression   332.0186    Akaike info criterion 14.54635
Sum squared resid    7606310.    Schwarz criterion     14.78986
Log likelihood      -552.0346    Hannan-Quinn criter.  14.64376
F-statistic          2277.028    Durbin-Watson stat    0.873520
Prob(F-statistic)    0.000000
```

图 13.6

结果显示：在 1% 水平下显著拒绝"建立个体随机效应"的原假设，所以应当建立个体固定效应模型。

注意：对于时点随机和固定效应模型也可进行类似检验。

13.2 面板数据的单位根检验

早在 1993 年，Levin 和 Lin 就提出面板数据的单位根检验，后来 Levin，Lin 和 Chu 进行改进并提出 LLC 检验。① 该方法适用于面板数据的个体具有相同根的情形，其检验原理是采用 ADF 检验式，原假设为"变量有单位根"。

Choi 提出一个检验，称为 Fisher-ADF 检验，适用于不同根的情形。②

---

① See Levin A., Lin C. F., Chu C. S. J., Unit Root Tests in Panel Data: Asymptotic and Finite-sample Properties, *Journal of Econometrics*, 2002, 108: 1—24.

② See Choi I., Unit Root Tests for Panel Data, *Journal of International Money and Finance*, 2001, 20: 249—272.

13.2.1 面板数据单位根检验的 EViews 操作

（1）打开面板数据 Pool；
（2）点击"View \ Unit Root Test"，输出对话框；
（3）在"Pool series"中填入变量名；
（4）在"Test type"中选择一个检验方法；
（5）在"Include in test equation"中选择一个模型；
（6）点击"OK"，输出检验结果。

案例 4 全国城镇居民人均收入与消费面板数据的单位根检验。
（1）类似第 12 篇案例 1 建立全国城镇居民收入与消费面板数据 Pool2；
（2）打开 Pool2，点击"View \ Unit Root Test"（见图 13.7）

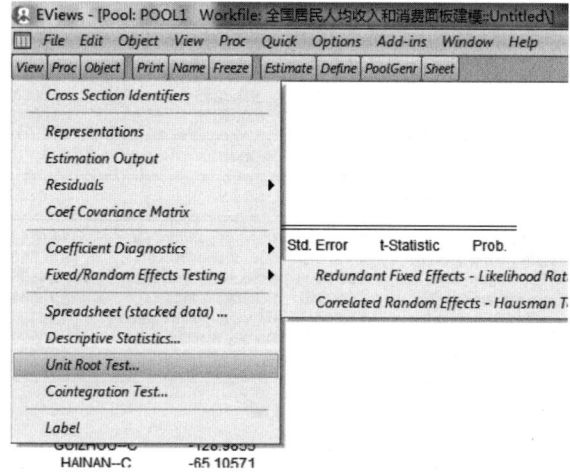

图 13.7

（3）输出对话框（见图 13.8）

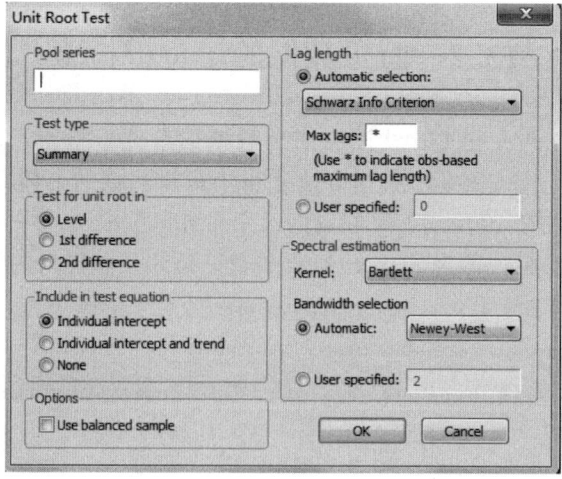

图 13.8

(4) 在 "Pool series" 中填入变量 "ip?", 在 "Test type" 中选择检验方法 "LLC", 在 "Include in test equation" 中选择模型 "Individual intercept and trend"（见图 13.9）

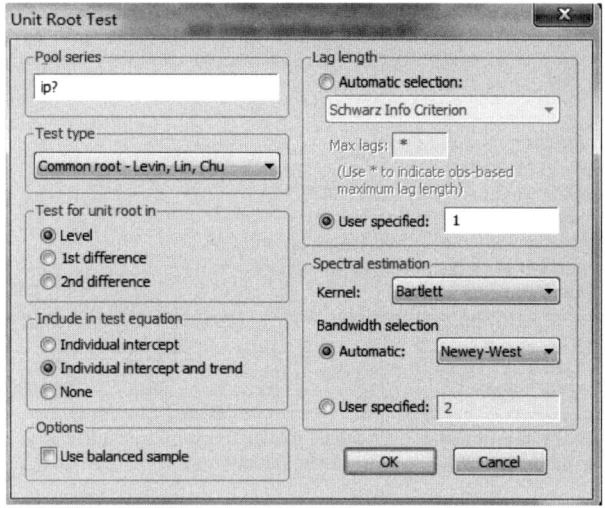

图 13.9

(5) 点击 "OK", 输出 LLC 检验的结果（见图 13.10）

```
Date: 05/31/20   Time: 22:03
Sample: 2002 2012
Exogenous variables: Individual effects, individual linear trends
User-specified lags: 1
Newey-West automatic bandwidth selection and Bartlett kernel
Total (balanced) observations: 270
Cross-sections included: 30

Method                          Statistic       Prob.**
Levin, Lin & Chu t*             1.18955         0.8829

** Probabilities are computed assuming asympotic normality

Intermediate results on IP?

                 2nd Stage    Variance   HAC of            Max    Band-
    Series       Coefficient  of Reg     Dep.      Lag     Lag    width    Obs
    IPANHUI      0.08665      169584     22654.    1       1      9.0      9
    IPBEIJING    -1.05908     558268     109366    1       1      6.0      9
    IPFUJIAN     -0.24299     400651     58277.    1       1      6.0      9
    IPGANSU      0.68627      148462     68018.    1       1      6.0      9
    IPGUANGDONG  -0.04237     583365     98605.    1       1      7.0      9
    IPGUANGXI    -0.53486     309596     90554.    1       1      6.0      9
    IPGUIZHOU    -0.00810     208109     25214.    1       1      9.0      9
    IPHAINAN     -0.02287     131040     15259.    1       1      9.0      9
    IPHEBEI      -0.45462     155587     24310.    1       1      7.0      9
    IPHENAN      -0.36066     157554     22997.    1       1      6.0      9
    IPHEILONGJIAN -0.04633    149943     24425.    1       1      6.0      9
    IPHUBEI      -0.15703     128972     16949.    1       1      8.0      9
    IPHUNAN      0.00111      212035     27167.    1       1      9.0      9
    IPJILIN      -0.05967     135894     22448.    1       1      6.0      9
    IPJIANGSU    -0.12449     285657     32929.    1       1      9.0      9
    IPJIANGXI    -0.42990     151757     20917.    1       1      9.0      9
    IPLIAONING   -0.20480     123226     16263.    1       1      9.0      9
    IPNEIMENGGU  -0.11141     136032     15909.    1       1      8.0      9
```

图 13.10

由结果可以看出，LLC 单位根检验在 10％水平下不能拒绝"变量 ip？有单位根"的原假设。

（6）在"Pool Series"中填入"ip？"，在"Test type"中选择检验方法"Fisher-ADF"，在"Include in test equation"中选择模型"Individual intercept and trend"，输出 Fisher-ADF 检验结果（见图 13.11）

```
Date: 06/30/20  Time: 14:34
Sample: 2002 2012
Exogenous variables: Individual effects
Automatic selection of maximum lags
Automatic lag length selection based on SIC: 0 to 1
Total number of observations: 294
Cross-sections included: 30
```

Method	Statistic	Prob.**
ADF - Fisher Chi-square	0.02241	1.0000
ADF - Choi Z-stat	20.8686	1.0000

** Probabilities for Fisher tests are computed using an asymptotic Chi-square distribution. All other tests assume asymptotic normality.

Intermediate ADF test results IP?

Series	Prob.	Lag	Max Lag	Obs
IPANHUI	1.0000	0	1	10
IPBEIJING	0.9973	0	1	10
IPFUJIAN	0.9999	0	1	10
IPGANSU	0.9999	1	1	9
IPGUANGDONG	0.9997	1	1	9
IPGUANGXI	0.9989	0	1	10
IPGUIZHOU	0.9999	1	1	9
IPHAINAN	1.0000	0	1	10
IPHEBEI	0.9999	0	1	10
IPHENAN	0.9999	0	1	10
IPHEILONGJIAN	0.9999	0	1	10
IPHUBEI	1.0000	0	1	10
IPHUNAN	1.0000	0	1	10
IPJILIN	1.0000	0	1	10
IPJIANGSU	1.0000	0	1	10
IPJIANGXI	0.9998	0	1	10
IPLIAONING	1.0000	0	1	10
IPNEIMENGGU	1.0000	0	1	10

图 13.11

由结果可以看出，Fisher-ADF 单位根检验在 10％水平下也不能拒绝"变量 ip？有单位根"的原假设。

（7）在"Pool Series"中填入"ip？"，在"Test type"中选择检验方法"Smmary"，在"Include in test equation"中选择模型"Individual intercept and trend"，输出 LLC 和 Fisher-ADF 两种检验结果（见图 13.12）

```
Date: 05/31/20   Time: 22:08
Sample: 2002 2012
Exogenous variables: Individual effects, individual linear trends
User-specified lags: 1
Newey-West automatic bandwidth selection and Bartlett kernel
Balanced observations for each test

                                                        Cross-
Method                              Statistic   Prob.** sections    Obs
Null: Unit root (assumes common unit root process)
Levin, Lin & Chu t*                 1.18955     0.8829     30       270
Breitung t-stat                     13.3729     1.0000     30       240

Null: Unit root (assumes individual unit root process)
Im, Pesaran and Shin W-stat         5.32978     1.0000     30       270
ADF - Fisher Chi-square             4.53873     1.0000     30       270
PP - Fisher Chi-square              4.94262     1.0000     30       300

** Probabilities for Fisher tests are computed using an asymptotic Chi
   -square distribution. All other tests assume asymptotic normality.
```

图 13.12

由结果可以看出，LLC 和 Fisher-ADF 两种单位根检验均在 10% 水平下不能拒绝"变量 $ip?$ 有单位根"的原假设，所以变量 "$ip?$" 是非平稳的。

（8）在 "Pool Series" 中填入 "$cp?$"，在 "Test type" 中选择检验方法 "Smmary"，在 "Include in test equation" 中选择模型 "Individual intercept and trend"，输出 LLC 和 Fisher-ADF 两种检验结果（见图 13.13）

```
Date: 05/31/20   Time: 22:15
Sample: 2002 2012
Exogenous variables: Individual effects, individual linear trends
User-specified lags: 1
Newey-West automatic bandwidth selection and Bartlett kernel
Balanced observations for each test

                                                        Cross-
Method                              Statistic   Prob.** sections    Obs
Null: Unit root (assumes common unit root process)
Levin, Lin & Chu t*                 -0.24730    0.4023     30       270
Breitung t-stat                     10.6001     1.0000     30       240

Null: Unit root (assumes individual unit root process)
Im, Pesaran and Shin W-stat         4.14608     1.0000     30       270
ADF - Fisher Chi-square             13.2100     1.0000     30       270
PP - Fisher Chi-square              26.0855     1.0000     30       300

** Probabilities for Fisher tests are computed using an asymptotic Chi
   -square distribution. All other tests assume asymptotic normality.
```

图 13.13

由结果可以看出，LLC 和 Fisher-ADF 两种单位根检验均在 10% 显著水平下不能拒绝"变量 $cp?$ 有单位根"的原假设，所以变量 "$cp?$" 也是非平稳的。

13.2.2 平稳性检验后的分析路径选择

一是若序列均为平稳序列，则可对变量直接进行回归，建立面板数据模型；

二是若变量之间是同阶单整，则可进行协整检验；

三是若变量之间是非同阶单整，即面板数据中有些序列平稳而有些序列不平稳，此时既不能直接对原序列进行回归,也不能进行协整检验;而需要对序列进行差分或取对数使之变成同阶单整序列,再进行回归建模或者协整检验。

13.3 面板数据的协整检验

面板数据的协整检验有三种方法:Pedroni 检验、Kao 检验和 Fisher 检验。其中,Pedroni 检验和 Kao 检验是在 E-G 二步法检验基础上的面板数据协整检验,Fisher 检验则是在 Johansen 协整检验基础上的面板数据协整检验。

13.3.1 面板数据协整检验的 EViews 操作

(1) 打开面板数据 Pool;
(2) 点击"View \ Cointegration Test",输出对话框;
(3) 在"Variables"中填入变量名;
(4) 在"Test type"中选择一个检验方法;
(5) 在"Deterministic trend specification"中选择一个模型;
(6) 点击"OK",输出检验结果。

案例 5 全国城镇居民人均收入与消费面板数据的协整检验。
(1) 单整阶数检验
① 打开案例 4 中的 Pool2,点击"View \ Unit Root Test",在输出对话框的"Pool series"中填入"ip?",在"Test type"中选择检验方法"Summary",在"Include in test equation"中选择模型"Individual intercept and trend",并在"Test for unit root in"中选择"1st difference"(见图 13.134

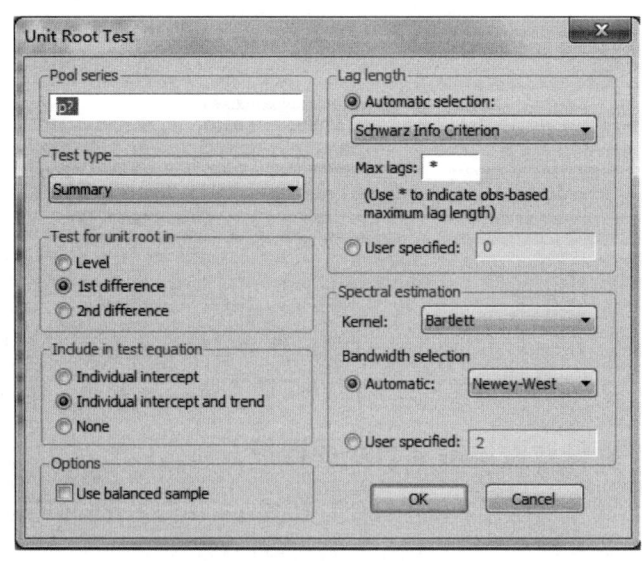

图 13.14

② 点击"OK",输出检验结果(见图 13.15)

```
Date: 11/06/20   Time: 15:16
Sample: 2002 2012
Exogenous variables: Individual effects, individual linear trends
Automatic selection of maximum lags
Automatic lag length selection based on SIC: 0 to 1
Newey-West automatic bandwidth selection and Bartlett kernel
```

Method	Statistic	Prob.**	Cross-sections	Obs
Null: Unit root (assumes common unit root process)				
Levin, Lin & Chu t*	-16.7444	0.0000	30	244
Breitung t-stat	4.65309	1.0000	30	214
Null: Unit root (assumes individual unit root process)				
Im, Pesaran and Shin W-stat	-4.43720	0.0000	30	244
ADF - Fisher Chi-square	179.222	0.0000	30	244
PP - Fisher Chi-square	217.482	0.0000	30	270

** Probabilities for Fisher tests are computed using an asymptotic Chi-square distribution. All other tests assume asymptotic normality.

图 13.15

由结果可以看出,LLC 和 Fisher-ADF 两种单位根检验均在 1% 显著水平下拒绝"变量 $ip?$ 的差分有单位根"的原假设,所以"$ip?$"的差分是平稳的,结合案例 4 可知变量"$ip?$"是 1 阶单整的。根据同样的检验可知变量"$cp?$"也是 1 阶单整的。因此可以对变量"$ip?$"和"$cp?$"进行协整检验。

(2)协整检验

① 在 Pool2 的窗口点击"View\Cointegration Test"(见图 13.16)

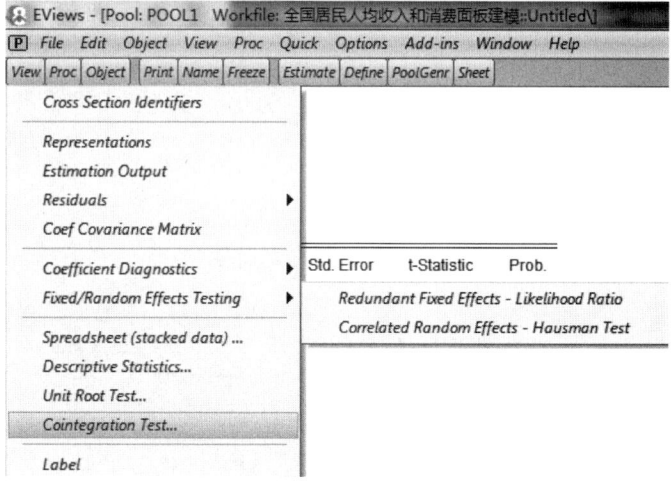

图 13.16

② 输出对话框(见图 13.17)

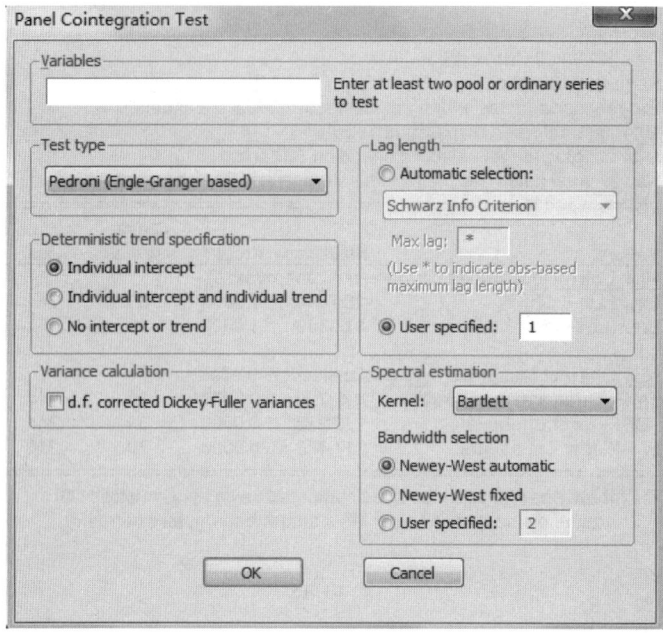

图 13.17

③ 在"Variables"中填入"ip? cp?",在"Test type"中选择检验方法"Pedroni",在"Deterministic trend specification"中选择模型"Individual intercept and individual trend"(见图 13.18)

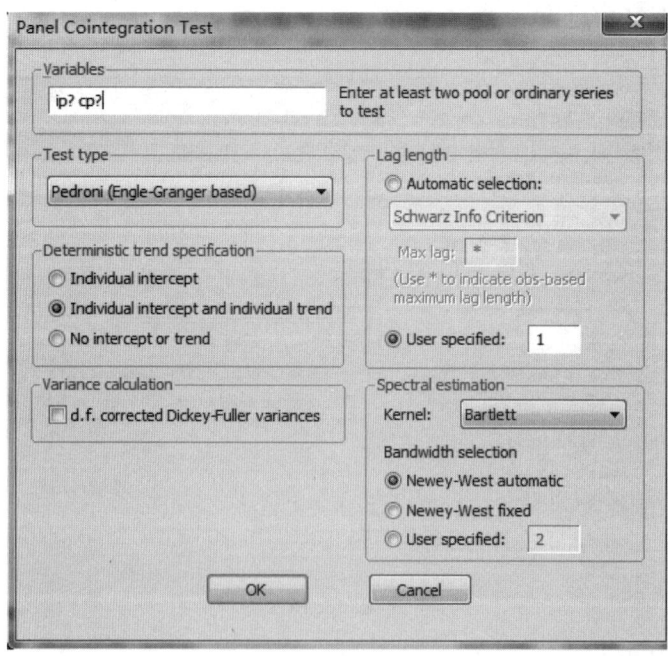

图 13.18

④ 点击"OK",输出检验结果(见图 13.19)

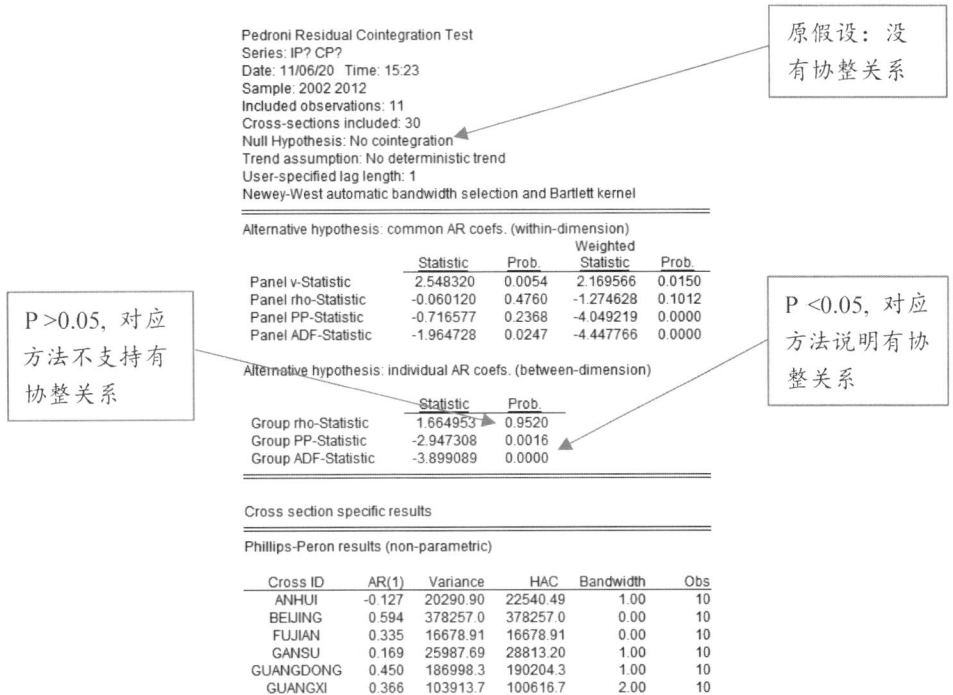

图 13.19

⑤ 在"Variables"中填入"ip? cp?",在"Test type"中选择检验方法"Kao(Engle-Granger based)"(见图 13.20)

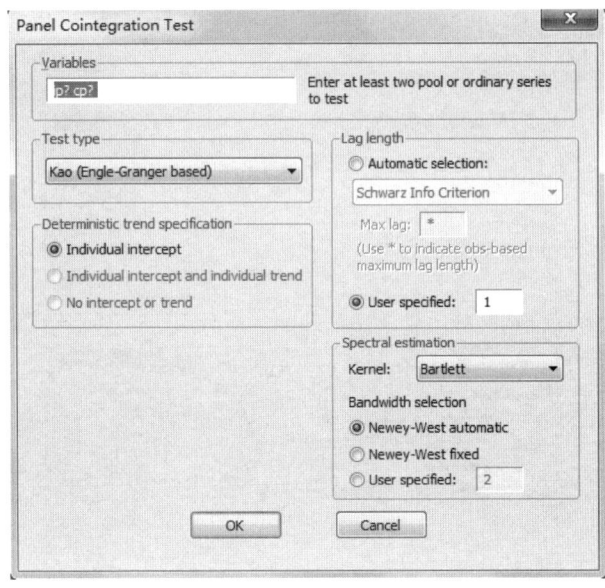

图 13.20

⑥ 点击"OK",输出检验结果(见图 13.21)

```
Kao Residual Cointegration Test
Series: IP? CP?
Date: 11/06/20   Time: 15:27
Sample: 2002 2012
Included observations: 11
Null Hypothesis: No cointegration
Trend assumption: No deterministic trend
User-specified lag length: 1
Newey-West automatic bandwidth selection and Bartlett kernel
```

	t-Statistic	Prob.
ADF	-4.079518	0.0000
Residual variance	206686.4	
HAC variance	243058.5	

```
Augmented Dickey-Fuller Test Equation
Dependent Variable: D(RESID?)
Method: Panel Least Squares
Date: 11/06/20   Time: 15:27
Sample (adjusted): 2004 2012
Included observations: 9 after adjustments
Cross-sections included: 30
Total pool (balanced) observations: 270
```

Variable	Coefficient	Std. Error	t-Statistic	Prob.
RESID?(-1)	-0.222974	0.046812	-4.763156	0.0000
D(RESID?(-1))	0.190580	0.068702	2.772561	0.0060

R-squared	0.081376	Mean dependent var	18.65204
Adjusted R-squared	0.077948	S.D. dependent var	474.0987
S.E. of regression	455.2463	Akaike info criterion	15.08693
Sum squared resid	55542782	Schwarz criterion	15.11359
Log likelihood	-2034.736	Hannan-Quinn criter.	15.09764
Durbin-Watson stat	1.963708		

图 13.21

⑦ 在"Variables"中填入"ip? cp?",在"Test type"中选择检验方法"Fisher",在"Deterministic trend specification"中选择模型"3)",在"Lag intervals"中填入"1 1"(见图 13.22)

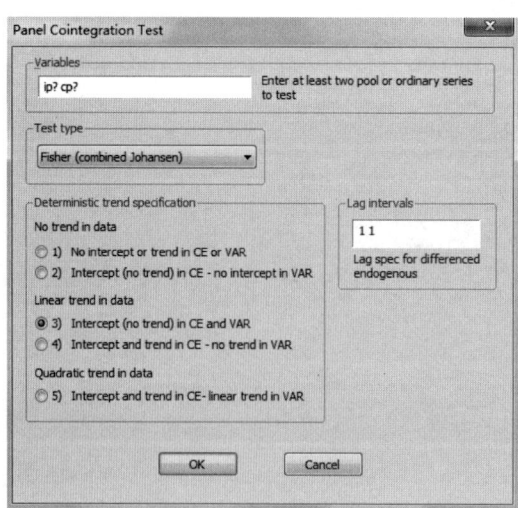

图 13.22

⑧ 点击"OK",输出检验结果(见图 13.23)

```
Johansen Fisher Panel Cointegration Test
Series: IP? CP?
Date: 11/06/20   Time: 15:30
Sample: 2002 2012
Included observations: 11
Trend assumption: Linear deterministic trend
Lags interval (in first differences): 1 1

Unrestricted Cointegration Rank Test (Trace and Maximum Eigenvalue)
```

Hypothesized No. of CE(s)	Fisher Stat.* (from trace test)	Prob.	Fisher Stat.* (from max-eigen test)	Prob.
None	241.5	0.0000	197.7	0.0000
At most 1	151.4	0.0000	151.4	0.0000

* Probabilities are computed using asymptotic Chi-square distribution.

Individual cross section results

Cross Section	Trace Test Statistics	Prob.**	Max-Eign Test Statistics	Prob.**
Hypothesis of no cointegration				
ANHUI	20.4277	0.0083	16.2570	0.0239
BEIJING	7.7799	0.4892	5.4026	0.6904
FUJIAN	11.0218	0.2102	7.6526	0.4151
GANSU	13.4937	0.0979	11.9832	0.1113
GUANGDONG	8.9147	0.3733	8.9050	0.2941
GUANGXI	8.6718	0.3966	8.3411	0.3451

图 13.23

由结果可以看出,Pedroni 和 Kao 检验中的 ADF 统计量均在 1% 显著水平下拒绝"没有协整关系"的原假设,Fisher 检验在 1% 显著水平下拒绝"不存在协整向量"的原假设,因此人均收入"$ip?$"与人均消费"$cp?$"两个变量具有协整关系。

13.3.2 协整检验后的分析路径选择

一是存在协整关系:建立面板数据的误差修正模型;

二是不存在协整关系:若变量均为 2 阶单整,则对变量取差分(或对数)生成新序列。对新序列进行协整检验,如果仍然无法通过,分析终止。若变量均为 1 阶单整,直接对差分(或对数)变量进行回归分析。

案例 6 全国城镇居民人均收入与消费面板数据建模。

由案例 5 可知,人均收入"$ip?$"和人均消费"$cp?$"两变量之间存在协整关系,所以考虑对它们建立误差修正模型。

(1)建立协整方程

① 打开 Pool2,仿照第 12 篇案例 1 建立固定效应模型(见图 13.24)

Dependent Variable: CP?
Method: Pooled Least Squares
Date: 11/21/20 Time: 20:52
Sample: 2002 2012
Included observations: 11
Cross-sections included: 30
Total pool (balanced) observations: 330

Variable	Coefficient	Std. Error	t-Statistic	Prob.
C	1487.321	66.25082	22.44986	0.0000
IP?	0.561344	0.004217	133.1134	0.0000
Fixed Effects (Cross)				
ANHUI--C	-115.1862			
BEIJING--C	232.7640			
FUJIAN--C	-214.7569			
GANSU--C	183.6371			
GUANGDONG--C	1339.302			
GUANGXI--C	-473.2726			
GUIZHOU--C	-128.9855			
HAINAN--C	-65.10571			
HEBEI--C	-534.4540			
HENAN--C	-490.8827			
HEILONGJIAN--C	62.02323			
HUBEI--C	66.92834			
HUNAN--C	239.4144			
JILIN--C	355.5487			
JIANGSU--C	-700.9289			
JIANGXI--C	-440.8430			
LIAONING--C	373.0452			
NEIMENGGU--C	728.3710			
NINGXIA--C	11.94896			
QINGHAI--C	-380.2839			
SANDING--C	-607.1768			
SANXI--C	-731.2222			
SHANXI--C	459.1398			
SHANGHAI--C	766.5856			
SICHUAN--C	481.3801			
TAINJING--C	194.3318			
XIZANG--C	-302.6365			
YUNNAN--C	42.93045			
ZHEJIANG--C	-269.9131			
CHONGQING--C	-81.70305			

Effects Specification

Cross-section fixed (dummy variables)

图 13.24

② 点击 “Proc \ Make Residuals”，输出面板残差序列（见图 13.25）

EViews - [Group: UNTITLED Workfile: 全国居民人均收入和消费面板建模::Untitled\]

	RESIDANHUI	RESIDBEIJI...	RESIDFUJIAN	RESIDGANSU	RESIDGUA...	RESIDGUA...	RESIDGUIZ...	RESIDHAINAN	RESIDHEBEI	RESIDHENAN	RESIDHEIL...
2002	-180.8052	1177.854	-167.7233	-259.2556	-520.0152	56.83883	-175.3212	24.65625	194.5535	-147.4800	-636.2397
2003	-343.2787	1000.954	3.136502	-387.5661	-755.5208	83.83618	-206.7538	-181.7900	189.7206	-136.3993	-454.3521
2004	-198.4653	846.3989	36.57334	-237.8237	-584.1354	149.9523	-127.4953	-217.5479	121.7211	-273.2486	-402.3829
2005	-172.1584	525.5225	-28.09027	-66.09999	-191.2217	351.7592	85.37315	-374.0103	330.5285	-111.0867	-277.8429
2006	-32.13125	501.5509	43.01691	-96.97407	-388.4762	-198.9809	166.9614	27.87766	258.5698	-125.5412	-372.4623
2007	67.07502	-221.0372	175.2187	19.23010	378.7194	-302.5699	102.1350	177.6610	303.3703	-5.949133	-207.1579
2008	114.3218	-841.4301	115.3422	-43.08424	357.1639	-97.21436	51.83422	250.7367	138.8672	-28.89429	106.4806
2009	69.15937	-1035.018	23.15616	-44.61576	574.8500	-206.0023	-34.34751	303.8631	-62.90997	-67.48529	399.4046
2010	198.6912	-540.5665	-114.7003	114.5566	462.4903	-72.09393	154.9714	-60.14454	-381.1435	179.6223	583.9275
2011	82.31157	-635.9688	-43.89746	269.5949	296.4975	70.68076	41.33794	-130.2404	-372.1483	308.2906	765.8319
2012	395.2799	-778.2594	-42.03257	732.0378	369.6483	163.7942	-58.69529	178.9384	-721.1292	408.1715	494.7933

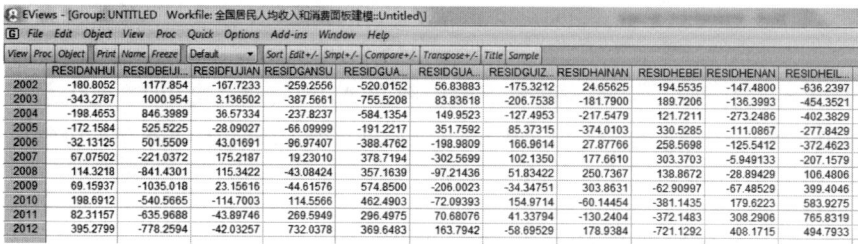

图 13.25

③ 点击 “View \ Unit Root Test”（见图 13.26）

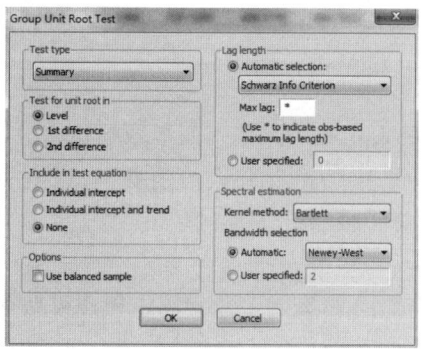

图 13.26

④ 保持"Test type"中的"Summary","Include in test equation"中点"None",点击"OK",输出残差单位根检验(见图 13.27)

```
Group unit root test: Summary
Series: RESIDANHUI, RESIDBEIJING, RESIDFUJIAN, RESIDGANSU,
    RESIDGUANGDONG, RESIDGUANGXI, RESIDGUIZHOU,
    RESIDHAINAN, RESIDHEBEI, RESIDHENAN, RESIDHEILONGJIAN,
    RESIDHUBEI, RESIDHUNAN, RESIDJILIN, RESIDJIANGSU,
    RESIDJIANGXI, RESIDLIAONING, RESIDNEIMENGGU,
    RESIDNINGXIA, RESIDQINGHAI, RESIDSANDING, RESIDSANXI,
    RESIDSHANXI, RESIDSHANGHAI, RESIDSICHUAN, RESIDTAINJING,
    RESIDXIZANG, RESIDYUNNAN, RESIDZHEJIANG,
    RESIDCHONGQING
Date: 11/26/20   Time: 21:20
Sample: 2002 2012
Exogenous variables: None
Automatic selection of maximum lags
Automatic lag length selection based on SIC: 0 to 1
Newey-West automatic bandwidth selection and Bartlett kernel

                                                      Cross-
Method                        Statistic    Prob.**    sections    Obs
Null: Unit root (assumes common unit root process)
Levin, Lin & Chu t*           -5.80281     0.0000     30          294

Null: Unit root (assumes individual unit root process)
ADF - Fisher Chi-square       115.217      0.0000     30          294
PP - Fisher Chi-square        108.640      0.0001     30          300

** Probabilities for Fisher tests are computed using an asymptotic Chi
  -square distribution. All other tests assume asymptotic normality.
```

图 13.27

由结果可以看出,所有单位根检验在 1% 水平下一致拒绝有单位根的原假设,因此残差是平稳的,即上述固定效应模型人均收入"$ip?$"和人均消费"$cp?$"两变量之间具有协整关系。

(2) 生成误差修正项

① 重新打开 Pool2,点击"PoolGenr"(见图 13.28)

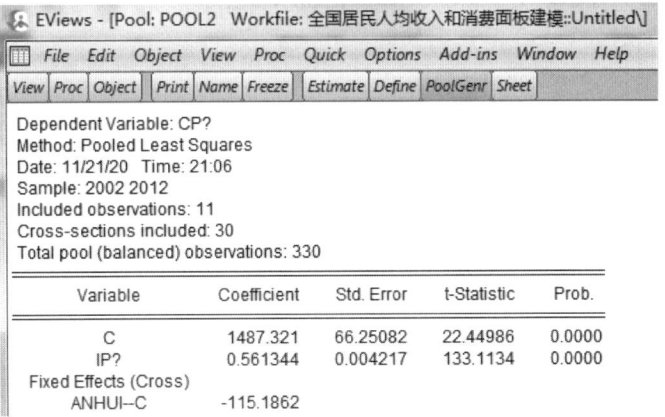

图 13.28

② 在输出窗口中填入"ecm？＝resid？"（见图 13.29）

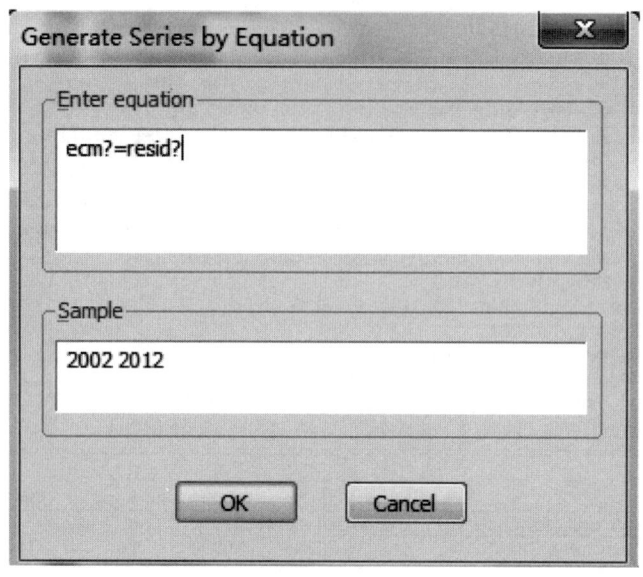

图 13.29

③ 点击"OK"，得到误差项变量"*ecm？*"
（3）建立误差修正模型

① 再次打开 Pool2，点击"Estimate"，在输出的"Pool Estimation"对话框左边的"Dependent variable"中填入"dcp？"（被解释变量），右边的"Commom coefficients"中填入"dip？ecm？（－1）"（解释变量）（见图 13.30）

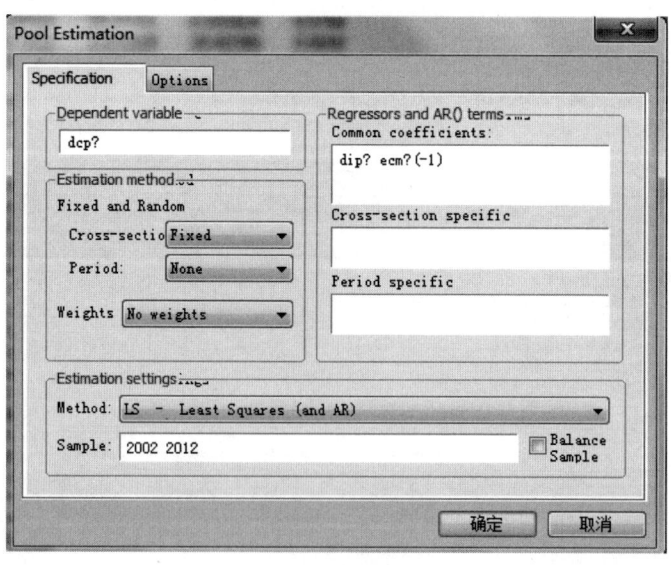

图 13.30

② 点击"OK",输出估计结果(见图 13.31)

```
Dependent Variable: DCP?
Method: Pooled Least Squares
Date: 11/21/20   Time: 21:42
Sample (adjusted): 2003 2012
Included observations: 10 after adjustments
Cross-sections included: 30
Total pool (balanced) observations: 300

     Variable         Coefficient    Std. Error    t-Statistic    Prob.

        C             -24.82876      32.19732     -0.771144     0.4413
       DIP?            0.577333       0.017165    33.63416      0.0000
     ECM?(-1)         -0.120230       0.040421    -2.974455     0.0032
  Fixed Effects (Cross)
      ANHUI--C         51.10212
      BEIJING--C      -203.4680
      FUJIAN--C         5.585223
      GANSU--C         96.80668
     GUANGDONG--C     75.79659
      GUANGXI--C       10.13726
      GUIZHOU--C       15.86711
      HAINAN--C        14.35306
       HEBEI--C       -80.78729
       HENAN--C        51.80141
    HEILONGJIAN--C    112.2041
       HUBEI--C        -1.583404
       HUNAN--C        33.12983
        JILIN--C       102.1226
      JIANGSU--C      -68.81983
      JIANGXI--C        3.617335
      LIAONING--C      46.85843
     NEIMENGGU--C     216.0777
      NINGXIA--C       19.87222
      QINGHAI--C      -11.12007
      SANDING--C      -93.30145
       SANXI--C       -113.5947
      SHANXI--C        88.64694
     SHANGHAI--C     -135.1157
      SICHUAN--C       90.53319
      TAINJING--C     -26.85815
       XIZANG--C      -201.6721
       YUNNAN--C       94.57898
      ZHEJIANG--C     -52.93809
     CHONGQING--C    -139.8321

                      Effects Specification

Cross-section fixed (dummy variables)
```

图 13.31

(4)写出误差修正模型表达式

$$\Delta cp_{it} = -24.828 - 0.120\, ecm_{t-1} + 0.577\Delta ip_{it}$$
$$(0.4413)\quad\quad (0.0000)\quad\quad\quad (0.0032)$$
$$+ 51.10 d_{ah} - 203.46 d_{bj} + 5.58 d_{fj} + \cdots - 139.83 d_{cq}$$

13.3.3 关于 Granger 因果分析

在 Pool 窗口,有 "Unit Root Test" 和 "Cointegration Test",但是没有 "Granger Causality Test",这意味着 EViews 无法对面板数据直接进行 Granger 因果检验。然而,我们可以仿照案例 6 的方法,在"Pool Estimation"对话框的"Commom coefficients"中填入解释变量的滞后项,如"dip?(-1)ecm?(-1)",通过所获得误差修正模型系数的显著性来分析变量间的 Granger 因果关系。①

▶▶▶ 操作练习 13

对东盟 10 国 2009—2017 年年度 GDP 和对中国出口额的面板数据进行模型识别和单位根检验。

格式要求:

(1)在 Word 文档中以"实验报告"形式提交;

(2)标题"实验报告 13"为黑体 4 号字体居中排列,正文为宋体小 4 号字体;

(3)图形和表格按照 PPT 中的规范形式表达,并分别依次编号,其中的文字为 5 号宋体,图题在图形的下方,表题在表格上方;

(4)EViews 原始输出结果不要放在报告正文中,作为附录放在实验报告后。

---

① 对面板数据的 Granger 因果检验的进一步了解,可以参见 Venent B.,Hurlin C.,Granger Causality Tests in Panel Data Models with Fixed Coefficients,Working Paper,2001:77,EURIsCO,Universit'e Paris Dauphin.

第 14 篇

实证研究与实证论文写作

14.1 实 证 研 究

14.1.1 实证研究的概念

实证研究是指超越一切价值判断，从某个可以证实的前提出发来分析人的经济和金融活动。

实证研究完全是客观的，要回答的是"是什么"的问题，是基于对客观事实、现象或数据进行系统的验证得出问题结论，并且得出的结论可以通过经验事实进行验证。

与实证研究相对的另一种研究范式是"规范研究"。规范研究是以一定的价值判断为基础，提出分析和处理问题的标准，研究经济活动如何达到或者符合这些标准，并以此作为经济决策的前提和制定经济政策的依据。

规范研究带有某种主观性，要回答的是"应该是什么"的问题，是在一系列假设的基础上通过逻辑推理得出问题的结论。

14.1.2 实证研究的类型

实证研究是经济科学和社会科学中最常见、最重要和最流行的研究范式。判断一项研究是不是实证研究，最直接的办法是看其有没有呈现"数据"。这里的数据并不单指"定量"数据，而是既包括定量数据也包括定性数据。所以，实证研究从数据类型上可以分为两种：定性型实证研究和定量型实证研究。

这里的实证研究特指基于"计量模型"的定量型实证研究，也就是从客观实际数据出发，通过建立计量模型来进行金融分析，从而得出相关结论。

与其他类型研究相比，涉及"计量模型估计"的实证研究是一种风险较小的选择，因为无论结果好坏，都体现了内容的丰富。

14.1.3 实证研究的目的

实证研究的目的在于通过实际数据认识客观事实，发现现象自身的运动规律及内在逻辑。

对于学生来说，实证研究可以培养其查找、整理和研读文献资料的能力，提高其对数据的感知、获取、处理和分析的能力，增强其写作论文的规范意识和写作技巧。实证研究还是让学生发现自己最感兴趣的研究方向、体验课题研究完整过程的良好机会，也是让学生从中体会在进行课题研究时所遭遇的种种问题和困难并且想方设法解决问题、战胜困难的最好方式。

14.2 选　　题

选择一个恰当的课题，是实证研究过程中最关键的问题，也是最艰难的问题。因为它涉及研究者的诸多方面：对相关金融理论和金融知识的储备；对金融研究前沿或热点的了解；对相关研究文献的梳理、筛选和思考，等等。对于一个刚刚接触课题研究的学生来说，这些都是十分缺乏的。

虽然本实用教程对金融市场的"均值溢出"和"波动溢出"提供了一整套实证分析的方法，但是千万不要随便找个"现货"和它的"期货"数据来检验一番，因为这仅仅是某个金融专业课程的一项练习而已。

14.2.1　一个好的课题研究必须有创造性

你的研究应该对整个研究领域有贡献，以使该领域知识体系较之以前得以扩展。也许讲"创新"，很多人会望而却步，不知道创新从何而来，其实不然。实证研究有很多类型，用计量方法做课题研究自然而然就能创新。比如，利用现有的计量工具对不同的国家、不同的区域、不同的市场、不同的资产或者不同样本区间的数据进行研究，就能体现新意。

14.2.2　一个好的课题研究必须有好的金融背景

对于实证研究而言，我们需要的是"问题导向"，而不是"工具导向"。因此，首先要选择一个有价值的金融问题，而不是随意下载某些数据，这可以参考以下步骤来进行：一般来说，先确定一个宽泛的研究领域，然后逐步缩小其范围，直至找出一个更为具体并且自己能够驾驭的研究题目。

(1) 宽泛的研究领域。理性分析你的研究兴趣和擅长领域，比如，你可能接触过金融市场的某项工作，也可能听过某个专家的学术报告，你对某一个经济社会的热点比较关注，或者你对所学过的某门课程的某一方面特别有兴趣；你也可以向有关老师请教，哪个领域的问题有意思，哪个课题值得研究，等等。

(2) 逐步缩小范围。在确定一个大致的研究领域之后，你就要围绕这个领域查找文献资料，通过阅读整理、分析和筛选，剔除那些"垃圾"文献和重复的观点，明确哪些文献是重要的，哪些观点是相对主流的，现有的研究是如何解决某些问题的。

(3) 提出研究问题。对于筛选出的若干核心参考文献，你要仔细研读、深入分析，比较现有研究有哪些贡献，特别是有哪些局限和不足。通过这些分析，你可能从中获得有益的启示，找到一个你想要做的并且通过努力可以做的小问题。

14.3 实证论文的写作

一般的实证论文由以下几部分组成：

14.3.1 题目、作者、摘要、关键词、目录

（1）题目：文章标题要简洁准确地反映论文所研究的问题。

（2）作者：按照对论文贡献的大小列出主要参与者的名字。

（3）摘要：摘要的功能是向读者传达论文主要的新贡献，内容要具体，语言要简洁。主要告诉读者论文研究什么问题，选用什么数据，运用什么方法，发现什么新现象，得到什么新结果，等等。摘要不能包含参考文献或者引文，切忌把摘要写成引言。

（4）关键词：列出3—5个能够反映论文核心内容的专业术语。

（5）目录：列出论文章节和子章节的标题，标题应准确简明反映该部分的研究内容，同时列出每一章节的起始页码。

14.3.2 引言

引言主要介绍论文的选题背景、选题原因和选题意义，包括所论问题的宏观经济和金融背景、国家或行业相关方针政策演变历程以及相关研究的概要等。

引言也要介绍论文的研究目的和研究目标。好的引言也应说明研究的创新点，即该研究如何推动该课题的文献发展，如何解决一个新问题或者用新方法解决一个老问题。

引言的介绍不宜用专业性语言，尽量少用经济、金融和统计的专业术语，以便让此领域的非专业人士也能读懂。读者通过阅读引言就能够知道这篇论文要讲什么问题，为什么要讲这个问题，如何讲这个问题，对全文要叙述的"故事"有一个初步的概念。引言最好不要罗列目录式的篇章结构，这只是徒占篇幅而已。

14.3.3 文献综述

文献综述是论文的重要组成部分。文献综述反映了你对所论课题研究状况的了解程度，对既有文献的归纳分析和梳理整合能力，以及论文具体选题与已有研究之间的内在关联。

当选题确定之后，就要围绕选题全面搜集相关的文献资料，并阅读、归纳分析和梳理整合。同时要搞清楚针对自己的选题，别人都做了些什么，用什么方法做的，得到的结论是什么，各有什么特点和不足，对自己的课题研究有什么启示。

（1）文献的搜集：应当通过正规的数据库查找文献资料，如中文文献可以通过

"中国知网数据库",英文文献可以通过"Elsevier 数据库",这两个数据库各个学校图书馆的电子资源里都有。不要引用网页上随意"百度"来的文章,即使在网页上获得某些文献信息,也要到正规数据库中去验证和引用。

(2) 文献的阅读:下载了大量的文献资料后,可以先用泛读的方法,通读每一篇文献,搞清楚什么人在什么时间做了什么研究,用了什么方法,得到什么结论。通过文献的摘要了解这些信息,是一个快速简便的方法。当然,对于那些与课题密切相关的核心文献,要精读、细读并深刻理解。

(3) 文献的筛选:文献综述里的文章要具有代表性、可靠性和科学性。由于搜集到的文献可能存在鱼目混珠的现象,如有些文献观点雷同,有些文献与你的研究关联不大,有些文献在可靠性及科学性方面存在不足,有些文献甚至水平低劣甚至存在错误,因此在引用文献时,应当注意筛选和甄别,删除那些"垃圾"文章和雷同的观点。

(4) 文献的综述:文献综述的主要目的就是介绍那些与课题研究密切相关的已有成果,让读者了解该课题研究的历史和现状,因此要忠实引用原文献的内容。文献综述不是对已有研究结果的简单罗列,它的编排要有内在逻辑性,最好能提炼出 2—3 个核心观点,也就是对文献进行归类。同时在每一类里进行观点阐述,并在此基础上列出支撑文献。

(5) 文献的评论:文献综述的最后,还要对所介绍的文章进行比较和评论,针对已有研究工作的优劣(研究问题的视角、方法、模型、结论以及争议等)特别是不足或存在的问题,阐明自己的观点、见解和思考。从这里或许可以看出你的课题与已有研究的内在关联以及你的课题的创新点。

值得注意的是,上述事情实际上是你正式研究问题之前要做的,通过查阅研读大量的文献资料,从中发现和提炼研究问题,只是在写作论文的时候,才将上述这些环节进一步整理成文而已。

14.3.4 理论分析

这一部分是实证分析的理论基础。金融实证研究有两种类型:一是对于一个具体的金融问题,首先根据相关的经济和金融理论进行定性分析,得到某些理论性的结论或者提出某些理论假设,然后利用经验数据去检验所得结论或者假设的正确性;二是直接从客观数据出发,通过金融计量方法进行分析检验得出结论,然后再根据所得结论挖掘其经济学或金融学的含义。

对于本科学士学位论文来说,建议采纳第一种实证研究类型,因此论文的主体包含"理论分析"和"实证分析"两部分。"理论分析"部分可以包括以下内容:

(1) 问题的起源、演化和现状;

(2) 问题所涉及的金融学相关的概念、术语、理论和模型等;

(3) 问题中诸因素相互影响的理论依据、作用机制和传导路径等。

要特别注意的是,在这一部分,任何借鉴的他人观点都应当在参考文献中予以充分说明,任何直接引自他人研究的语句都应加上引号并说明其作者及文献来源,杜绝抄袭剽窃他人研究成果的任何行为。

14.3.5 实证分析

这部分是实证论文的核心,恰是你在本书里学习的主要内容,包含以下几个方面:

(1) 数据的描述和基本统计检验

数据的描述主要介绍以下几个方面:

① 指标的选取及变量的名称和单位;

② 数据采集的频率;

③ 样本区间及其说明;

④ 数据来源及处理方式的说明,等等。

为了对数据有直观和初步的认识,论文应给出数据图以及数据的描述性统计检验,列出数据的总括性统计值,如均值、方差、偏度、峰度以及 JB 统计量等。

(2) 研究方法或模型介绍

这部分应当详细介绍文章实证分析过程中所要用到的分析方法或者计量模型,包括方程的形式、参数的估计方法等。

(3) 实证研究结果

这部分要全面展示对数据所进行的每一步检验和每一个模型估计的结果。这些结果通常是用图表的形式表达,图表的形式要符合论文写作规范。这些图表呈现了大量的统计信息:系数估计是否显著、滞后阶数选择是否正确、删除不显著解释变量的理由、模型的拟合度(R^2)的讨论等。在列出图表之后,要对图表进行说明。

这部分写作要注意以下几点:

① 在介绍每一个检验结果之前,要有承上启下的过渡语言,不能一开始就是一个表格或者一个图形;

② EViews 的原始输出不能直接复制粘贴在论文中,应当把输出结果按照图表的规范格式重新编辑;

③ 图表要按照出现的顺序分别编号,表题列于表格的上方,图题列于图形的下方,图表中的字体要比正文小 1 号;

④ 对图表要进行说明,先用统计术语对其中的信息进行描述,之后还要用通俗的语言解释它的经济学或金融学含义。

特别要注意图表的统计信息中蕴含的一些有意思的特征,也许它就是你的实证研究的新发现。

(4) 结果的经济学或金融学解释

一篇好的实证论文要对实证结果进行深入的分析,而不是作出简单的、字面上的描述。实证结果通常也是用"数据"来表达的,应透过这些"数据"发现其蕴含怎样的经济学或金融学原理,揭示研究对象的变化特征和运行规律;同时还要对实证结果与理论分析结论以及已有的相关研究结果进行比较,看实证结果是否符合理论研究的预期,是否与引言中设定的初始目标相关,与前人的研究是吻合还是相悖,并且对比较结果给出合理解释。

14.3.6 结束语

这部分是对全文的一个总结,应重申论文研究的初始目的,概括最重要的研究结果,特别是实证研究的新发现;还应说明论文研究在整体上存在的缺陷,给出该领域进一步研究的建议;最后还可以提出若干政策建议。要注意的是,这一政策建议一定是在你研究结果的基础上提出的,要具体并且有针对性,而不是风马牛不相及的若干条意见的罗列。

14.3.7 参考文献

这部分主要罗列论文中提及的所有文章与著作等,未提及的文献资料不要列入。参考文献的格式要规范统一。

14.3.8 附录

将一些放在正文中会影响论文结构的内容放在附录中,与论文无关资料不在其列。

14.3.9 致谢

这部分主要列出你想要对其帮助表示感谢的人,如导师或课题指导人员,提供数据或软件的人或机构,阅读或评论过你的论文的朋友,养育你的父母及家人等。

14.4 几个注意的问题

14.4.1 实证研究没有绝对正确的,也没有绝对错误的

实证研究的结果是客观存在的,即使实证结果与你的预期不一样,也不必沮丧,你的任务是把结果解释清楚。

理想的状态是,研究者从理论上推导出一个新的结论,然后用实际数据来验证其新结论时,统计上很显著,这说明新结论是有代表性的。然而这种情况在实际中是少之又少。经常是我们期望统计显著但往往不显著,期望变量间有协整关系但往往并不协整,期望为正的系数但往往为负值,等等。这些并不应该成为我们继续研究的障碍。

发现一个理论并不意味着统计研究结果同理论一样理想——统计显著。在这个过程中可以尝试修正模型或变换变量,如对变量采取对数形式或差分形式等。然而我们要充分考虑经济理论的合理性,不能为了提高模型的适度而作不合理的转变。

只要数据真实、方法科学、过程正确,无论实证分析得到什么结果,都接受它,

剩下来的任务就是尽力把结果解释清楚。

14.4.2　实证结果往往使人迷茫

比如，一个统计检验说明了一种情况存在，而另一个统计检验却得出不同的结论；某个解释变量在一个回归中是显著的，而在另一个回归中却不显著。遇到这些情况，我们应该从原始数据开始仔细检查，看看到底哪个环节出现了问题。如果数据和分析过程都没有问题，那么只有如实报告检验结果，尽量解释出现这种冲突的原因。切忌为了使结果符合自己的预期而修改数据和编造研究结果。

14.4.3　实证研究水平的高低不在于实证方法复杂程度

一项实证研究水平的高低，并不取决于其中使用的计量方法的难易，而在于它是否能够帮助我们得到正确的估计值，以反映数据中所包含的真正信息。

14.4.4　论文水平的高低不在于文章的长短

没有必要为了篇幅而用一些可有可无的内容填充，这样会降低论文的可信度，还会招来读者的指责。读者评价论文的水平主要是看其内在价值，同时也会对论文外在的一些直观感受加以评判。应当尽量使论文有较强的逻辑性、合理的先后阐述顺序，正确设定每一个公式，避免词句、语法、打印和绘制图表方面的错误。

这里主要讲的是基于"计量分析"的实证论文的写作，对于其他类型的研究和论文写作，也可以作为参考，举一反三。

▶▶▶ **操作练习 14**

选取适当的金融或经济数据进行实证研究，撰写一篇实证论文。

论文要求：

(1) 选题有意义，使用分析方法恰当；

(2) 论文结构和表达符合论文规范（参见实验报告的格式要求）；

(3) 语句通顺、表达正确、分析清楚、解释合理。

附 录

多变量 BEKK 模型估计的 WinRATS 软件操作

一、软件与数据准备

本附录以金砖国家货币汇率的 BEKK 模型建模为例。

选取 2011 年 1 月 1 日至 2019 年 12 月 31 日美元对人民币、雷亚尔、卢比、卢布和兰特的汇率分别作为中国、巴西、印度、俄罗斯和南非五国货币的汇率,分别用 CNY、BRL、INR、RUB 和 ZAR 表示。对于货币汇率 X_t,用 RX_t 表示其对数收益率,即 $RX_t = \log(X_t) - \log(X_{t-1})$。于是,$RCNY$、$RBRL$、$RINR$、$RRUB$ 和 $RZAR$ 分别表示人民币、雷亚尔、卢比、卢布和兰特的汇率收益率。

下载 WinRATS 7.0(或以上版本)软件并在电脑上安装,建立一个文件夹"WinRATS 及 BEKK",将应用程序"WinRATS"和金砖国家货币汇率收益率数据的 Excel 文件"2011—2019"保存在此文件夹中。(见图 0.1)

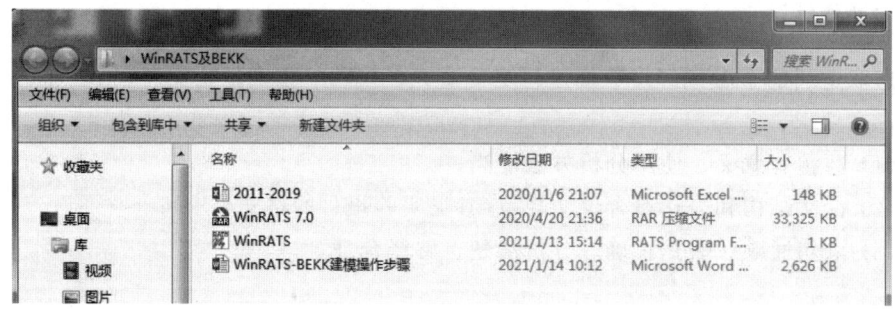

图 0.1

二、数据处理

将数据的 Excel 文件保存为"CSV 格式"。

(1)打开 Excel 表格"2011—2019"(见图 0.2)

附录　多变量 BEKK 模型估计的 WinRATS 软件操作

图 0.2

注意：数据每一列上方要有变量名。

（2）点击"文件 \ 另存为 \ WinRATS 及 BEKK"（见图 0.3）

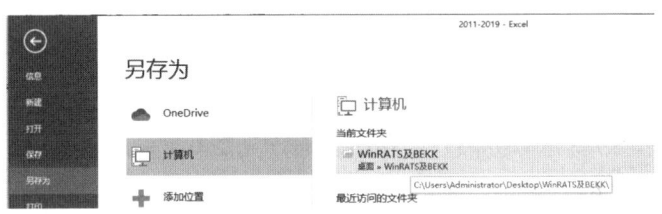

图 0.3

（3）输出界面（见图 0.4）

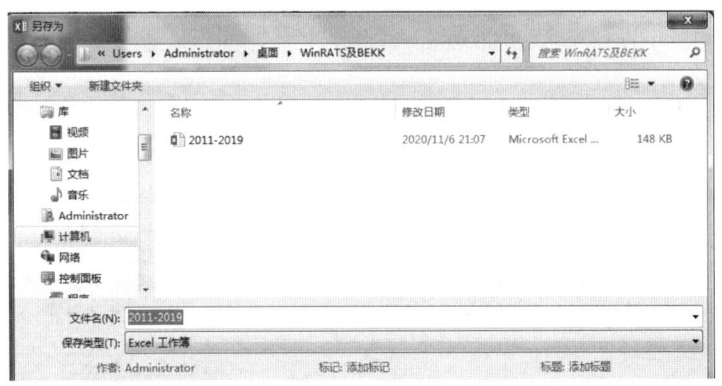

图 0.4

(4) 在"保存类型"下拉框中选择"CSV（逗号分隔）"（见图 0.5）

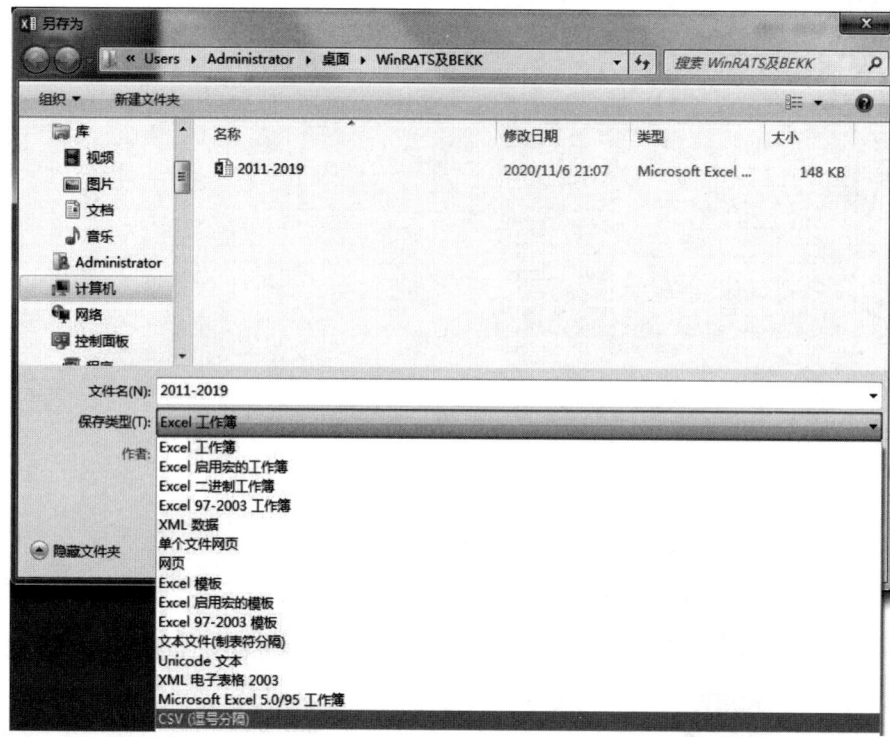

图 0.5

(5) 点击"CSV（逗号分隔）"，输出界面（见图 0.6）

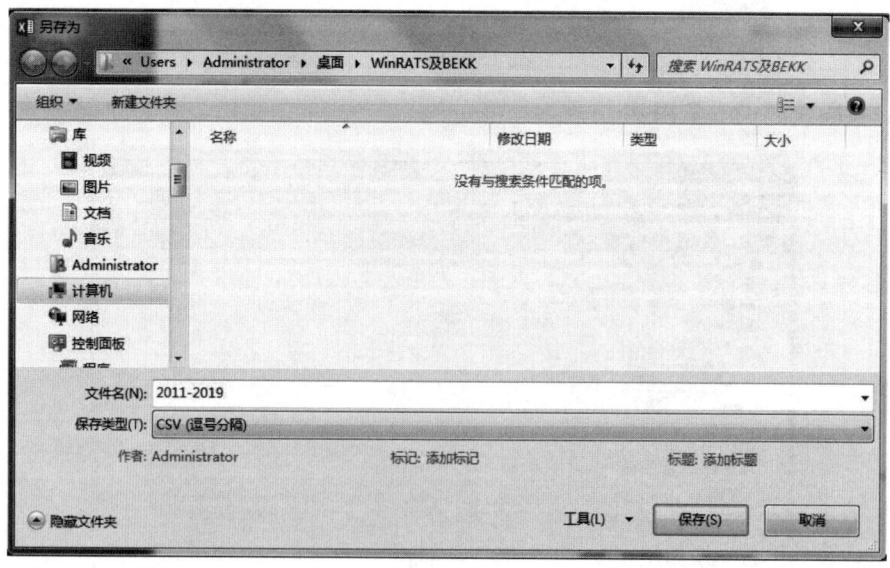

图 0.6

（6）点击"保存"，输出对话框（见图0.7）

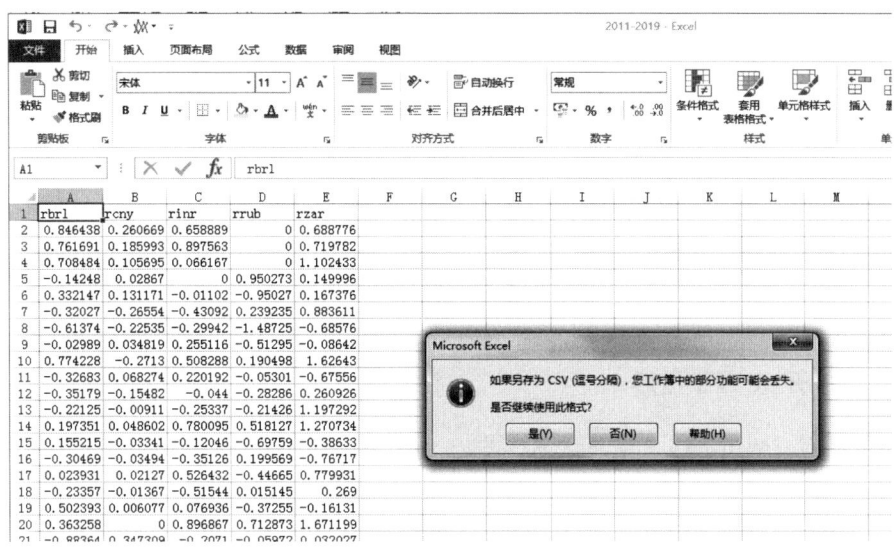

图 0.7

（7）点击"否"，输出界面（见图0.8）

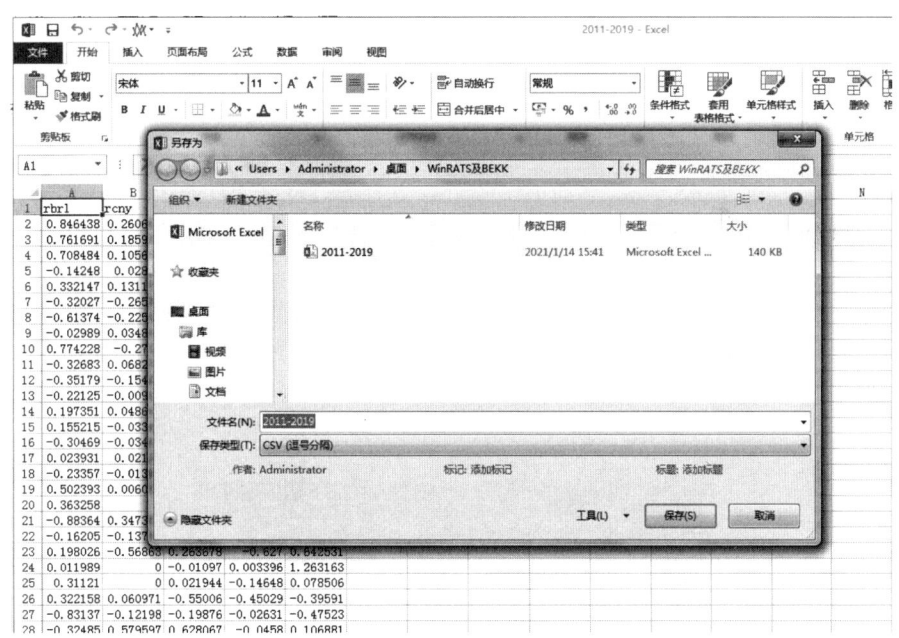

图 0.8

（8）点击"取消"，关闭 Excel 窗口，并在对话框中点击"不保存"，数据即以"csv"格式保存在文件夹"WinRATS 及 BEKK"中（见图0.9）

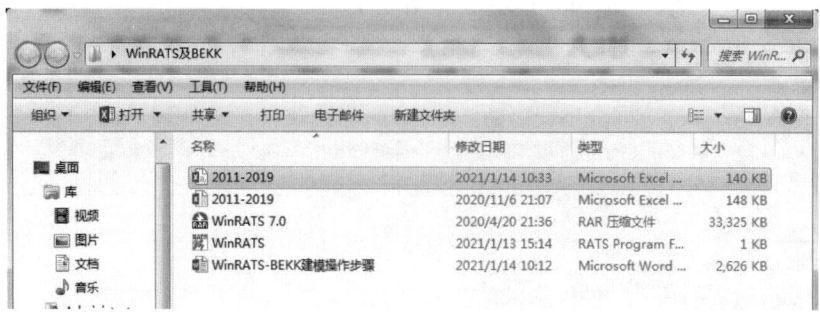

图 0.9

三、打开 RATS 程序

在文件夹"WinRATS 及 BEKK"中打开应用程序"WinRATS",输出界面(见图 0.10)

图 0.10

四、导入数据

(1) 点击"Data \ Data (Other Formats)"(见图 0.11)

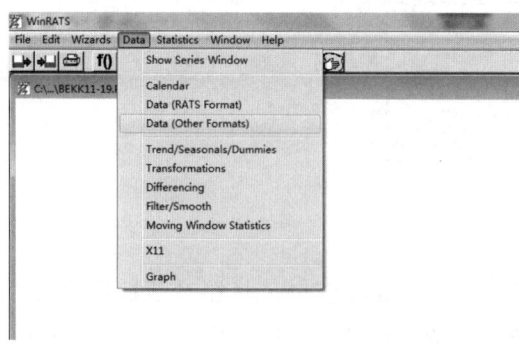

图 0.11

(2) 选择数据"2011—2019"(csv 格式)(见图 0.12)

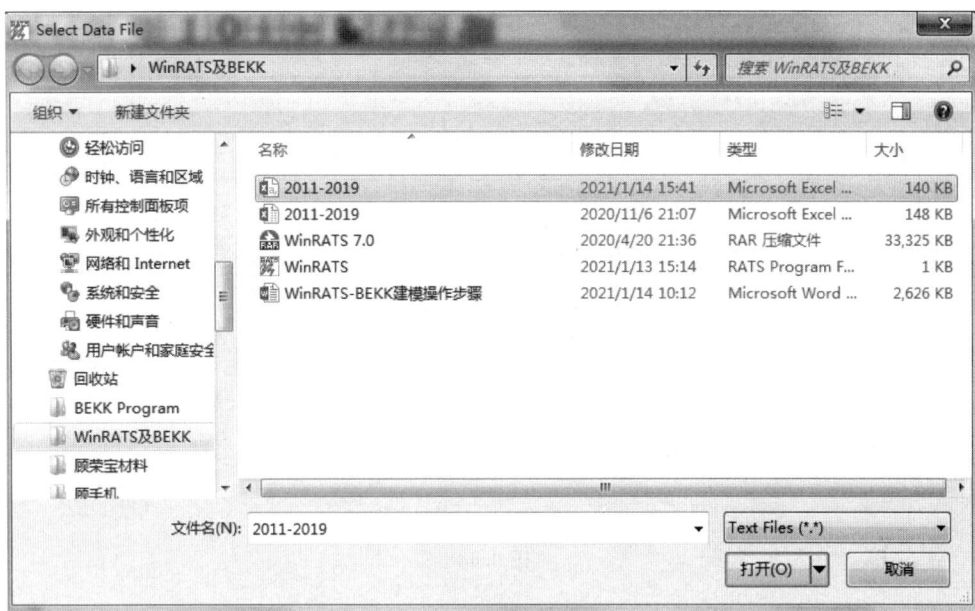

图 0.12

(3) 点击"打开",输出对话框(见图 0.13)

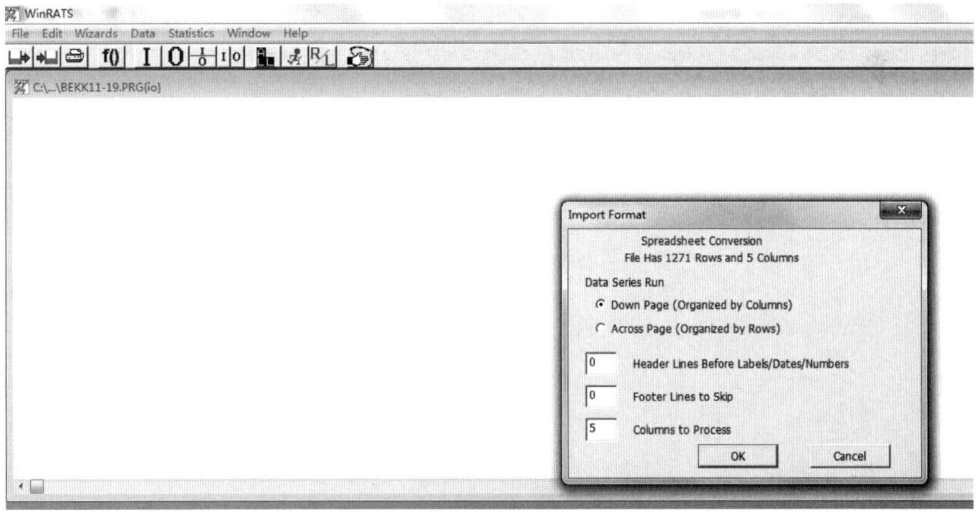

图 0.13

（4）点击"OK"，输出对话框（见图0.14）

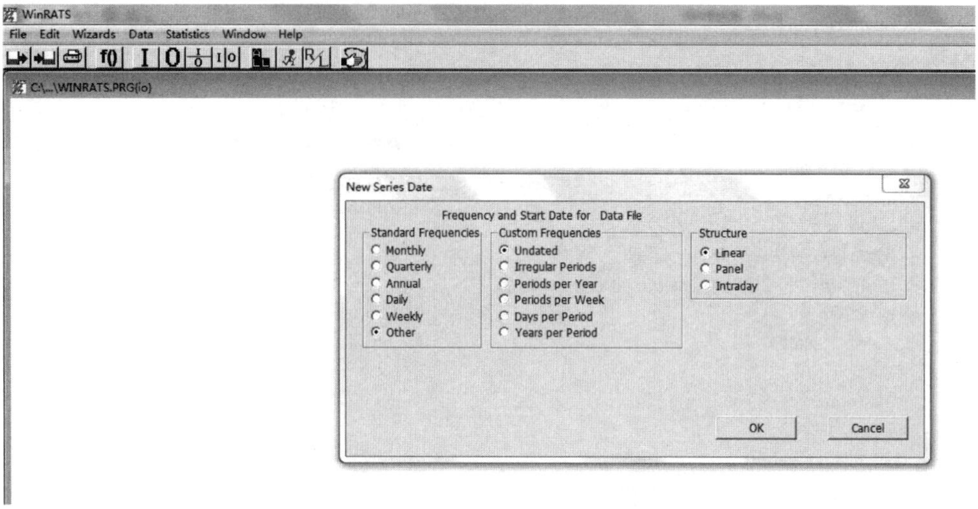

图 0.14

（5）再点击"OK"，导入数据（见图0.15）

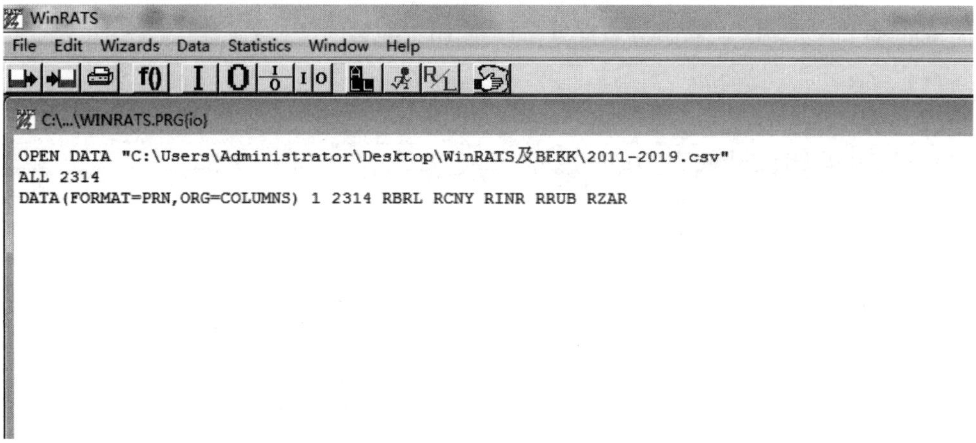

图 0.15

五、导入程序

将下列"bekk-garch"程序代码复制并粘贴到命令窗口（见图0.16）：

system (model = var1)
variables *RBRL RCNY RINR RRUB RZAR*
lags *1*
det constant
end (system)
garch (p = *1*, q = *1*, model = var*1*, mv = *bekk*, pmethod = simplex, piters = *10*, hmatrices = hh, rvectors = rd) / *RBRL RCNY RINR RRUB RZAR*

（其中斜体字部分均可以重新设定）

图 0.16

六、运行程序

（1）选中导入的程序代码（见图 0.17）

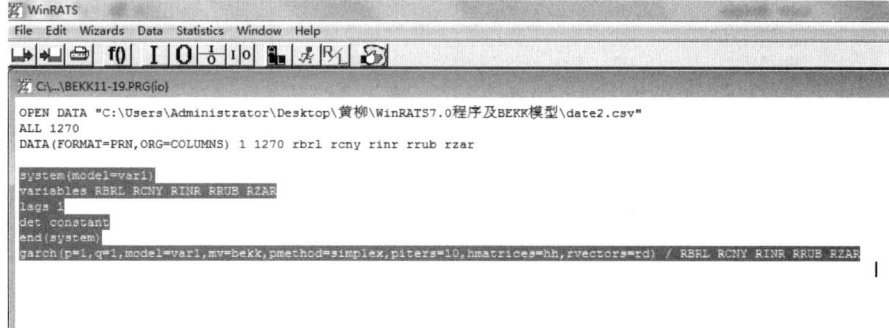

图 0.17

(2) 点击回车键，程序运行得到 BEKK 模型的回归结果（见图 0.18）

```
MV-GARCH, BEKK - Estimation by BFGS
NO CONVERGENCE IN 100 ITERATIONS
LAST CRITERION WAS  0.0719283
Usable Observations    2313
Log Likelihood         -8234.41171482

    Variable           Coeff        Std Error      T-Stat     Signif
****************************************************************************
 1. RBRL{1}          -0.129266474  0.015377691    -8.40610   0.00000000
 2. RCNY{1}          -0.178450270  0.093249423    -1.91369   0.05566008
 3. RINR{1}           0.018002576  0.032304244     0.55728   0.57733471
 4. RRUB{1}           0.008044053  0.015268071     0.52685   0.59829460
 5. RZAR{1}           0.029148689  0.014534893     2.00543   0.04491725
 6. Constant          0.014956665  0.016616404     0.90011   0.36805936
 7. RBRL{1}          -0.000241638  0.003061931    -0.07892   0.93709885
 8. RCNY{1}           0.001399492  0.018157994     0.07707   0.93856542
 9. RINR{1}           0.007602918  0.006752583     1.12593   0.26019626
10. RRUB{1}           0.004807187  0.002619982     1.83482   0.06653288
11. RZAR{1}           0.012969613  0.003041173     4.26467   0.00002002
12. Constant         -0.004132128  0.003070297    -1.34584   0.17835420
13. RBRL{1}           0.024473031  0.007070961     3.46106   0.00053805
14. RCNY{1}          -0.061369653  0.042014752    -1.46067   0.14410625
15. RINR{1}          -0.037754977  0.017056864    -2.21348   0.02686477
16. RRUB{1}           0.000639872  0.007457651     0.08580   0.93162480
17. RZAR{1}           0.031773863  0.006843598     4.64286   0.00000344
18. Constant          0.005952255  0.008115239     0.73347   0.46327403
19. RBRL{1}           0.003280956  0.013370094     0.24540   0.80615052
20. RCNY{1}          -0.118282359  0.075958600    -1.55720   0.11942418
21. RINR{1}          -0.088807801  0.027373918    -3.24425   0.00117761
22. RRUB{1}           0.052343666  0.013834265     3.78362   0.00015456
23. RZAR{1}           0.022982371  0.013626517     1.68659   0.09168189
24. Constant         -0.002057193  0.014214442    -0.14473   0.88492756
25. RBRL{1}          -0.045338798  0.015104558    -3.00166   0.00268509
26. RCNY{1}           0.090534979  0.077358817     1.17033   0.24187009
27. RINR{1}          -0.035117099  0.031374104    -1.11930   0.26301130
28. RRUB{1}          -0.039036683  0.015284055    -2.55408   0.01064691
29. RZAR{1}           0.025830322  0.014209102     1.81787   0.06908377
30. Constant          0.013840256  0.015294788     0.90490   0.36551830
31. C(1,1)            0.003181207  0.011354909     0.28016   0.77935373
32. C(2,1)           -0.001282327  0.001898762    -0.67535   0.49945407
33. C(2,2)            0.016145322  0.002338730     6.90346   0.00000000
34. C(3,1)           -0.029491739  0.004315162    -6.83445   0.00000000
35. C(3,2)           -0.029458313  0.003996139    -7.37169   0.00000000
36. C(3,3)            0.018222565  0.003594960     5.06892   0.00000040
37. C(4,1)           -0.004786089  0.007409400    -0.64595   0.51831288
38. C(4,2)           -0.131284859  0.009240703   -14.20724   0.00000000
39. C(4,3)            0.158761027  0.008628441    18.39974   0.00000000
40. C(4,4)            0.064025227  0.006543416     9.78468   0.00000000
41. C(5,1)           -0.027784819  0.010945726    -2.53862   0.01113552
42. C(5,2)           -0.536755631  0.020639741   -26.00593   0.00000000
43. C(5,3)            0.390928669  0.016455749    23.75636   0.00000000
44. C(5,4)            0.336121722  0.013211614    25.44138   0.00000000
45. C(5,5)            0.023424501  0.009391531     2.49422   0.01262360
46. A(1,1)            0.290485523  0.014308492    20.30162   0.00000000
47. A(1,2)            0.010848484  0.003433900     3.15923   0.00158186
48. A(1,3)            0.024926983  0.005730480     4.34989   0.00001362
49. A(1,4)            0.006923849  0.011512833     0.60140   0.54757177
50. A(1,5)            0.015045823  0.018334165     0.82064   0.41184908
51. A(2,1)            0.048970677  0.090065484     0.54372   0.58663209
52. A(2,2)            0.183495382  0.020010629     9.16990   0.00000000
53. A(2,3)            0.018538579  0.028361318     0.65366   0.51333271
54. A(2,4)           -0.029519772  0.055782674    -0.52919   0.59667192
55. A(2,5)           -0.041902670  0.087123964    -0.48095   0.63054878
56. A(3,1)            0.025410408  0.023683891     1.07290   0.28331672
57. A(3,2)           -0.001876949  0.004839874    -0.38781   0.69815699
58. A(3,3)            0.220428299  0.011999629    18.36959   0.00000000
59. A(3,4)           -0.005282765  0.015781637    -0.33474   0.73782026
60. A(3,5)            0.006657963  0.033653758     0.19784   0.84317249
61. A(4,1)           -0.081188516  0.010865316    -7.47226   0.00000000
62. A(4,2)            0.011423489  0.002230330     5.12188   0.00000030
63. A(4,3)           -0.010908486  0.004453585    -2.44937   0.01431056
64. A(4,4)            0.206475290  0.012811908    16.11589   0.00000000
65. A(4,5)           -0.037325860  0.016750463    -2.22835   0.02585732
66. A(5,1)            0.001792709  0.016868880     0.10627   0.91536565
67. A(5,2)           -0.006621161  0.002920160    -2.26740   0.02336601
68. A(5,3)           -0.010006902  0.006562330    -1.52490   0.12728385
69. A(5,4)           -0.055899446  0.012761910    -4.38018   0.00001186
70. A(5,5)            0.017307113  0.020093347     0.86134   0.38905328
71. B(1,1)            0.876418526  0.008485809   103.28049   0.00000000
72. B(1,2)           -0.007539642  0.002078596    -3.62728   0.00028643
```

图 0.18

输出结果的上半部分是均值方程系数及显著水平,下半部分是方差—协方差方程系数及显著水平。其中,(i,j) 中的 i,j 分别表示第 i 个变量和第 j 个变量,$A(i,j)$ 表示 h_{iit} 的方程中 ε_{jt}^2 项的系数 α_{ij},$B(i,j)$ 表示 h_{iit} 的方程中 h_{jjt} 项的系数 β_{ij}。可将上述估计结果整理成表 0.1。

表 0.1 五元 GARCH(1,1)-BEKK 模型的系数估计

系数	估计值	系数	估计值	系数	估计值	系数	估计值	系数	估计值
α_{11}	0.2905***	α_{12}	0.0108***	α_{13}	0.0249***	α_{14}	0.0069	α_{15}	0.0150
α_{21}	0.0490	α_{22}	0.1835***	α_{23}	0.0185	α_{24}	−0.0295	α_{25}	−0.0419
α_{31}	0.0254	α_{32}	−0.0019	α_{33}	0.2204***	α_{34}	−0.0053	α_{35}	0.0067
α_{41}	−0.0812***	α_{42}	0.0114***	α_{43}	−0.0109**	α_{44}	0.2065***	α_{45}	−0.0373**
α_{51}	0.0018	α_{52}	−0.0066**	α_{53}	−0.0100	α_{54}	−0.0559***	α_{55}	0.0173
β_{11}	0.8764***	β_{12}	−0.0075***	β_{13}	−0.0090***	β_{14}	0.0683***	β_{15}	0.2096***
β_{21}	−0.2176***	β_{22}	0.9621***	β_{23}	0.0031	β_{24}	0.2305***	β_{25}	0.7719***
β_{31}	−0.0480***	β_{32}	−0.0029***	β_{33}	0.9718***	β_{34}	0.0476***	β_{35}	0.1468***
β_{41}	0.0236***	β_{42}	−0.0027**	β_{43}	0.0050***	β_{44}	0.9802***	β_{45}	0.0276***
β_{51}	0.1514***	β_{52}	0.0141***	β_{53}	−0.0013	β_{54}	−0.1629***	β_{55}	0.4429***

注:表中 1 表示雷亚尔,2 表示人民币,3 表示卢比,4 表示卢布,5 表示兰特;***、** 和 * 分别表示在 1%、5% 和 10% 水平下显著。

七、系数的 Wald 检验

由于系数 α_{21} 不显著,对其进行 Wald 系数检验。将下面的代码复制并粘贴在命令窗口(见图 0.19):

TEST (ZEROS)
♯51

(代码中的数字"51"是 BEKK 模型估计系数 $A(2,1)$ 所在行数,数字可以为 1 个,也可以为多个)

```
NONAME00.TXT(io)
 88. B(4,3)           0.004993961   0.001490036     3.35157   0.00080355
 89. B(4,4)           0.980151416   0.004052852   241.84240   0.00000000
 90. B(4,5)           0.027583040   0.008890901     3.10239   0.00191965
 91. B(5,1)           0.151357208   0.014559968    10.39544   0.00000000
 92. B(5,2)           0.014119903   0.002742792     5.14800   0.00000026
 93. B(5,3)          -0.001345427   0.004670449    -0.28807   0.77329139
 94. B(5,4)          -0.162895520   0.008446370   -19.28586   0.00000000
 95. B(5,5)           0.442687012   0.009941987    44.52702   0.00000000
TEST(ZEROS)
#51
```

图 0.19

选中此代码并点击回车键,得到原假设"A(2,1)=0"的检验结果(见图0.20)

```
NONAME00.TXT{io}
88. B(4,3)              0.004993961    0.001490036      3.35157    0.00080355
89. B(4,4)              0.980151416    0.004052852    241.84240    0.00000000
90. B(4,5)              0.027583040    0.008890901      3.10239    0.00191965
91. B(5,1)              0.151357208    0.014559968     10.39544    0.00000000
92. B(5,2)              0.014119903    0.002742792      5.14800    0.00000026
93. B(5,3)             -0.001345427    0.004670449     -0.28807    0.77329139
94. B(5,4)             -0.162895520    0.008446370    -19.28586    0.00000000
95. B(5,5)              0.442687012    0.009941987     44.52702    0.00000000
TEST(ZEROS)
#51
Chi-Squared(1)=      0.295635 with Significance Level 0.58663209
.
```

图0.20

同理,对其他不显著的系数 α_{24}、α_{25}、α_{32} 和 β_{23} 进行 Wald 系数检验,将这些检验结果整理成表0.2。

表0.2　MVGARCH-BEKK 模型系数的 Wald 检验

原假设	Wald 值	原假设	Wald 值	原假设	Wald 值
$\alpha_{21}=0$	0.2956 (0.5866)	$\alpha_{23}=0$	0.4273 (0.5133)	$\alpha_{24}=0$	0.2800 (0.5967)
$\alpha_{25}=0$	0.2313 (0.6305)	$\alpha_{32}=0$	0.1504 (0.6982)	$\beta_{23}=0$	0.0943 (0.7587)

注:表中1表示雷亚尔,2表示人民币,3表示卢比,4表示卢布,5表示兰特;括号中的数值是 p 值。

> **注记**:将"bekk-garch"程序中的代码"bekk"改为"dcc",得到程序"dcc-garch",利用这个程序可以进行 DCC-GARCH 模型(dynamic conditional correlation multivariate garch model)的估计。[①]

八、DCC-GARCH 模型的估计

DCC-GARCH 模型是动态条件相关多元 GARCH 模型,它的系数估计完全类似于"bekk-garch"程序的操作。对第一个变量 *rbrl* 和第二个变量 *rcny* 建立 DCC-GARCH 模型的结果如图0.21所示。

---

① See Engle R., Dynamic Conditional Correlationa Simple Class of Multivariate GARCH Models, *Journal of Business and Statistics*, 2002, 20: 339—350.

附录 多变量 BEKK 模型估计的 WinRATS 软件操作

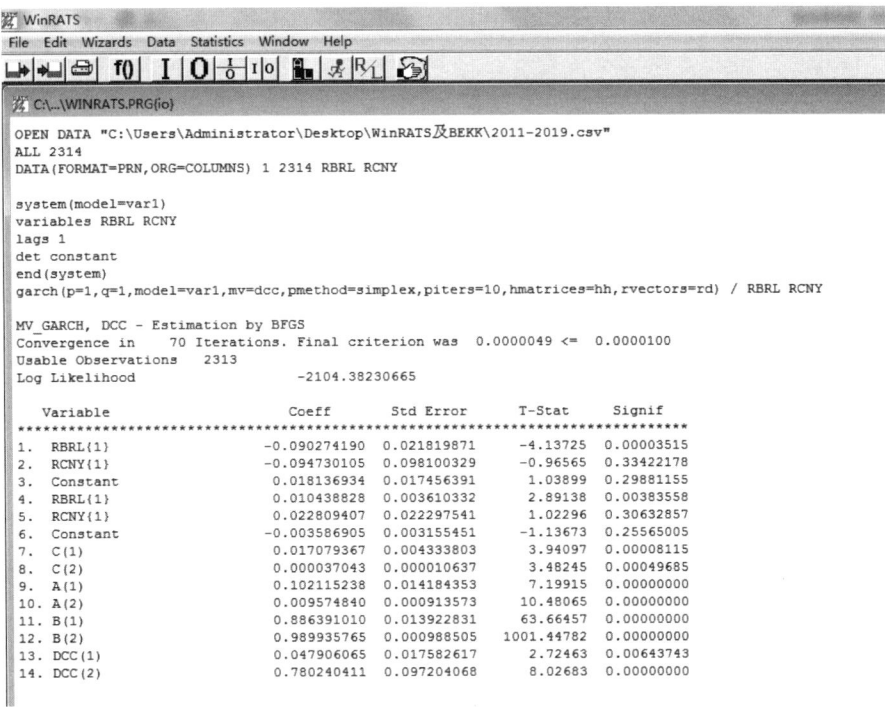

图 0.21

其中,DCC(1) 和 DCC(2) 是 DCC 模型中的两个系数。

模型 DCC-GARCH 的动态相关系数图可按照以下步骤得到:

(1) 在命令栏中输入代码:

set rho12 = hh(t)(1,2)/sqrt(hh(t)(1,1)*hh(t)(2,2))

选中并点击回车键,生成变量 rbrl 和 rcny 之间的动态条件相关系数序列 rho12,并且保存在 "Data" 的 "List of Series" 中(见图 0.22)

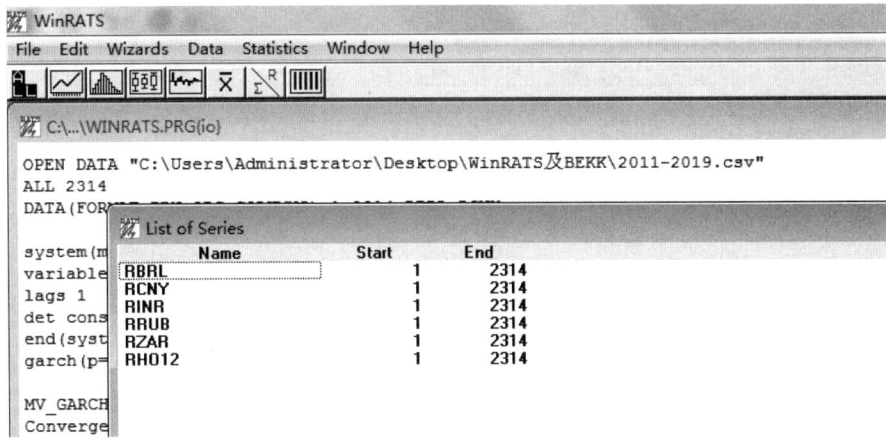

图 0.22

(2) 点击工具栏中的"Data \ Graph"（见图 0.23）

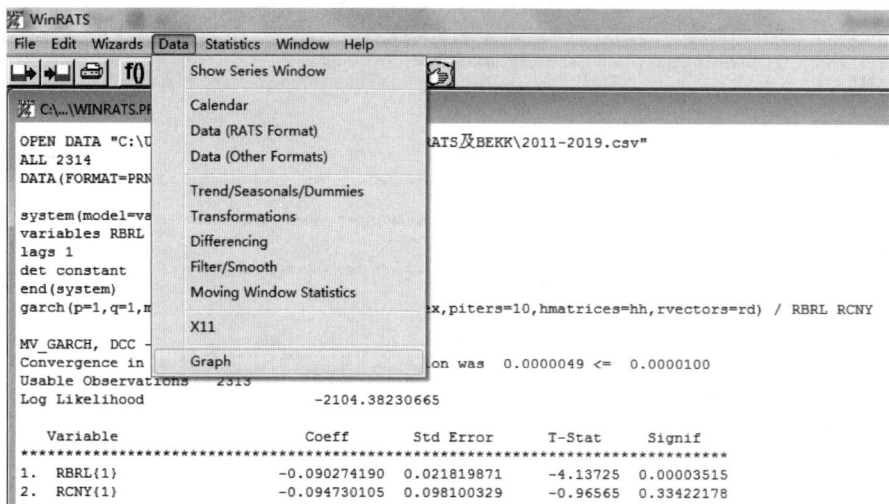

图 0.23

(3) 输出"Graph Wizard"对话框（见图 0.24）

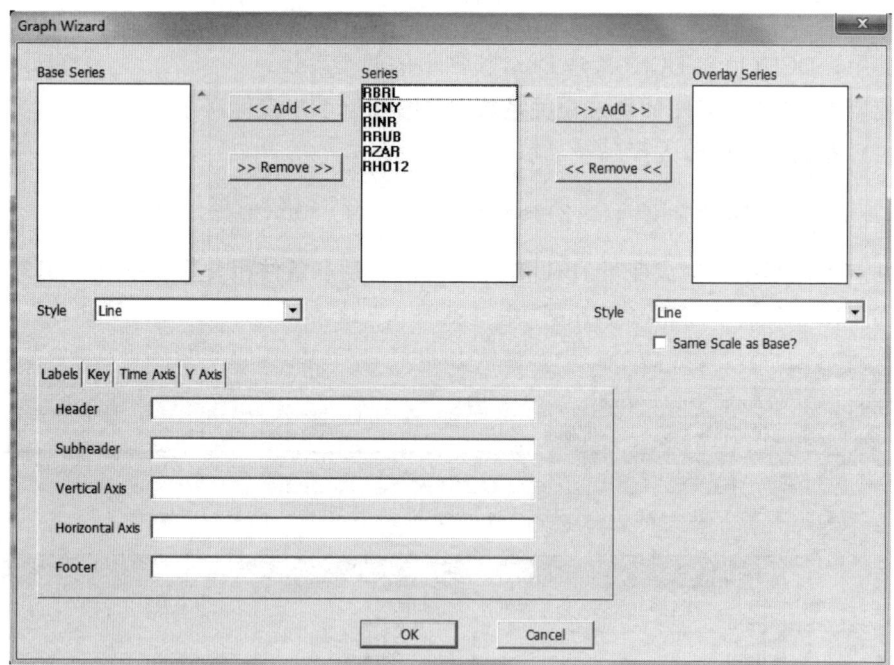

图 0.24

(4) 在"Series"栏选中"RH012",并点击"Add"按钮(见图0.25)

图 0.25

(5) 在"Header"栏中填入"rh012"(见图0.26)

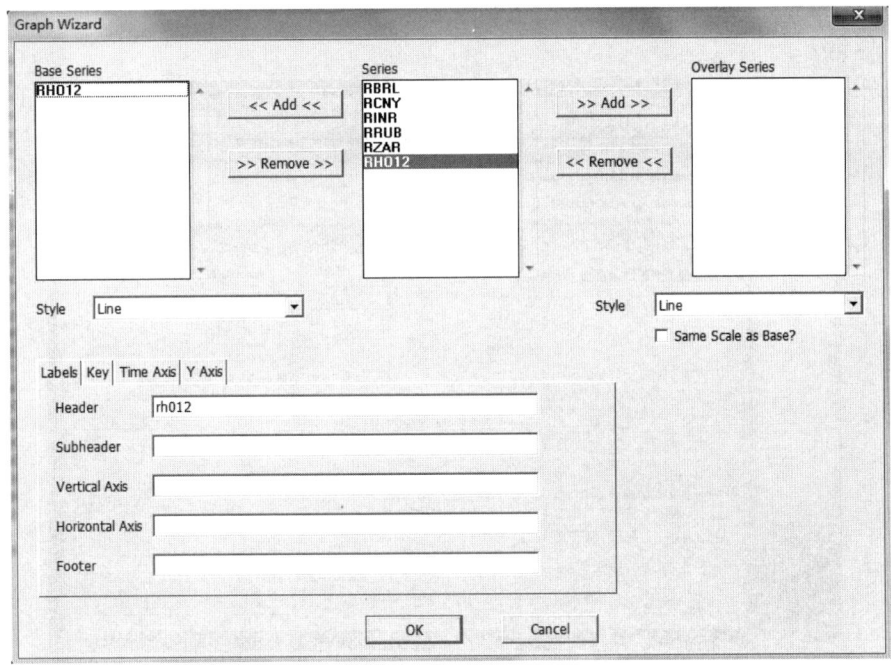

图 0.26

(6) 点击"OK",输出动态条件相关系数图(见图 0.27)

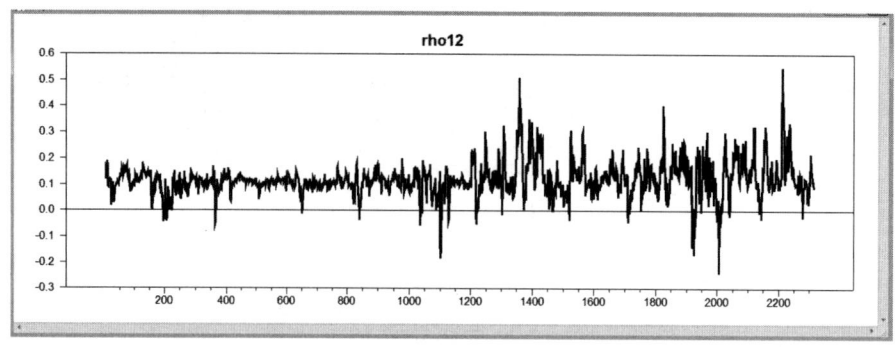

图 0.27

如果对两个以上变量建立 DCC 模型,输入命令:

set rho13 = hh(t)(1,3)/sqrt(hh(t)(1,1) * hh(t)(3,3))

或

set rho23 = hh(t)(2,3)/sqrt(hh(t)(2,2) * hh(t)(3,3))

可以得到变量 1 和变量 3 或者变量 2 和变量 3 之间的动态条件相关系数序列 rh013 和 rh023,并且从工具栏"Data"中可以得到相应的动态条件相关系数图。

BEKK 和 DCC 的建模也可以通过 WinRATS 的工具栏菜单完成:

(1) 点击"Statistics \ (ARCH \ GARCH)",输出"GARCH Wizard"对话框(见图 0.28)

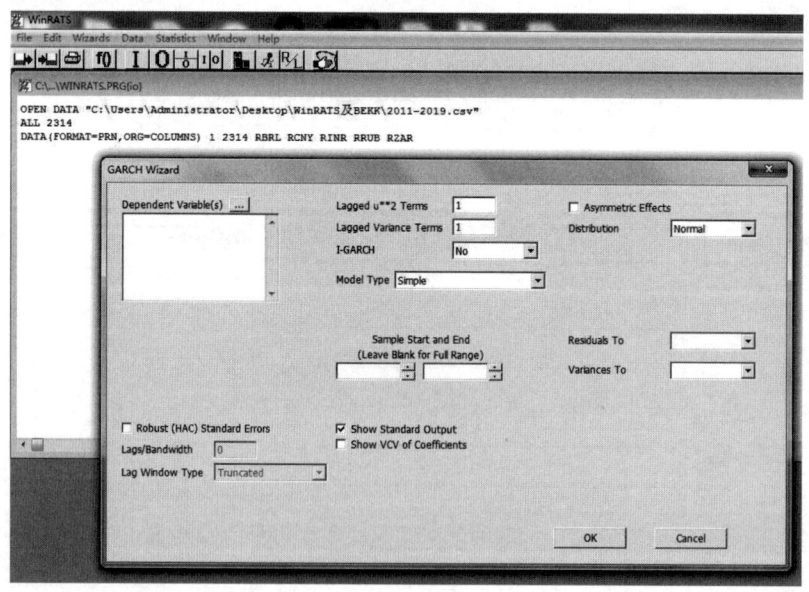

图 0.28

（2）在"Dependent Variable（s）"栏中填入一组变量，如"rbrl rcny"，在"Model Type"中选择"BEKK"（见图 0.29）

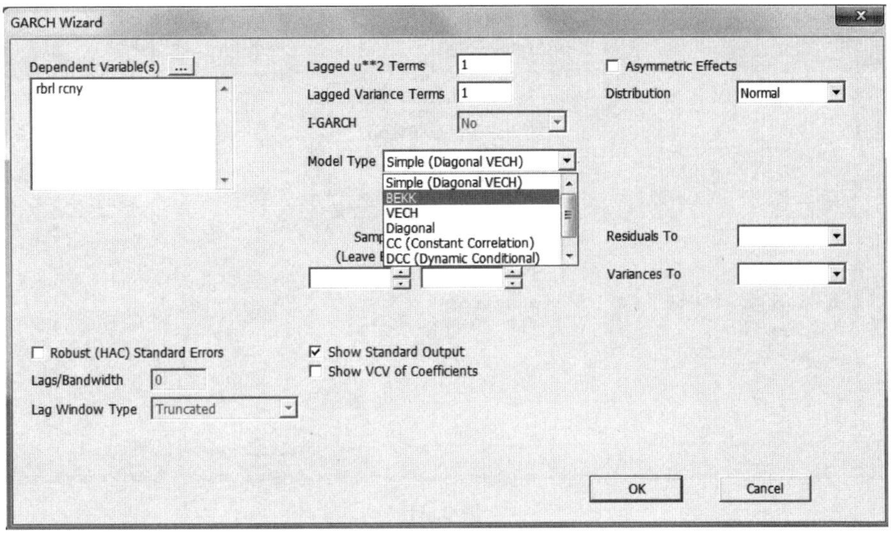

图 0.29

（3）点击"OK"，输出 BEKK 模型系数估计（见图 0.30）

```
MV-GARCH, VECH - Estimation by BFGS
NO CONVERGENCE IN 63 ITERATIONS
LAST CRITERION WAS    0.0000000
SUBITERATIONS LIMIT EXCEEDED. ESTIMATION POSSIBLY HAS STALLED OR MACHINE ROUNDOFF
TRY HIGHER SUBITERATIONS LIMIT, TIGHTER CVCRIT, DIFFERENT SETTING FOR EXACTLINE OR
RESTARTING ESTIMATION FROM LAST ESTIMATES OR DIFFERENT INITIAL GUESSES MIGHT ALSO
Usable Observations    2314
Log Likelihood            -2210.65368794

    Variable           Coeff       Std Error      T-Stat     Signif
    ***********************************************************************
 1. Mean(1)          -0.058847     0.000000       0.00000    0.00000000
 2. Mean(2)          -0.008483     0.000000   -6.95602e+09   0.00000000
 3. C(1,1)            0.502074     0.002313     217.03023    0.00000000
 4. C(2,1)            0.030311     0.000036     853.13547    0.00000000
 5. C(2,2)            0.008767     0.000071     123.18575    0.00000000
 6. A(1,1)(1)         0.073904     0.000407     181.58885    0.00000000
 7. A(1,1)(2)         0.018261     0.000021     870.03537    0.00000000
 8. A(1,1)(3)        -0.333036     0.000128   -2611.81050    0.00000000
 9. A(2,1)(1)        -0.008046     0.000036    -221.48888    0.00000000
10. A(2,1)(2)         0.074354     0.000235     316.35476    0.00000000
11. A(2,1)(3)        -0.024294     0.000168    -144.31616    0.00000000
12. A(2,2)(1)         0.001277     0.000031      41.63027    0.00000000
13. A(2,2)(2)         0.015869     0.000373      42.51814    0.00000000
14. A(2,2)(3)         0.070831     0.000545     129.93595    0.00000000
15. B(1,1)(1)         0.268753     0.002063     130.25376    0.00000000
16. B(1,1)(2)        -5.468209     0.013765    -397.26497    0.00000000
17. B(1,1)(3)         3.035280     0.036037      84.22729    0.00000000
18. B(2,1)(1)        -0.021120     0.000066    -318.52931    0.00000000
19. B(2,1)(2)         0.253090     0.001320     191.74893    0.00000000
20. B(2,1)(3)        -0.076581     0.001905     -40.20952    0.00000000
21. B(2,2)(1)        -0.008538     0.000087     -98.16264    0.00000000
22. B(2,2)(2)        -0.166556     0.001327    -125.50051    0.00000000
23. B(2,2)(3)         0.882878     0.002509     351.95410    0.00000000
```

图 0.30

(4) 在 "Model Type" 中选择 "DCC (Dynamic Conditional)" （见图 0.31）

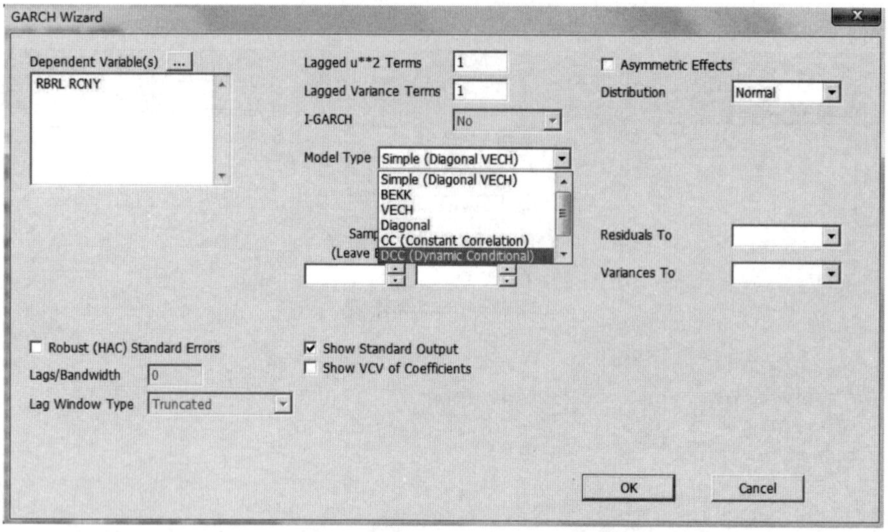

图 0.31

(5) 点击 "OK"，输出 DCC 模型系数估计结果（见图 0.32）

```
MV_GARCH, DCC - Estimation by BFGS
Convergence in     57 Iterations. Final criterion was  0.0000000 <=  0.0000100
Usable Observations    2314
Log Likelihood              -2122.13255000

     Variable           Coeff          Std Error         T-Stat         Signif
************************************************************************
 1.  Mean(1)         0.016205339     0.016539135        0.97982     0.32717606
 2.  Mean(2)        -0.003290420     0.003213182       -1.02404     0.30581750
 3.  C(1)            0.016984116     0.005520497        3.07656     0.00209407
 4.  C(2)            0.000037421     0.000011686        3.20221     0.00136375
 5.  A(1)            0.103801744     0.016343071        6.35142     0.00000000
 6.  A(2)            0.009717284     0.001081000        8.98916     0.00000000
 7.  B(1)            0.885335311     0.016995821       52.09135     0.00000000
 8.  B(2)            0.989775967     0.001175792      841.79520     0.00000000
 9.  DCC(1)          0.037327144     0.017490538        2.13413     0.03283185
10.  DCC(2)          0.819683597     0.118078676        6.94184     0.00000000
```

图 0.32

参考书目

[1] 高铁梅主编:《计量经济分析方法与建模——EViews 应用及实例》,清华大学出版社 2006 年版。

[2] 〔英〕克里斯·布鲁克斯:《金融计量经济学导论》,邹宏元主译,西南财经大学出版社 2005 年版。

[3] 李子奈、叶阿忠编著:《高级应用计量经济学》,清华大学出版社 2012 年版。

[4] 唐勇编著:《金融计量学》,清华大学出版社 2016 年版。

[5] 〔美〕沃尔特·恩德斯:《应用计量经济学:时间序列分析》,杜江、谢志超译,高等教育出版社 2006 年版。

[6] 张成思:《金融计量学——时间序列分析视角》,中国人民大学出版社 2016 年版。

[7] 邹平编著:《金融计量学》,上海财经大学出版社 2014 年版。